2019年贵州省高等学校教学内容和课程体系改革项目"农产品市场营销线上线
（项目编号：2019160）

铜仁学院2020年一流本科教育专项项目（一流课程建设）"农产品市场营销"

铜仁学院"三金"建设研究子项目"梵净文库"教材建设（项目编号：Trxyj2021—031）

教育部新农科研究与改革实践项目（协同育人机制创新实践）"新农科视角下校地协同培养卓越农林人才创新
研究与实践"（项目编号：2020139）

农产品
市场营销

NONGCHANPIN SHICHANG YINGXIAO

主　编　张翊红　徐仕强

重庆大学出版社

内容提要

本书以农产品市场为导向，以农产品市场营销项目为载体，以农产品市场营销理论与方法体系为主线，从农产品市场营销的基本原理、农产品市场营销的经典策略、农产品市场营销的方法与技巧、农产品市场营销的管理与决策、新营销工具及策略等方面构建农产品市场营销的知识体系和逻辑框架，设置了农产品市场营销导论、农产品市场营销环境、农产品消费者分析、农产品标准与分级、农产品市场调查与预测、农产品市场细分与定位、农产品市场营销的产品策略、农产品价格策略、农产品渠道策略、农产品促销策略、农产品网络营销、农产品国际市场营销12个项目。本书体例新颖，逻辑清晰，体系完备，内容丰富，突出农产品市场营销理论的指导性和实践应用性。本书适合作为高等院校农村区域发展、农业经济管理以及其他相关专业教材，也适合服务于工作在农产品市场营销一线的生产者和经营者以及涉农企业事业单位工作人员的自学和培训用书。

图书在版编目(CIP)数据

农产品市场营销/张翊红,徐仕强主编. —重庆：
重庆大学出版社,2022.8
高等院校经济管理类专业本科系列教材
ISBN 978-7-5689-3508-1

Ⅰ.①农… Ⅱ.①张… ②徐… Ⅲ.①农产品—市场
营销学—高等学校—教材 Ⅳ.①F762

中国版本图书馆 CIP 数据核字(2022)第 151077 号

高等院校经济管理类专业本科系列教材
农产品市场营销
主 编 张翊红 徐仕强
责任编辑:陈亚莉 顾丽萍 版式设计:顾丽萍
责任校对:关德强 责任印制:张 策

*

重庆大学出版社出版发行
出版人:饶帮华
社址:重庆市沙坪坝区大学城西路 21 号
邮编:401331
电话:(023) 88617190 88617185(中小学)
传真:(023) 88617186 88617166
网址:http://www.cqup.com.cn
邮箱:fxk@cqup.com.cn(营销中心)
全国新华书店经销
重庆华林天美印务有限公司印刷

*

开本:787mm×1092mm 1/16 印张:18 字数:463 千
2022 年 8 月第 1 版 2022 年 8 月第 1 次印刷
印数:1—2 000
ISBN 978-7-5689-3508-1 定价:49.00 元

前　言

　　农产品市场化是全面推进现代农业高质量发展的关键。随着乡村振兴战略深入推进，农产品市场营销贯穿着农业全产业链，成为助推农业转型升级和提质增效的持久动力。我国现代农业发展和消费者需求升级对农产品生产者和经营者提出了更高要求，农产品市场变革中出现的新业态、新现象和新问题，使农产品生产者和经营者的市场竞争日趋激烈，农产品市场营销问题更加受到人们的关注。继党中央提出"加快构建以国内大循环为主体、国内国际双循环相互促进的新发展格局"之后，"加快建设全国统一大市场"成为构建新发展格局的基础支撑和内在要求。在当前全球经济不稳定性和不确定性增强的背景下，农产品营销中的市场竞争更加激烈，农产品生产者和经营者的市场目标也随之变化。为了更好地适应我国农产品市场环境以及消费需求的变化，使教材内容能够反映当前农产品生产经营和农产品营销的实际，指导农产品市场营销实践，我们通过在农村区域发展专业进行"农产品市场营销"课程建设，以及开展农产品市场营销课题研究的基础上，编写了《农产品市场营销》。旨在为高校相关专业的师生提供一本农产品市场营销学的教科书，服务于高校农产品营销学教学；服务于工作在农产品市场营销一线的生产者和经营者，为他们提供农产品市场营销的知识、理论和方法。

　　本书参考国内外优秀图书的编写体例，紧密结合我国新形势下的农产品市场实际，突出农产品市场营销的战略意识和策略思维，更好地解释农产品市场营销的新现象、新问题；以农产品市场为导向，以农产品市场营销项目为载体，以农产品市场营销理论与方法体系为主线，设置 12 个项目；从农产品市场营销的基本原理、农产品市场营销的经典策略、农产品市场营销的方法与技巧、农产品市场营销的管理与决策、新营销工具及策略等方面构建农产品市场营销的知识体系和逻辑框架，使用最新数据、政策和信息，以便更好地展示现代农产品市场营销实际。本书体例新颖，逻辑清晰，体系完备，内容丰富，突出农产品营销理论的指导性和实践应用性。每个项目都明确提出学习目的，采用情境导入方式编写，开篇案例都设置思考题，引导学生带着相关问题及思考开始每个任务的学习。每个项目设置课后练习和案例分析。其中，情境导入和案例分析部分的案例均为近几年的案例素材，力求与同类教材中出现的案例不重复。案例选材注重时效性和实用性，启发读者深入思考，更深入地理解所学的理论、知识和方法，培养其分析及解决问题的能力。

　　本书是 2019 年贵州省高等学校教学内容和课程体系改革项目"农产品市场营销线上线

下混合式课程教学改革与实践"(项目编号:2019160)、铜仁学院 2020 年一流本科教育专项项目(一流课程建设)"农产品市场营销"(项目编号:YLBK-2020051)、铜仁学院"三金"建设研究子项目"梵净文库"教材建设(项目编号:Trxyj2021—031)、教育部新农科研究与改革实践项目(协同育人机制创新实践)"新农科视角下校地协同培养卓越农林人才创新研究与实践"(项目编号:2020139)以及农村区域发展本科专业"农产品市场营销"课程教学的成果。本书由张翊红、徐仕强担任主编,其中项目一至项目九由张翊红编写,项目十至项目十二由徐仕强编写。本书编写借鉴了国内外营销学者大量最新研究成果及网络资料,除注明出处的部分外,限于体例未能逐一说明,在此,谨向各位作者及支持本书出版的单位表示诚挚的感谢。

限于编者的理论水平,书中不足与不当之处,敬请广大读者、朋友批评指正,不吝赐教。

编　者

2022 年 7 月

目录

项目一

农产品市场营销导论

学习目的

1. 掌握农产品及其分类。
2. 掌握农产品市场的含义及其构成要素。
3. 掌握农产品市场营销的内涵和特点。
4. 熟悉农产品市场营销的功能与职能。
5. 熟悉农产品市场营销的研究方法。

情境导入

南通启东创新"互联网+"模式打破传统农产品营销短板

7月15日,位于启东市海复镇的九蕃农业基地里,4000斤(1斤=0.5千克,下同)番茄被订购一空。江苏九蕃农业有限公司负责人宋远强笑着说:"多亏了'云上助农',帮我解了燃眉之急,企业得到了实实在在的好处。"

今年,启东苏沪现代农业发展有限公司种植的番茄喜获丰收,但受疫情影响,部分农产品出现一定程度的滞销。了解到相关情况后,启东市委网信办、启东市网络文化协会联系上了启东市海复镇人民政府,联合举办了"番茄上云端乡村振兴惠农户"云上助农行动,线上吆喝、推广。此次"云上助农"活动得到17家爱心企业、爱心人士的支持。

据悉,"云上助农"是启东市委网信办和启东市网络文化协会开展"互联网+公益"活动的一部分,也是启东第一个以惠农为主题的网络公益品牌,旨在充分发挥互联网社会组织、重点网站、网络知名人士和广大网民的主体作用,通过创新的"互联网+"助农模式,打破传统农产品营销的"短板",助力乡村振兴。

5月份,启东市"云上助农"领羊计划正式启动,爱心企业家们通过"认领一只羊"活动,减轻疫情对养殖场带来的不利影响,最大程度降低损失。在活动现场,有4家爱心企业现场签订了领养协议,爱心企业家现场认领了50只羊。"云上助农是个很好的活动,既可以奉献一份爱心,又有机会感受到新的生态休闲方式,体验羔羊喂养成长过程的快乐,全面感受农场的生活乐趣。"南通鼎峰钢结构有限公司总经理沈庆杰说道。

据了解,"云上助农"今年开展了多次活动,通过网络创新搭建助农平台,云上发布助农信息,推介农特产品等,号召广大爱心企业家和爱心志愿者伸出援手,加快乡村振兴步伐,带动农民增收致富。目前,通过"云上助农"线上线下联动的方式,累计帮助农业企业和养殖大户销售山羊500多只,蔬菜100多吨,实现增收近100万元。

(资料来源:南通日报,2022-07-18.)

思考:农产品如何借助网络营销手段实现产品销售？通过案例分析"互联网+"给传统农产品市场营销带来了哪些变化？

第一节 农产品及其市场特点与分类

一、农产品及其分类

《中华人民共和国农产品质量安全法》(2018年修正,2022年修订)所称农产品,是指来源于种植业、林业、畜牧业和渔业等的初级产品,即在农业活动中获得的植物、动物、微生物及其产品。

根据《统计用产品分类目录》,主要将农产品分成四个大类,即农业产品、林业产品、饲养动物及其产品、渔业产品(表1-1)。

表1-1 统计用农产品分类目录[①]

一级分类 农产品名称	二级分类 农产品名称	三级分类 农产品名称
农业产品	谷物	稻谷、小麦、玉米、谷子、高粱、大麦、燕麦、黑麦、荞麦、其他谷物
	薯类	马铃薯、木薯、甘薯、其他薯类
	油料	花生、油菜籽、葵花籽、芝麻、胡麻籽、棉籽、蓖麻籽、芥子、红花籽、油棕果及油棕仁、罂粟子、油橄榄果、油茶籽(油料)、其他油料
	豆类	大豆、绿豆、小豆、干豌豆、小扁豆、干蚕豆、芸豆、饭豆、干豇豆、鹰嘴豆、其他杂豆
	棉花	籽棉、皮棉、其他棉花
	生麻	生亚麻、生苎麻、生黄红麻、生线麻、生苘麻、生大麻、生剑麻、其他生麻
	糖料	甘蔗、甜菜、其他糖料
	未加工烟草	未去梗烤烟叶、未去梗晒烟叶、未去梗晾烟叶、未去梗白肋烟、其他未加工烟草
	饲料作物	苜蓿、青饲料、饲料牧草、饲料作物用种子、其他饲料作物
	水生植物类	芦苇、席草、茡子、莲子、蒲草、慈姑、其他水生植物类
	农作物副产品	作物茎、秆、根、其他农作物副产品
	蔬菜及食用菌	蔬菜、食用菌
	花卉	盆栽花、鲜切花及花蕾、切叶、切枝、干燥花

---

① 具体分类详见国家统计局《统计用产品分类目录》。

一级分类 农产品名称	二级分类 农产品名称	三级分类 农产品名称
农业产品	盆景及园艺产品	园艺产品、其他盆景及园艺产品
	花草种	草种、花卉种球、花卉种子、花卉种苗
	水果及坚果	水果(园林水果)、干制水果及水果籽、食用坚果
	茶及饮料原料	茶叶、其他饮料原料
	香料原料	调味香料、香味料
	中草药材	甘草、人参、古柯叶、罂粟杆、当归、田七、党参、黄连、菊花、冬虫夏草、贝母、川芎、半夏、白芍、天麻、黄芪、大黄、籽黄、白术、地黄、槐米、杜仲、茯苓、枸杞、大海子、沉香、沙参、青蒿、鱼藤根、除虫菊、灵芝、五味子、刺五加、生地、麦冬、云木香、白芷、元胡、山茱萸、连翘、辛夷、厚朴、黄芩、葛根、柴胡、麻黄、列当、肉苁蓉、锁阳、罗布麻、其他中草药材
林业产品	育种和育苗	林木种子、灌木、藤木、相关林木种子、苗木类
	木材采伐产品	原木、小规格木材、薪材、短条及细枝等
	竹材采伐产品	竹材、其他竹材采伐产品
	林产品	天然橡胶、天然树脂、树胶、栲胶原料、非直接食用果类、编结用原料、染色、鞣革用植物原料、野生植物活体、野生植物采集产品、其他林产品
饲养动物及其产品	活牲畜	猪、牛、马、驴、骡、羊、骆驼、其他活牲畜
	活家禽	活鸡、活鸭、活鹅、活火鸡、活珍珠鸡、其他活家禽
	畜禽产品	生奶、禽蛋、天然蜂蜜及副产品、蚕茧、动物毛类、生皮、生毛皮、制刷用兽毛、其他畜禽产品
	捕获野生动物	野生动物、野生鸟类、其他捕获野生动物
	其他饲养动物	爬行动物、蛙类动物、家兔、鹦形目鸟、蜂、蚕、驯鹿、梅花鹿、狐、貂、麝、其他未列明饲养动物

续表

一级分类 农产品名称	二级分类 农产品名称	三级分类 农产品名称
渔业产品	海水养殖产品	海水养殖鱼、海水养殖虾、海水养殖蟹、海水养殖贝类、海水养殖藻类、其他海水养殖产品
	海水养殖产品种苗	海水养殖鱼苗、海水养殖虾种苗、海水养殖蟹苗、海水养殖贝类种苗、海水养殖藻类育苗、其他海水养殖产品种苗
	海水捕捞产品	海水捕捞鲜鱼、海水捕捞虾、海水捕捞蟹、海水捕捞贝类、海水捕捞软体水生动物、其他海水捕捞产品
	淡水养殖产品	养殖淡水鱼、淡水养殖虾、淡水养殖蟹、淡水养殖贝类、淡水养殖螺旋藻、其他淡水养殖产品
	淡水养殖产品种苗	淡水鱼苗、淡水养殖虾苗、淡水养殖蟹种苗、淡水养殖贝壳种苗、淡水养殖藻类种苗、其他淡水养殖产品种苗
	淡水捕捞产品	淡水捕捞鱼、淡水捕捞鲜虾、淡水捕捞蟹、淡水捕捞鲜软体动物、淡水捕捞螺旋藻、其他淡水捕捞产品

二、农产品市场及其构成要素

(一)市场的含义

市场营销在一般意义上可以理解为与市场有关的人类活动。因此,我们首先要了解市场及其相关概念。"市场"一词,最早是指买主和卖主聚集在一起进行交换的场所。在日常生活中,人们习惯将市场看作买卖的场所,如集市、商场、批发市场等,这是一个从时间和空间上理解市场的概念。市场是人类社会分工和商品生产的产物。马克思指出:生产劳动的分工,使它们各自的产品互相变成商品,互相成为等价物,使它们互相成为市场。可以说,市场是为完成商品形态变化,在商品所有者之间进行商品交换的总体表现。

因此,市场是商品经济中生产者与消费者之间为实现产品或服务的价值所进行的满足需求的交换关系、交换条件和交换过程的统称。具体可从以下三个方面理解市场的含义。

第一,市场是建立在社会分工和商品生产,即商品经济基础上的交换关系。这种交换关系由一系列交易活动构成,并由商品交换规律所决定。

第二,现实市场的存在需要若干基本条件,主要包括:存在消费者(买方)一方,他们有某种需要或欲望,并拥有可供交换的资源;存在生产者(卖方)另一方,他们能提供满足消费者(买方)需求的产品或服务;有促成交换双方达成交易的各种条件,如诚信、法律保障、交易双方可接受的价格、时间、空间、信息和服务方式等。

第三,市场的发展本质上是一个由消费者(买方)决定,而由生产者(卖方)推动的动态过程。一般来说,在组成市场的双方中,买方需求是决定性的。

(二)农产品市场的含义

农产品市场是农产品集中与销售的场所,可以从广义和狭义两个方面来理解。广义的农产品市场是指农产品流通领域交换关系的总和,它包括具体农产品市场和农产品交换中的各种经济关系;狭义的农产品市场是指农产品进行交换的具体场所。

(三)农产品市场的构成要素

1. 主体要素

农产品市场的主体要素是农产品市场的参与者,主要包括农产品生产者、消费者和参与到农产品流通环节的中介组织。其中,生产者是农产品流通过程的起点,他们生产农产品并自己或者通过中介组织提供给市场,从而取得价值补偿。在现阶段生产者主要是指农民及农民组织,如农民合作社、家庭农场、农业企业等;消费者处于流通过程的终点,是农产品的购买者,通过购买和消费,满足消费需求,同时也实现了农产品生产目的;农产品流通环节的中介组织通过买卖农产品取得差价,实现产品的进一步流通,他们分类众多,有专一的农产品收购商、零售商、批发商,也有农产品加工企业、运输公司、仓储企业、餐饮店以及农产品专卖店等。农产品市场的主体之间的商品交换带动了整个市场要素的合理流动,构成了农产品市场运行的基础。

2. 客体要素

农产品市场的客体要素是指农产品市场中客观的物的因素,这些因素处于从属地位,但在农产品市场运行过程中起着重要作用,包括交易的农产品、用于结算的货币等。市场客体受市场主体的制约,但也在某种程度上影响着市场主体的行为。

3. 辅助要素

农产品市场的辅助要素是指不直接参与农产品市场的运行,但能对市场平稳有序运行起调节作用的各种因素,包括政府的调控管理及必要的交易设施等。其中,政府作为农产品市场宏观调控的主体,能够用"有形的手"对市场失灵进行有效的弥补。交易设施是指为农产品的交换提供便利的摊位、地磅房、仓库等,一般由政府或农产品批发市场所有者修建,对交易的实现起到了重要的保障作用。

三、农产品市场的特点

农业生产的本质特征与农产品的属性决定了农产品市场的特点,主要体现在以下五个方面。

(一)市场供给的季节性和周期性

农业生产以动植物为主要对象,而动植物在生产过程中,除受自身生长发育规律的影响外,气温、光照等外部因素的作用也非常明显,而这些外部因素具有周期性和季节性变化的特点,导致在既定的区域内农产品上市具有明显的季节性,即在某一区域,某种特定农产品在不同的年份上市时间是基本固定的。农产品上市的季节性决定了相应的农产品市场也具有季节性。农产品生产需要从土壤中吸收养分,导致产出在一年或几年之内呈现出有规律的淡季、旺季和大年、小年,淡旺季、大小年相互交错,呈现出周期性的特点。

(二)市场需求的普遍性和连续性

农产品的基础性决定了农产品在需求上具有普遍性,它在满足人们生活基本需求方面发挥着不可替代的作用。不同消费群体在农产品需求普遍性之下又表现出在产品质量、产品价格、产品档次等方面的差异性。比如,收入水平较高的消费群体对有机农产品的需求程度更高。另外,虽然农产品的生产具有季节性,但农产品的消费却是均衡的,无论是人们的日常消费,还是作为工业生产的原料,都是常年和连续的。

(三)市场环境的不确定性与风险性

由于农业生产受自然环境影响较大,因此,农业生产相对于其他产业而言自然风险更大。除了自然风险,由于农业的劳动对象和最终产品均为生物有机体,在从生产者流向消费者的过程中,产品极易发生腐烂、霉变和病虫害,造成损耗,因此,农业生产经营还面临更大的市场风险。另外,由于农业生产周期长,投入的资产专用性强,农产品市场供给弹性小,对市场的需求变化反应速度慢,农产品市场面临不确定性,致使市场风险增大。

(四)交易产品的双重性

农产品市场的交易对象——农副产品具有生产资料和生活资料的双重性质。一方面,农副产品是人体维持生命所需物质能量的源泉,作为食品被人们直接消费,如居民的"米袋子""菜篮子",都离不开农产品市场;另一方面,农副产品还是重要的工业生产原料,如农业生产用的种子,种畜、饲料和工业生产用的各种原材料等。

(五)市场的非均衡性与差异性

在我国由于地理位置和改革开放的时间先后不同,经济发展水平呈现出明显的梯级分布特点,东部地区经济发展水平明显优于中西部地区,城市明显优于农村。相应地,农产品市场的发育水平也存在明显的差异性,呈现出现代化市场和传统小型分散市场并存的局面。在经济发达的东部地区以及大中城市,农产品市场较为发达,市场规模大、基础设施好、配套服务全、交易方式先进;而在广大中西部和乡镇地区,农产品市场则相对滞后,交易环境相对较差。

四、农产品市场的类型

按照不同的分类标准,目前农产品市场的分类主要有以下四种。

(一)按照市场参与主体划分

1.农产品消费者市场

农产品消费者市场是指由为满足个人和家庭需要而购买农产品所形成的市场。市场以个人或家庭为购买单位,购买批次多,批量小,购买目的是满足个人或家庭的生活需要。随着城乡居民的消费水平的显著提高,农产品消费需求呈现多样性、个性化、品质化趋势。

2.农产品企业市场

农产品企业市场是指由满足企业生产和流通需要而购买农产品形成的市场。市场的购买者是企业或其他组织,购买批次少,批量大,购买目的是满足企业生产或转卖的需要。如食品加工业、饮料行业等都是农产品企业市场的供给对象。

3. 农产品政府市场

由于农产品关系到国计民生,政府在农产品市场交易中必须发挥其调节、控制作用,因此,政府通过建立重要农产品收储制度,作为买方或者卖方参与农产品市场,对市场上农产品的供求进行调节。

(二)按照交易场所性质划分

1. 产地市场

产地市场是指在各个农产品集中生产地形成的汇集农产品的定期或不定期的农产品市场。该市场具有以下主要特点:一是产地市场位于农产品集中生产地,直接连接农产品生产者,为分散生产的农户提供集中销售农产品的场所并向农户直接传递市场信息;二是从各个产地市场的交易方式来看,现货交易仍然是主要的交易方式,但远期交易、网上交易等现代交易方式发展迅速;三是产地市场往往以当地主要种植和养殖产品为主要交易品种,种植和养殖产品往往相对集中在某一特定品种上,也便于形成特色,集中调配、销售;四是产地市场的卖方往往为外地的农产品中介组织,因此产地市场的重要功能就是汇集农产品,为农产品大流通提供初级的或经过初步调整、分级、加工、包装的农产品。

2. 集散与中转市场

由于农产品的生产具有地域性,众多的生产者分散在各个区域,而农产品的消费又具有普遍性,因此,需要将分散生产的农产品集中起来,经过加工、包装与储藏,再通过批发市场分销到全国各地,这样可以形成规模,降低流通成本,从而形成了集散与中转市场。由于集散与中转市场主要的职能是将来自分散产地市场的农产品分销出去,因此该类市场多设在交通便利的地方,如公路、铁路交会处。这类市场一般都具备较大的规模,配套服务设施也比较完善,可能建有较大的交易场所、停车场、仓储设施以及配套的餐饮、住宿、金融服务等设施。

3. 销地市场

销地市场是直接向广大农产品消费者提供农产品的市场,其主要职能是把经过集中、粗加工和储运等环节的农产品销售给消费者。销地市场是设在大、中、小城市和小城镇等消费者集中地方的农产品市场,还可进一步分为销地批发市场和销地零售市场。前者主要设在大中城市,购买对象多为农产品零售商、饭店和机关、企事业单位食堂;后者则广泛分布于大、中、小城市和城镇。

(三)按照农产品交易形式划分

1. 现货交易市场

现货交易市场是指在农产品市场内,按照商定的付款方式、付款金额和其他条件买卖商品,买卖双方在一定时期内进行实物的交割,从而实现商品所有权的转让的市场。按照现货交易中实物交收的期限分,现货交易又可以分为即期交易和远期交易。前者是指买卖双方进行的一手交钱、一手交货的交易;后者是指根据买卖双方事先签订的书面形式的农产品买卖合同所规定的条款,在约定的时期内进行实物商品交付和货款结算的交易形式。我国为数众多的直接连接农产品消费者的农产品销地市场的交易多为即期交易;而大宗农产品的出售则多采用远期现货交易形式。

2. 期货交易市场

期货市场是进行农产品期货交易的有组织的市场。期货交易是在期货交易所按一定规章制度进行的农产品标准化合约的买卖活动。期货不是"货",期货市场的交易对象是农产品标准化合约。期货市场具备规避风险、发现价格的功能。期货交易运行所涉及的各种机构以及参加者,如期货交易所、清算所、期货佣金商、场内经纪人、投机者和套期保值者等,构成了期货市场的各个层次和基本要素。

(四)按照农产品性质类别划分

按照市场上交易的农产品性质类别划分,可以分为粮食市场、油料市场、果品市场、蔬菜市场、肉类市场、水产品市场、禽蛋市场、奶类市场、棉花市场、茶叶市场、中药材市场、林产品市场、花卉市场等。

第二节 农产品市场营销概述

一、农产品市场营销的内涵与特点

(一)农产品市场营销的内涵

1. 市场营销

市场营销是商业社会中使用频率最高的词汇之一,它常常见诸报纸、杂志以及其他新闻媒体。伴随营销理论与实践的不断创新,市场营销的概念在不同时期有不同的主流表述。2007 年美国市场营销协会(AMA)公布市场营销的新定义,称"市场营销是创造、传播、传递和交换对顾客、客户、合作者和整个社会有价值的市场供应物的一种活动、制度和过程"。美国著名营销学家菲利普·科特勒则认为,市场营销可以区分其管理定义和社会定义。市场营销管理的定义是"选择目标市场并通过创造、传递和传播卓越顾客价值,来获取、维持和增加顾客的艺术和科学";市场营销的社会定义则是"市场营销是一个社会过程,在这个过程中,个人和团体可以通过创造、提供和与他人自由交换有价值的产品与服务来获得他们的所需所求"。

根据科特勒对市场营销的定义,可从以下三个方面把握市场营销的内涵:第一,市场营销的基本目标是"获取、维持和增加顾客";第二,"交换"是市场营销的核心,市场营销的基本业务就是为了实现交换,不断地"创造、传递和传播"卓越的顾客价值和管理顾客关系;第三,交换过程能否顺利进行,取决于营销者创造的产品和价值满足顾客需求的程度,以及对交换过程管理的水平。

因此,市场营销包括基本需求、欲望、产品需求、产品或服务、价值、交换、交易、市场等核心概念(图 1-1);其过程包括:①市场调研;②产品开发;③定价、渠道、促销,④销售;⑤售后服务(图 1-2)。

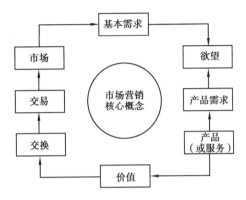

图 1-1　市场营销核心概念

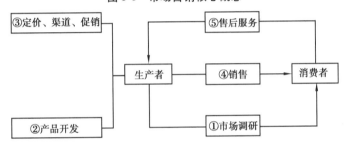

图 1-2　市场营销概念结构图

2. 农产品市场营销

农产品市场营销是指农产品生产者与经营者个人或组织,在农产品从生产者到消费者的流通过程中,为实现个人需求和社会需求而进行的农产品创造和农产品交易的一系列活动。其内涵主要体现在以下三个方面。

第一,农产品市场营销的主体是从事农产品生产和经营的个人和组织。农产品市场营销主体不仅包括农业经营企业,而且包括更多的农产品创造和交易活动的行为主体,如农产品生产组织(农户、家庭农场等)及个人,农产品收购企业,农产品批发和零售商、中介商,农产品加工企业、运输企业、仓储企业,餐饮店以及农产品专卖店等。

第二,农产品市场营销的活动贯穿于农产品生产、流通和交易全过程。从农产品的营销流程体系来看(图 1-3),农产品市场营销不仅限于农产品离开农户(家庭农场)后到消费者手中的流通领域活动,而且包括农产品产前农业生产计划的制订和实施、新产品培育和开发、农业生产资料的供应以及农产品生产者按生产计划进行的符合市场和社会需求的产品生产(或产品创造),体现了农产品生产事前的营销计划、决策和产品经营理念。

第三,农产品市场营销的最终目标是满足社会和人们的需求和欲望。农产品市场营销体现了一定的社会价值或社会属性,其最终目标是满足社会和人们的需求和欲望。无论是农产品生产(或产品创造)还是农产品交易,它们都受到一定的社会需求和市场行为的影响。在规范的市场经济条件下,社会和人们的需求通过市场交易反映出来,而市场交易活动以及进而进行的产品创造行为,是由市场价格信号来诱导的。

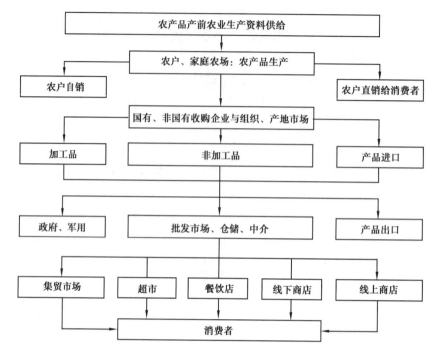

图 1-3　农产品销售流程体系

（二）农产品市场营销的特点

基于农产品及其市场的特点,农产品市场营销的特点主要体现在以下方面。

第一,农产品市场营销的生物性和自然性。农产品大多是生物性自然产品,具有鲜活性、易腐性。比如,蔬菜、水果、鲜肉、牛奶、花卉等农产品一旦失去其鲜活性,其价值就会大打折扣。

第二,农产品供给的季节性和周期性。农业生产是生物生产过程,从生产决策到生产实施具有较大的时间延迟,其投入要素相对固定,以至农产品的供给在时间上具有季节性且生产周期长。

第三,农产品需求的多样性和连续性。农产品作为人类的基本需求,具有普遍性、大量性和连续性。另外,由于人们的消费偏好不同,因此,对农产品的需求呈多样性。

第四,大宗主要农产品品种营销的相对稳定性。农产品生产多是有生命的动物和植物的生产,其品种的改变和更新需要漫长的时间,因而农产品经营在品种上具有相对的稳定性。

第五,政府宏观政策调控的特殊性。农业是国民经济的基础,农产品是有关国计民生的重要产品,由于农业生产的分散性和农户抵御市场风险能力的有限性,因此政府需要采取特殊政策来扶持或调节农业生产和经营。

二、农产品市场营销的功能与职能

市场营销的功能与职能不同,市场营销功能反映了市场营销活动在营销系统中所发挥的作用,而市场营销职能则强调市场营销活动所执行的任务。

(一)农产品市场营销的功能

农产品市场营销的功能是指系统某要素或营销活动在农产品市场营销系统中发挥的功能和作用。主要包括交易功能、形态改变功能、空间转移功能、价值增值功能、满足消费者需求功能、组织和风险回避功能。

1. 交易功能

交易功能是指农产品市场营销过程中农产品交易双方产品所有权和使用权的转换,是农产品市场营销活动的核心。通过买卖双方的交易活动,农产品的价值得以实现,农产品需求者对产品的效用得以满足。农产品一般经过多次买卖行为,才能最终让渡给消费者。

2. 形态改变功能

形态改变功能是指通过一定的方式和手段使农产品的物理形态改变,包括农产品的外观形状、体积、颜色改变等。比如,小麦经过加工可变成面粉、面包。农产品加工、整理、包装等活动是农产品的物理形态改变的基本方式和手段,大多数农产品必须经过加工、整理、包装才供给人们消费。同时,农产品加工、整理、包装等活动可以扩大农产品用途(效用)和增加农产品的附加值。

3. 空间转移功能

空间转移功能是指农产品地域转移的效用。农产品从生产领域流向消费领域过程中要经历地域位移。运输及运输技术的发展使农产品市场营销的空间转移功能得以实现,如果没有铁路、航空、公路运输和冷链,农产品的跨省、跨国和全球营销不可能实现。如南方的杧果运往北方,北方的苹果销售到南方。

4. 价值增值功能

价值增值功能是指通过市场营销提高农产品的附加值。如乳品企业从奶牛养殖户手中收购鲜牛奶,通过冷处理技术保证牛奶的新鲜,再经过深加工制成奶粉、奶糖等奶产品,这中间的每一个环节都实现了牛奶的价值增值。

5. 满足消费者需求功能

农产品市场营销的最终目标是满足消费者需求。无论农产品经营企业营销的最初动机如何,在客观上都将带来消费者需求的最终满足。

6. 组织和风险回避功能

农产品市场营销组织功能即通过营销活动将农产品经营者联系起来,实现生产、分配、消费的紧密结合。在现阶段,我国农产品市场营销的组织功能具有更为实际的意义。我国农产品生产者生产规模狭小,经营分散,是"全世界最小的农户",农产品生产、销售等各个环节都需要组织与联合,组织起来的农产品生产者和经营者在一定程度上减轻或者化解了经营风险,包括自然风险和市场风险。组织是农户联合进入农产品销售市场的组织保证,同时可以通过农产品期货市场及期货交易等营销方式和活动回避市场风险。

(二)农产品市场营销的职能

农产品市场营销的职能是指营销组织和主体在农产品市场营销活动中必须执行的基本任务。弗莱德·克拉克和韦尔达在《美国农产品市场营销》中把农产品市场营销基本职能分为集货(收购)、加工、分级、包装、储藏、运输、融资、承担风险、标准化、销售等职能。从营销环节来看,农产品市场营销的具体职能主要包括:集中、分级、储藏、加工、包装、运输、分销、服务等职能。

1.集中职能

集中职能是指将各地许多分散的生产者生产的初级农产品(原料和商品)收集起来。由于农产品广泛分散在远离农产品市场和加工企业的生产地区,因此,农产品的集中对市场交易和农产品加工都十分重要。一般情况下,经销企业专门经营特定的农产品。

2.分级职能

为了适应农产品市场营销标准化、品牌化运营的需求,经销商从农户或农场那里收集农产品时一般都要分等级。农产品分级可以促进优质优价,满足不同层次的消费需求,保证农产品加工原料的品质、农产品的标准化,还减少了农产品加工的难度。在国际农产品市场营销中,农产品的分级与标准化条件更为严格。

3.储藏职能

多数农产品的生产都具有季节性,而农产品消费具有持续性,这就需要利用储藏设施和先进的储藏方法进行储藏,以保证农产品品质,满足人们长期的消费。例如,果汁加工企业对原料(鲜果和果酱)具有持续性的需求,因为农产品收获的季节性导致原料不能满足持续性供应,所以,建立仓库及其他储藏设施变得十分必要。各种不同的农产品对温度、湿度等环境条件有不同的要求,储藏标准也各不相同。

4.加工职能

农产品加工是一个独立的市场营销环节,食品加工企业普遍承担了这项职能。它们根据消费者或其他需求者的需要,对初级农产品进行简易加工或深加工。有些产品经过简易加工后便于运输和储藏,有的则可以延长加工使用期限,便于集中再加工生产。市场营销的加工职能不仅使农产品具有更加吸引消费者的表现形式,而且在繁荣地方经济、促进农民增收、带动农户致富、转移农村剩余劳动力等方面的作用日益明显。

5.包装职能

包装是产品策略的一个重要组成部分,具有明显的促销效果。对于消费者来说,包装的主要职能是保护好产品,并使其更易于选购和储藏。包装材料一般需要专门从事包装的企业进行设计和制造。包装设计及包装的安全性、个性化问题越来越被消费者重视。

6.运输职能

商品运销环节是指把农产品运输到集中地点或加工厂,再由运输商通过公路或铁路运送给批发商或零销商。运输的作用是改变农产品的空间位置,农产品运输贯穿了农产品市场营销的所有环节,从农产品的集中到最终消费。目前,我国大力推行的鲜活农产品绿色通道政策,就是为了保证鲜活农产品从产地尽快送到消费者手中。

7.分销职能

分销职能是指通过不同销售渠道和方式将农产品分配到零售商和消费者手中的职能。分销是农产品市场营销的中间环节,它直接连接农产品的零售环节。零售是农产品的终端,它直接连接消费者。农产品分销渠道包括经销商、代理商、批发市场、城市销地市场、产地超级市场等,它们构成一个完整的农产品市场营销网络。

8.服务职能

消费者服务职能是农产品市场营销职能的新发展。市场营销者不仅将农产品销售给消费者,同时,还必须为消费者提供必要的消费服务。随着买方市场的到来,消费者服务职能日益成为农产品市场营销的一个重要组成部分。市场营销模式将逐步走向市场营销者、消费者和社会的多赢模式,这是社会整体营销观念的体现。

第三节　农产品市场营销的研究内容和方法

一、农产品市场营销的研究内容

农产品市场营销的起源最早可追溯到古代部落游牧文明,但当时的市场营销仅仅是一种简单的产品交换活动,不同部落之间可以互相交换不同的产品,为了方便交换,人们选择特定的交换场所。随着人类分工和农业的进一步发展,农业村落随之出现,特定的交换场所逐步形成最早的市场。奴隶社会和封建社会的小农生产无法为农产品市场营销提供更好的发展条件,只有到了工业社会,大规模的机器生产和现代生产方式为社会生产出包括农产品在内的大量商品,农产品市场营销才得到进一步发展。随着农业生产技术的进步和生产规模的扩展,大量生鲜和加工的农产品走向市场,农产品过剩问题随着资本主义国家经济的恢复和发展日益严重起来,企业开始寻求各种营销技术和营销方法,现代农产品市场营销理论和农产品市场营销开始形成。

现代农产品市场营销是从经济学中分离出来的,融合了农业经济学和市场营销学的理念、方法和特点,20 世纪初创始于美国。20 世纪 50 年代以后,研究对象从流通领域扩展到生产和消费领域,并广泛吸收了经济学、管理学、心理学、社会学以及其他学科的精华,成为一个新的交叉型边缘学科。

农产品市场营销是一门与农业经济学和市场营销学相互联系的交叉学科。主要研究农产品生产与经营企业、个人以及相关社会组织如何从满足消费者或社会需求出发,有计划地组织农产品生产、集货、分类、加工、包装、运输、储藏、销售和服务,从而实现盈利的活动,以及这些活动的内在联系和规律。

(一)研究农产品市场营销的特点与规律

农产品市场营销在考察农产品自身特点的基础上研究其营销的特征。农产品自身的特点导致了农产品市场营销目标市场的差异性、营销产品种类的相对稳定性、营销过程的技术性和风险性、营销环境的约束性等营销特点。农产品市场营销的特点是在农产品自然规律和市场规律的影响下形成的,因此,农产品市场营销应分析影响农产品市场营销活动的自然规律、市场规律,从而揭示农产品市场营销的内在规律。

（二）研究农产品在营销活动中各职能环节的特点和共性

农产品市场营销各职能环节构成了农产品市场营销的统一整体,并从中反映出农产品市场营销活动的共性。在西方国家,农产品市场营销职能环节已形成完整的体系,但我国农产品市场营销尚未走出以产定销和推销的营销观念,各营销环节脱节,缺乏有机联系,因此,研究如何完善农产品市场营销各职能环节,建立农产品市场营销系统仍是农产品市场营销学当前的重要课题。

（三）研究农产品市场营销的环境

农产品市场营销环境是十分复杂的,营销活动受政治、经济、法律、文化等因素的影响。研究这些外在的环境因素有利于制订正确的农产品市场营销战略和策略。

（四）研究农产品市场营销的决策方式和方法

农产品市场营销是市场营销学的理论和方法的具体应用。从农产品市场营销分析来看,包括考察农产品市场营销理念、市场环境、市场机会、消费者需求特征;从农产品市场营销计划来看,包括营销发展战略、业务发展计划、市场细分和目标市场定位、品牌战略和国际营销战略等;从农产品市场营销执行来看,要研究组织或个人如何对可控制的产品策略、定价策略、分销渠道策略及促销策略的有机结合;从农产品市场营销控制来看,要对整体农产品市场营销活动进行审计,包括对营销环境、营销战略、营销组织、营销制度、营销效率及营销功能进行审计。分析国内国际市场环境,确定正确的营销理念,是农产品市场营销的灵魂和成功的保证。要在对市场环境及信息分析的基础上制订农产品市场营销战略规划,运用恰当的农产品市场营销策略和措施,在保证战略规划实现的同时还要定期对农产品市场营销活动进行营销审计,以检查它的战略、结构、制度和效率是否与最佳的市场机会相吻合。

（五）研究农产品市场营销的应用与创新

随着 WTO 有关规则在中国的使用以及世界经济全球化的深入发展,中国农产品市场营销理念、方式和方法均发生了深刻的变化。农产品市场营销要研究国际和国内两大市场的对接,以及如何运用两大市场资源制订科学的农产品国际营销战略;要研究国际农产品市场营销规则和规范,以及国外农产品市场营销的方式和方法;要顺应新时代新需求,研究农产品市场营销形式,包括农产品超市、农产品商业连锁、农产品配送、农产品期货、农产品拍卖、农产品电子商务、直播带货等,从而推进农产品市场营销的观念创新、市场创新、方式创新、服务创新和组织创新。

二、农产品市场营销的理论创新

（一）全方位营销

全方位营销观念以开发、设计和实施营销计划、过程及活动为基础,关注营销计划、过程及其活动的广度和彼此之间的相互依赖性。这种观念认为在营销实践中每个细节都是特别重要且不可或缺的,营销者要全方位关注和协调市场营销活动的范围和复杂维度。全方位营销的重要维度包括整合营销、关系营销、绩效营销和内部营销。

1. 整合营销

整合营销是一种对各种营销工具和手段进行系统化结合,根据环境进行即时性的动态修正,以使交换双方在交互中实现价值增值的营销理念与方法。整合就是把各个独立的营销工作综合成一个整体,以产生协同效应。这些独立的营销工作包括广告、直接营销、销售促进、人员推销、包装、事件、赞助和客户服务等,战略性地审视整合营销体系、行业、产品及客户,从而制订出符合企业实际情况的整合营销策略。

2. 关系营销

关系营销主要是一种运用识别、建立、维持、互利等营销手段,保持与顾客的长期关系,实现农业综合企业与顾客利益共赢的营销方式。关系营销是由美国市场营销学家巴巴拉·本德·杰克逊在20世纪80年代中期提出的,它把营销活动看成一个企业与消费者、供应商、分销商、竞争者、政府机构及其他公众发生互动作用的过程,其核心是建立和发展与这些公众的良好关系,企业与各方通过互利交换及共同履行承诺,实现各自的目标。企业与顾客之间的长期关系是关系营销的核心,保持和发展这种关系是关系营销的重要内容。要实现关系营销的目标,企业必须提供优质的产品、良好的服务和公平的价格。同时,与各方加强经济、技术及社会等方面的联系和交往。

3. 绩效营销

绩效营销强调营销与会计财务金融的融合,关注营销带来的长期价值。绩效营销从狭义看是企业注重财务绩效而开展营销活动,从广义看指营销者更关注营销活动及其投入带来的商业回报,并更广泛地关注营销对法律、伦理、社会、环境的影响和效益。

4. 内部营销

内部营销指服务公司必须有效地培训和激励直接与顾客接触的职员和所有辅助服务人员,使其通力合作,为顾客提供满意的服务。对于一贯提供高质量服务的公司来说,营销人员必须让公司的每一个人执行顾客导向战略。

(二)服务营销

服务营销是一种通过关注消费者的多样化需求,进而提供合理的产品及服务,最终实现成功销售所采取的一系列营销方式。农产品服务营销主要包括以下内容:一是农产品生产企业和个人提供服务产品,如农业机械服务、技术咨询服务、良种培育服务、物流服务和销售代理服务等;二是农产品售后服务,如种植、食用指导服务,技术跟踪服务等;三是提供观赏和休闲等营销活动,如休闲农业、生态观光农业等。随着消费者收入水平的提高,消费需求和消费层次呈现多元化,农产品市场营销中的服务营销活动范围和比例将进一步扩大。尤其是农产品的终端消费者具有长期需求、分散购买以及习俗差异性等特征,通过满足个性化需求的服务营销方式,更容易培养顾客的忠诚度。

(三)绿色营销

英国威尔斯大学肯·毕提在《绿色营销——化危机为商机的经营趋势》中指出,绿色营销是一种能辨识、预期及符合消费的社会需求,并且可带来利润及永续经营的管理过程。绿色营销观念认为,企业在营销活动中,要顺应可持续发展战略的时代要求,注重地球生态环境保护,促进经济与生态环境协调发展,以实现企业利益、消费者利益、社会利益及生态环境利益的协调统一,并以此为中心,对产品和服务进行构思、设计、销售和制造。发达国家的绿色营销发展过程已经基本上形成了"绿色需求→绿色研发→绿色生产→绿色产品→绿色价格→绿色市场开发→绿色消费"为主线的消费链条。从这些界定中可知,绿色营销是以满足消费者和经营者的共同利益为目的的社会绿色需求管理,是以保护生态环境为宗旨的绿色市场营销模式。它的兴起与发展,进一步培育了消费者的环保观念。

(四)网络营销

网络营销是随着互联网发展而出现的营销形式,它以现代电子技术和通信技术的应用与发展为基础,带来了市场变革、市场竞争以及营销观念和策略的转变。在新技术基础上,网络营销拓展了传统的市场营销渠道,对企业改善营销环境、提高核心竞争能力和市场效率、推动企业可持续发展具有重要的现实意义。农产品网络营销主要是指以互联网为途径而开展的关于农产品的营销活动,包括在互联网上发布农产品的信息、市场调查、促销交易洽谈、收付款结算等活动。农产品网络营销扩大了农产品流通半径,增加了农产品信息的透明度,有利于实现农产品产供销一体化和产业链的整合,也逐渐成为农产品销售的主要方式。

(五)创意营销

创意就是营销力,现代营销领域推崇"创意为王",创意在营销领域的力量,可以说能点石成金,甚至化腐朽为神奇。经济学有个原理,就是人均 GDP 达到 1 000 美元以后,人们购买商品已不完全是为了满足物质需要,更重要的是满足一种精神享受和审美体验,比如,考虑最多的是品牌、款式等文化内涵。传统产业卖资源、卖产品、卖机器,而创意产业卖设计、卖理念、卖心理享受、卖增值服务。创意产业的研发和销售,使得整个产业链的各个环节都与营销紧紧地衔接在一起,因此企业营销中的"精创意"和"大手笔",是现代企业参与竞争的掘金利器。创意营销是一项复杂的工程,在创意设计和策划上必须多下功夫,要经过周密的计划、出奇制胜的推广模式、科学的分工、严谨的执行,方能使企业的创意营销真正发挥作用。创意农产品产销要实行"四制",即创意农产品产销实名制、创意农产品生产"身份"号码认证制、创意农产品质量公示公告制和创意农产品质量安全责任制。

(六)体验营销

体验是指使每个人以个性化的方式参与其中的事件。体验与服务的差别就好像服务与商品的差别。体验式营销的特点包括关注顾客的体验,以体验为导向设计、制作和销售产品,检验消费情境,顾客既是理性的又是感性的。体验营销主要有以下五种类型。

1. 知觉体验

知觉体验即感官体验,将视觉、听觉、触觉、味觉与嗅觉等知觉器官应用在体验营销上。知觉体验的作用包括公司与产品识别、引发消费者购买动机和增加产品的附加价值等。

2. 思维体验

思维体验即以创意的方式引起消费者的惊奇、兴趣,对问题进行集中或分散的思考,为消费者创造认知和解决问题的体验。

3. 行为体验

行为体验是指通过增加消费者的身体体验,指出他们做事的替代方法、替代的生活形态与互动,丰富消费者的生活,从而使消费者被激发或自发地改变其生活形态。

4. 情感体验

情感体验是指体现消费者内在的感情与情绪,使消费者在消费中感受到各种情感,如亲情、友情和爱情等。

5. 相关体验

相关体验是指通过实践自我改进的个人渴望,使别人对自己产生好感。它使消费者和较广泛的社会系统产生关联,从而建立对某种品牌的偏好。

(七)时间营销

时间营销也称"即时推送",是指通过大数据技术手段及时响应每一个网民当前的需求,让网民在决定购买的"黄金时间"内及时接收到商品广告,进而提升广告被关注的程度和广告的成功转化率。时间营销包含了多屏营销,因为需要知道什么样的客户何时在使用哪类客户端,这对于大数据的分析是挑战也是机遇。用户普遍反感野蛮式推送广告,那么时间营销就成为用户体验的必然选择。可以通过点击率来判断,我们投放的广告,客户打开的链接都有我们的 ID,通过这个 ID 可以知道点击率,若用户注册并且消费了,也就很容易知道了,这也是大数据时代营销的最大魅力,客户可以量化效果。

(八)文化营销

文化营销是指把商品作为文化的载体,通过市场交换进入消费者的意识,它在一定程度上反映了消费者对物质和精神追求的各种文化要素。文化营销既包括浅层次的构思、设计、造型、装潢、包装、商标、广告、款式,又包括对营销活动的价值评判、审美评价和道德评价。它有三层含义:第一,企业需借助于或适应于不同特色的环境文化开展营销活动;第二,文化因素需渗透到市场营销组合中,综合运用文化因素,制订出有文化特色的市场营销组合;第三,企业借助商品,将自身的企业文化推销给广大消费者,使企业能够更好地被广大消费者接受。

三、农产品市场营销的研究方法

(一)产品研究法

罗伯特·布兰森和道格拉斯·诺维尔认为,产品(商品)研究法是从单个产品的角度进行营销职能分析、系统分析和结构分析。农产品市场营销是对农产品本身的营销问题进行研究。一方面,它可以将农产品看成一个整体,从总体产品的角度来分析其供求问题、市场问题和消费问题;另一方面,农产品市场营销也可从农产品的具体分类中,对单品种的或具体的农产品的营销进行研究,分析产品的加工、运输、储藏、分级、销售等。例如,米的市场营销可以分为糯米、粳米等产品的营销。

农产品市场营销的产品研究法开始于 20 世纪二三十年代,广泛应用于 20 世纪五六十年代。在现代农产品市场营销学中,它与其他现代研究方法结合,更能反映农产品市场营销本身的特点。但是这种方法也有不足之处,它缺乏系统内部各子系统之间的协同观念,忽略了对整个系统活动的行为因素的整体性分析。

(二)功能研究法

功能研究法即对农产品市场营销的各种功能及作用进行研究,如农产品市场营销的交易功能、形态改变功能、空间转移功能等,同时还将农产品市场营销执行的具体职能即任务进行分类研究,如农产品市场营销的集货职能、分级职能、储藏职能、加工职能等。功能研究法的缺点是:对于某种功能的强调,使人感觉到该种功能可以独立于其他功能而存在。例如,当我们运用功能研究法研究农产品市场营销的交易功能时,可能会不自觉地忽略其他功能,似乎觉得交易功能可以独立于其他功能而发挥作用。

(三)系统研究法

系统研究法是将农产品市场营销作为一个复杂的整体的系统,考察该系统中各要素和要素之间的关系,或者系统内的结构关系的方法。农产品市场营销分为宏观农产品市场营销系统和微观农产品市场营销系统。宏观农产品市场营销系统包括农产品创造和交易相关因素及其相互关系等,如农产品市场营销的目标、农产品市场营销环境(包括管理制度、法律环境以及消费者群体等因素及其相互关系)。微观农产品系统是农产品市场营销单个主体、单个组织内部要素及其相互关系。系统研究法的优点在于:它克服了功能研究法的缺陷,重视系统协同观念对提高系统整体效率的作用。系统研究方法将农产品市场营销的宏观和微观系统综合起来,对子系统和各要素进行整合研究,寻求系统效率的最大化。

(四)机构研究法

机构研究法是对农产品市场营销过程中不同企业和组织的结构及行为进行研究。Kohls 认为,功能研究法是回答营销过程中"做什么"的问题,而机构研究法则是回答"谁在做什么"的问题。谢夫纳、谢瑞德和伊尔在其合著的《食品营销:一个国际视角》中举例说,这些组织主体包括经纪人、代理商、加工者和零售商等。借助对各种不同的营销主体的了解,我们可以分析食品系统的结构。为什么有的分销渠道有许多中间商,而有的却很少?为什么有些买卖受具体合同的约束,而另一些则不受约束?不同类型食品系统的竞争活力怎样?系统中的实际营销成本是什么?消费者支付的价格是不是公平的?

(五)营销管理研究法

营销管理研究法是从管理决策的角度对农产品市场营销活动进行研究。例如,对农产品市场细分策略、定价策略、分销策略、促销策略以及营销组合决策的研究,实现农产品市场营销管理及决策的科学化。

(六)多视角交叉研究

以经济学、管理学、心理学、社会学为基础建立起来的营销学交叉性较强。农产品市场营销更加强化了这一特点,它以农业经济学和营销学为理论基础,是一门新兴的交叉性边缘学科;同时农产品市场营销活动又是一个复杂的系统,由于农产品的特殊性,与工业品相比受到政治、经济等宏观环境因素的制约和影响更大,这就决定了农产品市场营销活动必须从多个视角、运用多种理论进行研究。近年来我国理论界和实践界对农产品市场营销研究从宏观、微观的层面,以产品和管理的多个视角进行,广泛运用到经济学、管理学及农业经济学中的理论,弥补了营销学理论的某些不足。

课后练习

一、名词解释

农产品市场　现货交易市场　农产品市场营销　整合营销　关系营销　绩效营销　内部营销

二、简答题

1.农产品市场的特点有哪些?

2.产地市场的主要特点有哪些?

3.农产品市场营销的特点有哪些?

4.全方位营销有哪些重要维度?

5.农产品市场营销的研究方法有哪些?

三、论述题

1.农产品市场营销的内涵是什么?

2.试述农产品市场营销的研究内容。

3.农产品市场营销具有哪些功能和职能?

4.农产品市场营销的理论创新有什么意义?

5.学习农产品市场营销具有哪些意义?

四、案例分析

陕西省蓝田农特产品加速"出圈"

最近,陕西省蓝田县晚夏西红柿在社群电商"火"了。

产于蓝田县三官庙镇的露地晚夏西红柿果肉饱满、汁液充盈、甜带微酸,7月初是自然成熟采摘季。每天,采摘分拣好的5吨西红柿被直接运送到西安西域美农社区团购供配中心,次日即可送到消费者手中。自从上网销售后,三官庙镇晚夏西红柿便一路走红,供不应求,不少消费者争相订购。

近年来,蓝田县坚持把发展"电子商务+特色产业"作为推动经济高质量发展的重要举措,加快"数商兴农"、电商示范县项目建设,加大龙头企业招商力度。上半年全县新增电商主体44家,目前已培育发展电商企业144家、物流企业53家,其中跨境电商企业6家,生产型电商企业占比达94.7%。更多传统企业、个体户结合电商销售新模式,在各类电商平台开设网店2100余家,新开设特产馆、旗舰店、专营店15个。上半年全县电子商务交易额达19.54亿元,同比增长30.57%,其中农产品网络零售额1.78亿元,增幅较大。全县特色农产品出村进城加速"出圈",电商产业规模、品质效益实现双提升。

2022年以来,蓝田县全面启动建设国家电子商务进农村综合示范县项目,着力提升县镇村三级物流运营服务体系、农产品供应链流通体系、电商公共服务体系、人才技能培训等。其中,三级物流运营服务体系建设项目由中国邮政蓝田分公司牵头开展,已实现蓝田19个镇(街道)、337个行政村快递进村全覆盖。目前,总投资2亿元的蓝田县电商产业园项目已完成6栋厂房、1栋商业体主体建设和园区道路硬化,现已开展招商引资工作,计划引入30家大型电商企业,项目投运后预计年交易额可达50亿元,带动就业3000人。

蓝田县强化"精准招商,以商招商,延链补链"举措,2021年以来,该县招商洽谈了京东物流集团、阿里巴巴、洛可可设计集团等企业投资合作,引入孵化电商企业15家。阿里巴巴、西域美农等5家龙头企业到蓝田县落地发展,项目总投资约1.2亿元,重点围绕农特产品进行生产加工、包装设计、宣传营销,打造培训基地及区域运营中心,带动特色产业规模化、标准化、数字化发展以及周边群众就业和农户增收致富,有力推动县域电商产业高质量发展。

为了让当地农特产品更快走向全国,蓝田县除了在淘宝、抖音、拼多多等电商平台开设"蓝田线上特产馆"进行网络推广销售,还成立了蓝田县电商直播协会,通过系列直播促消费活动,蓝田农特产品知名度、美誉度大幅提升,打开了市场销售渠道,受到广大网民的喜爱和认可。

下半年,蓝田县将大力推进"特色产业+直播间""直播+文旅康养、农副产品"等新模式,规划建设10个直播间,打造地域网络主播矩阵,推动蓝田特色产业电商化、数字化、品牌化发展;开设20家网上特产馆、专营店,形成网络营销矩阵,拓展产品市场,加速农特产品走出蓝田,畅销全国。

（资料来源:陕西日报,2022-07-20.）

案例思考题:
1. 陕西蓝田农特产品快速"出圈"的原因是树立了什么样的市场营销观念。
2. 西安西域美农社区团购供配中心在农产品市场营销中有哪些作用?

项目二

农产品市场营销环境

学习目的

1. 掌握农产品市场营销环境分析方法。
2. 理解宏观环境和微观环境对农产品市场营销的影响。
3. 熟悉农产品市场营销宏观、微观环境概念。
4. 了解农产品市场营销宏观、微观环境的组成部分。

情境导入

国际组织称全球农产品行业未来十年面临根本挑战

经济合作与发展组织(简称"经合组织")和联合国粮食及农业组织(简称"粮农组织")29日联合发布《2022—2031年农业展望》报告指出,全球农产品行业未来十年面临根本挑战,需要以可持续方式养活不断增长的人口、应对气候危机影响等带来的食品供应中断等冲击。

报告指出,新冠疫情后需求复苏、主要供应国天气恶劣、生产和运输成本上升等多重因素已推动农产品价格上涨,谷物主要供应国乌克兰和俄罗斯农产品出口不确定性上升又令形势进一步恶化。

粮农组织总干事屈冬玉表示,食品、化肥及燃料等价格上涨以及金融条件收紧正使更多的人生活陷入困难。如果全球食品供应因生产和主要出口国供应减少而恶化,预计2023年全球面临长期营养不良的人口将增加1900多万。

报告预计,未来10年,全球食品消费受人口增长驱动每年将增长1.4%,农业产量每年将增长1.1%。全球平均农业生产力需提高28%,才能既实现零饥饿的可持续发展目标,又保证农业排放量达到《巴黎协定》目标。

报告指出,在技术、基础设施和培训方面增加投资提高生产力,是农业增长的关键驱动力。如果能源和化肥等农业投入品价格长期上涨,将抬高生产成本,并可能在未来几年限制生产力提高和产出增长。

报告强调,未来十年,全球主要农产品和加工产品贸易量将与产量同步增长,确保全球贸易市场运作良好对于应对粮食安全的中短期挑战至关重要。

(资料来源:新华网,2022-06-29.)

思考:请结合本案例,分析影响我国农产品行业的主要因素。

第一节　农产品市场营销环境的含义与特征

一、农产品市场营销环境的含义

环境是指周围的情况和条件,泛指影响某一事物生存与发展的力量总和。环境是企业赖以生存的基础,也是企业制订营销策略的依据。市场营销是一个不断发展和完善的动态概念。菲利普·科特勒指出,营销环境是影响企业在建立和保持同目标顾客间关系的营销管理能力之外的外部参与者及其影响力。营销环境由微观营销环境和宏观营销环境组成。因此,农产品市场营销环境就是专指存在于农产品经营企业外部,影响其营销活动及目标实现的各种因素总和。

微观环境由与企业联系紧密,影响其服务目标顾客的单位组成,这些单位多少与企业有直接经济关系,故也称直接营销环境。宏观营销环境主要通过微观营销环境实现对企业的影响,故也称间接营销环境。微观与宏观环境是主从关系,微观环境受制于宏观环境,微观环境中所有因素都受宏观环境中各力量影响。

二、农产品市场营销环境的分类

(一)按照影响范围划分

按照影响范围,可将营销环境分为宏观营销环境和微观营销环境。宏观营销环境是指影响微观营销环境的各种因素和力量的总和,主要包括政治法律环境、经济环境、人口环境、自然环境、社会文化环境、科学技术环境等因素,这些因素主要从宏观方面对农产品经营企业的市场营销活动产生影响。微观营销环境是指由企业本身市场营销活动所引起的与企业市场紧密相关、直接影响其市场营销能力的各种行为者,包括公司供应商、营销中间商、竞争对手和公众等,对于农产品经营企业当前和今后的经营活动都会产生直接的影响。

(二)按照控制难易程度划分

按照控制难易程度,可将营销环境分为企业可控因素和企业不可控因素。企业可控因素是指由企业及营销人员支配的因素。企业不可控因素是指影响企业的工作和完成情况而企业及市场营销人员不能控制的因素,包括消费者、政府、经济、技术和独立媒体。

(三)按照环境性质划分

按照环境性质,可将营销环境分为自然环境和社会环境。自然环境包括自然资源及其他自然因素,如气候变化、生态系统变化。对于农产品来说,受自然环境的影响较大,同一品种农产品在不同地方种植其品质就会相差很大。社会环境包括社会价值观、人口统计变量、经济和竞争力量、科学和技术、政治和法律力量等。对于农产品来说,不同地方的饮食文化,会直接影响到该地区农产品的消费,如中餐和西餐就是截然不同的两种饮食文化,在对农产品的食用或使用上存在着很大的差别。

(四)按照对企业营销活动影响程度划分

按照对企业营销活动影响程度,可将营销环境分为长期环境与短期环境。长期环境是指在未来很长的一段时间内都会对企业营销活动产生影响。短期环境则是指对企业营销活动产生的影响持续时间较短。

三、农产品市场营销环境的特征

农产品市场营销环境由多种因素构成,各种环境因素相互影响,关系复杂,而且不断发展、变化。具体而言,农产品市场营销环境具有以下特征。

(一)客观性

农产品市场营销环境是独立于农业企业而客观存在的,不依赖于农业企业的主观意志。一方面,农业企业无法摆脱和控制营销环境,只能适应和利用客观环境;另一方面,农业企业在环境面前并不是完全无能为力,它们可以通过主动调整市场营销策略去适应环境的变化。

(二)差异性

农产品市场营销环境的差异性主要表现为不同的国家或地区之间宏观营销环境、不同的企业微观营销环境都是千差万别的。同一市场环境变化对不同企业的影响也不同。农业企业面对的微观营销环境中,农户数量多、文化程度差异大、关系复杂,给农业企业经营带来很大的困难。农业企业应根据市场环境变化的趋势和行业的特点,采取相应的营销策略。

(三)动态性

随着我国经济结构的调整,"三农"问题受到了高度重视,农业在我国得到了优先发展。我国农业企业面临的营销环境也在不断变化,如农业生产规模不断壮大,农业发展更加可持续化,农业市场化运行不断加强,消费者更加注重绿色消费等。一方面,营销环境的动态性要求农业企业时刻关注营销环境的变化,不断调整营销策略,以适应环境的变化;另一方面,营销环境的变化也是有规律的,我国农业企业应该在营销活动中认识环境的变化规律,增大营销成功的可能性。

(四)复杂性

企业面对的微观营销环境中,农户个数多、文化程度差异大、关系复杂,农产品市场营销微观环境中的其他因素间、宏观环境各因素间以及微观与宏观环境间也存在相互影响,并且各因素也在不断变化,这给农业企业带来很大的不确定性。

(五)相关性

市场营销环境诸因素之间相互影响、相互制约,其中某一因素的变化都会引起其他因素的变化,从而形成新的市场营销环境。例如,竞争者是企业重要的微观环境因素之一,而宏观环境中的政治、法律因素或经济政策的变动,均能影响一个行业竞争者的加入数量,从而形成不同的竞争格局。又如,市场需求不仅受消费者收入水平、爱好以及社会文化等方面因素的影响,政治、法律因素的变化往往也会产生决定性的影响。

第二节 农产品市场营销宏观环境

农产品市场营销宏观环境是指关系到农产品经营企业的生存和发展,影响和制约农产品经营企业营销战略的制订和实施的外部因素的总称。主要包括政治法律环境、经济环境、人口环境、社会文化环境、科技环境、生态环境。

一、政治法律环境

政治法律环境包括政治环境和法律环境,是影响农业企业营销的重要的宏观环境因素。

(一)政治环境

政治环境是指企业市场营销活动的外部政治形势,主要包括政治制度与体制、政局稳定性、政府所持的市场道德标准。农产品是关系国计民生的生活必需品,农产品市场经营活动需要更好发挥政府作用并采取必要的、适度的宏观调控以维护农产品市场的稳定。政治环境对企业营销产生影响主要通过国家政府制定的方针政策,如人口政策、能源政策、物价政策、财政政策、货币政策等,影响农业生产者与经营者的农产品开发、定价、渠道、促销等方面的市场营销决策。对国际政治环境的分析应理解政治权力和政治冲突对农业经营者市场营销活动的影响。政治权力对市场营销的影响,往往表现为由政府机构通过采取某种措施来约束外来企业或其产品,如进口限制、外汇控制、劳务限制、绿色壁垒等。国际上的重大事件、突发性事件等政治冲突都会对企业市场营销产生不利影响。

(二)法律环境

农产品市场营销的法律环境是国家和地方制定的关于规范农产品市场营销活动的法律法规的总和。为规范农产品经营行为,我国先后颁布实施了《中华人民共和国环境保护法》《中华人民共和国公司法》《中华人民共和国消费者权益保护法》《中华人民共和国食品卫生法》《中华人民共和国广告法》《中华人民共和国农村土地承包法》《中华人民共和国反不正当竞争法》等与农产品市场营销相关的法律法规。市场经营主体研究并熟悉法律环境,既能保证自身严格依法管理和经营,也可运用法律手段保护自身的权益。各个国家的社会制度不同、经济发展阶段和国情不同,体现统治阶级意志的法律制度也不同。从事国际市场营销的企业必须对有关国家的法律制度和有关的国际法规、国际惯例进行学习研究,并在实践中遵循。

二、经济环境

经济环境是指影响企业营销活动的主要环境因素,包括收入、储蓄状况、消费结构等因素。其中,收入因素和消费结构对农业企业营销活动影响较大。

(一)直接影响营销活动的经济环境因素

1.个人收入

市场消费需求是指消费者有支付能力的需求。消费欲望和购买能力有机结合,才有购买行为。个人的购买能力主要受个人收入影响,不同地区、不同职业的收入水平及收入差距对农产品市场营销有重要影响。收入水平高的地区,农产品消费需求水平高,且对质量、环保等有较高要求。此外,农产品是生活必需品,对其需求缺乏弹性,因此扩大农产品需求主要依靠提高全社会居民的购买力。我国通常用人均国内生产总值、个人收入、个人可支配收入、可任意支配收入等宏观指标衡量个人的收入。

2.消费结构

收入在很大程度上影响着消费者的消费结构。消费结构是指各种消费支出占总支出的比重以及各种支出之间的比例关系。德国统计学家恩斯特·恩格尔采用恩格尔系数来衡量一个国家、一个地区乃至一个家庭的富裕程度。恩格尔系数是指食品消费占总消费的比率。恩格尔系数越高,说明其食品消费的比重越高,其越贫困;反之,说明其富裕。随着我国经济的发展,我国居民的恩格尔系数逐渐下降,且消费者更加关注食品安全和自身健康,农产品中的绿色食品、有机食品越来越受到消费者的青睐,安全、卫生、便捷、高效的农产品市场营销模式也日益受到消费者的欢迎。

3.储蓄与信贷

(1)储蓄。储蓄是指城乡居民将可任意支配收入的一部分储存待用。储蓄的主要形式有银行存款、购买债券和手持现金。较高储蓄率会推迟现实的消费支出,加大潜在的购买力。我国人均收入水平虽不高,但储蓄率相当高,从银行储蓄存款余额的增长趋势看,国内市场潜在储蓄存款余额甚大。储蓄目的的差异,会影响到潜在需求量、消费模式、消费内容、消费发展方向。这就要求企业营销人员在调查、了解储蓄动机与目的的基础上,制订不同的营销策略,为消费者提供有效的产品。

(2)信贷。信贷是指金融机构或商业机构向有一定支付能力的消费者融通资金的行为。信贷的主要形式有短期赊销、分期付款、消费贷款等。消费信贷使消费者可用贷款先取得商品使用权,再按约定期限归还贷款。消费信贷的规模与期限在一定程度上影响着某一时限内现实购买力的大小,也影响着提供信贷的商品的销售量。

(二)间接影响营销活动的经济环境因素

1.经济发展水平

经济发展程度高的国家和地区,着重投资较大的、精密的、自动化程度高的、性能好的生产设备;在重视产品基本功能的同时,又强调款式、性能及特色等;大量进行广告宣传及经营推广活动,非价格竞争较占优势;分销途径复杂且广泛,制造商、批发商与零售商的职能逐渐独立,连锁商店的网点增加。而在经济发展水平低的地区,则较侧重于产品的功能及实用性,价格因素比产品品质更为重要。

2. 地区与行业发展状况

我国地区经济发展很不平衡,逐步形成东部、中部、西部三大地带和东高西低的发展格局。同时在各个地区的不同省市,还呈现出多极化发展趋势。这种地区经济发展的不平衡,对农产品经营企业的资金投入方向、目标市场以及营销战略的制订等都会带来巨大影响。随着乡村振兴战略的深入推进,现代农业、原料和能源等基础产业将会得到更多重视,这些行业的发展必将带动商业、交通、通信、金融等行业的相应发展,也给市场营销带来一系列影响。因此,一方面,企业要处理好与有关部门的关系,加强联系;另一方面,企业要根据与本企业联系紧密的行业的发展状况,制订切实可行的营销措施。

3. 经济形势

经济全球化已成为影响一国内部和各国之间关系的重要因素。尤其是在 2020 年,受新冠疫情(以下简称"疫情")影响,导致很多产业链断裂,众多企业经营受困,进而引发各国的经济在一季度内严重下滑,并进一步影响全球的经济形势。我国是农产品出口大国,农产品出口加工型企业在本次疫情中也同样遭受重创,但有一部分企业能够迅速调整市场战略,利用电商平台或者通过团购等各种形式销售农产品,不仅解决了疫情防控期间产地农产品的积压问题,还解决了城市居民买菜难的问题。随着疫情在世界范围内的传播和防控的常态化,农产品经营者必须对国内外的经济形势进行认真研究,力求获得正确的认识与判断,并制订相应的营销战略和计划。

三、人口环境

人口环境是构成市场的第一因素,市场是由有购买欲望同时又具有支付能力的人构成的,人口多少直接决定市场的潜在容量,人口越多,市场规模就越大。农产品经营企业的人口环境包括人口数量、密度大小、居住地点、年龄结构、性别结构等,会对市场格局产生深刻影响,且直接影响企业的市场营销活动和经营管理。企业须重视对人口环境的研究,抓住市场机遇,当出现威胁时,应及时、果断调整营销策略以适应人口环境的变化。

四、社会文化环境

社会文化环境是指一个社会形态下人们的观念信仰、行为规范、态度和风俗习惯的总和,它通过潜移默化的方式对消费者的消费行为产生影响。影响农产品市场营销的主要社会文化因素包括宗教信仰、消费习俗、价值观念。宗教信仰是人们洞察文化行为或精神行为的文化层。消费习俗指人们在日常消费中逐渐形成并固化的消费方式和消费习惯。价值观念就是人们对社会生活中各种事物的态度和看法。

五、科技环境

科学技术是第一生产力,不仅影响企业内部的生产和经营,还能通过与其他环境因素的相互作用,给经营者的市场营销带来影响。近年来,随着现代生物技术的发展,细胞工程、遗传育种、基因工程等技术在农业领域得到广泛的应用,极大地提高了农产品的产量,改善了产品品质,开发出众多的新品种。科技发展对企业营销活动的作用表现在以下四个方面。

(一)科技发展促进社会经济结构的调整

每一种新技术的发现、推广都会给有些企业带来新的市场机会,同时,也会给某些行业、企业造成威胁,使这些行业、企业受到冲击甚至被淘汰。

(二)科技发展促使消费者购买行为的改变

随着多媒体和网络技术的发展,农产品市场营销从实体店到微店,从团购到直播,催生了农产品的"网红经济",传统的农产品市场营销方式正让位于以信息技术为基础的网络营销。

(三)科技发展影响企业营销组合策略的创新

科技发展不仅降低了产品成本,使产品价格下降,并使价格信息能够快速被掌握,同时也使广告媒体多样化,信息传播快速化,市场范围具有广阔性,促销方式具有灵活性。

(四)科技发展促进企业营销管理的现代化

科技发展为企业营销管理现代化提供了必要的装备,为实现农产品市场营销现代化发挥了重要的作用。促使农产品经营企业营销管理人员更新观念,掌握现代化管理理论和方法,不断提高营销管理水平。

六、生态环境

生态环境是指与人类密切相关的,影响人类生活和生产活动的各种自然(包括人工干预下形成的第二自然)力量(物质和能量)或作用的总和。工业化进程导致生态环境不断恶化,人们逐渐认识到环境保护是营销过程中必不可少的一个环节,因此绿色营销应运而生。

(一)自然资源短缺与利用

自然资源分为两类:一类资源为可再生资源,如农作物等;另一类资源是不可再生资源,如石油、煤炭、银、锡、铀等。随着国民经济发展和人民生活水平的提高,自然资源日渐短缺,一方面使企业面临原材料价格上涨、生产成本大幅度上升的威胁;另一方面又使企业研究合理利用资源的方法,开发新的资源和代用品。因此,农产品经营企业应尽可能合理、有限度地利用有限的自然资源,不断强化"绿水青山就是金山银山",发展可持续性现代农业。

(二)环境污染与环境保护

我国农业环境遭受污染的范围比较广泛,已对农产品生产环境造成严重影响。农业环境污染造成土壤板结、地力下降、生态破坏以及农产品质量安全问题突出等问题,已成为我国农业可持续发展的重要制约因素和影响人们身体健康的潜在隐患。环境污染对农产品质量造成的影响,促使企业研究控制污染技术,兴建绿色工程,生产绿色产品,使用环保包装。

（三）政府干预不断加强

自然资源短缺和环境污染加重的问题,使各国政府加强了对环境保护的干预,颁布了一系列有关环保的政策法规,这将制约农产品经营企业的营销活动。企业要在营销过程中自觉遵守环保法律法规,担负起环境保护的社会责任。

第三节　农产品市场营销微观环境

农产品市场营销微观环境是指直接营销环境对农产品经营企业活动的影响,主要体现在农产品经营企业的具体对外业务往来过程中。在具体分析时,企业的微观营销环境主要由企业的农户、供应商、企业、营销中间商、消费者、竞争者、公众组成。

一、农户

农户是从事农业生产的最基本的经济单位,现阶段我国农户的显著特征是规模小、经营分散,应对市场变化的能力较弱。农户的以下行为和特征会对农业企业的市场营销活动产生一定的影响。

（一）农产品商品率

农产品商品率是指农户生产的产品中用于市场出售的比率。根据农产品商品率的高低,将农户分为商业性农户和自给性农户两类。前者生产的农产品主要在农产品市场中销售,其商业倾向性高,主要向农业经营企业提供初级农产品,成为农业经营企业的上游供给者之一;后者生产的农产品主要用于自己消费,自给倾向性高,由于农户生产的农产品主要用于自己消费,参与到农业经营企业的产业链条中的程度不高。

（二）兼业性

兼业是指农户为了弥补单纯经营农业收入不足,或者为了获取更高的收入,在从事农业生产的同时,还从事非农产业经营。农户的兼业行为将影响其向农业企业提供初级农产品的及时性和稳定性。

（三）组织性

由于农户数量多,生产分散,在农产品市场营销中处于弱势地位,为了提高农产品流通效率,保证农户的经济利益,保障消费者的需求能够及时得到满足,农户的组织化程度必须进一步提高。2007年7月1日起施行的《中华人民共和国农民专业合作社法》(2017年修订)为农业组织化进程提供了法律保障。随着乡村振兴战略的实施,农民的组织化程度将会越来越高,参与到农产品大流通的深度也会越来越强,再加上家庭农场和种养大户等的规模化生产经营,农户将在农产品市场营销上发挥更多作用。

二、供应商

供应商是指向农产品经营企业及其竞争者提供生产产品和服务所需资源的企业或个人。供应商所提供的资源主要包括原材料、设备、能源、劳务、资金等。供应商对农产品经营企业的营销活动的影响如下。

（一）供货的稳定性与及时性

原材料、零部件、能源及机器设备等货源的保证，是企业营销活动顺利进行的前提。供应量不足或供应短缺，都会影响企业按期完成交货任务。

（二）供货的价格变动

供货的价格直接影响企业的成本。若供应商提高原材料价格，生产企业也将被迫提高其产品价格，由此可能影响到企业的销售量和利润。

（三）供货的质量水平

供应货物的质量直接影响到企业产品的质量，故企业在寻找和选择供应商时，应注意两点：第一，必须充分考虑供应商的资信状况且要与其建立长期稳定的合作关系，保证企业生产资源供应的稳定性；第二，必须使自己的供应商多样化，减少供应商对企业的影响和制约，避免企业陷入被动和困境。

三、企业

企业为实现其目标，必须开展生产、采购、研发、财务、营销等业务活动。市场营销部负责制订现有各个产品、各个品牌及新产品、新品牌研究开发的营销计划。从营销部门的角度看，经营活动能否成功，首先受企业内部各种因素的直接影响，因此营销部门在分析企业的外部营销环境前，必须先分析企业的内部条件或内部营销环境，充分考虑最高管理层、财务、研发、采购、生产等部门的行为可能会对企业营销活动造成的影响。营销部门必须与企业的其他相关部门密切合作和相关利益处理，以便营销部门的计划和行动取得如期效果。

四、营销中间商

（一）中间商

中间商是协助公司寻找客户或直接与客户进行交易的商业企业。中间商分为代理商和经销商。代理商是指专门介绍客户或与客户磋商交易合同，但并不拥有商品持有权。由于中间商的销售效率直接影响到企业的生产效率，企业应与其保持良好的关系。特别是生鲜农产品要尽量减少中间环节，减少从产地运输到消费地的时间，以保证质量并减少损耗。

（二）物流储运商

物流储运商的主要职能是帮助企业储存并把货物运送至目的地，包括仓储公司和运输公司。主要负责包装、运输、仓储、装卸、搬运、配送、库存控制和订单处理等，提供商品的时间效用和空间效用，以便适时、适地和适量地把商品供给消费者。

（三）营销服务机构

营销服务机构是指为农业企业提供营销服务的各种机构，如市场调研公司、广告公司、各种广告媒介及市场营销咨询公司，它们协助企业选择最恰当的市场，正确定位和促销产品。

企业可自设营销服务机构，也可委托外部营销服务机构代理有关业务并定期评估其绩效。目前，我国的农业企业规模较小、管理水平较低，大多需要外部营销服务机构的帮助，但往往由于服务费用较高望而却步，尤其是农民合作社和家庭农场，利用营销服务机构进行市场营销的比例非常低。

（四）金融服务机构

金融服务机构主要指协助农业经营组织进行融资或分担货物购销、储运等风险的机构，如银行、信贷机构、保险公司以及其他金融机构。这些机构为农业组织的发展、交易的顺利进行等提供金融支持，对产品买卖中的风险进行评估并保险。

五、消费者

消费者是企业产品或服务购买者的总称，是企业服务的对象。消费者的需要是市场营销活动的出发点和归宿。各类市场都有其独特的消费者，因此消费者的消费理念、消费结构及其变化都应是企业市场营销策略调整的重要依据。农业企业应分析各个市场的需求特点及其购买行为，针对目标市场的特点采用不同的方式，及时、高效地提供相应的产品和服务。企业的目标市场按购买动机可分为消费者市场、生产者市场、中间商市场、政府市场和国际市场。

六、竞争者

市场竞争是市场经济的基本特征，只要存在商品生产和商品交换，就存在竞争。企业需要比竞争对手更迅速、更有效地传递商品、满足消费者的需求，才能在变幻莫测的竞争中处于不败之地。所以企业除了需要认真研究现实和潜在的消费者，还必须认真研究其竞争者。竞争者包括欲望竞争者、类别竞争者、形式竞争者、品牌竞争者。

欲望竞争者是指通过提供不同产品来满足当前不同消费欲望的竞争者；类别竞争者表示满足消费者某种欲望的各种方法之间的可替代性，是消费者在决定需要的类型之后出现的次一级竞争，又称为平行竞争；形式竞争者是指生产或销售满足同类需求的同类产品，但产品形式不同的竞争者；品牌竞争者是指生产或销售的产品满足同一种需求的相同种类、相同形式，但不同品牌的竞争者。由于这些种类相同但形式不同的产品在对同一种需求的具体满足上存在着差异，方便购买者根据偏好做选择，因此，这些产品的生产经营者之间便形成了竞争关系,互为形式竞争者。

七、公众

公众是指对企业实现营销目标具有实际的或潜在的利益关系或影响的各种群体或个人。企业应采取积极措施,树立良好的企业形象,力求与主要公众之间保持良好的关系。公众主要包括金融公众、媒介公众、政府公众、公民行动团体、地方公众、一般公众、内部公众。

(1)金融公众指对影响企业取得资金能力的任何集团,如银行、投资公司等。

(2)媒介公众是指那些传递信息的刊载和发布的机构。

(3)政府公众是指与企业的市场营销活动有关的政府部门。

(4)公民行动团体指一个企业营销活动可能会受到消费者组织、环境保护组织、少数民族团体等的质询。

(5)地方公众是指企业所在地附近的居民和社区组织。

(6)一般公众是指对企业产品并不购买,但深刻地影响着消费者对企业及其产品的看法的个人。

(7)内部公众指社会组织内部的所有成员,如企业职工、股东等。

第四节 农产品市场营销环境分析方法

一、SWOT 分析法的定义

SWOT 分析法又称为态势分析法,是 20 世纪 80 年代初由美国旧金山大学管理学教授海因茨·韦里克提出的新概念,常被用于制订企业战略、分析竞争对手等。SWOT 分析法就是根据企业自身的条件进行分析,找出企业的优势、劣势及核心竞争力,其中 S 代表企业优势(Strength),W 代表企业劣势(Weakness),O 代表环境机会(Opportunity),T 代表环境威胁(Threat),S、W 是内部因素,O、T 是外部因素(图 2-1)。通过 SWOT 分析法可以结合环境对企业的能力和素质进行分析评价,帮助企业认清自身相对于其他竞争者所处的优势和劣势,有助于企业制订竞争战略。

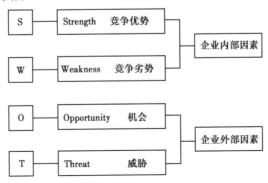

图 2-1 SWOT 分析法构成因素

二、SWOT 分析法的步骤

SWOT 分析法主要有三个步骤,即环境因素分析、构造 SWOT 矩阵、制订战略计划(图 2-2)。

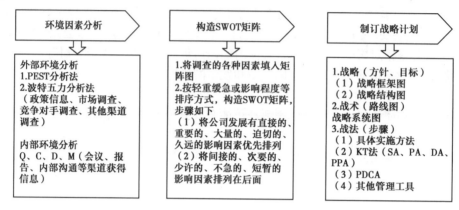

图 2-2　SWOT 分析步骤

(一)环境因素分析

主要从内部环境和外部环境两个角度进行分析,即 SW 优势与劣势分析、OT 机会与威胁分析(图 2-3)。

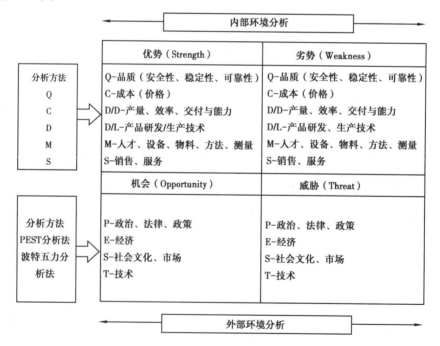

图 2-3　SWOT 分析矩阵示意图

1.内部环境分析

SW 分析主要从 Q、C、D、M、S 几个领域进行分析。

(1)Q—品质。产品质量的安全性、稳定性、可靠性、美观性、适用性、耐久性、经济性等。

(2)C—成本(价格)。同样等级产品的生产成本、销售成本、服务成本等和销售价格(产品盈利能力)。

(3)D/D—产量、效率、交付能力。生产总量、生产能力、综合效率、人均产量、人均附加值、交付按量准时。

(4)D/L—产品研发、生产技术(产品技术和制造技术)。新产品设计开发能力、开发周期、专利技术、专有技术、技术创新能力等。

(5)M—人才、设备、物料、方法、测量。

人才包括经验丰富的优秀管理人才,技术人才,优秀的管理、技术团队。

设备包括先进且高效率的生产线,现代化且高精度的生产设备、检验设备。

物料包括优秀的供应商团队,一流的供应链,高质量、低价格的物料稳定供应。

方法包括先进的管理方法,管理体系,畅通的信息。

测量包括先进的测量仪器,科学的测量方法,完整的品质控制体系。

(6)S—销售、服务。

销售包括强大的销售网络,优秀的销售团队,丰富的销售经验和技巧,灵活的市场变化应对能力,优秀的品牌形象,品牌的价值及市场认可度,良好的客户关系,忠诚的消费者。

服务包括完善的售后服务体系、优质的服务、满意的客户群。

2.外部环境分析

OT 分析主要运用以下两种方法:PEST 方法(图 2-4)、波特五力模型(图 2-5)。

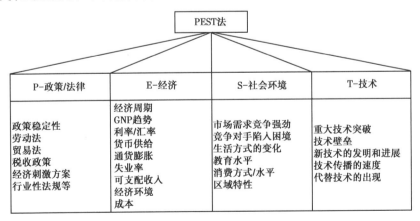

图 2-4 PEST 法(宏观环境因素)

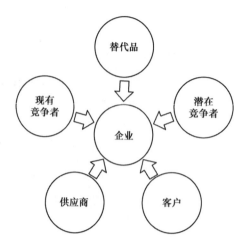

图 2-5 波特五力模型(行业环境因素)

(二)构造 SWOT 矩阵

在构造 SWOT 矩阵过程中,要将分析出来的内容按轻重缓急及影响程度,做出优先排序,那些对公司发展有直接的、重要的、大量的、迫切的、久远的影响因素优先排列出来,而将那些间接的、次要的、少许的、不急的、短暂的影响因素排列在后面(表 2-1 和表 2-2)。

表 2-1 SWOT 分析内容排序表

区分	内容	优先顺序				区分	内容	优先顺序			
		重要度	紧急度	影响度	序号			重要度	紧急度	影响度	序号
S						W					
O						T					

表 2-2 SWOT 分析内容评价表

项目	评价		项目	评价		项目	评价		备注
重要度	5	非常重要	紧急度	5	非常紧急	影响度	5	影响非常大	根据三项的评价合计分数做出优先排序
	4	很重要		4	很紧急		4	影响很大	
	3	重要		3	紧急		3	影响大	
	2	不重要		2	不紧急		2	影响不大	
	1	很不重要		1	很不紧急		1	影响很小	

(三)制订战略计划

制订战略计划的基本思路是:发挥优势因素,分析并克服劣势因素;利用机会因素,识别威胁因素,并规避或化解威胁因素;考虑过去,立足当前,着眼未来。运用系统分析的综合分析方法,将排列与考虑的各种环境因素相互匹配并加以组合,得出一系列公司未来发展的可选择对策(图2-6)。

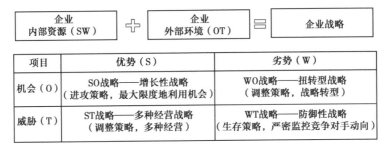

项目	优势(S)	劣势(W)
机会(O)	SO战略——增长性战略 (进攻策略,最大限度地利用机会)	WO战略——扭转型战略 (调整策略,战略转型)
威胁(T)	ST战略——多种经营战略 (调整策略,多种经营)	WT战略——防御性战略 (生存策略,严密监控竞争对手动向)

图 2-6 SWOT 分析与应对策略

三、SWOT 分析应注意的问题

SWOT 分析范围很广,如果缺乏事实和数据,分析就会变得很笼统,制订的战略就会缺乏依据,成为没有价值的战略方案,它带有时代的局限性;进行 SWOT 分析的时候必须对公司的优势与劣势有客观的认识;必须区分公司的现状与前景;必须考虑全面;必须与竞争对手进行比较,比如优于或是劣于你的竞争对手;保持 SWOT 分析法的简洁化,避免复杂化与过度分析;SWOT 分析法因人而异。基于 SWOT 分析法所产生的问题可以用更高级的POWER SWOT 分析法解决。

课后练习

一、名词解释

农产品市场营销环境　微观营销环境　营销机会　营销威胁

二、简答题

1.农产品市场的特点与分类有哪些?

2.农产品宏观环境和微观环境分别包括哪些?

3.农产品经营企业在进行经济环境分析时,主要考虑哪些经济因素?

4.农产品市场营销环境分析用了什么方法,并作简要的解释。

5.政府在农产品市场营销中所要做的工作有哪些?

三、论述题

1.以某种农产品为例,对其进行 SWOT 分析。
2.浅谈我国目前农产品市场结构的新特点。
3.试述研究农产品市场营销的意义。

四、案例分析

各地加快推进农村电商发展——让农产品"种得好"也"卖得火"

农村电商方兴未艾,成为转变农业发展方式的新发力点,但也面临新挑战。如何让优质农产品获得更多消费者青睐?如何利用电商直播助力销售?物流如何又快又实惠?各地在加强品牌建设、提高电商效能、完善物流体系等方面进行了有益探索。

2022 年中央一号文件提出,实施"数商兴农"工程,推进电子商务进乡村。农村电商的蓬勃发展,为广阔乡村架设了农产品流通新平台,拓宽了农民增收路径,激活了乡村振兴潜能。

擦亮产品品牌　打造品质标准

市场上的农产品五花八门,同一种类产品还有产地、品质等差异,如何脱颖而出、获得消费者青睐?这离不开品牌的打造。叫响名号,形成品牌影响力,才能助力好产品成为好商品。福建六鳌红薯、山东烟台苹果、湖北洪湖莲藕……时间淘洗出的农产品品牌,在搭载农村电商这趟快车时,更容易拔得头筹。

有了品牌并非一劳永逸,如何维护品牌,持续获得消费者认可,还需要很多努力和探索。

于殿红是黑龙江省五常市民乐朝鲜族乡陆家村村民,几年前开始在网上卖自家产的大米,常常遇到消费者提问"怎么证明你卖的米是五常大米?"于殿红只好把身份证拍照给人看。好东西还愁卖,让不少农民既困惑又无奈。

转机很快出现。2015 年,五常市设立了五常臻米网,对全市大米品牌产品进行公示,并以农业物联网为依托,建成"确地、确种子、确投入品、稻米三重检测"的水稻溯源防伪系统。

据介绍,五常市对良种繁育、育苗插秧、收割仓储到加工销售的 27 个流程 99 道工序逐一细化,制定并推广了五常大米种子、种植、投入品等 8 个方面的地方标准。

"达到标准才能进入加工溯源体系,才能使用五常大米溯源防伪标识和二维码。"于殿红说,"网上一搜,就知道咱家是五常的。袋上一扫,哪个村、谁的田、啥品种、检测报告,一目了然。有这一网一码,销量翻了不止一番。"

"2016 年,市政府还开设线上'五常大米'自营旗舰店,集合本地合作社、米企产品,统一推广运营,共同使用'五常大米'公共品牌。"五常市商务局副局长关宝砚介绍,各部门还组织企业、合作社参加大米节等展销会,线上线下结合提升品牌影响力。

品牌化让农村电商驶入快车道,无论是擦亮旧品牌,还是塑造新品牌,提升品质都是关键。不断推进区域公共品牌建设,将有利于擦亮地方特色农产品招牌,进而引领规模化生产、标准化管理和产业化经营,提升农村电商质量效益和市场竞争力。

直播促进带货　电商打开销路

如今,"销农货,找电商"成为许多农民的共识,但具体如何"触网",不少人并不在行。老乡最了解自家产品,但不擅长网络营销;主播们懂网络,但对田间地头的活计并不内行。如何发挥各自优势,让农产品"种得好"也"卖得火"?

2021 年,在云南省大理白族自治州宾川县乔甸镇李捷村,获得石榴丰收的村民李本斌一开始想继续通过传统渠道销售,但问了好几家采购商,最高收购价才开到1.8元一斤。他想起曾在别家的石榴地里看到的"果农爸爸"直播团队,几个年轻人在田里对着手机卖力吆喝:"石榴现摘现发,不吐籽味道甜!"

于是,李本斌拉着石榴来到镇上的云南果农爸爸农业科技有限公司。他家的石榴品相好、个头大,公司负责人袁晓薇说:"这样的石榴适合走电商渠道,做精品零售。"两人一拍即合,按照2.2元一斤的价格,李本斌的80多吨石榴陆续拉到了电商仓库。

袁晓薇从事农村电商行业已有4年。2018年,她辞职回乡,和几个姐妹一起创业,在网上卖当地特色蔬果。她们下到田里,向农民学习,记录、展示农产品的种植、采摘、打包、发货等环节,既卖了货,也增加了人们对当地农业的了解。如今,30多种云南果蔬经过她的网上店铺销往全国各地。袁晓薇还和村里的年轻人分享直播经验,带他们参与电商运营。

近年来,宾川县大力培育、发展农村电子商务产业,吸引年轻人返乡创业,做主播、帮带货。截至2021年底,累计培植电子商务企业78户,在电商平台开设店铺2990个,微商3000余人,线上销售农特产品突破百种,农产品线上交易日趋活跃,全县农产品网络零售额达2.09亿元。

让农民从"会种"到"会卖",让农村电商从业者从"懂卖"到"懂种",两者之间的良性互动对推动农村电商提质增效、促进农产品进城具有积极意义。

补齐物流短板　加速鲜货出山

对于新鲜蔬果等时令性强、保质期短的鲜货来说,物流"最初一公里"的迅速和通畅至关重要。湖北省秭归县高山陡坡之间的脐橙园里,田间轨道运输车为鲜货"出山"提供了新探索。

轻触按钮,公路边的电动轨道车缓缓降到坡下的果园。车一到,采摘工人将一箱箱脐橙快速码好,再摁按钮,几分钟内,千斤重的脐橙顺着轨道就上了山。"我们基地每年产脐橙50万斤,过去转运费每斤是1角2分钱,现在只要5分钱,总共能省3.5万元!"丰悦脐橙合作社基地负责人刘国华欣喜地说。

刘国华的脐橙基地位于秭归县郭家坝镇烟灯堡村,这里山高坡陡、不宜耕作,却是脐橙生长的沃土。"以前交通设施落后,运送橙子只能靠肩挑背扛,现在方便了!"

2019年,当地通过搭建电网对动力设备电气化升级改造,在果园和公路之间架起了两条总长250米的电动轨道。"人工背一趟橙子上下山要20分钟,现在只需4分钟左右就可以将橙子运到公路边。"刘国华说,"还不用担心人工运输的安全隐患,省时也省心了。"

在秭归,这样的田间轨道运输车有588条,总长11.93万米,它们将4万多亩(1亩≈666.67平方米,下同)地里产出的脐橙从山坡运到公路旁,完成了脐橙"出山"的第一步。

出山后,紧接着要快速出村。县里将县内快递公司、电商企业、农村综合运输服务站等调动起来,建设了"多业融合、多点合一"的村级物流服务体系。秭归县科技经信局电商办负责人刘浩天说:"秭归脐橙产业形成了果农种得好、物流跟得上、产品卖得好的良性循环。"

农产品出城,物流是重要一环。补齐农村物流基础设施短板,推动农村地区流通体系建设,将进一步打通从田间到餐桌、从枝头到工厂的道路,助力农村电商蓬勃发展。

(资料来源:人民日报,2022-03-15.)

案例思考题:

1.结合上述案例,谈谈电商平台给农产品销售带来的影响。

2.现代农产品市场面临哪些新环境?应该如何把握现代农产品市场体系发展的新趋势?

项目三

农产品消费者分析

学习目的

1. 掌握农产品市场营销心理策略。
2. 理解影响购买行为的因素及其决策过程。
3. 了解消费者的农产品需求心理。
4. 了解农产品的购买行为与决策。

情境导入

创意文化桃,果农论个卖

被人们称为"桃王"的平谷区夏各庄镇纪太务村果农屈海全,果园里的桃上结出了"福""喜""寿"等各式吉祥话,再过几天,即可接待游客采摘。眼下,平谷果农种出来的大桃越来越有文化味。

平谷区作为全国大桃主产地,近年来不断挖掘大桃文化,充分了解消费者的心理需求,策划开发了"贺寿""喜庆""寿星""十二生肖"等晒字桃和异型桃,受到许多消费者的喜欢。2017年,果农屈海全精心培育的桃品种"华玉",在1万个桃尚未成熟解袋前,将写有祝福字的"即时贴"贴到了桃表面,桃成熟后,自然就形成了"文化桃"。屈海全的文化桃大多数重量在1斤左右,鲜桃图案丰富,寓意特别,顾客大都买来送给朋友和亲人,作为祈福祝寿、吉祥平安的象征。他的文化桃不称重量,论个卖,每个售价20元,农业上的一点"文化创意",使果农以人有我优的全新姿态面向市场,提高了经济收入。

随着社会经济的发展,消费者的购物心理和对农产品的需求也产生了巨大的变化,他们不仅要求农产品好吃,还要求农产品好看。作为生产者,有必要调整自己的思维和种植习惯,尽力创造一些新花样来迎合消费时尚,满足消费者的需求。除了本案例提到的文化桃创意外,这类的例子还有很多。例如,可在苹果上贴上吉祥字语或图案,生产"长"字苹果;可给西瓜套上方形玻璃柜,生产方形西瓜;可将鸡放养在山坡林地,生产"土鸡""笨鸡";可将柿叶加工成"柿叶茶"。只要肯动脑筋,总会想出一些新点子的,或增加附加价值,或在质量上下功夫,或做"眼球"文章,只有找到了新的"卖点",突破传统的框框,才能开辟新的市场,才会出奇制胜,才能满足消费者的需求,赢得消费者的青睐!

(资料来源:商务部全国农产品商务信息公共服务平台,2017-10-16.)

思考:创意文化桃为什么会得到消费者的青睐? 该创意为什么会取得成功?

第一节　农产品消费者

一、农产品消费者需求

与生产者市场和转卖者市场不同,农产品消费者市场是指为满足生活需要而购买农产品的个人或家庭的总和,也是农产品的最终市场,是所有农产品市场的基础。与一般产品的需求类似,农产品需求是指农产品消费者对农产品有支付能力的愿望和要求。农产品需求是农产品市场运行的前提,且居于首要地位,只有消费者对农产品产生需求,农产品生产经营才具有现实意义。有了农产品的需求,才能使农产品经营者的经营目标得以实现,农产品经营者的营销决策和营销方案才有可行性。

二、农产品消费者特征

农产品消费者的需求既有普通产品市场需求的一般特征,也具有其特殊的要求和规律性,主要体现在以下几个方面。

(一)普遍性

作为一种基本生活资料,农产品为所有消费者所使用,几乎每个人每一天都会产生对农产品的消费和购买行为,特别是粮食、油料、蔬菜等农产品,更是日常生活必不可少的。哪里有人居住,哪里就有对农产品的需求。因此,与工业及其他产品相比,农产品的需求具有更强的普遍性。

(二)稳定性

作为生活必需品的农产品,特别是粮食、油料、蔬菜等大宗农产品,每天都要食用,其需求弹性较小,无论价格高低、收入水平增减,其基本的消费量都是稳定的,不会有较大的变化。此外,人的消费习惯一旦形成,一般不会有太大的改变,因此,无论是某个地域还是某个特定消费者,在一定时期内对农产品的需求总体是稳定的。

(三)零散性

农产品需求的零散性是指单个消费者购买农产品较为分散且单次购买量较少。造成农产品需求零散性的主要原因有以下几点。

首先,农产品的消费者大多是个人或家庭,食用农产品人数相对较少,农产品消耗量不大。

其次,农产品比较容易腐坏,尤其鲜活农产品,不宜长期储藏。

最后,随着现代农产品市场的日趋繁荣,农产品数量较多,品种供应丰富,消费者购买越来越方便,可随时购买。

（四）多样性

由于消费者的地域不同，生活习惯各异，收入水平和社会文化背景均有一定的差异，并产生了各式各样的需求、欲望、偏好和习惯。有的偏重价格，要求物美价廉；有的重视健康、安全，偏重营养；有的偏重口味；有的重视外观。也就是说，农产品消费需求呈现多样化的特点。为此，农产品供给也应该生产多样化的产品，以满足消费者多样化的需求。

（五）阶段性

从总体上看，农产品的需求弹性较小，对于粮食、蔬菜及油料等大宗农产品的需求一般比较稳定。然而，随着人们生活水平的提高，对于禽蛋、各种肉制品及牛奶等农产品的消费量开始逐步提高。在这一背景下，消费者对于大米、白面等粮食的消费呈现逐渐减少的趋势。在农产品短缺的阶段，满足温饱问题就是对农产品的最主要需求，而随着经济的发展，人们不仅要吃饱，还要吃好，吃得营养，吃得健康；农产品不仅要满足物质消费的需求，还要实现精神方面的享受。这就说明，在不同的发展阶段，农产品的需求结构会发生一定的改变，表现出明显的阶段性特点。

（六）可诱导性

农产品消费的可诱导性是指消费者需求并不是一成不变的，而是较易受外界因素的影响而发生改变，即在某一外界因素影响下而产生购买欲望的特性。当消费者对某种农产品不熟悉、不了解的时候，往往不会产生需求，或在产生需求的情况下却不知道购买哪种农产品得到的效应更好。在这种情况下，外在因素，如广告、促销宣传以及身边人的介绍等往往能引起其购买欲望，进而产生购买行为。在农产品市场营销策划中，众多商家往往利用这一特性，采用各种广告、商业推广、营养成分及价值品鉴会等活动，对消费者进行引导，便于消费者产生购买欲望。例如，超市的导购员引导消费者品尝新口味的牛奶制品，一些消费者有可能对该产品产生好感，从而实施购买行为。

（七）季节性

对于普通消费者而言，农产品主要用于食用，而消费者口味一般随季节的变动而变化，从而形成了消费者对农产品需求的季节性特征。一般情况下，夏季由于天气炎热，对辣椒的消费较少，而冬天对辣椒的需求量则明显增多。由于农业生产具有明显的季节性，且时令农产品新鲜、口感好，消费者更喜欢时令农产品。再者，四季更替气候和温度不同，不同的季节对农产品的需求种类有一定的差异，例如，夏天对西瓜的需求会更高一些，冬天对辣椒的需求会更高一些。

（八）地域性

同一地域的消费者由于消费习惯基本相同，对农产品消费具有较大的相似性，而不同地区消费者的消费行为则表现出一定的差异性。不同地域生产的农产品种类不同也会影响消费者的消费习惯，如南方地区多种植水稻，这会导致这些地区的消费者选择大米为主食。北方地区多种植小麦，这会导致这些地区的消费者选择面食为主食。为此，在农产品市场营销策略选择方面，应根据不同的区域，选择适宜的营销方式。

三、农产品消费者的需求类型

总结农产品消费者需求的类型,主要有以下几种。

(一)对农产品使用价值的需求

消费者购买农产品,首先考虑的是某种农产品具有的能满足其温饱及能够给其带来基本营养价值的功能,这是农产品最基本的功能。使用价值是商品的基本属性,也是消费者需求的基本内容,包括农产品的基本功能、质量、外观、品种、规格、安全性能、供应数量、同类农产品可供选择的余地等。

(二)对农产品品质的需求

在农产品基本功能得到满足的基础上,消费者开始注重对农产品品质的需求。随着消费者收入水平的不断提高,对高品质农产品的消费数量呈不断上升趋势。农产品的高品质主要体现在营养成分的含量、纯度、水分含量、口感、健康安全等多个指标上。农产品生产经营者,应动态关注消费者对农产品品质需求的变化趋势,注重从农产品生产、采收、运输、储藏到最终的销售等环节对品质严苛把控,才能满足消费者对高品质农产品的需求。

(三)对农产品安全的需求

随着温饱问题的解决以及收入水平的进一步提高,消费者的健康意识愈发强烈,对食品安全的重视程度日益提高,消费者对农产品安全的需求成为一项较为重要的需求与趋势,鲜活、绿色、健康、营养为人们所推崇。消费者在购买选择的过程中,会有意识地购买安全、可靠,不会对身体产生危害的农产品。为了满足消费者对农产品安全的需求,国家通过出台法律以及制订各种标准的方式对生产者进行规范,并对消费者进行引导。例如,通过颁布《中华人民共和国食品安全法》(2021 年修正)、《中华人民共和国农产品质量安全法》(2018 年修正)、《中华人民共和国进出口商品检验法》(2021 年修正)等法律,要求生产者生产安全、健康的食品,并且在保质期内出售和食用,确保不生产和销售含有损害人体健康成分的农产品;通过颁布各类农产品安全标准,如绿色标准、有机农产品的标准,来规范诸如农药、兽药残留以及肥料使用的量,从而使农产品达到各项安全指标。

(四)对农产品购买和食用便利的需求

随着人们的工作和生活节奏不断加快,便利地购买和食用农产品成为消费者常见的需求。消费者希望在较近的场所,以最短的时间和最快的方式买到满意的农产品。同类农产品,在品质、安全性、价格等基本相同的条件下,便于购买往往成为消费者又一基本需求。消费者往往选择便于购买的消费方式,以节约时间和精力,并实现新鲜消费。如近年来多地不断推出的超市便利店,通过将奶店、菜店等农产品零售店开到社区以及鲜活农产品配送上门服务等方式,创新销售模式,更好地方便了消费者,得到消费者的认可和欢迎。此外,农产品电商和物流配送业务的全面发展,可以使消费者足不出户便可以买到所需的农产品,节约了购买和搜寻时间。除购买便捷外,使用过程方便也成为消费者关注的重要方面。

（五）对农产品审美的需求

随着消费水平和审美观念的不断提高，人们更加注重农产品的外在表现。当品质满足人们的需求时，好看就会提高农产品本身的竞争力。所以产品的外观，好看与否也是消费者追求的优质农产品条件之一。在消费需求中，人们对农产品的审美要求主要表现在农产品的包装、形状、大小、色彩等方面。那些外表匀称、颜色鲜艳的农产品更符合消费者的审美要求，也更受消费者欢迎。对于初级农产品而言，从大小来看，要求规整，大小适中；从形状来看，要符合该种农产品的基本形状；从着色来看，应具有该种农产品基本的颜色。近年来，市场上推出的一些果菜新品种，如用于观赏兼食用的蛇瓜、樱桃西红柿、各种颜色的彩椒、袖珍西瓜、迷你黄瓜等，不但给人们带来了食用、营养、保健价值，也实现了消费者对美感的需求，受到了众多消费者的青睐。对于加工农产品，消费者不仅要求其内在品质的优良，还对加工农产品的工艺设计、包装、造型、色彩、装潢以及整体风格都有较高的要求。

（六）对情感功能的需求

消费者既是自然人又是社会人，具有强烈的情感需求，并希望通过人与人的沟通交往得到满足。消费者以购买和消费蕴含浓厚感情色彩的农产品为媒介，达到传递和沟通感情，从而获得情感上的补偿和依托的目的。比如，鲜花作为一种特殊的农产品，不同的品种能够传递不同的情感；经过生长阶段特殊处理的带字苹果，如刻有福、禄、寿、平安、吉祥、生日快乐等字样，无论是自己消费还是作为一种礼品，均能够给消费者带来心理和情感上的满足。在设计农产品包装时，注重富有情感的语言和图案的元素，是满足消费者情感需求的重要途径。在农产品品牌名称的选择方面，设计赋以情感的农产品品牌名称，也能够引起消费者对该产品的关注和购买。

（七）对农产品社会意义的需求

农产品的社会意义是指消费者要求农产品除具备其基本功能之外，还体现和象征一定的外在社会价值，购买或拥有某种农产品的消费者能够显示出自身某些社会特性，如地位、身份、尊严等，进而能够获得心理上的满足。在农产品长期的购买和消费过程中，基于某种或某类农产品，消费者逐步达成共识，共同赋予了该农产品特定的社会意义。例如，人参、冬虫夏草、灵芝等，由于数量稀少，采集加工难度大，因此价格昂贵，不易购买，限制了普通消费者购买和食用，而只有购买力强的消费群体才具有消费的条件，使类似农产品成为某种社会身份、地位的象征。有的人则想通过某种消费活动表明自己的社会责任感。

（八）对农产品良好服务的需求

消费者除了对上述农产品实体功能的需求之外，还需要通过购买和食用农产品获得较为完备的服务，这便是通常所说的对农产品良好服务的需求。优质、周到、贴心的服务可以让消费者获得被尊重、更轻松以及个人价值认定等多方面的心理满足。随着生活水平的不断提高，追求农产品实体功能以外的服务功能，成为消费者在购买和使用农产品过程中的一种新的需求。服务是否完备已经成为消费者购买农产品的主要依据之一，例如，鲜活农产品配送，提供送货到家服务，在购买农产品的同时附上营养菜谱等。农产品企业必须树立以消费者为中心的服务意识。

四、农产品消费者需求的发展趋势

(一)消费者越来越重视绿色消费

随着人们消费水平的提高以及绿色革命浪潮的推动,消费者的健康和环保意识越来越强。作为供人们直接食用的农产品,其安全程度直接关系到消费者的健康。近年来,由于在农产品生产过程中不合理使用农药、兽药以及添加剂等,消费者中毒乃至死亡的事件时有发生。诸如曾经出现的毒韭菜事件、三鹿奶粉事件、红心鸭蛋事件等类似事件的发生,让消费者逐渐关注和重视食品安全,具备一定条件和实力的消费者会选择购买安全食品。无公害、绿色和有机食品陆续推出后,消费者对安全食品的认知逐步深入,安全食品越来越得到消费者的青睐。此外,CSA(社区支持农业,Community Support Agriculture,CSA)农产品生产模式基于与消费者密切联系,消费者能够充分了解农产品生产的过程,也逐渐被消费者接受。

(二)消费者更喜欢消费品牌农产品

品牌农产品不仅体现生产及加工主体的实力,更是其优良品质和标准化程度的体现,为此,更多的消费者倾向于购买品牌农产品。例如,七河源大米、古船面粉、好想你红枣、乐义牌蔬菜等品牌农产品,逐渐被消费者接受并认可。尤其是随着人们消费水平的提高,品牌农产品成为一种时尚和趋势,成为众多消费者日常生活中的一种必然选择。

(三)消费的社会化程度逐步提高

收入水平的提高和工作节奏的加快,改变了消费者的生活方式,也使消费者的饮食习惯发生了很大的变化。消费者越来越重视闲暇以及精神生活的享受,逐步趋向于社会化服务。为了满足消费者的这一需求,各种方便食品应运而生,不断推向市场,如超市中各种成品、半成品、速冻食品以及净菜等较为省时、便于食用的食品受到消费者的追捧和青睐。

(四)重视对营养和健康的追求

在温饱还未解决的年代,一方面农产品短缺,另一方面收入水平低。当时,满足温饱是最主要的需求,至于营养,根本就谈不上,也就不会有这方面的需求。随着社会经济的发展,人们收入的增长以及农产品的日益丰富,温饱问题已经得到解决,人们对农产品的需求开始向着注重质量、增进健康方向发展。对粮食等主食的需求量减少,而对动物性食品以及果蔬食品的需求量不断增加,趋向于食用维生素含量丰富、高蛋白以及低热量、低糖、低脂肪、低胆固醇的食品。羊肉、牛肉、海产品以及无污染、绿色的果蔬产品等类似低脂肪、高蛋白、营养丰富的产品消费量越来越大。这种需求趋势要求必须调整农业生产结构,改变农业的生产方式。

(五)国际及地区需求的差异逐渐缩小

随着信息化速度的不断加快以及现代物流业的迅猛发展,区域间交流、沟通越来越便捷和频繁,不同地区间的文化不断交融,也带来了农产品需求品种的不断融合。原来地域性消费差异较大,现今差异在逐渐缩小,如南方虽然仍以大米消费为主,但也有一些人开始对面食形成消费习惯。南方的大闸蟹以及诸多南方菜肴等都已经摆上了北方人的餐桌,出现了众多的消费群体。随着改革开放的不断深入,各个国家特色的农产品也被越来越多中国消费者喜欢,比如,美国的雀巢咖啡、蛇果和德国的面包等。

(六)个性化和多层次化需求逐步显现

随着收入水平进一步提高和商品种类的日益丰富,消费者更强调对产品口味、外观、特殊功能及心理满足等方面的偏好,表现为明显的个性化需求。同时,对营养保健品、老年食品、儿童食品、休闲娱乐食品、节日庆典食品、社交寓意食品等的消费呈现增长势头,食品消费日趋多层次化。

第二节 农产品消费者购买行为

消费者购买行为是指消费者个人或家庭为了满足自己的物质和精神生活的需要,在某种动机的驱使和支配下,用货币换取商品或服务的实际活动。消费者对农产品的购买行为,总是以购买动机为先导同时在各种因素的作用下,经甄选和决策才有的购买行为。

一、农产品消费者购买行为模式

(一)消费者购买行为的模式

消费者购买行为模式是指消费者为满足某种需要,在把购买动机转化为实际购买行为的过程中逐渐养成相对稳定的购买形态。为研究消费者购买行为,菲利普·科特勒建立了一个"刺激-反应模式"来说明营销环境刺激与消费者反应之间的关系(表3-1)。从中可以看到,具有潜在需求的消费者首先受到企业营销活动的刺激和各种外部环境因素的影响而产生购买意向。不同特征的消费者对外界的各种刺激和影响又会基于其特定的内在因素和决策方式作出不同的反应,从而形成不同的购买意向和购买行为。

表 3-1 消费者购买行为的刺激-反应模式

外部刺激		消费者心理活动		消费者反应
营销刺激	宏观刺激	购买者的特征	购买者的决策过程	消费者反应
产品 价格 地点 促销	经济 技术 政治 文化	文化 社会 个人 心理	问题认识 信息收集 备选评估 购买决策 购后行为	产品选择 品牌选择 经销商选择 购买时机 购买数量

1.刺激

刺激是指各种企业不可控因素形成的宏观环境刺激,构成市场的"大气候",制约需求和消费趋势,并对消费者"黑箱"产生显著影响。各种企业可控制因素即营销手段组成的刺激,受制于宏观环境,它们的变化和不同的组合形式,成为影响消费者"黑箱"具体、直接的"小环境"。

2."黑箱"

黑箱理论是指对特定的系统开展研究时,人们把系统作为一个看不透的黑色箱子,研究中不涉及系统内部的结构和相互关系,仅从其输入输出的特点了解该系统规律,用黑箱方法得到系统规律的认识。消费者购买中的"黑箱"至少包含以下两方面的内容。

(1)消费者特征。文化、社会和个人因素等,影响消费者购买活动中对各种事物的认识、情绪和意志等心理活动,并制约其反应倾向。

(2)消费者购买决策过程。从认识需要开始,到购后使用、体验乃至消费完毕,消费者会有一系列的认识、判断和决策。消费者决策不仅受到购买心理的制约,而且受到外部刺激的"大气候"和"小环境"影响。

3.反应

诸多因素的共同作用,使消费者最终做出一定的反应,即决定如何满足需求。消费行为也就从此开始。从表面上看,消费者反应无非是对产品、品牌、经销商、购买时机和数量做出选择,其实是他们购买行为模式的具体表现。

(1)购买什么——购买对象。受制于具体需求,是满足欲望的实质内容。在购买过程中消费者一般是从好几个品牌中选择出适合不同需求的品牌。在选择过程中,一定会涉及价值判断与消费习俗,作为农产品经营者一定要注重观察和收集消费者用于判定品牌优劣的评判标准。此外,在了解消费者购买哪个品牌时,还必须追踪上一次购买的是什么品牌,下一次可能购买什么品牌,以了解消费者的品牌忠诚度。若品牌忠诚度高,则表示该品牌的市场基础相当稳固,竞争者在争夺市场时会费尽心机。

(2)为何购买——购买目的。受制于消费者需要及对需要的认识。消费者购买动机是驱使消费者产生购买行为的内在原因。消费者基于什么原因购买某种农产品?为什么买甲而不买乙?这是需要农产品市场营销主体认真分析和研究的重要问题。例如,在中秋节月饼的营销过程中,经营者对购买者的动机进行深入的研究,就可以采取有针对性的营销策略。一般来讲,为满足自己消费而购买月饼的数量有限,而更多是用于赠送亲朋好友。这就决定了在农产品市场营销过程中应使用差别营销的策略。对于消费者自用的月饼采用简单包装,而礼品月饼则选用精美包装,在定价方面也采用差别定价的方法,来满足消费者的不同需求。

(3)由谁购买——购买组织。消费者市场人多面广,每个人都是消费者但未必都是购买决定者。无论是以家庭还是个人为基本消费单位,购买过程都是如此。在农产品生产和经营过程中必须明确谁是主要的消费者,他们有什么样的特性,以便采取有针对性的营销策略。通常,农产品消费主要是以家庭为单位进行的,因而购买选择和决策也是由家庭中的某一个或几个成员决定。

(4)何时购买——购买时机。消费者购买的时间问题,何时购买、购买频率等。一般而言,消费者购买农产品具有一定的时间上的规律性,一天中针对不同的农产品,总有某个时间段购买者较多,如一周中周末购买量较大,一年中节假日购买量较大。正是消费者购买农产品存在时间上的规律性,因此,农产品经营者要充分利用这一规律,在购买者较多的时间采取合适的营销策略。以蔬菜的销售来讲,由于早晨蔬菜比较新鲜,一些消费者愿意在早晨购买,因此在早市上,更多的摊位是蔬菜的销售者,蔬菜价格一般不打折,而到了晚上,购买蔬菜的人则较少,蔬菜的品种、数量也就相对较少,这时适宜采用打折或降价的销售策略。

(5)何地购买——购买地点。消费者对购买地点的选择有其规律性,一般情况下习惯就近购买农产品。经过多年的发展,农产品销售市场越来越多,分别有早市、集贸市场、批发市场、普通商店、便利店以及超市等。不同消费者,购买地点也有一定的差异。有些消费者喜欢在集贸市场购买,有的喜欢在便利店购买,有的习惯在超市购买,购买量比较大的时候,也可能去专业的批发市场购买。有的选择在距离家近的市场购买,有的选择在距离工作单位近的市场购买。分析消费者在何处购买的目的就是要使农产品销售网点的布局尽可能适应消费者的需要,以便消费者就近购买。

(二)消费者购买行为的类型

消费者购买行为又称消费者行为,是指消费者为满足其个人或家庭生活需要而发生的购买商品的决策或行动。消费者为获取、使用、处置消费物品或服务所采取的各种行动,都属于消费者行为。

1.复杂型购买行为

复杂型购买行为指消费者购买决策过程完整,要经历大量的信息收集、全面的产品评估、慎重的购买决策和认真的购后评价等各个阶段。当消费者购买一件贵重的、不常买、有风险的而且非常有意义的产品时,由于产品品牌差异大,消费者对产品缺乏了解,因此需要广泛了解产品的性能、特点,从而对该产品产生某种看法,最后决定购买。对于复杂的购买行为,营销者应制订策略帮助购买者掌握产品知识,通过各种途径宣传本品牌的优点,影响消费者最终购买决定,简化购买决策过程。

2.减少失调型购买行为

减少失调型购买行为是指消费者并不广泛收集产品信息,并不精心挑选品牌,购买决策过程迅速而简单,但是在购买以后会认为自己所买产品具有某些缺陷或其他同类产品有更多的优点,进而产生失调感,怀疑原先购买决策的正确性。针对这类购买行为,营销者要提供完善的售后服务,通过各种途径经常提供有利于本企业的产品的信息,使顾客相信自己的购买决策是正确的。

3.寻求多样化型购买行为

寻求多样化的购买行为是指消费者购买产品有很大的随意性,并不深入收集信息和评估比较就决定购买某一品牌,在消费时才加以评估,但是在下次购买时又转换其他品牌。转换的原因是厌倦原口味或想试试新口味,只是寻求产品的多样性而不一定有不满意之处。市场领导者通过占有货架、避免脱销和提醒购买的广告来鼓励消费者形成习惯性购买行为。而挑战者则以较低的价格、折扣、赠券、赠送样品和强调试用新品牌的广告来鼓励消费者改变原习惯性的购买行为。

4.习惯型购买行为

习惯性的购买行为是指消费者并未深入收集信息和评估品牌,只是习惯于购买自己熟悉的品牌。对于价格低廉、经常购买、品牌差异小的产品,消费者不需要花很多时间进行选择,购买过程一般果断、迅速。不经过收集信息、评价产品特点等复杂过程,其购买行为最简单。酱油、味精等农产品均属于此类购买行为。这类农产品的营销者可以用价格优惠、电视广告、独特包装、销售促进等方式鼓励消费者试用、购买和续购其产品。

5. 理智型购买行为

理智型购买行为是指消费者在购买选择过程中一般综合多个方面来考虑,理性地做出购买决策。这种类型的消费者一般要经过周密的思考,通常要货比三家,对农产品的品质、价格、产地等作细致的检查、比较,在权衡利弊的基础上,才做出购买决策,其购买行为比较慎重、冷静。

6. 经济型购买行为

经济型购买行为是指消费者对农产品价格比较敏感,更多地关注产品价格变动的一种购买行为。具有这种购买行为的消费者,往往以价格作为决定购买决策的首要标准,倾向于购买价格比较低的农产品。之所以有这种购买行为,主要因为这些消费者收入水平普遍较低。

7. 冲动型购买行为

一些消费者容易受产品的特色、宣传或别人诱导的影响,而迅速做出购买决策,这种购买行为被称为冲动型购买行为。例如,有些消费者购买农产品时容易受到产品特色、包装、购买氛围、广告宣传、降价或打折销售的影响和刺激,从直观感觉入手,在购买时一般不做多次反复比较,在很短时间内做出购买决策。

8. 不定型购买行为

不定型购买行为是指消费者购买意向不定、产品选择的随意性较大的购买行为。不定型购买行为的消费者,往往缺少对农产品知识的了解,不具备稳定的购买心理,购买时一般情况下都没有主见,甚至不知所措。这种购买行为的消费者,大多都渴望得到与农产品相关的知识,这样农产品市场营销主体的推荐便能起到很大的作用。

二、影响购买行为的因素

(一)个人因素

1. 年龄与性别

不同年龄层次和不同性别的消费者,客观上存在心理和生理上的差别,因此,所需要的商品和服务也不尽相同,对同一商品和服务的评价、选择的角度及价值观念等也会存在很大差异。多数男性顾客购买商品比较迅速和果断,而女性顾客则总是要仔细挑选。消费者的兴趣、欲望和爱好不同,他们购买商品时的种类和式样也会有所区别。不同年龄与性别的消费者的购买方式也是各有特点。

2. 经济状况

经济状况对购买行为具有制约性。消费者一般都在可支配收入的范围内考虑以最合理的方式来对支出进行安排,以便最有效地满足自己的需求。经济收入较低的顾客总是关心价格高低。如果企业经营对价格敏感的产品，就应特别注意居民个人储蓄、收入、存款利率，以及消费者对未来商品价格、经济预期变化的观察。

3. 生活方式

不同生活方式的消费者偏好不同的商品或品牌。从经济学的角度看，一个人的生活方式表明他所选择的分配收入的方式以及对闲暇时间的安排，同时也反映出一个人在生活方面的兴趣、观念以及参加活动的方式。不同生活方式的消费者，对农产品有不同的需求。营销者需要尽力了解产品与各种生活方式的消费者群体的匹配关系，加强产品对消费者生活方式的影响。

4. 自我观念和个性

个性使人对环境做出持续和比较一致的反应，可以间接或直接地影响其购买行为。如喜欢新奇事物的消费者容易受广告的影响，成为新产品的早期使用者。一般认为，人们总希望改善或保持自我形象，并把购买行为作为表现自我形象的重要方式，因此，消费者一般倾向选择符合或能改善其自我形象的商品或服务。

5. 职业与教育

职业与教育实际上是社会阶层因素在个人身上的集中反映。从事一定的职业以及受过不同程度教育的人，会产生明显的消费行为差异，这主要是受一种角色观念的影响。

（二）社会因素

1. 家庭因素

家庭是一个购买决策单位和消费单位。家庭因素中的家庭人口数量、家庭收入、家庭成员的地位等都会对消费者的购买行为产生重要影响。家庭购买决策大致可分为五种：丈夫权威型、妻子权威型、合作依赖型、独立支配型和子女权威型。不同的家庭决策类型其购买行为不一样。企业营销者应了解有哪些商品的购买是夫妻双方甚至子女都参与购买决策的，谁在哪些方面更具影响力，或谁有较大的影响力。

2. 相关群体因素

相关群体影响消费者的品牌选择和产品选择。在产品生命周期的不同阶段，相关群体对品牌选择和产品选择的影响也并不相同。一般来说，相关群体在介绍期只对产品选择有强烈影响，在成长期对品牌选择和产品选择都有很强的影响，在成熟期只对品牌选择有强烈影响，在衰退期对品牌选择和产品选择的影响会变得很小。

（三）文化因素

1. 文化与亚文化

在每一种文化中，往往还存在着许多在一定范围内具有文化同性的群体，称为亚文化群，如国籍亚文化、种族亚文化、地域亚文化等。不同的民族亚文化群，有独特的风俗习惯和文化传统，这些不同的特点导致各民族之间在需求和购买行为等方面的差异性。例如，中国有"鲁菜、川菜、粤菜、苏菜、闽菜、浙菜、湘菜、徽菜"八大菜系，人的饮食习惯也大致分为"南甜、北咸、东辣、西酸"，这些都是典型的亚文化。

2.社会阶层

社会阶层是社会中按某种层次排列,较同质且具有持久性的群体。同一阶层的消费者,其消费心理具有相似性。经济条件较好的消费者求新求异心理突出,追求高档消费,追求个性化;经济条件一般的消费者存在着一种立即获得满足感的消费心理,追求经济实惠、物美价廉,支持子女教育和储蓄是其主要消费倾向;经济条件较差的消费者几乎将全部收入用来维持基本生活,求廉、求实是其主导性消费动机。

(四)心理因素

消费者行为通常受到行为动机、认知、学习、信念与态度等心理因素的影响,这四个关键的心理过程从根本上影响着消费者对于外界刺激的反应。

1.行为动机

人的行为是由动机支配的,而动机由需要引起。动机是一种升华到足够强度的需要,它能够及时引导人们去探求满足需要的目标。动机的产生必须具备两个条件:一是具有一定强度的需要;二是具有满足需要的目标和诱导消费者购买的动机,就是推动消费者实现某种购买行为的愿望或念头,它反映了消费者对某种商品的需要。

消费者购买农产品的动机可以分成以下两类:一是生理性购买动机也称本能动机,就是消费者由生理上的需要所引起的购买农产品的动机;二是当社会经济、文化发展到一定水平时,激起人们购买行为的心理性动机。

2.认知

认知是根据消费者对外在事物的各属性之间的有机联系进行综合性、整体性反映和认识的心理过程。一般情况下,人们反映某客观事物时很少有孤立认识和强制的感觉,而是以知觉的直接方式去比较完整地看待事物。人们通常经历以下三种知觉过程。

(1)选择性注意。在人们的日常生活中,外界环境常有许多刺激因素,如广告、商品陈列等。每个人对这些信息并非全部接受,而是有选择地接受,大部分信息被筛选掉,仅仅留下少量有用的信息被接收或存储起来,这就是选择性注意。营销人员应尽可能设法让消费者对其商品给予选择性注意,如在广告设计中,力求新、奇、巧、趣,更能吸引消费者的注意力。

(2)选择性扭曲。消费者即使对某些信息十分注意,有时也并不一定能带来营销人员所期望的结果。因为每个人都有自己的思维方式,同时也有各种内、外因素影响消费者,所以,人们通常为了使得到的信息适合自身的思维形式而对其进行扭曲,使信息更适合自己的思想倾向。有人对某些广告会产生怀疑,提出"真有那样好吗""是否夸大其词"等疑问,这就需要营销人员尽可能设法使传递给消费者的信息不被扭曲。

(3)选择性保留。消费者对外界许多信息不可能都留在记忆中,而被记住的是经消费者选择过的信息,这些信息常常能支持消费者对企业、商品的态度和信念。有时,消费者记住了某一家企业在某品牌的优点而忽视了其竞争对手同类产品的优点。营销人员也应采取有效措施,使自己商品的优点能保留在消费者的记忆中。

3.学习

学习是人类活动的基础。人们在吸收与积累和运用各种知识、经济、技能,并在某种程度上改变自己的行为方式。消费者的学习是消费者在购买和使用商品的活动中不断获取知识、经验和技能，不断完善其购买行为的过程。消费者的购物过程常常也是一个学习过程。消费者对其想购买但又不了解的商品，常常是先收集这种商品的有关资料、信息，学习这种商品的知识，然后再做出购买决策和实施购买行动。营销人员应设法给希望学习的消费者创造学习的机会和提供学习的便利，这样才有助于促成消费者的购买行为。

4. 信念与态度

信念是人们对事物所持有的一种描述性的想法。消费者对企业所持有的信念对企业市场营销非常重要，因为这些信念会形成对企业的印象。因此，企业应对消费者思想信念的建立给予特别的重视，努力树立起良好的企业形象、品牌形象和产品形象。态度是指一个人对某事物所持有的认识、情感和行为倾向，它和信念是相互联系的，不同的信念可导致人们产生不同的态度。在购买和使用商品的过程中，消费者形成了自己的信念与态度；反过来，信念与态度又影响人们的购买行为。

（五）消费时机

消费者对商品的购买时机，受到很多因素的影响，主要有消费季节、消费速度、经济环境、生活习惯等。

1. 消费季节

消费按销售季节可分为淡季消费和旺季消费。农产品作为生活必需的消费品，农产品消费一般不具有季节性特点，而具有均衡性特点。农产品生产具有季节性特点，如水果的生产旺季在秋季，蔬菜的生产旺季在夏季。但这些农产品的消费却不具有季节性，而是具有均衡消费的特点，也就是说人们一年四季都需要消费粮食、水果和蔬菜。购买的均衡性要求生产者均衡地安排生产活动，购买的季节性要求经营者要按季节性安排生产活动，因而许多经营者就采取季节折扣办法来调节销售量，即生产旺季购买可享受折扣。

2. 消费速度

有的商品需要经常购买，有的商品一年或者几年才购买一次，有的商品的使用寿命更长，那么购买的频率就会更低。因此，要针对不同的消费速度，采取不同的经营策略。

3. 经济环境

经济环境影响购买时间，主要针对耐用消费品、特殊品和选购品。收入增加时购买加快；经济增长缓慢时，购买次数减少；商品供不应求时，消费者怕错过时机而提前购买。通过对消费者购买时机的调查分析，可以统计出消费者购买时间的规律性，针对淡季或旺季，安排生产和销售，以此指导企业的经营活动。

4. 生活习惯

生活习惯不同导致不同的购买时机。夫妇上街购物以休息天为多；工作女性在下午或周末购物；家庭妇女常在上午购物；各大商场以星期天购物最为集中。因此，在高峰时段可以多上货、增加售货员、延长营业时间，满足消费者集中购物的需求。

第三节　农产品消费者购买决策过程

一、消费者购买决策的特点

消费者购买决策是指消费者为了满足需求,在购买过程中对是否购买商品或服务以及对影响购买决定的相关内容进行决策的一系列活动。消费者购买决策有以下几个特点。

(一)目的性

消费者进行决策就是要促进消费目标实现,这本身就带有目的性。在决策过程中,围绕目标进行筹划、选择、安排,就是实现消费的目的性。

(二)过程性

消费者购买决策是消费者在受到内、外部因素刺激,产生需求,形成购买动机,抉择和实施购买方案,购后经验又会影响下一次的购买决策,从而形成一个完整的循环过程。

(三)复杂性

消费者购买决策的复杂性主要体现在以下方面。

1.决策过程的复杂性

决策是人的大脑复杂思维活动的产物。消费者在做决策时不仅要开展感觉、知觉、注意、记忆等一系列心理活动,还必须进行分析、推理、判断等一系列思维活动,并且要计算费用支出与可能带来的各种利益。

2.决策内容的复杂性

消费者通过分析,确定在何时、何地,以何种方式、何种价格购买何种品牌商品或服务等一系列复杂的购买决策内容。

3.决策影响因素的复杂性

消费者的购买决策受到多方面因素的影响和制约,具体包括消费者个人的性格、气质、兴趣、生活习惯与收入水平等主体相关因素;消费者所处的地域环境、社会文化环境和经济环境等各种刺激因素,如产品本身的属性、价格、企业的信誉和服务水平,以及各种促销形式等。这些因素之间存在着复杂的交互作用,它们会对消费者的决策内容、方式及结果有不确定的影响。

(四)情景性

由于影响决策的各种因素随着时间、地点、环境的变化不断发生变化,因此,同一个消费者的消费决策具有明显的情景性,其具体决策方式也因所处情景不同而不同。由于不同消费者的收入水平、购买习惯、消费心理、家庭环境等影响因素存在着差异,因此,不同的消费者对于同一种商品的购买决策也可能存在差异。

（五）主体的需求个性

购买商品行为是消费者主观需求、意愿的外在体现,受许多客观因素的影响。除集体消费之外,个体消费者的购买决策一般都是由消费者个人单独作出的。随着消费者支付水平的提高,购买行为中独立决策的特点将越来越明显。

二、消费者购买决策内容和参与者

（一）消费者购买决策内容

消费者在购买产品或服务时的决策内容可以通过"6W3H"来分析(表3-2)。"6W3H"直接反映出消费者的购买行为,通过对其分析可以了解消费者购买行为的规律性及变化趋势,以便制订和实施相应的市场营销策略。

表3-2　消费者决策内容

6W3H	决策内容
Who	谁构成该市场? 谁购买? 谁参与购买? 谁决定购买? 谁使用所购产品? 谁是购买的发起者? 谁能影响购买?
What	购买什么产品或服务? 需要什么? 需求和欲望是什么? 对消费者最有价值的产品是什么? 满足购买愿望的效用是什么? 消费者追求的核心利益是什么?
Which	购买哪种产品? 购买哪个厂家的产品? 购买哪个品牌的产品? 购买著名品牌还是非著名品牌的产品? 在多种替代品中决定购买哪种?
Why	为何购买? 为何喜欢? 为何讨厌? 为何不购买或不愿意购买? 为何买这不买那? 为何选择本企业产品,而不选择竞争者产品? 为何选择竞争者产品,而不选择本企业产品?
When	何时购买? 什么季节购买? 何时需要? 何时使用? 曾经何时购买过? 何时重复购买? 何时换代购买? 何时产生需求? 需求何时发生变化?
Where	何地购买? 在网上购买还是在实体店购买? 在城市购买还是农村购买? 在超市购买还是农贸市场购买? 在大商场购买还是在小商店购买?
How	如何购买? 如何决定购买行为? 以什么方式购买? 按什么程序购买? 消费者对产品及其广告等如何反应?
How many	购买数量是多少? 一定时期的购买次数是多少? 人均购买量是多少? 市场总购买量是多少?
How much	花多少钱买? 花多少时间买? 一定时期内购买频率是多少?

（二）消费者决策的参与者

消费者的购买行为在许多情况下不是由一个人单独做出决策,而有其他成员的参与,是一种群体决策过程。消费者购买决策的参与者可分为发起者、影响者、决策者、购买者、使用者五种角色,具体如下。

(1)发起者:首先想到或提议购买某种产品或劳务的人。

(2)影响者:其看法或建议对最终购买某一商品或服务有影响的人。

(3)决定者:对是否买、为何买、如何买、何处买等方面的决策作出完全或部分决定的人。

(4)购买者:实际采购人,比如与卖方商谈交易条件,带上现金去商店选购等。

(5)使用者:实际消费或使用产品或服务的人。

这五种角色相辅相成,共同促成了购买行为,是企业的主要营销对象。消费者以个人为单位购买农产品时,角色可能同时由一人担任;消费者以企业为单位购买农产品时,五种角色由企业不同部门的员工担任,甚至还有企业外部的人员参与进来。需要注意的是,参与购买过程与使用过程的所有人都是消费者,即如果把产品的购买决策、实际购买和使用视为一个统一的过程,那么处于这一过程任一阶段的人,都称为消费者。

三、消费者购买决策的类型

(一)名义型决策

名义型决策指一个问题被认知后,经内部搜索,在消费者的头脑中浮现出一个偏爱的品牌的产品,并选择和购买了该品牌的产品。这是一种习惯行为,很少或没有特意思考。名义型决策往往发生在购买介入程度很低的情况下。名义型决策通常分为品牌忠诚型购买和习惯型购买两种。

1.品牌忠诚型购买

消费者对某个品牌的产品产生忠诚和信赖后,就成为该品牌的忠诚顾客。这时说明消费者对产品的介入程度高,而对购买的介入程度低。消费者购买时直接选择自己所喜爱的品牌,很少注意其他品牌,虽然有的品牌优于其所喜欢的品牌,这就属于品牌忠诚型购买。

2.习惯型购买

消费者会重复购买某一品牌的产品,但当其遇到更好的品牌,或其他品牌的产品正在打折时,也可能会选择其他品牌,这属于习惯型购买。

(二)有限型决策

有限型决策是指消费者对某一产品领域或该领域的各种品牌有了一定程度的了解,或者对产品和品牌的选择建立起了一些基本的评价标准,但还没有形成对某些特定品牌的偏好,因而还需要进一步收集信息,以便在不同品牌之间做出较为理想和满意的选择。

当消费者认为备选产品之间的差异不是很大、介入程度不是很高、解决需求问题的时间比较短时,消费者所面临的决策类型大多属于有限型决策。有限型决策包括内部信息收集或有限的外部信息收集,很少的备选方案,较少属性的简单决策规则,很少的购后评价和较低的购买介入程度。

(三)扩展型决策

扩展型决策是指消费者在广泛收集内、外部有关购买行为信息的基础上,形成对不同产品的初步认识,引发购买某种产品的意向并做出购买行动的决策。当对某类产品的具体品牌不熟悉,而且也未建立起相应的产品与品牌评价标准时,消费者面临的就是扩展型决策。扩展型决策是一种较为复杂的购买决策,其特点是消费者在购买过程中要进行大量的信息收集,并对各种备选产品做深入的评价、比较,这又受消费者购买介入程度、备选产品或备选品牌的差异程度以及购买时间压力三方面因素的影响。

这三种购买决策主要存在四个差别:一是购买决策中信息收集的范围和数量存在差别;二是决策速度存在差别;三是在不同决策类型下,消费者重复选择同一品牌的概率不同;四是在不同决策类型下,消费者心理过程存在差异(表3-3)。

表3-3 不同决策类型下消费者行为差异

决策类型	信息搜索范围与数量	决策速度	选择同一品牌的可能性	心理过程
名义型	较少	快	大	运用概念
有限型	一般	中	中	获得概念
扩展型	广泛	慢	小	形成概念

四、消费者购买决策的过程

消费者的购买决策过程是在各种内外因素和主客观因素共同影响下形成的购买动机,导致购买行为的动态过程,一般遵循五个阶段的模式,即问题识别、收集信息、评价方案、购买决策以及购后行为五个阶段(图3-1)。这是一种典型的购买决策过程,适用于分析复杂的购买行为。

图3-1 购买行为的决策阶段

(一)问题识别

问题识别是指消费者意识到理想状态与实际状态存在差距,从而需要采取进一步行动。消费者在意识到某个问题后,是否采取行动取决于两个方面的因素:一是理想状态与感知的现实状态之间差距的大小或强度;二是该问题的相对重要性。凡是影响消费者的理想状态与实际状态的因素均会影响消费者对问题的认知,这些因素大致可分为两类:一类是可以或很大程度上由企业控制的营销因素;另一类是非营销或非可控因素,如时间、环境、个体差异等。

图3-2描绘了消费者对问题认知的过程。消费者所追求的生活方式和现在所处的情境决定了他的理想状态和现实状态。理想状态与现实状态是否存在差异、差异的性质及其大小决定了消费者对现实状态是否满意。在不满和超出预期的情况下,都可能引发问题认知,从而触发进一步的决策活动。对问题认知过程需要注意三点:首先,消费者的生活方式和现在所处的情境不仅决定了消费者的理想状态,也决定了他对现实状态的认识;其次,问题认知的是消费者对现实状态的感知,而并非客观的现实状态;最后,现实状态超过理想状态也会激发或导致问题认知。

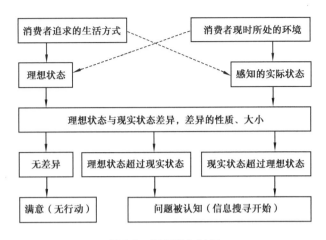

图 3-2 问题认知过程

（二）收集信息

消费者花多大力气收集信息,收集哪些信息,如何收集信息,都对营销者十分重要。消费者进行信息收集都是为做出购买决策准备的,当收集的信息经评价分析能够帮助其做出决策,就会停止信息收集,当不能帮助其做出决策时,还会继续收集信息(图 3-3)。

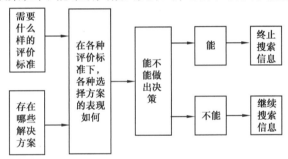

图 3-3 消费者信息收集模式

消费者信息收集的类型主要包括内部信息收集、外部信息收集、购买前信息收集与即时性信息收集。内部信息收集是指消费者将过去储存在记忆中的有关产品、服务和购买信息提取出来,以解决当前面临的消费或购买问题,包括品牌信息、产品属性信息、评价信息、体验信息等。外部信息收集是消费者从外部来源,如同事、朋友、商业传媒及其他信息渠道,获得与某一特定购买决策相关的数据和信息。购买前信息收集是指消费者为解决某一特定购买问题而开展的信息搜寻活动。即时性信息收集是指不针对特定购买需要或购买决策而进行的信息收集活动。

消费者获取信息的来源或渠道很多,主要有记忆来源、个人来源、大众来源、商业来源和经验来源(图 3-4)。

1.记忆来源

通过过去的信息搜寻活动、个人经验和低介入度学习所形成的记忆是大多数消费者最主要的信息来源。在很多情况下,消费者依靠储存在记忆中的信息就可以解决其所面临的购买问题。当然,储存在消费者记忆中的有关信息,在过去某一时点上也是从外部获得的。

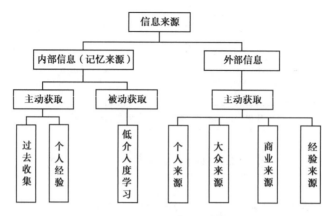

图 3-4　消费者的主要信息来源

2. 个人来源

个人来源包括家人、朋友、同事、邻居等,通常是最主要且最有效的信息来源。

3. 大众来源

大众来源包括大众媒体、政府机构、消费者组织等。

4. 商业来源

即广告、推销人员的介绍、商品包装盒、产品说明书等所提供的信息,同时也是最为重要的一个来源。商业信息具有较强的针对性和可靠性,有助于消费者对产品信息的收集。

5. 经验来源

经验来源一般表示消费者处理过该产品、测试过该产品或使用过该产品。经验来源获得的信息最直接,也最为消费者所信赖。但是,受时间、知识等条件的约束,消费者很难完全或主要依赖经验来源获得信息。

(三)评价方案

消费者购买的选择过程,也是一个不断比较、缩小目标范围的过程。消费者对农产品信息比较的标准,主要集中在农产品的属性、质量、价格三个方面,但有时也因人而异。评价方案涉及采用什么样的标准对备选产品做出评价和运用何种决策规则从各备选产品中做出选择(图 3-5)。

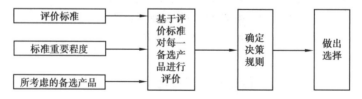

图 3-5　消费者购买的选择过程

评价标准或选择标准是用来判断彼此竞争的备选品牌的价值尺度,是消费者在选择备选产品时所考虑的产品属性或特征。这些属性或特征与消费者在购买中所追求的利益、所付出的代价直接相关。评价标准会因人、因产品、因情境而异,不同的人在购买同一产品时因用途不同和需求不同,会导致其对产品的评价标准也不同。此外,在评价方案时应注意确定消费者采用的评价标准和决定评价标准的相对重要性。

(四)购买决策

经过评估选择以后,消费者对某些产品会形成一定的偏爱,产生购买意图,然而购买意图到购买决策之间可能介入两种因素,从而对消费者实施购买决策产生影响(图 3-6)。

第一,他人的态度。在购买者准备实施购买决策之前,他人的态度会强化或抑制、动摇他的购买行为。他人的否定态度越强烈,或持否定态度者与购买者的关系越密切,则改变购买意图的可能性就越大。

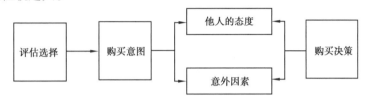

图 3-6　影响购买决策的两种因素

第二,意外因素。购买者是根据他预期的家庭收入、预期的价格以及从商品或服务中预期得到效用而形成自己的购买意图的,如果发生了意外情况就很可能改变购买意图。

另外,消费者的风险感觉也是不可忽视的因素。从购买意图向购买决策过渡时,消费者在很大程度上还会受到其感觉风险大小的影响,从而使他对购买决策进行修改、延期实施和摒弃。消费者对风险程度大小的判断,受购买金额的大小、产品性能的确定程度和购买者的自信心大小等因素的影响。为此,营销者应设法减少消费者承担的风险,促使消费者作出最后的购买决策并付诸行动。

(五)购后行为

消费者在购买和使用某种农产品之后,若消费者感到满意,以后可能重复购买,并向他人称赞和推荐该产品,而这种称赞和建议往往比企业为促进产品销售而进行的广告宣传更有效;若感到不满意,以后就不会再购买这种产品,且会以公开或私下的行动来发泄不满。消费者购买之后的感受主要表现在购后的满意程度和购后行为。通常在消费者购买行为之后预测、衡量购后感受,有以下两种理论。

1. "预期满意"理论

消费者购买产品以后的满意程度取决于购买前期望得到实现的程度。如果感受到的产品效用达到或超过购前期望,就会感到满意,超出越多,满意感就越大;反之则反。

2. "认识差距"理论

消费者在购买和使用产品后对商品的主观评价与商品的客观实际间必有差距,有正差距和负差距之分。正差距指消费者对产品的评价高于产品实际和生产者原先的预期,产生超常的满意感。负差距指消费者对产品的评价低于产品实际和生产者原先的预期,产生不满意感。故企业在做广告时,要实事求是,符合产品的实际性能。

消费者的买后感受,会通过其行为反映出来。若满意,则他重新购买的可能性大,且会影响其他消费者;反之则反。因此,营销者赢得了一位消费者,就意味着赢得了更多消费者(图 3-7)。

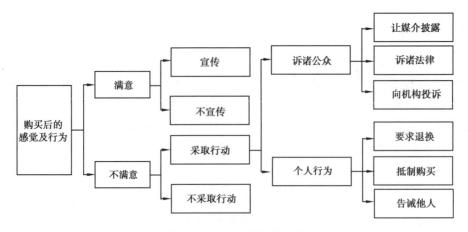

图 3-7　购买后的感觉和行为

　　消费者决策是一个完整的过程。这个过程始于购买前,结束于购买后,只有从过程的角度加以分析,才能对消费者决策有完整、准确的理解。需要指出的是,尽管所有决策的总体过程和具体内容极为相似,但在不同的消费决策下实际进行的方式可能有很大差异,并不是所有的决策过程都要经过上述五个步骤。不同的消费者决策可能会选择跳过、缩短、延长或反复进行某一个决策过程。分析消费者购买过程的五个步骤,主要是因为它概括了消费者购买决策过程的主要特征及其规律。营销者可根据不同阶段的不同问题,采取有针对性的措施,制订最佳的营销方案。

课后练习

一、名词解释

农产品需求　消费者购买行为　名义型决策　有限型决策　"预期满意"理论

二、简答题

1.简述农产品消费者需求的特征。
2.简述消费者购买行为的类型。
3.简述农产品消费者购买行为特征。
4.简述消费者购买决策的类型。
5.简述消费者购买决策的过程。

三、论述题

1.结合所学知识分析农产品消费者需求的发展趋势。
2.结合我国实际情况,分析影响农产品消费者购买行为的因素。

四、案例分析

城市消费农产品的新趋势,你了解吗?

近年来国内消费者,特别是城市消费者的消费方式和消费动机发生了显著变化。主要体现在以下几个方面。

健康升级

随着生活水平的不断提高、技术进一步融入人们的生活,消费者的生活方式持续演进。新层次的健康和美好生活意识正在发酵和显露:"吃得好"不再意味着大鱼大肉、过量的营养摄入,而是健康和科学的饮食。对食品质量和种类有更高的标准,有机食品、进口食品和精致饮食受到追捧。

此外,健康不光来自食物,还来自健康的生活方式和生活习惯:参与运动、雇佣私人教练获得更专业的指导、使用运动 App 和可穿戴设备。推而广之,产生了从身体健康到身心和灵魂的全局观,对抑郁症和各种心理或精神问题有更高认识,积极参加冥想练习、瑜伽等。更多人产生了从食品安全到对整体生活空间的总体意识,空气、水和土壤都与我们的身体健康息息相关。

这对农产品市场营销的启示:与我们身体健康密不可分的农产品,也要根据在生活方式方面对健康的新定义相应地升级产品创新以及与消费者的信息沟通。农产品不应该一味再强调绿色、有机等概念,要向消费者传递更明确的信息——借助我们的农产品,更好地管理你的身体。农产品的绿色、有机概念首先强调的是对农产品生产环境的保护以及自然生态的可持续发展,然后才强调在这种环境下生产的农产品是安全健康的。在我国,消费者更关心的是农产品本身而不是环境,而且,对农产品的关注并不是消费者的最终诉求——吃起来美味、吃了对身体好才是。因此,对面向终端消费者的产品来说,与其在宣传绿色有机上下功夫,不如直接告诉消费者如何借助我们的农产品"善待"自己的身体。

时间无价

"没时间"一直是当今消费者的痛点。他们常常在家庭、工作和现代生活中的许多有趣的活动之间疲于奔命。现在,消费者愿意花钱买时间,把自己从无聊、重复性的事务中解脱出来,投身于自己的业余爱好和热爱的其他活动。现代科技使花钱买时间成为可能——送货上门服务省去了跑实体店的麻烦和时间,如果你觉得外出就餐很麻烦,可以把私厨请到家里来,你还可以在家约出租车,让司机把车开到你家门口。

对于如今的产品或者服务而言,便利性是必需的。近几年,"鲜果切"市场越发壮大,加入者越来越多,也被业界誉为下一个"风口"。"鲜果切"的火爆正是因为抓住了都市消费者对便利的渴望。对于生活节奏较快的办公室群体来说,忙碌起来根本没时间去选购水果、去皮去核、处理废皮废核。"鲜果切"既可以满足消费者对健康品质生活的需求,又可以跟上其生活快节奏的变更,促使消费者向高频率、多变化转型。"鲜果切"发展势头迅猛,市场竞争也同样激烈。其入门门槛并不高,但优质的"鲜果切"必须依托成熟的生鲜冷链物流与水果加工的产业模式。根据自身资源优势和加工能力,打造"鲜果切"品牌,或者专注做下游供应链品牌,不失为一个好的切入点。

购物无界

电子商务在过去 5 年中经历了爆炸式增长——更便宜的价格、方便轻松的购物方式、无穷无尽的产品选择,这些都吸引着消费者迅速改变购物习惯,把很多产品的采购转移到线上,而且强大的电商平台服务使这种转移的实现对消费者而言易如反掌。在中国,电子商务的迅猛发展对线下零售的影响比在其他市场都要大,因为中国的送货成本比较低廉。

　　无界具备两个方面的含义:一是打破空间界限,具备买全球、卖全球的条件;二是突破媒介限制,利用O2O等新型流通手段,实现传统与现代的融合。突破媒介限制,利用O2O,意味着品牌需要以全局思维来抓住任何可能的机会。线下接触点的运作应充分利用品牌在提供体验和服务方面的优势,并同时利用线上渠道来实现消费者到达率和消费者互动的最大化。例如,社区水果店可以发挥近消费者的优势,开展水果配送等线上业务,充分利用线下资源,实现线上线下良性互动。

　　同时,无界也意味着经营者们要有更宽广的胸怀和更开阔的眼界,用开放的姿态尝试新型的经营方式,还要勇于在流通环节创新流通的形式、媒介和载体,迎头赶上这个大时代的步伐。

(资料来源:《农产品市场周刊》,2017-09-03.)

案例思考题:
1. 如何看待城市消费农产品的新趋势?
2. 未来农产品的消费该朝着怎样的趋势发展?

项目四

农产品标准与分级

学习目的

1. 掌握无公害农产品、绿色食品以及有机食品标准。
2. 理解粮食、果蔬的分级以及农产品分级的意义。
3. 认识农产品标准与标准化的概念及分类。

情境导入

甘肃省：建设两个"三品一标"打造"甘味"品牌

近年来，甘肃省立足"独一份""特别特""好中优""错峰头"农产品资源优势，以贯彻落实《关于进一步加强两个"三品一标"建设打造"甘味"知名农产品品牌实施方案(2019—2023年)》为契机，在全面推动绿色、有机和地标产品国家公用品牌发展的同时，狠抓农产品品种、品质、品牌和标准化生产，积极打造"甘味"农产品省级区域品牌，增加优质绿色农产品供给，有力提升了品牌知名度和影响力。主要做法如下。

一、着力构建四大支撑体系，夯实品牌建设基础。一是构建了"甘味"农产品产地环境监测评价体系，为绿色优质"甘味"产品在优良产地环境中生产提供科学依据。二是建立了营养品质监测评价体系，让广大消费者全面了解甘肃特色农产品营养品质特质，增强品牌公信力和市场认可度。三是健全了农产品质量安全追溯体系，目前已初步实现了从生产到市场全过程信息化追溯和监管。四是建立了生产技术规范标准执行体系。

二、充分利用展会媒体平台，展示营销品牌产品。一是以绿色食品宣传月、农产品质量安全宣传周等宣传活动为抓手，大力宣传绿色发展、绿色生产、绿色消费理念。二是确定"厚道甘肃，地道'甘味'"为"甘味"品牌主推广告语，拍摄了"甘味"品牌广告片和宣传片，在各平台持续播放，营造了全省上下宣传"甘味"、创响"甘味"的良好氛围。三是在北京、上海、重庆等大中城市开设多家"甘味"品牌馆，有力提升了本土特色优势农产品质量，扩大了市场占有率。

三、着力实施地标提升项目，保护特色品质。按照农业农村部确定的围绕地标产品增强综合生产能力、提升产品质量和特色品质、加强品牌建设、推动身份标识化和全程数字化等重点内容要求，有序推进了天祝白牦牛、兰州百合、岷县当归等25个地标产品保护提升项目，并将地理标志农产品全部纳入全国农产品质量安全追溯平台。

四、扎实开展"甘味"产品品质评价，数说"甘味"特质。2019年以来，省厅组建专家团队，从绿色和地标农产品中筛选出44个产品，从产地环境、生产过程、质量安全和营养价值等方面进行综合评价。通过视频、画册、图文等多种形式,传播了"甘味"农产品特有的历史渊源、品质特色等,深入挖掘了品牌内涵,及时提升了绿色、有机和地标公用品牌的影响力,也提高了"甘味"区域品牌的美誉度。

(资料来源:农业农村部农产品质量安全监管司,2021-11-18.)

思考:在农产品生产经营中,推动农产品标准建设有什么重要意义? 从上述案例可得到哪些启示?

第一节 标准与标准化

一、标准与标准化的含义与特征

(一)标准与标准化的含义

标准是经济活动和社会发展的技术支撑,是国家基础性制度的重要方面。《中华人民共和国标准化法》(2017 年修订)规定,标准是指农业、工业、服务业以及社会事业等领域需要统一的技术要求。具体来说,标准是指通过标准化活动,按照规定的程序经协商一致制定,为各种活动或其结果提供规则、指南或特性,供共同使用和重复使用的文件。标准化在推进国家治理体系和治理能力现代化中发挥着基础性、引领性作用。可以从以下三个方面把握标准的含义:第一,标准宜以科学、技术和经验的综合成果为基础;第二,规定的程序是指制定标准的机构颁布的标准制定程序;第三,诸如国际标准、区域标准、国家标准等,由于它们可以公开获得以及必要时通过修正或修订保持与最新技术水平同步,因此它们被视为构成了公认的技术规则。其他层次上通过的标准,诸如专业协(学)会标准、企业标准等,在地域上可影响几个国家。

《GB/T 20000.1—2014 标准化工作指南第 1 部分:标准化和相关活动的通用术语》规定,标准化是指为了在既定范围内获得最佳秩序,促进共同效益,对现实问题或潜在问题确立共同使用和重复使用的条款以及编制、发布和应用文件的活动。可以从以下三个方面进一步理解:一是标准化活动确立的条款,可形成标准化文件,包括标准和其他标准化文件;二是标准化的主要效益在于为了产品、过程或服务的预期目的改进它们的适用性,促进贸易、交流以及技术合作;三是制定、发布和实施标准以达到统一,确立条款并共同遵循,以实现最佳效益。

(二)标准与标准化的基本特性

1. 经济性

标准化的目的是求得最佳的经济效果、最佳的秩序和社会效益。谋求取得最佳的经济效果是考虑标准化活动的主要出发点。标准化的经济效果应该是"全面"的而不是"局部"的、"片面"的(如只考虑某一个方面的经济效果,或某一个部门、某一个企业的经济效益)。

在考虑标准化效果时,经济效果是主要的。不过,在某些情况下,如环境保护的标准化、交通运输的标准化、安全卫生的标准化,应该主要考虑最佳的秩序和其他社会效益。

2.科学性

任何一项标准的制定,以及标准化活动的实施都应依靠科学技术,严格以生产实践和科学实验为基础。标准化以科学、技术与实验的综合成果为根据。它不仅奠定了当前的基础,而且还决定了将来的发展,它始终和发展的步伐保持一致。这说明了标准化活动是以生产实践的经验总结和科学实验为基础的。总结来自实践,又反过来指导实践,标准化既奠定了当前生产活动的基础,还必将促进未来的发展。任何脱离技术的标准都不可能成为有价值的标准,因此标准和标准化的实施具有严格的科学性和规律性。

3.民主性

标准化活动是为了所有有关方面的利益,是在所有有关方面的协作下进行的有秩序的特定活动,标准是各利益相关方协商一致的结果,反映的是共同意愿,而不是个别利益。因此,任何一项标准都不是某个个体所能制定出来的。这些都体现了标准化活动的民主性。各方面不同的利益是客观存在的,为了更好地协调各方面的利益,必须进行协商与互相协作,这是标准化工作的基本要求。"一言堂"或少数人做决定,都不可能制定出被大多数人认同的标准,而且缺乏民主性的标准很难在实际中贯彻执行。

4.法规性

标准要求对一定的事或物(标准化对象)作出明确的统一的规定,不允许有任何含糊不清的解释。标准不仅有"质"的规定,还要有"量"的规定,不仅对内容要有规定,有时对其形式和生效范围也要作出规定。没有明确的规定,就不称其为标准。制定标准是为了贯彻实施标准,各有关方面必须共同遵守,严格执行。因此,标准要由权威机关审查批准。在我国,标准分为应强制执行的强制性标准和自愿执行的推荐性标准。实际上,即使自愿执行的标准也并不是在任何情况下都"完全自愿"的,而是在一定程度上须强制执行,不过其强制的程度和强制的方式有所不同而已。有的通过法律条文规定,有的通过经济合同规定,有的采取监督检验,有的实施标志制度。强制的方式虽然不一,但其目的都是促进标准的贯彻执行。

二、标准与标准化的目的与作用

(一)标准与标准化的目的

基于标准化的定义,标准化可以有一个或更多特定目的,以使产品、过程或服务适合其用途。这些目的可能包括但不限于品种控制、可用性、兼容性、互换性、健康、安全、环境保护、产品防护、相互理解、经济绩效、贸易,这些目的可能相互重叠。

在生产经营过程中使用标准,实施标准化,其主要目的就是利用现代科学技术,制订科学合理的技术规程,以改进产品质量,提高经济、社会和生态效益,避免由于无标准导致的产品质量低劣、污染环境以及损害消费者的利益,进而维护国家的形象和人民的利益。同时适应对外贸易的需求,让我国所生产的产品质量达到其他国家的进口标准,促进我国产品走出国门。

（二）标准与标准化的作用

标准化的主要作用在于为了其预期目的而改进产品、过程或服务的适用性,防止贸易壁垒,并促进技术合作。具体地说,标准化的主要作用表现在以下五个方面。

（1）标准化是科学管理的重要基础。随着科学技术的发展和生产的社会化、现代化,生产规模越来越大,分工越来越细,生产协作越来越广泛,许多产品和工程建设往往涉及几十个、几百个甚至上千个企业,协作点遍布在全国各地甚至跨几个国家。这样广泛、复杂的生产组合,需要在技术上保持高度的统一和协作一致。要达到这一点,就必须制定和执行一系列的统一标准,使各个生产部门和生产环节在技术上有机地联系起来,保证生产有条不紊地进行。没有标准化,也就没有一系列科学管理制度的形成。

（2）标准化是推行全面质量管理的依据。将标准化应用于科学研究中,可以避免在科学研究过程中重复劳动;应用到产品设计中,可以有规可循,有效缩短设计周期;应用到生产中,可使生产协调、统一、有序,从而提高工作效率。

（3）标准化可以联系科研、生产与使用者。进行科学研究需要按照标准化的流程。而将标准纳入科研成果的应用与推广,就会提高其推广速度,并很快将其投入生产中。而生产中采用标准化,给使用产品的用户带来了技术含量和安全感。为此,标准与标准化在任一环节都必不可少。

（4）标准化是组织现代化生产的基础和前提条件。现代化生产不同于传统的手工业,需要有现代科技的应用,且技术要求越来越精细复杂,同时要求较大的生产规模、较高的社会化程度、协调的分工协作。只有通过制定和使用标准,才能保证现代生产中各相关技术以及生产部门活动的统一协调和顺利进行,即只有实现标准化才能实现生产的现代化。

（5）标准化为人身安全和健康提供了保障。在产品生产过程中,国际国内有一系列标准体系,诸如卫生标准、安全标准及环境保护标准等,这些标准或以规范形式或以法律法规形式出台或发布,有的具有强制性。标准的应用和标准化的实施,能够很大程度上保障公民的健康和生命安全。

三、标准的分类

从标准发生作用的范围来划分,标准可分为国际标准、国家标准、行业标准、地方标准、企业标准、团体标准。

（一）国际标准

国际标准是指由国际标准化组织（International Organization for Standardization,ISO）、国际电工委员会（International Electrotechnical Commission,IEC）和国际电信联盟（International Telecommunication Union,ITU）通过并公开发布的标准。国际标准在世界范围统一使用,属于推荐性标准。例如,国际标准化组织（ISO）发布的 ISO 9001、ISO 9004 质量体系标准,国际食品法典委员会（Codex Alimentarius Commission,CAC）发布的 CXS 260—2007 就属于国际标准。

（二）国家标准

国家标准是指由国家标准机构通过并公开发布的标准。在我国国家标准机构是国务院主管的国家标准化管理委员会。国家标准的代号为"GB""CB/T"，分别表示国家强制性标准和国家推荐性标准。国家标准编号由"GB"或"GB/T"与两组数字组成，第一组数字表示标准的顺序编号，第二组数字表示标准批准或重新修订的年代。例如，《GB 7302—2018 饲料添加剂 叶酸》表示国家标准第 7302 号，2018 年发布，为强制性标准，于 2020 年 1 月 1 日起实施；《GB/T 40446—2021 果品质量分级导则》表示国家标准第 40446 号，2021 年发布，为推荐性标准，于 2022 年 3 月 1 日起实施。

（三）行业标准

行业标准是由行业机构通过并公开发布的标准。行业标准编号由行业标准代号、标准顺序号和发布的年份组成。其中，行业标准代号由国务院标准化行政主管部门国家市场监督管理总局（对外保留国家标准化管理委员会牌子）规定。例如，农业农村部颁布的农业标准代号为"NY"（强制性标准）和"NY/T"（推荐性标准）。如，《NY/T 3177—2018 农产品分类与代码》，即为农业部（现称农业农村部）颁布，于 2018 年 6 月 1 日实施的农业行业推荐性标准。

（四）地方标准

地方标准是由区域标准化组织或区域标准组织通过并公开发布的标准。地方标准编号由地方标准代号、标准顺序号和发布年份组成。强制性地方标准代号由"DB"加上省（自治区、直辖市）行政区划代码前两位数字和斜线组成。推荐性地方标准代号则在强制性地方标准代号斜线后再加"T"。如《DB52/T 406—2021 黔北黑猪》，是贵州省市场监督管理局发布的，在贵州省实施的黔北黑猪地方推荐性标准，为 2021 年第 406 号标准，于 2022 年 3 月 1 日实施。

（五）企业标准

企业标准是由企业通过供该企业使用的标准。企业标准作为企业组织生产的依据，并报有关部门备案。企业标准编码由企业标准代号、企业代号组成，企业标准代号由"Q"加斜线组成。例如，《Q/S SS0002S—2015 山东神氏食品集团有限公司 冻干蔬菜》，是 2015 年由山东神氏食品集团发布的本企业冻干菜标准，该企业的代号为"SS0002S"。

（六）团体标准

团体标准是依法成立的社会团体为满足市场和创新需要，协调相关市场主体共同制定的标准。团体标准编号依次由团体标准代号、社会团体代号、团体标准顺序号和年代号组成，团体标准代号由"T"加斜线组成。例如，《T/GZSX 011—2019 铜仁绿豆粉》，是由贵州省食品工业协会发布的铜仁绿豆粉标准，该团体代号为"GZSX"。

另外，可按内容划分为基础标准、术语标准、符号标准、分类标准、试验标准、规范标准、规程标准、指南标准、产品标准、过程标准、服务标准、接口标准、数据待定标准等常见的标准类别（表4-1）。这些类别相互间并不排斥，例如，一个特定的产品标准，如果不仅规定了对该产品特性的技术要求,还规定了用于判定该要求是否得到满足的证实方法,也可视为规范标准。

表 4-1　标准的类别

类别	定义
基础标准	具有广泛的适用范围或包含一个特定领域的通用条款的标准
术语标准	界定特定领域或学科中使用的概念的指称及其定义的标准
符号标准	界定特定领域或学科中使用的符号的表现形式及其含义或名称的标准
分类标准	基于诸如来源、构成、性能或用途等相似特性对产品、过程或服务进行有规律的排列或划分的标准
试验标准	在适合指定目的的精密度范围内和给定环境下,全面描述试验活动以及得出结论的方式的标准
规范标准	规定产品、过程或服务需要满足的要求以及用于判定其要求是否得到满足的证实方法的标准
规程标准	为产品、过程或服务全生命周期的相关阶段推荐良好惯例或程序的标准
指南标准	以适当的背景知识给出某主题的一般性、原则性、方向性的信息、指导或建议,而不推荐具体做法的标准
产品标准	规定产品需要满足的要求以保证其适用性的标准
过程标准	规定过程需要满足的要求以保证其适用性的标准
服务标准	规定服务需要满足的要求以保证其适用性的标准
接口标准	规定产品或系统在其互连部位与兼容性有关的要求的标准
数据待定标准	列出产品、过程或服务的特性,而特性的具体值或其他数据需根据产品、过程或服务的具体要求另行指定的标准

第二节　农产品标准

　　农产品标准是整个标准体系的重要组成部分,是对农产品的质量、规格以及与质量有关的各个方面所做的技术规定,包括对农产品的品种、外形结构、化学组成、质量等级、检验、包装、储存、运输等方面所做的规定。由农产品标准化主管部门以特定形式发布,并在一定的时期和一定的范围内具有约束力,是农产品生产、检验、验收、监督、认证、维护和贸易洽谈等活动的技术依据,也是农产品生产部门、流通部门以及消费者评价农产品质量的共同依据。

　　农产品标准是在长期农业生产实践和农业科学技术发展的基础上逐步形成的,随着科技进步和市场需求的变化,农产品标准也会增加和废止,在实践中不断调整和完善。目前,我国农产品依据生产技术标准可划分为普通农产品、无公害农产品(无公害食品)、绿色农产品(绿色食品)和有机农产品(有机产品)。不同农产品的生产标准各不相同,在农产品产销整个商品化过程中,应当严格执行国家、地方政府、行业等制定的农产品质量、规格标准。

一、普通农产品质量标准

(一)农产品质量

质量是农产品优劣的尺度。品质优良的农产品应该具有良好的食用品质和商品价值,作为加工原料的农产品还有一些另外的质量要求。农产品是人们生活中不可缺少的食物,因此它的食用品质应该放在质量标准的首位。农产品的食用品质一般包括它的新鲜度、成熟度、色泽、气味、风味、质地以及内含营养成分等指标。农产品的商品价值除了它食用品质的高低外,为了获得更好的经济效益和满足人们生活的各种需要,还应包括它的商品化处理水平,在储藏、运输、销售过程中的抗逆性和耐储性及商品的货架寿命等指标。农产品不仅能直接作为食物,还可作为原料,经加工后可供食用或他用。作为加工原料的农产品,其质量要求除了上述有关指标外还有一些其他要求,如含水量、含杂量、加工适应性、有效成分含量等。

(二)普通农产品标准的内容

1. 说明标准所使用的对象

任何普通农产品的标准首先要说明该标准应用于什么农产品,采用的是什么工艺以及分类或等级。有的还需指出这种农产品的用途或适用范围。

2. 规定农产品的质量指标和各种具体质量要求

这是标准的中心内容,包括技术要求、感官指标、理化指标等项目。技术要求主要是对农产品加工方法、工艺、操作条件、卫生条件等方面的规定;感官指标是指以人的口、鼻、目、手等感官鉴定的质量指标;理化指标包括农产品的化学成分、化学性质、物理性质等质量指标。许多农产品还规定了微生物学指标及无毒害性指标。

3. 规定抽样和检验的方法

抽样方法的内容包括每批农产品应抽检的百分率、抽样方法和数量、规定抽样的工具等;检验方法是针对具体的指标,规定检验的仪器及规格、试剂种类及规格、配制方法、检验的操作程序、结果的计算等。

4. 规定农产品的包装、标志以及保管、运输、交接验收条件、有效期等

任何食品在包装使用和标志应用方面都有严格的标准。为了满足食品安全的需要,在农产品储藏、运输、交接验收以及有效期方面都有严格的规定。例如,2006 年 10 月 17 日农业部(现称农业农村部)发布了《农产品包装和标识管理办法》,对农产品包装与标志的使用进行了规范。

二、无公害农产品标准

无公害农产品是指产地环境、生产过程和产品质量符合国家有关标准和规范的要求,经

认证合格获得认证证书并允许使用无公害农产品标志的未经加工或者初加工的食用农产品。无公害农产品生产过程中允许限量、限品种、限时间地使用国家允许使用的农药、兽药、肥料、饲料、添加剂等,但不能使用国家禁止使用的高毒、高残留农药。它符合国家食品卫生标准,比绿色食品和有机食品标准要宽松。

(一)无公害农产品标准的内容

无公害农产品标准是无公害农产品认证和质量监管的基础,主要由环境质量标准、生产技术标准和产品质量标准组成。

1. 环境质量标准

无公害农产品产地环境质量标准是生产无公害农产品必须达到的产地环境质量水平。对农产品产地环境质量进行评定,要从基地环境质量(空气、灌溉水、土壤)调查入手,收集评价所需数据资料,按国家或行业标准相关要求,准确评价该农产品产地环境质量是否达到无公害农产品产地环境质量标准,为无公害农产品产地的有效开发提供环境质量依据。我国实施了无公害农产品产地环境评价准则以及种植业、淡水养殖无公害农产品产地环境质量行业标准(表4-2)。其中,NY/T 5295—2015《无公害农产品 产地环境评价准则》规定了无公害农产品产地环境评价的原则、程序、方法和报告编制,适用于种植业、畜禽养殖业和水产养殖业无公害农产品产地环境质量评价;种植业、淡水养殖2类无公害农产品产地环境质量行业标准对该类无公害农产品产地的空气、水质、土壤等的各项环境质量指标数值作出规定。

表4-2　无公害农产品产地环境质量行业标准

标准号	题名	标准性质
NY/T 5295—2015	无公害农产品 产地环境评价准则	推荐性
NY/T 5010—2016	无公害农产品 种植业产地环境条件	推荐性
NY/T 5361—2016	无公害农产品 淡水养殖产地环境条件	推荐性

2. 生产技术标准

无公害农产品的相关主体只有严格执行关键技术规范标准,合理运用配套技术,才能生产出真正的无公害农产品。2015年8月1日,农业部(现称农业农村部)实施了NY/T 2798《无公害农产品生产质量安全控制技术规范》系列行业标准(表4-3)。

表4-3　无公害农产品生产质量安全控制技术规范

标准号	题名	标准性质
NY/T 2798.1—2015	无公害农产品 生产质量安全控制技术规范 第1部分:通则	推荐性
NY/T 2798.2—2015	无公害农产品 生产质量安全控制技术规范 第2部分:大田作物产品	推荐性
NY/T 2798.3—2015	无公害农产品 生产质量安全控制技术规范 第3部分:蔬菜	推荐性
NY/T 2798.4—2015	无公害农产品 生产质量安全控制技术规范 第4部分:水果	推荐性
NY/T 2798.5—2015	无公害农产品 生产质量安全控制技术规范 第5部分:食用菌	推荐性
NY/T 2798.6—2015	无公害农产品 生产质量安全控制技术规范 第6部分:茶叶	推荐性

续表

标准号	题名	标准性质
NY/T 2798.7—2015	无公害农产品 生产质量安全控制技术规范 第7部分:家畜	推荐性
NY/T 2798.8—2015	无公害农产品 生产质量安全控制技术规范 第8部分:肉禽	推荐性
NY/T 2798.9—2015	无公害农产品 生产质量安全控制技术规范 第9部分:生鲜乳	推荐性
NY/T 2798.10—2015	无公害农产品 生产质量安全控制技术规范 第10部分:蜂产品	推荐性
NY/T 2798.11—2015	无公害农产品 生产质量安全控制技术规范 第11部分:鲜禽蛋	推荐性
NY/T 2798.12—2015	无公害农产品 生产质量安全控制技术规范 第12部分:畜禽屠宰	推荐性
NY/T 2798.13—2015	无公害农产品 生产质量安全控制技术规范 第13部分:养殖水产品	推荐性

3.产品质量标准

无公害食品产品标准是衡量无公害食品最终产品质量的指标尺度,反映了无公害食品生产、管理和控制的水平,突出了无公害食品无污染、食用安全的特性。无公害食品标准主要包括产品认证准则、产地认证规范、产品检验规范等(表4-4),其中,产品认证准则规定了无公害农产品认证的要求、审查、颁证及复查换证监督管理申投诉处理;产地认证规范规定了无公害农产品产地认定的环境质量要求、生产过程要求、认定程序要求和产地管理;产品检验规范规定了无公害农产品的产品检验类别、抽样和判定规则。

表4-4 无公害食品行业标准

标准号	题名	标准性质
NY/T 5342—2006	无公害食品 产品认证准则	推荐性
NY/T 5343—2006	无公害食品 产地认证规范	推荐性
NY/T 5340—2006	无公害食品 产品检验规范	推荐性

(二)无公害农产品认证

无公害农产品认证是政府实施的质量安全担保制度,其目的是保障农产品生产和消费安全,具有显著的公益性质,因此认证过程不收取费用。无公害农产品认证需经产地认定与产品认证,通过无公害农产品认证后的农产品才可冠以"无公害×××"的称谓。

2017年,根据中共中央办公厅、国务院办公厅《关于创新体制机制推进农业绿色发展的意见》的要求,农业农村部对无公害农产品认证、农产品地理标志登记工作的职责进行了调整,将协调指导地方开展无公害农产品认证和农产品地理标志评审登记工作由农业农村部农产品质量安全中心划转到中国绿色食品发展中心。启动了无公害农产品认证制度改革,在无公害农产品认证制度改革期间,将原无公害农产品产地认定和产品认证工作合二为一,实行产品认定的工作模式,并将此工作下放到省级农业农村行政部门。

省级农业农村行政部门及其所属工作机构按《无公害农产品认定暂行办法》负责无公害农产品的认定审核、专家评审、颁发证书和证后监管等工作。农业农村部统一制定无公害农产品的标准规范、检测目录及参数。中国绿色食品发展中心负责无公害农产品的标志式样、证书格式、审核规范、检测机构的统一管理。具体认证程序如图 4-1 所示。

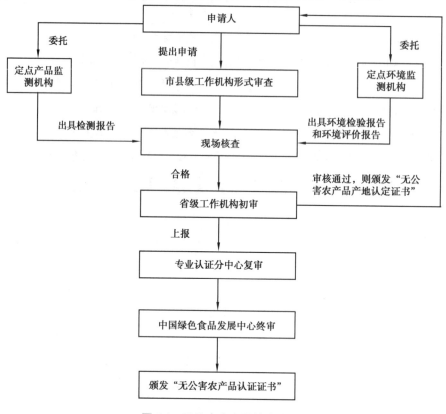

图 4-1　无公害农产品认定流程

（三）无公害农产品标志

无公害农产品标志是指加施或印制于无公害农产品或其包装上的证明性标记。无公害农产品标志的主体由麦穗、对钩"√"和无公害农产品字样构成（图 4-2），色调主要为绿色和橙色。麦穗代表农产品，对钩"√"表示合格，绿色象征环保和安全，橙色寓意成熟和丰收。标志的元素组成、色调搭配，体现了农产品是绿色的产物，是环境和谐的产物，是具有生命力的产物。

图 4-2　无公害农产品标志

三、绿色农产品（食品）标准

《绿色食品标志管理办法》（2022 年修订）规定，绿色食品是指产自优良生态环境、按照绿色食品标准生产、实行全程质量控制并获得绿色食品标志使用权的安全、优质食用农产品及相关产品。其内涵可从以下三个方面把握：一是"遵循可持续发展原则"，以开发无污染食品为突破口，将农产品生产及食品加工与保护环境、发展经济、增进人们健康紧密结合，形成生态、经济、社会发展的良性循环；二是"特定生产方式"，按照绿色农产品生产技术标准对产品生产、加工并实施全程质量控制；三是"无污染"，在绿色食品生产、加工过程中，通过严密监测、控制，防止食品污染，确保食品洁净安全。

绿色农产品是指通过认证获得绿色食品标志使用权的安全、优质、营养食用农产品。

（一）绿色食品标准的内容

绿色食品标准是应用现代农业科学技术原理，结合绿色食品生产实践，借鉴国内外相关标准所制定的，在绿色食品生产中必须遵守的，在绿色食品质量认证时必须依据的技术性文件。它既是绿色农产品生产者的生产技术规范，也是绿色食品认证的基础和质量保证的前提。绿色食品标准是推荐性农业行业标准（NY/T），但对已经获得绿色食品认证的企业来说具有强制性，是绿色食品生产企业必须遵照执行的标准。绿色食品标准包括产地环境质量标准、生产技术标准、产品标准、包装标签标准、储藏运输标准以及其他相关标准六部分内容，形成了以全程质量控制为核心的绿色食品产前、产中、产后全过程质量控制标准体系。

1. 产地环境质量标准

绿色食品产地环境质量标准"NY/T 391—2021 绿色食品产地环境质量"适用于 AA 级和 A 级绿色食品生产加工的农田、菜地、果园、牧场、养殖场和加工厂。该标准规定了产地的空气质量、水质（农田灌溉水水质、渔业水水质、畜牧养殖用水水质、加工用水水质、食用盐原料水水质）和土壤环境质量、食用菌栽培基质质量等各项指标的标准以及环境质量监测和评价方法。

2. 生产技术标准

绿色食品生产技术标准是绿色农产品标准体系的核心，由绿色食品生产资料使用准则和绿色食品生产技术操作规程两个部分构成。绿色食品生产资料使用准则是对生产绿色食品过程中物质投入的一个原则性规定，它包括生产绿色食品的农药、肥料、食品添加剂、饲料添加剂、兽药和水产养殖药的使用准则，对允许、限制和禁止使用的生产资料及其使用方法、使用剂量等作出了明确规定。绿色食品生产技术操作规程是以上述准则为依据，按作物种类、畜牧种类和不同农业区域的生产特性分别制定的，用于指导绿色食品生产活动，规范绿色食品生产技术的规定，包括农产品种植、畜禽饲养、水产养殖等技术操作规程。

3. 产品标准

绿色食品产品标准是衡量绿色食品最终产品质量的指标尺度，它虽然跟普通食品的国家标准一样，规定了食品的外观品质、营养品质和卫生品质等内容，但其卫生品质要求高于国家现行标准，主要表现在对农药残留和重金属的检测项目种类多、指标严。而且，使用的主要原料必须是来自绿色食品产地的、按绿色食品生产技术操作规程生产出来的产品。绿色食品产品标准反映了绿色食品生产、管理和质量控制的先进水平，突出了绿色食品产品无污染、安全的卫生品质。2015 年以来，农业农村部先后发布和修订了系列绿色食品的推荐标准，详见中国绿色食品发展中心现行绿色食品产品适用标准目录。

4. 包装标签标准

绿色食品包装是指包裹、盛装绿色食品的各种包装材料、容器及其辅助物的总称。

《NY/T 658—2015 绿色食品包装通用准则》(现行)规定,进行绿色食品产品包装时应根据不同绿色食品的类型、性质、形态和质量特性等,选用符合本标准规定的包装材料并使用合理的包装形式来保证绿色食品的品质,同时利于绿色食品的运输、储藏,并保障在物流运输过程中绿色食品的质量安全。

绿色食品包装标签应符合国家法律法规及《GB 7718—2011 食品安全国家标准 预包装食品标签通则》《中国绿色食品商标标志设计使用规范手册(2021 版)》等对标签的规定。其中,直接向消费者提供的预包装食品标签标示应包括食品名称、配料表、净含量和规格、生产者和(或)经销者的名称、地址、联系方式、生产日期和保质期、储存条件、食品生产许可证编号、产品标准代号及其他需要标示的内容;非直接提供给消费者的预包装食品标签应按照直接向消费者提供的预包装食品标签标示内容的相应要求标示食品名称、规格、净含量、生产日期、保质期和储存条件,其他内容如未在标签上标注,则应在说明书或合同中注明。

5. 储藏运输标准

2021 年 5 月,中国绿色食品发展中心发布了《NY/T 1056—2021 绿色食品 贮藏运输准则》,该准则从贮藏(包括贮藏设施、出入库、放码、贮藏条件、贮藏管理)和运输(包括运输工具、运输条件、运输管理)方面规定了绿色农产品(食品)贮藏运输的要求,以保证绿色农产品(食品)在贮藏运输过程中不遭受污染、不改变品质,并有利于节能和环保。

6. 其他相关标准

绿色农产品(食品)其他相关标准包括"绿色食品生产资料"认定标准、"绿色食品生产基地"认定标准等。

(二)绿色食品分级

绿色食品标准分为两个技术等级,即 AA 级绿色食品标准和 A 级绿色食品标准。

1. AA 级绿色食品标准要求

生产地的环境质量符合《NY/T 391—2021 绿色食品 产地环境质量》,生产过程中不使用化学合成的农药、肥料、食品添加剂、饲料添加剂、兽药及有害于环境和人体健康的生产资料,而是通过使用有机肥、种植绿肥、作物轮作、生物方法或物理方法等技术,培肥土壤、控制病虫草害、保护或提高产品品质,从而保证产品质量符合绿色食品产品 AA 级标准要求。AA级绿色食品标准完全达到或严于国际同类食品标准,等效采用欧盟和国际有机农业运动联盟(IFOAM)的有关原则。

2. A 级绿色食品标准要求

生产地的环境质量符合《NY/T 391—2021 绿色食品 产地环境质量》,生产过程中严格按照绿色食品生产资料使用准则和生产操作规程要求,限量使用限定的化学合成生产资料,并积极采用生物学技术和物理方法,保证产品质量符合绿色食品产品 A 级标准要求。A 级标准参照联合国粮食及农业组织(Food and Agriculture Organization of the United Nations,FAO)和国际食品法典委员会(Codex Alimentarius Commission,CAC)标准、欧盟标准制定。

(三)绿色食品认证

依据《绿色食品标志管理办法》(2022 年 1 月修订),申请使用绿色食品标志的产品,应当符合《中华人民共和国食品安全法》(2021 年修正)和《中华人民共和国农产品质量安全法》(2018 年修正)等法律法规的规定,在国家知识产权局商标局核定的范围内,并具备下列条件:第一,产品或产品原料产地环境符合绿色食品产地环境质量标准;第二,农药、肥料、饲料、兽药等投入品使用符合绿色食品投入品使用准则;第三,产品质量符合绿色食品产品质量标准;第四,包装贮运符合绿色食品包装贮运标准。

同时,申请使用绿色食品标志的生产单位(申请人),应当具备下列条件:第一,能够独立承担民事责任;第二,具有绿色食品生产的环境条件和生产技术;第三,具有完善的质量管理和质量保证体系;第四,具有与生产规模相适应的生产技术人员和质量控制人员;第五,具有稳定的生产基地;第六,申请前三年内无质量安全事故和不良诚信记录。

申请人应当向省级工作机构提出申请,并提交标志使用申请书、产品生产技术规程和质量控制规范、预包装产品包装标签或其设计样张、中国绿色食品发展中心规定提交的其他证明材料等。绿色食品认证基本程序如图 4-3 所示。

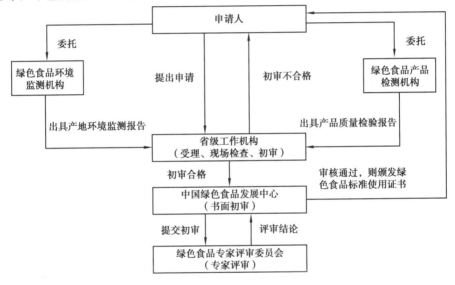

图 4-3 绿色食品认证流程

(四)绿色食品标志

绿色食品标志由三个部分组成,即上方的太阳、下方的叶片和中心的蓓蕾(图 4-4),象征自然生态;颜色为绿色,象征着生命、农业、环保;图形为正圆形,意为保护。绿色食品标志图形描绘了一幅明媚阳光照耀下的和谐生机,告诉人们绿色食品正是出自优良生态环境的安全、优质食品,能给人们带来蓬勃的生命力,同时还提醒着人们要保护环境,通过改善人与自然的关系,创造自然新的和谐[①]。凡从事食品生产、加工的企业,需要在某项产品上使用"绿色食品"标志的,必须依照《绿色食品标志管理办法》(2021 年修订)和《中国绿色食品商标标志设计使用规范手册(2021 版)》规范使用。

---

① 参见《中国绿色食品商标标志设计使用规范手册(2021 版)》。

图 4-4　绿色食品标志

四、有机农产品（食品）标准

（一）有机农产品（食品）的概念

有机产品是指生产、加工和销售符合中国有机产品国家标准的供人类消费、动物食用的产品。有机食品（Organic Food）也叫生态食品或生物食品等，是指来源于有机农业生产体系，在生产、加工、包装、运输、销售全过程中符合国际有机标准，建立从土地到餐桌全过程的监督、记录体系，并经过独立的有机认证机构认证的一切供人类食用的农副产品。

有机农产品是指来自有机农业生产体系，根据有机农业原则和有机食品生产方式及标准生产、加工出来的，并通过有机食品认证机构认证的农产品。

（二）有机农产品标准

有机食品标准起源于国际有机农业运动联合会（International Federation of Organic Agriculture Movements，IFOAM）的标准。目前，有机食品的法规和标准体系主要分为三种类型：

一是国际性标准，包括 CAC 和 IFOAM 标准。CAC 标准由联合国粮食及农业组织（FAO）和世界卫生组织（World Health Organization，WHO）共同创建，是被国际普遍认可的食品安全基础标准；IFOAM 目前有来自 110 个国家的 700 多个集体会员。IFOAM 的基本标准为世界范围内的认证计划提供了一个制定自己国家或地区标准的框架。

二是区域性标准，如欧盟 1991 年 7 月 22 日颁布实施的 NO.2092/91 农产品有机生产法令，是欧盟成员国普遍采用的标准，其对欧盟有机农产品和食品的生产、加工、标签和认证标准进行了统一规定。

三是国家性标准，如美国国家有机项目（NOP）；日本物资规格化和质量表示标准法规（JAS）；中华人民共和国国家标准：《有机产品生产、加工、标识与管理体系要求》（GB/T 19630—2019）等。各国标准主要在本国发挥效力并互不承认，这就导致本国认证有机产品进入他国市场必须再次进行认证。

1994 年，我国成立了国家环保总局有机食品发展中心（OFDC）（以下简称"有机食品发展中心"），专门负责国内有机食品的认证和发证工作。有机食品发展中心依据 IFOAM 的基本标准，制定了我国的有机食品认证标准《HJ/T 20—2001 有机食品技术规范》，并于 2001 年由国家环保总局发布；2003 年，国家认证认可监督管理委员会（CNCA）接替国家环保总局履行有机食品认证和监管职能，并相继制定了《有机产品认证管理办法》[由国家质检总局（现称国家市场监督管理总局）2004 年第 67 号令发布]和《有机产品认证实施规则》（国家认监委 2005 年第 11 号令公告）。2005 年国家标准化管理委员会发布《CB/T 19630.1—2005 有机产品第一部分：生产》，并于 2011 年修订为《GB/T 19630.1—2011 有机产品第 1 部分：生产》；2014 年，国家认证认可监督管理委员会对《有机产品认证实施规则》进行修订并发布实施了《有机产品认证实施规则》(CNCA-N-009:2014)；2014 年，国家质检总局（现称国家市场监督管理总局）制定新的《有机产品认证管理办法》并发布实施。至此，中国建立了比较成熟统一的有机产品认证法规和标准体系。2019 年 8 月 30 日，国家市场监督管理总局、国家标准化管理委员会批准发布了《GB/T 19630—2019 有机产品生产、加工、标识与管理体系要求》，并于 2020 年开始实施。

1. 有机食品的条件

（1）原料必须来自有机农业生产体系，或采用有机方式采集的野生天然产品。

（2）产品在整个生产过程中严格遵循有机食品的采集、加工、包装、贮藏、运输标准，禁止使用化学合成的农药、化肥、激素、抗生素、食品添加剂等，禁止使用基因工程技术及该技术的产物及其衍生物。

（3）生产者在有机食品生产和流通过程中，必须建立严格的质量管理体系、生产过程控制体系和追踪体系，以及完整的生产与销售记录档案。

（4）生产活动不污染环境，不破坏生态环境。

（5）必须通过独立合法的有机食品认证机构认证。

2. 有机食品生产的基本要求

（1）生产基地在最近三年内未使用过农药、化肥等违禁物品。

（2）种子或种苗来自自然界，未经基因工程技术改造过。

（3）生产基地应建立长期的土地培肥、植物保护、作物轮作和畜禽养殖计划。

（4）生产基地无水土流失、风蚀及其他环境问题。

（5）作物在收获、清洁、干燥、贮藏和运输过程中应避免污染。

（6）从常规生产系统向有机生产转换通常需要两年以上的时间，新开荒地、撂荒地需至少经 12 个月的转换期才有可能获得颁证。

（7）在生产和流通过程中，必须有完善的质量控制和跟踪审查体系，并有完整的生产和销售记录档案。

（三）有机食品认证

《有机产品认证管理办法》(2015 年修订) 规定，有机产品认证是指认证机构依照本办法的规定，按照有机产品认证规则，对相关产品的生产、加工和销售活动符合中国有机产品国家标准进行的合格评定活动。目前，我国有机产品认证体系中，国家认证认可监督管理委员会负责全国有机产品认证的统一管理、监督和综合协调工作。地方各级质量技术监督部门和各地出入境检验检疫机构按照职责分工，依法负责所辖区域内有机产品认证活动的监督检查和行政执法工作。国家推行统一的有机产品认证制度，实行统一的认证目录、统一的标准和认证实施规则、统一的认证标志。国家认证认可监督管理委员会负责制定和调整有机产品认证目录、认证实施规则，并对外发布。国家认证认可监督管理委员会按照平等互利的原则组织开展有机产品认证国际合作，开展有机产品认证国际互认活动，应当在国家对外签署的国际合作协议内进行。具体有机产品认证程序如图 4-5 所示。

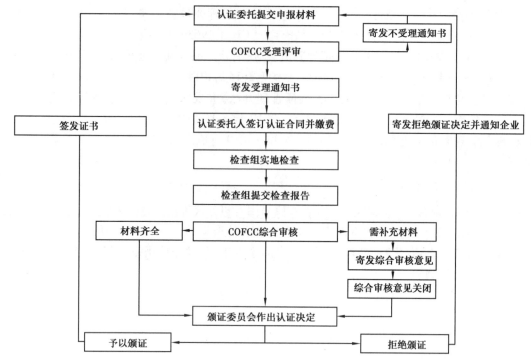

图 4-5　有机产品认证程序

（四）有机食品标志

有机食品标志采用国际通行的圆形构图,以人手和叶片为创意元素(图 4-6),包含两种寓意,一是一只手向上持着一片绿叶,寓意人类对自然和生命的渴望;二是两只手一上一下握在一起,将绿叶拟人化为自然的手,寓意人类的生存离不开大自然的呵护,人与自然需要和谐共处。图形外围绿色圆环上标明中英文"有机食品"。"有机食品"概念,是这种理念的实际体现。人类的食物从自然中获取,人类的活动应尊重自然规律,这样才能创造一个良好的可持续发展空间。

中国有机产品认证标志标有中文"中国有机产品"字样和英文"ORGANIC"字样(图 4-7)。

标志形似地球,象征和谐、安全,圆形中的"中国有机产品"字样为中英文结合方式,既表示中国有机产品与世界同行,也有利于国内外消费者识别;标志中间类似种子图形代表生命萌发之际的勃勃生机,象征有机产品是从种子开始的全过程认证,同时昭示出有机产品就如同刚刚萌生的种子,正在中国大地上茁壮成长;种子图形周围圆润自如的线条象征环形的道路,与种子图形合并构成汉字"中",体现出有机产品植根中国,有机之路越走越宽广。同时,处于平面的环形又是英文字母"C"的变体,种子形状也是"O"的变形,意为"China Organic";有机产品认证标志的绿色代表环保、健康,表示有机产品给人类的生态环境带来完美与协调;橘红色代表旺盛的生命力,表示有机产品对可持续发展的作用。

C:100 M:0 Y:100 K:0
C:0 M:60 Y:100 K:0

图4-6　有机食品标志　　　　　图4-7　中国有机产品标志

　　标识为"有机"的产品应在获证产品或者产品的最小销售包装上加施中国有机产品认证标志及其有机码(每枚有机产品认证标志的唯一编号)、认证机构名称或者其标识。中国有机产品认证标志可以根据产品的特性,采取粘贴或印刷等方式直接加施在产品或产品的最小销售包装上。不直接零售的加工原料,可以不加施。

五、农产品检验

　　农产品检验是对农产品的质量进行科学鉴定,并根据标准和鉴定结果对其质量高低、使用价值的大小进行判断的过程。因此,农产品检验与标准相互联系,密不可分。

　　农产品的检验方法一般分为感观检验和理化检验两类。感观(感觉和观察)检验的优点是快速简便,具有准确性,不需要专门的仪器、设备,对于农产品的新鲜度、成熟度、色、香、味的判断都具有实用价值。与感观检验比较,理化检验结果较准确,且可测定农产品的成分、结构和性质。随着现代科学技术的发展,农产品检验必须朝科学化、仪器化和快速、少损或无损的方向发展。

第三节　农产品分级

一、农产品分级的含义

　　农产品分级是指按一定标准区分农产品质量差异的活动,分级包括质量分等和规格定级。它是生产者能否将农产品投入市场的依据,也是经营者便于对农产品进行质量比较和定价的基础,应依据国家或相关部门制定的产品质量标准进行农产品分级。

二、农产品分级的目的

　　农产品收获以后应该经过一系列商品化处理,再进入流通环节。农产品分级的主要目的是促进农产品的商品化。通过分级,可区分农产品的质量,为其使用性和价值提供指标参数和等级标准。在农产品生产和流通环节农产品分级作为一个重要工具,为流通环节相关主体提供贸易语言。等级标准为农产品质量的评定提供技术准则和客观依据。农产品分级有助于生产者和经营者在农产品进入市场前进行准备工作和市场定价。分级标准还能够为农产品优质优价提供依据,能够以同一标准对不同市场上销售的农产品质量进行比较,有利于引导农产品市场价格及提供信息,有助于解决买方和卖方赔偿损失的要求和争论。分级不仅可以贯彻优质优价的政策,还可以促进农产品管理技术的改进,推动农产品生产向良性化发展。通过分级,剔除伤、病虫害农产品,可以减少储运中的损失,还可以减轻一些病虫害的侵染传播。总之,分级是农产品生产、销售及消费之间互相促进、互相监督的纽带,是农产品商品化的必要环节,是提高农产品质量及经济效益的重要措施。

尤其是 2006 年颁布的《中华人民共和国农产品质量安全法》(2022 年修订)对农产品分级也提出了特别的要求,该法三十二条规定:"国家鼓励和支持农产品经营者选用优质特色农产品品种,采用绿色生产技术和全程质量控制技术,生产绿色优质农产品,实施分等分级,提高农产品品质,打造农产品品牌。"为此,农产品分级成为农产品进入市场前的必备环节。

三、农产品分级的原则

(一)市场优先原则

在选择和确定分级要素时,应优先考虑农产品贸易的需求。

(二)质量引导原则

对体现农产品较高质量的特征应作出恰当合理的必要性规定,以助于引导农产品质量的提高。

(三)适用性原则

应依据农产品用途、储藏和加工方式、消费人群需求等因素,结合现有质量水平和生产实际进行分级,对易出现的质量变化(如腐烂、变质等)作出合理的限制性规定。

(四)科学性原则

分级指标的选择和指标参数的确定应建立在对农产品质量特性、市场现状、市场价格等数据和经验准确归纳的基础上,并充分考虑农产品的生产供需情况和分级成本及效益等因素。

我国农业发展已经进入一个新阶段,增长模式已从过去的外延扩张、追求数量向依靠科技进步、提高质量转变,把提高质量放到更加突出的位置,这对制定和推行农产品分级标准提出了迫切要求。农产品质量分级标准是以农产品的质量要求和特性为依据,将相同用途但反映不同消费需求的农产品进行分等定级的规范性技术要求。从广义讲,农产品分级标准包含农产品的等级和规格的要求,它是标准分类中产品标准类的重要组成部分。农产品质量分级标准的制定和实施对促进农产品大规模贸易、实现农产品流通现代化、稳定和提高农产品的质量、更好地满足不同消费者对不同质量农产品的需要、实现农产品的优质优价等方面发挥着重要的作用。

四、分级要素选择和确定

(一)等级数量的确定

所谓等级是指对农产品质量分等和(或)规格定级所作的规定。在满足实际需要的前提下,等或级的数量应尽可能少,一般在 2 等(级)到 5 等(级)之间为宜。

(二)分级指标的选择

分级指标的选择应明确以下三个方面的问题:一是分级指标应以易于直观判断的感官指标和便于测量的大小规格指标为主,必要时可选用易于测定的量化指标;二是分级指标应能被准确地度量、解释和识别;三是分级指标应包括必要性规定和限制性规定。

(三)指标参数的确定

在确定指标参数时,各等或级之间的级差应明显,易于区别。感官分级指标参数应内涵明确,并尽可能量化。指标参数应将市场或消费者对农产品质量的基本要求作为分级的最低要求,并确保分级后各等级农产品的数量符合市场各方利益。

五、农产品分级与标准化体系的建立和推行

近年来随着国际化进程的不断加快,以及人们对食物的需求由数量向质量的转变,国家加强了农产品标准的制定与修订工作,积极为农产品分级与标准化提供政策支持与法律保障,有效提升我国农业现代化水平和农产品市场竞争力。

(一)农产品分级与标准制定特征

1.农产品分级与标准化难度大

由于农产品生产过程受品种、耕作时间、生产技术、自然气候等因素影响,农产品品质千差万别。即便同一品种在同一环境之下生产出的产品,其营养、外观、口感等品质都难以统一。因此,与工业品相比农产品分级与标准化要困难许多。

2.农产品标准制定需适应国情

我国农产品标准的制定既要符合中国特色社会主义市场经济的要求,又要体现经济、实用、安全的要求,以适应我国农业生产发展与消费水平提高的需要;即农产品分级标准的制定要适合我国国情,既要考虑目标市场需求,又要以农业科技发展水平为基础。

3.农产品标准化体系范围广泛

广义上的农产品包括种植业产品、林业产品、畜牧产品、水产品。因此,农产品分级与标准化包含粮、棉、油、麻、果、蔬、茶、肉、蛋、奶、鱼、烟、糖、菌、花、木、竹、皮、毛等产品的分级与标准化。具体包括农副产品等级标准、品种质量标准、农用生产资料质量标准、农艺技术规范及农副产品包装储藏和运输标准。

4.我国农产品标准制定分工明确

国家负责粮、棉、油等大宗农产品以及种子、化肥、农药等重要农用生产资料标准的制定,以利于规范粮、棉、油等主要农产品市场的秩序,打击制售假冒伪劣农用生产资料和产销不安全农产品等违法行为,保护农民和消费者利益。地方农产品标准主要针对地方优势农产品,制定产品标准及农艺生产技术规范,以利于先进适用种养技术的推广和应用,促进当地农业经济的快速发展。

(二)农产品分级与标准化的推行

农产品分级与标准化的实施涉及多个部门,需要生产者、经营者、消费者和政府部门的通力合作,是一项复杂而艰巨的系统工程。

1.加强农业产业链各主体对农产品分级与标准化的认知和认可

执行和推动农产品分级与标准化依赖广大农技人员、农产品检验员、农产品生产经营者以及广大消费者。如果农产品分级与标准化不被他们认知和认可,农产品分等分级与标准化工作就不可能全面、完整地实施。因此,有必要通过广播、电视、期刊、报纸、手机短信、网络等渠道大力宣传农产品分级与标准化在农业中的作用,促进广大农民、农业企业、农业技术管理人员等农业产业链相关主体的观念转变和思想更新,并进行相关知识和技能的培训,加强他们对农产品分级与标准化的认知和认可。

2.建立健全农产品分级与标准化的推广示范体系

通过推广和实施,农产品分级与标准化才能转变为现实的效益和成果。因此,健全农产品分级与标准化的推广示范体系是农产品标准化工作的重要环节。长期以来我国农产品标准化程度低,农业及农产品标准、农产品分等分级的实践经验和社会意识薄弱。应充分利用现有农业技术推广体系,发挥各级农业技术推广机构和人员的作用,做好农业企业和农户的教育示范工作。依托龙头企业、农业基地农业科技园、农业示范区的开发项目执行示范,形成农产品分级与标准化的推广体系,让农企和农户学好用好农产品分级与标准化技术,进而加快农产品的分级与标准化进程。

3.加大政府对农产品分级与标准化的支持和奖励力度

政府应将农产品分级与标准化工作列入社会经济发展规划。首先,将农产品标准化工作经费列入政府财政预算,对从事农产品分级与标准化生产技术推广示范和培训工作的人员,给予稳定的经费支持并配备必要的工作设施和条件。其次,各级政府要将农业标准化纳入工作计划,重点抓好农业企业、农业合作社、示范基地农产品标准化生产推进工作,工作责任落实到人并签订目标责任书进行年度考核。最后,出台农产品分级与标准化生产支持和奖励政策,对推进农产品分级与标准化生产突出的企业、经济合作组织、农户进行奖励,对标准化生产的农产品实行价格补贴,对参与开展"三品一标"认证的企业组织和农户进行奖励,调动全社会开展农产品分级与标准化生产的积极性。

4.加强先进、适用农产品标准的交流引进采用

国标标准和国外先进标准(如国际标准化组织 ISO 和国际食品法典委员会 CAC 等颁布的标准),是当前世界各国技术经济发展的普遍趋势。先进、适用的农产品标准是当代农业科技发展的重要成果,根据我国国情加强国家间、地区间、企业间先进、适用农产品标准的交

流、引进,结合本地实际形成协调、统一、适用的农产品标准体系,可有效推进本国、本地区农产品质量水平的提升,增强农产品在地区间、企业间以及国际市场上的竞争力。

5.改善分级与标准化农产品的市场环境

首先,搭建标准化生产农产品(如有机农产品)的市场销售平台,举办标准化生产农产品展销会,在农贸市场、超市建立销售专柜,促进厂商合作、产销对接,扩大产品销路,形成标准化生产农产品的市场影响力和竞争力。其次,加强国内农产品生产及市场质量监督,保证整个农产品市场秩序的正常化,防止农产品生产经营的急功近利和短期化行为,防止少数见利忘义的不法分子损害国家和消费者利益,实现标准化生产的农产品在市场上的优质优价。

课后练习

一、名词解释

农产品标准　有机农产品　农产品检验　农产品分级　无公害农产品　绿色食品

二、简答题

1.简述普通农产品标准的内容。
2.无公害农产品标准的内容有哪些?
3.绿色食品标准的内容有哪些?
4.有机农产品认证的条件是什么?
5.简述果蔬的分级方法。

三、论述题

1.请结合我国实际情况分析农产品分级的目的和意义。
2.分析农产品分级过程中应该注意哪些问题。

四、案例分析

分级销售助推黄坑贡柑产业提档升级

黄坑的 12 月,正是丹霞贡柑成熟的季节,金黄的贡柑点缀在漫山遍野翠绿的柑树上,成团成簇,煞是惹眼。韶关市仁化县黄坑镇地处粤北山区,毗邻世界闻名的地质公园丹霞山,这里气候好、土壤佳,种出来的贡柑有着"色如渥丹、灿若明霞"的外观,更有汁多肉脆、清甜可口的内里,颜值口感俱佳。

如今,贡柑已经成为黄坑镇农业的优势主导产业,是黄坑乃至仁化县的当家水果。2019年,黄坑镇获首批省级"一村一品、一镇一业"专业镇;2020 年,黄坑镇下营村、小溪村获首批省级"一村一品、一镇一业"专业村;更有多个经营主体获"一村一品、一镇一业"项目扶持,黄坑镇的贡柑产业迎来了新一轮发展机遇。

优势产业打响品牌

"种植贡柑是黄坑的传统,不管是房前屋后零散种植还是成片规模化种植,十个黄坑农民起码有八个种贡柑。"黄坑镇农办工作人员介绍,自获首批省级"一村一品、一镇一业"专业镇以来,黄坑的贡柑产业规模不断壮大,截至 2019 年年底,全镇参与贡柑产业的农户已从 2018 年的 2800 多户增加到 3063 户,参与率高达 83.6%;种植面积达 2.2 万亩,挂果面积增加了 3000 亩,挂果量达 3 万吨,总产值近 2 亿元,占黄坑镇农业总产值的 88.6%。

依托黄坑贡柑产业的基础,仁化县将县域内符合品控标准的贡柑冠以"丹霞贡柑"品牌,并将重点打造的柑橘产业园丹霞贡柑品种中心(以下简称"品控中心")设立在黄坑镇的仁化县橘颂生态农业有限公司内。该品控中心已于 2019 年 11 月投入运行,建有一条高标准、高精度的国内顶级的 4 通道柑橘糖度无损检测生产线,该生产线是判定"丹霞贡柑"的唯一标准,采用先进的光学信号,分选指标涵盖了果品重量、颜色、糖度等近十个方面。分选出来的贡柑分成三级标准,经统一的加工包装后冠以"丹霞贡柑"的品牌出售,价格大大提升,一盒 16 个约 5 斤装的一级果,零售价高达 88 元,而以往不精选的统卖往往才一块多一斤。

"要在本地果农以及消费者心中都树立不是所有的贡柑都叫'丹霞贡柑'的概念。"仁化县农业农村局相关负责人说。"丹霞贡柑"品牌的设立,是精益求精的做法,只有通过精细严格的品控,才能打造高端的品牌,从而带动整个产业的向上发展。

主体给力带动发展

黄坑镇贡柑产业的基础好,与其经营主体的数量和带动也息息相关。现全镇共有贡柑种植大户 624 户,家庭农场 10 家;合作社 22 家,其中省级示范合作社 1 家,市级示范合作社 2 家。其中,仁化县回归田园家庭农场有限公司和仁化县橘颂生态农业有限公司还获得了"一村一品、一镇一业"项目的扶持。

回归田园将基地的绿色生态防控和水肥一体化建设水平提高,稳步提升自身种植能力;为村民发放贡柑脱毒苗,并做无人机飞防社会化服务,带动周边 3700 亩贡柑的健康种植。

而在品控中心的所在地橘颂公司,"一村一品、一镇一业"项目的扶持资金中很大一部分将用来建设与品控中心配套的设施,包括容纳体积 1600 立方米的果蔬冷藏保鲜库、水冷冷库以及相关设备,前期基础建设已开始动工,冷库建成后,品控中心的果品存放量将大大增加,"丹霞贡柑"的市场供应范围、供给量和覆盖时长也能得到进一步提高。在种植和带动方面,通过改造 500 亩旧果园,建成贡柑标准化生产基地,还可辐射带动周边 3000 亩以上柑果园进行标准化种植,提高当地柑橘产业产值 16% 以上。

在"一村一品、一镇一业"项目的带动下,黄坑镇力争将贡柑产业在全镇农业总产值的占比提高到 90%,参与贡柑产业农民的年人均收入提高 5000 元,让贡柑的"当家果"效应更加凸显。

(资料来源:广东省农业农村厅官方网站,2020-12-28.)

案例思考题:

1. 农产品分级售卖的原理是什么?

2. 在进行农产品分级售卖时应该注意什么问题?

项目五

农产品市场调查与预测

学习目的

1. 掌握农产品市场调查的方法并能够灵活运用。
2. 掌握农产品市场预测方法,并能合理运用农产品预测方法对农产品市场进行分析。
3. 了解农产品市场调查的基本概念。
4. 了解农产品市场预测的基本要求。

情境导入

借鉴国际经验 推动农产品成本调查高质量发展

近年来,随着我国农村土地流转深入推进、新型农业经营主体大量涌现、新型生产模式快速发展,传统的农产品成本调查面临着新挑战,亟待深入了解、精准借鉴国外先进经验。以美国等为代表的农业发达国家已经建立起较为完备的农业调查制度与技术体系。我们要在充分借鉴国际经验的基础上,进一步发挥好我国农产品成本调查作用,一方面为农业经营主体进行经营管理决策提供重要参考;另一方面为政府制定完善最低收购价格等相关农业政策提供重要依据,助力农业供给侧结构性改革和乡村全面振兴。

农产品成本调查寓于农业调查,政府主导特色鲜明。美国、加拿大、欧盟等发达国家(地区)主要是围绕农场组织开展农业统计调查,从中获取相关成本信息。农业统计调查主要涉及农业资源使用、农业生产成本和农场财务状况等方面。其中,与农产品成本关系密切的是农场财务统计,涵盖农场资产和负债、收入和费用、农产品价格、资本投资和销售等。

基于大样本分类抽样,数据收集形式多样。样本选取方面,各国(地区)在农业统计调查过程中,先按照一定标准确定调查总体,再通过分类抽样从总体中选取样本。数据收集方面,通常采用以下三种方式从农场经营者处直接获取相关数据。一是通过问卷调查直接获取。二是通过其他机构间接获取。采取这一做法的主要是加拿大,其农产品成本数据信息大部分来自加拿大税务局、金融机构、行业协会等,仅有少部分数据来自直接调查。三是通过专网在线直接填报。

成本大类基本相同,分项指标各有不同。发达国家(地区)一般按照现金支出与非现金支出对农产品生产总成本进行划分。在分项成本指标设置上,各国(地区)存在较大差异。在期间费用、劳动成本划分上,美国、欧盟均将机器租用费、维修费等期间费用以及雇工费用视为独立于生产成本的外部成本,加拿大、澳大利亚、英国则将上述两项费用归入生产成本。

数据信息受众范围广,产品种类丰富。发达国家(地区)农业统计调查数据信息的受众范围较广。各国的数据产品通常以线上数据库、定期报告、专题报告等形式发布。其中,美国、英国、欧盟除提供线上数据库外,还发布相关报告。比如,美国每年5月和8月发布《农业化学品使用——田间作物》和《农场生产支出》两份报告,英国每年1月和3月发布《英格兰农业核算》和《英国农业》,欧盟每年发布《农业和农业经济概览》。

（资料来源：国家发展和改革委员会价格成本调查中心,2020-12-16.）

思考:借鉴上述国家经验,结合我国农业生产实际情况,谈谈新形势下我国该如何全面加强农产品成本调查工作。

第一节　农产品市场调查及其程序

一、农产品市场信息

农产品市场信息是指在农产品商品经济活动中,能客观描述农产品市场经营活动及其发展变化,为解决农产品生产经营、管理和进行市场预测所提供的各种有针对性的,能产生经济效益的知识、消息、情报、数据、图表等资料的总称。

农产品市场信息一般通过文字、语言、数据、凭证、报表、符号、广告、商情等进行传递。用科学的方法和手段收集、整理农产品商品信息,加强对信息的管理和利用,是现代农产品市场营销与营销管理的重要内容、信息工作的基本任务、农产品营销活动的依据,有效的市场营销活动必须建立在对市场信息分析的基础上。

二、农产品市场调查的基本内容

市场营销调研是一种系统地进行信息设计、收集、分析和报告,用以解决企业某一方面营销问题的工作过程。所谓农产品市场调查,就是指根据农产品生产经营者市场调查的目的与经营决策的需要,运用一定的科学方法,有组织、有计划地收集、整理、传递、存储和利用市场有关信息的过程。其目的在于通过了解农产品市场供求变化的历史和现状,了解农产品生产经营者及企业产品的目前市场和潜在市场,为农业企业管理者和企业的决策者制定政策、进行预测、做出经营决策、制订计划提供科学依据。农产品市场调查主要包括以下内容。

(一)市场环境调查

开展农产品市场环境调查,主要在政治、经济、社会文化、自然环境以及市场竞争等方面分析农产品的市场环境。政治方面,主要包括政府部门出台的农业发展方针、价格、税收、财政等经济政策。经济方面,主要分析农业生产水平、科技水平、自然资源状况、居民收入及其消费结构、市场价格水平等。社会文化方面,主要分析居民文化教育程度及其职业构成、民族分布特点及其宗教信仰、生活习惯等。自然环境方面,要重点考虑地理位置、气候、交通运输等状况。市场竞争环境方面,主要分析同行业生产能力、生产方式、成本价格、产品特征及市场占有率等情况。

(二)消费者需求情况调查

消费者需求情况调查主要是调查一定时期、一定范围内消费群体及其对不同农产品的需求变化,主要包括一定范围内人口变化,居民生活水平变化,购买力投向,购买者偏好、习惯、需求构成变化,各类农产品在数量、质量、品种、规格、价格等方面的要求及其发展趋势,配套商品、连带性商品及其他商品之间存在的需求比例关系及函数关系,社会团体购买力的需要、生产建设发展的需要和外贸出口的需要。

(三)生产者供给情况调查

生产者供给情况调查是指调查社会、商品资料及其构成情况,主要包括生产规模、生产结构、技术水平、生产力布局、生产成本、自然条件和自然资源等生产条件的现状和未来规划。同时,要特别重视农业生产情况的调查,农业生产状况直接影响农产品市场状况。

(四)销售渠道通畅情况调查

销售渠道通畅情况调查是指调查了解农产品销售渠道的过去和现状,包括农产品流通环节、推销人员基本情况、销售渠道利用情况及存在的问题等。

(五)市场行情调查

市场行情调查是指调查农产品在市场上的供求情况、存货状况和市场竞争状况。要调查有关地区、有关企业、有关商品之间的差别和具体供求关系,如有关地区、企业同类商品的生产、经营、成本、价格、利润、资金周转等重要经济指标及流转、销售情况和发展趋势等。

三、农产品市场调查的作用

市场调查是企业营销活动的出发点,是市场预测的基础,企业通过市场调查了解市场的发展规律,安排生产,减少原材料及各种资源浪费的情况,在企业营销的各个环节均起着不可或缺的作用。任何一个企业在进行产品推广时,必须进行充分的市场调查,保障经营决策的正确性和及时性。农产品市场调查的作用主要体现在以下方面。

第一,有利于制订科学的农产品营销规划。开展农产品市场调查可以帮助市场营销者评估市场潜力和市场份额,根据市场需求及其变化、市场规律和竞争格局、消费者意见与购买行为以及营销环境的基本特征,科学地制订和调整企业的市场营销规划。

第二,有利于优化农产品市场营销组合。企业根据市场调查的结果,评价定价、产品、分销和促销行为的效果,分析研究产品的生命周期,开发新产品,制订产品生命周期各阶段的市场营销策略组合。如根据消费者对农产品及包装的偏好,改进现有产品,开发新用途,研究新产品的创意、开发和设计;预测消费者对产品价格变动的反映,分析竞争者的价格策略,确定合适的定价;综合运用各种营销手段,加强促销活动、广告宣传和售后服务,增进产品知名度和顾客满意度;尽量减少不必要的中间环节,节约储运费用,降低销售成本,提高竞争力。

第三,有利于开拓新的农产品市场。通过开展农产品市场调查,企业可发现消费者潜在的需求,测量市场上现有产品及市场营销策略满足消费者需求的程度,从而不断开拓新的农产品市场。市场营销环境的变化,往往会影响和改变消费者的购买动机和购买行为,给企业带来新的机会和挑战,企业可根据调研结果确定和调整发展方向,从而确保实现企业的经营目标。

四、农产品市场调查的分类

按照农产品市场调查的目的,可将农产品市场调查分为三类,分别为探测性研究、描述性研究和因果性研究。

(一)探测性研究

探测性研究主要用于探询农产品生产经营者及企业所要研究的一般性质的问题。这是对农产品市场发展的方向和规模进行研究,或为了弄清某一问题、情况、原因等进行的研究。比如,某种子公司的某一种产品销量较以前有很大的下降,是什么原因造成的?是价格,还是出现了新的竞争产品?这就需要向种植户、经销商、代理商进行调查,收集市场情况资料,以便发现问题,找出问题的原因。探测性研究的问题和范围比较广,一般都不涉及结构式问卷,不涉及大样本和概率抽样,研究方法上可以比较灵活,在调研过程中可根据情况随时进行调整。调查的重点可能随着新看法的发现而不断地改变,调研者的经验和创造力在探测性研究中起着非常重要的作用。

(二)描述性研究

在已明确所要研究问题的内容与重点后,就可以利用描述性研究进一步通过详细的调查和分析,对农产品市场营销活动的某个方面进行客观的描述,对已经找出的问题作如实的反映和具体的回答。大多数农产品的市场营销调研都属于描述性研究。例如,农产品市场潜在需求量与市场占有率研究、农产品的消费群体结构、推销方法与销售渠道研究、消费行为研究、竞争对手研究等,均可通过描述性研究来描述,从而寻求对策。描述性研究通常用于分析影响市场状况的关联因素及它们之间的关系。例如,研究购买某农产品的人群,包括其年龄、收入、爱好、购买时间等方面的情况。描述性研究的设计要求清楚地设定调查的 6 个要素(5W+1H):谁(Who)、什么(What)、何时(When)、何地(Where)、为什么(Why)、什么方式(How)。描述性研究所取得的市场信息资料十分重要,它是进行市场预测和市场分析的依据。

(三)因果性研究

描述性研究是提供问题中各因素的关联现象,而因果性研究则是找出涉及农产品市场营销问题的不同要素之间的关系、原因和结果,即研究"为什么"的问题。例如,研究某一种农产品为什么在国际市场上很受欢迎、消费者的习惯为什么会影响销售量等。涉农企业市场营销活动存在许多引发性关系,大多可以归纳为由变量表示的一些函数。这些变量包括企业自身可以控制的产品产量、价格、促销费用等,也包括企业无法完全控制的产品销售量、市场供求关系等。因果关系研究在描述性研究的基础上进一步分析其问题发生的因果关系,了解哪些变量是起因,哪些变量是结果,确定起因变量与要预测的结果变量间的相互关系等。例如,饲料的销售量增加(减少)会促进玉米等原料的需求量增加(减少),饲料价格波动会对生猪养殖成本造成影响。只有掌握了各种市场需求之间的联系,才能准确预测市场需求的发展变化趋势。

(四)预测性研究

预测性研究是指在社会调查研究活动中收集历史资料和现实资料,根据已有的调查数据运用一定的技术手段,推测事物或现象在今后的可能发展趋势并作出评估。农产品市场营销所面临的最大问题就是对市场需求的预测,这是农产品生产经营者及企业制订市场营销方案和市场营销决策的基础和前提。预测性研究就是涉农企业为了推断和测量市场的未来变化而进行的研究,它对农产品生产经营者及企业的生存与发展具有重要的意义。

五、农产品市场调查的程序

农产品市场调查是一项复杂而细致的工作,为了提高调查工作的效率和质量,达到既定的调查目的,在进行农产品市场调查时,必须制订完善的调查计划,并加强组织领导,以保证农产品市场调查有目的、有计划、有步骤地进行,避免安排不周使调查流于形式。因时间、地点、费用、设备等条件不同,农产品市场调查在具体做法上也有差异。一般来说,农产品市场调查可分为以下几个步骤(图5-1)。

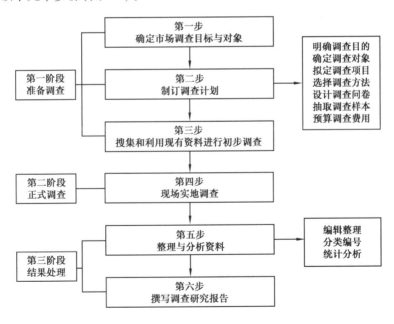

图5-1 农产品市场调查步骤

(一)确定市场调查目标与调查对象

为保证市场调查的成功和有效,首先要明确市场调查的目的和要求,即要针对什么问题进行调查,界定调查的范围,确定调查的主体,明确如何利用调查结果等。市场调查对象一般包括消费者、生产经营者、渠道企业等。在以消费者为调查对象时,要注意到产品的购买者与使用者可能不一致,或者产品主要针对某一细分市场等情形,这时应注意调查对象是否需要具有针对性地对消费群体进行筛选。

(二)制订调查计划

调查计划是调查目的和任务的具体化。即选择与安排调研项目,明确必须收集的资料,设计主要调研方法与问卷,做好数据处理分析计划,确定调研人员,安排调研行程,预算调研费用等。

(三)收集和利用现有资料并进行初步调查

收集整理现有的二手资料。从企业内部来看,主要包括企业的各种会计和统计资料、年度总结报告、专题报告、财务决算等;外部来看,主要包括政府发布的统计资料、公开出版的期刊文献、研究机构的调查研究报告与经济年鉴等。通过分析现有的二手资料,初步了解和发现各影响因素之间的关系,进而明确调查问题的方向。

(四)运用调查方法进行现场实地调查

在经过初步调查的基础上,进一步确定要调查的具体问题,并通过运用询问、观察或问卷调查等调研方法,获取第一手资料。收集资料需把握以下问题:一是针对性,即根据具体需要有目的、有计划地进行;二是准确性,即对所提供资料的真实性和可靠性进行分析,力求去伪存真;三是系统性,即对资料要加以分类、合并、整理,并不间断地推进;四是完整性,即要保证有关资料的完整性;五是预见性,即要注意及时收集有关调查问题的发展动向和发展趋势的情报资料。

(五)资料整理与分析

资料的整理与分析包括以下工作:第一,编辑整理,即要核实资料的误差,对资料进行评定,以保证资料的真实与准确;第二,分类编号,即为便于查找、归档、统计和分析,必须将经过编辑整理的资料分类编号;第三,统计,即将已分类的资料进行统计、计算,有系统地制成各种计算表、统计表、统计图,以便利用和分析;第四,分析,即运用资料所得数据和事实,分析情况并得出结论。

(六)撰写调查研究报告

撰写调查研究报告要遵循以下原则:一是紧扣主题;二是内容力求客观、扼要、重点突出;三是文字简练,报告中可用图表说明,图文并茂,易于理解。市场调查报告提出后,调查人员还应追踪了解报告是否被采纳。如果采纳了,就要了解建议的采用程序和实际效果,并协助业务人员早日实现报告中提出的建议方案。

第二节　农产品市场调查方法

一、农产品市场调查方法分类

农产品市场调查的方法和一般市场调查的方法类似,应结合调查目的和内容进行合理选择。农产品市场调查方法可按调查技术、调查样本量和调查分析性质进行分类。

(一)按调查技术划分

按调查技术划分,主要包括询问调查法、现场观察法、实验调查法、资料分析法。

1. 询问调查法

询问调查法主要是通过面谈、电话、信函等手段,收集所需要的信息资料,是市场调查的常用方法。可以分为三种:一是访问法,是指调查者面对面地向被调查者询问有关问题。调查方式可以采取走出去、请进来或召开座谈会的方式进行一次或多次调查;调查可以根据事先拟订的询问表或调查提纲提问,也可采取自由交谈的方式进行;调查者可以是个人,也可以是小组。二是电话调查法,调查者根据抽样调查的要求,通过打电话的方式向调查对象询问意见。三是邮寄或网络调查(又称通信调查),是将设计好的询问表、信函、征订单等寄送给被调查者,请其填好后寄回。具体采用哪种方法时要根据问题的性质和要求,以及调查资料的范围、费用、询问表的长短和复杂程度综合考虑和选择。

2. 现场观察法

现场观察法是调查人员直接到市场通过观察与记录收集信息资料的一种方法。调查人员可以用人眼观察,手工记录,也可以利用仪器设备收录和拍摄,收集现场的真实现象和数据,如顾客流量、消费者对某些商品的选择和态度等。这一方法的优点是可以比较客观地收集资料,直接记录调查的事实和被调查者在现场的行为,调查结果更接近于实际。缺点是观察不到内在因素,还要求观察人员具有较高的技术业务水平,使这一方法的利用受到限制。如果在采用观察法的同时结合采用询问法,效果会更好些。

3. 实验调查法

实验调查法来源于自然科学的实验求证法,一般是从影响调查问题的许多因素中选出一个或两个因素,将它们置于一定条件下进行小规模实验,然后对实验结果进行分析,研究是否值得大规模推广。例如,在影响销售量变动的几个因素中,选择价格、包装两个因素进行实验,在其他影响因素不变的情况下,销售量的变动表明是受价格和包装的影响。实验调查法的适用范围较广,凡是某一商品在改变品种、包装、设计、价格、广告等因素时,都可应用这一方法先作小规模实验,调查消费者的反应,然后研究是否值得大规模推广。

4. 资料分析法

资料分析法是依靠历史的和现实的动态统计资料,在室内进行统计分析的调查方法,也称间接调查法或室内研究法。从市场调查所得到的资料看,大致可分为原始资料(又称一手资料)和二手资料两大类。原始资料是在市场直接获得,没有经过任何处理的大量个体资料;二手资料则是在调查中通过其他媒介组织而获得的,经过他人整理加工后反映某一类事物的资料数据。

(二)按调查样本量划分

根据调查样本量进行划分,主要包括全面调查法、典型调查法、重点调查法、抽样调查法。

1.全面调查法

全面调查法是对某一社会现象进行全面调查,其特点是一次性和全面性。这一方法获取的资料全面、系统、准确、可靠,但费工、费时、费钱,不宜经常采用。

2.典型调查法

典型调查法是经过调查典型户而推算市场一般情况的调查方法,经常被许多部门和企业采用。其优点是:调查对象少、容易合作、调查比较深入,还可以深入被调查单位的生产经营过程,直接获得比较系统的第一手资料,而且比普通法又节省费用。但是,在选择典型户时要注意其代表性。

3.重点调查法

重点调查法是在研究市场总体中只选择少数单位进行调查的方法。重点调查法在调查方法上与典型调查法类似,但目的不在于用调查资料推算市场一般情况,而是调查了解重点问题和重点单位的情况。因此,重点调查法调查比较深入,取得资料具有一定的代表性和指导意义。

4.抽样调查法

抽样调查法是指在调查单位中抽取一定数量的样本进行调查,从而推算总体的调查方法。按照是否遵守随机原则,可分为随机抽样调查和非随机抽样调查两大类。抽样调查法既可以单独使用,也可以综合使用。但是样本要有代表性,样本数目不可过少,以免降低准确度,样本过多,调查费用会增加。因此,调查组织的成员要精干,要有一定的素质,选择合适的调查方法,以提高调查质量。按照在调查工作中是否遵守随机的原则,分为随机抽样调查和非随机抽样调查两大类。按抽样方法不同,又可分为以下四种。

(1)抽签抽样法。抽签抽样法是指从被调查的市场总体中,不做任何有目的的选择,纯粹偶然地抽取样本以推算总体。

(2)分层抽样法。就是将总体分为若干类型,然后在每一类型中按比例随机抽取部分个体为样本进行调查。这一方法代表性强、误差小,常用于社会购买力调查、居民家庭收支调查、商品销售量调查、农产品产量调查等。

(3)分群抽样法。分群抽样法是指将总体分成若干群体,再从各群体中随机抽取部分群体为样本进行调查。

(4)机械抽样法。又称等距抽样,是指将总体按照某一预定的标准顺序排列,然后每隔若干数目选取一个个体为样本进行调查。这一方法简便易行,代表性强,误差小,并可利用现有资料进行抽选,但要注意样本区间不要与样本特性的周期重合或成倍数关系,以免误差扩大。

(三)按调查分析性质划分

按照调查分析的方法划分,包括定性调查和定量调查。

1.定性调查法

定性调查法包括小组座谈会、深层访谈、观察法、德尔菲法、投影法、厅堂测试等。定性调查在经营活动中常用来确定市场的发展态势与市场发展的性质,主要用于市场探索性分析。同时,定性调查还是市场调查和分析的前提和基础。没有正确的定性分析,就不可能为市场作出科学合理的描述,也不能建立起正确的理论假设,定量调查也就因此失去了理论指导。

2.定量调查法

定量调查法包括电话调查、邮寄调查、拦截访问、定点访问、入户访问、计算机辅助电话调查、计算机辅助面访、互联网在线调查等。定量分析在经营决策过程中是不可缺少的,没有定量分析就不可能做到心中有数,就不可能制订正确的营销目标。例如,在市场容量调查、市场占有率调查、销售量调查、经营效益调查等专项调查中,就应该用到定量调查。定性调查可以指明事物发展的方向及其趋势,但却不能表明事物发展的广度和深度,定量调查可弥补定性分析的缺陷,它可以深入细致地研究事物内部的构成比例,研究事物规模大小,以及水平的高低。因此,定性调查和定量调查是互为补充的。

二、文案调查

(一)文案调查的功能

文案调查是以收集、研究二手信息为主的市场调查。主要有以下功能。

1.为市场研究提供重要参考依据

根据市场调查的实践经验,分析二手资料常被作为市场调查的首选方式。几乎所有的市场调查都始于收集现有资料,只有现有资料不能为解决问题提供足够的依据时,才进行实地调查。因此,文案调查可以作为一种独立的调查方法。

2.为实地调查提供经验和决策支持

通过二手资料分析,可以初步了解调查对象的性质、范围、内容和重点等,并能提供实地调查无法或难以取得的市场环境等宏观资料,便于进一步开展和组织实地调查,取得良好的效果;二手资料分析所收集的资料还可以用来考证各种调查假设,即可通过对以往类似调查资料的研究来指导实地调查的设计,用二手资料与实地调查资料进行对比,鉴别和估算实地调查结果的准确性和可靠性;利用二手资料分析并经实地调查,可以用来推算所需掌握的数据资料;利用二手资料分析可以帮助探讨现象发生的各种原因并进行说明。

3.可用于经常性市场研究

文案调查如果经调查人员精心策划,具有较强的机动性和灵活性,随时能根据经营管理的需要,收集、整理和分析各种市场信息,定期为决策者提供有关的市场调查报告。同时,文案调查不受时空控制,可获得实地调查无法取得的历史资料和整体市场环境信息。

（二）文案调查的资料来源

文案调查主要涵盖内部信息数据和外部信息数据两个基本调查资料来源。

1. 内部信息数据

内部信息数据是从被调查单位内部直接获取的与市场调查有关的信息数据资料。例如,农产品经营企业的销售量和顾客消费情况、营销活动、价格信息、分销商报告和反馈、顾客的反馈信息等。内部资料的形式可分为以下四类。

（1）业务资料。主要包括与业务经营活动有关的各种资料,如订货单、进货单、发货单、合同文本、发票、销售记录、业务员访问报告等。通过对这些资料的了解和分析,可以掌握本企业所有生产和经营商品的供应情况,分地区、分用户的需求变化情况等。

（2）统计资料。主要包括各类统计报表,生产、销售、库存等各种数据资料,各类统计分析资料等。

（3）财务资料。财务资料是由财务部门提供的各种财务、会计核算和分析资料,包括生产成本、销售成本、各种商品价格及经营利润等。

（4）其他资料。如剪报、各种调研报告、经验总结、顾客意见和建议、同业卷宗及有关照片和录像等。

2. 外部信息数据

外部信息数据由外部环境提供,主要从以下主要渠道收集。

（1）统计部门与各级、各类政府主管部门公布的有关资料。国家统计局和各地方统计局都定期发布统计公报等信息,并定期出版各类统计年鉴,内容包括人口总数、国民收入、居民购买力水平、农产品市场信息等,这些均是很有权威和价值的信息。

（2）各种经济信息中心、专业信息咨询机构、专业调查机构,各行业协会和联合会提供的市场信息和有关行业情报。这些机构的信息系统资料齐全,信息灵敏度高,为了满足各类用户的需要,它们通常还提供资料的代购、咨询、检索和定向服务,是获取资料的重要来源。

（3）国内外有关的书籍、报刊所提供的文献资料。包括各种统计资料、广告资料、市场行情和各种预测资料等。

（4）有关生产和经营机构提供的商品目录、广告说明书、专利资料及商品价目表等。

（5）各地广播电台、电视台提供的有关市场信息。近年来全国各地的广播电台和电视台为适应市场经济形势发展的需要,都相继开设了农产品市场信息、经济博览等以传播经济、市场信息为主导的栏目、专题节目及各类广告。

（6）各种国际组织、外国使领馆、商会所提供的国际市场信息。

（7）国内外各种博览会、展销会、交易会、订货会等促销会议以及专业性、学术性经验交流会所发放的文件和材料。

（8）互联网与市场信息网络提供的信息。它具有最近的或最新的、信息量大、速度快、成本低等特点,已成为当前获取市场信息的重要渠道。

三、实地调查

为了得到高质量的信息数据资料,实地调查非常有必要。实地调查是在周详严密的架构之下,由调查人员直接向被访问者收集第一手资料的过程,是取得直接信息数据的重要手段。实地调查按照调查者与被调查者接触的方式,可分为询问法、观察法和实验法。

(一)询问法

询问法又称为访问法,一般是按照事先准备好的调查提纲或者调查表,通过口头、电话或书面方式,向被调查者了解情况、收集资料。主要包括个别询问法、集体询问法、深度询问法、常规询问法、当面询问法、通信询问法、街头询问法、公众场合询问法、跟踪询问法、网络调查等。

1.询问法优缺点

该方法成本较高,对调查人员的素质要求比较高,要求调查人员有较高的谈话技巧,善于启发和引导被调查者的思路。该调查方法常用于调查消费者的购买动机、消费倾向、产品质量等问题。调查人员在调查过程中需要随时调整询问内容和方法,实时查漏补缺,保证调查内容的客观性、真实性和完整程度。调查的执行能力会受到众多随机事件的干扰,将会严重影响调查结果的准确性,因此管理起来比较困难。

2.询问法适用范围

(1)访问调查。消费者研究,如消费者的消费行为研究,消费者的生活形态研究,消费者满意度研究;媒介研究,如媒介接触行为研究,广告效果研究;产品研究,如对某产品的使用情况和态度的研究,对某产品的追踪研究,新产品的开发研究;市场容量研究,如对某类产品的目前市场容量和近期的市场潜量的估计;各竞争品牌的市场占有率研究。

(2)座谈会。集体座谈会和深度访问属于定性方法,通常围绕一个特定的主题取得有关定性资料,着重于问题的性质和对未来趋势的把握。

(3)电话调查。对热点问题或突发性问题的快速调查;关于某特定问题的消费者调查,如对某新产品的购买意向、某新推出广告的到达率、某新开播栏目的收视率等的调查。

(4)网络调查。把问卷发到被访者的私人电子信箱(E-mail)里,被访者填写后再发回来;被访者在网上下载调查问卷,填写后可以通过任何一种方式把答案传输回来;网络调查系统,被访者直接填写网上问卷,数据则直接录入网站服务器。在线调查的速度优势和低成本优势是非常明显的。

(二)观察法

观察法是调查者在现场对被调查者的情况直接观察、记录,以取得市场信息资料的一种调查方法。它是描述性研究中一种重要的调查方法,在观察法中,一般不直接向被调查者提出问题要求回答,而是凭调查人员的直观感觉或是利用录音、照相、录像或其他器材,记录和考察被调查者的活动和现场实事,以获得必要的信息。

观察法的方法很多,一是现场观察法,如在节假日到商场蔬菜和水果摊位上观看消费者购买情况,了解消费者的购买数量和频率;二是实际痕迹观察法,例如,在商店内某些水果罐头产品货架上安装摄像机,记录顾客目光的移动过程,以观察顾客对各种品牌水果罐头的感知;三是比较观察法,例如,果汁生产企业要了解何种包装的果汁对消费者最具有吸引力,可把需求比较大的玻璃瓶装、塑料瓶装和纸盒装的果汁放在同一市场内销售,以观察消费者的购买态度。

1. 观察法的优缺点

观察法的最大优点是它的直接性和可靠性,它可以比较客观地收集第一手资料,直接记录调查的实事和被调查者在现场的行为,调查结果更接近于实际。同时,观察法基本上是调查者的单方面活动,特别是非参与观察,它一般不依赖语言交流,不与被调查者进行直接交往。因此,它有利于对无法、无须或难以进行语言交流的市场现象进行调查,有利于排除语言交流或人际交往中可能发生的种种误会和干扰。另外,观察法简便、易行、灵活性强,也是它一直广受欢迎的重要原因。

虽可提供较为客观和正确的资料,但观察法只能反映客观事实的发生经过,而不能说明发生的原因和动机。同时,观察法常需要大量观察员到现场做长时间观察,调查时间较长,调查费用支出较大。因此,这种方法在实施时,常会受到时间、空间和经费的限制,它比较适用于小范围的微观市场调查。观察法对调查人员的业务技术水平要求较高,如敏锐的观察力,良好的记忆力,必要的心理学、社会学知识及对现代化设备的操作技能等,一般人员难以胜任此项工作。

2. 观察法适用范围

在市场调查实践中,观察法的应用范围较广,主要包括以下几个方面。

(1)在城市集贸市场调查中,对集贸市场上农副产品的上市量、成交量和成交价格等情况的观察。

(2)在商品库存调查中,对库存商品直接盘点计数,并对库存商品残次情况的观察。

(3)在消费者需求调查中,在消费者购物时对商品品种、规格、牌号、花色、包装、价格等要求进行观察。

(4)在商场经营环境调查中,对商品陈列、橱窗布置、所临街道的车流、客流量进行观察。

(5)观察法还可用于产品质量调查、广告调查等领域。

(三)实验法

实验法是采用归纳法的逻辑,通过科学设计的实验收集数据,然后进行统计分析和假设检验,以达到实验样本对总体的推断。应当指出的是,前面所述的各种调查方法,只能进行探索性的研究和描述性的研究,对因果关系的研究是无能为力的。实验法是了解和研究因果关系的主要方法。

实验法的优点主要有以下两种。一是可以探索不明确的因果关系。通过实验设计,控制一个或几个因子(自变量),尽可能排除外来因素的影响,可以有效地研究各个因子及因子间交互作用对所感兴趣的因变量的效应,并有可能通过适当的统计分析方法找到效应最佳的组合。而这些优点是询问法、观察法等其他方法所不能提供的。二是实验的结论有较强的说服力。在实验单位、实验变量、实验设计、实验条件和实验环境都基本相同的情况下,不管是谁来进行实验,也不管是在何时何地进行实验,结果都大致相同。因为实验是可重复的,所以具有较强的说服力。

实验法的缺点体现在费时、费用高、管理和控制困难等方面。一是实验法一般持续的时间都比较长,特别是正式的随机化实验,要求进行事前和事后测量,当所考虑的自变量的个数以及外来变量的个数又比较多的时候,实验持续的时间可能比较长。二是实验法在技术上和分析上都有一定的难度,因此一般费用较高,特别是当要求实验组、控制组和多重测量都考虑时,费用又会大大提高。三是实验法比较难于管理,特别是在现场的环境中,既要考虑不影响日常工作,又要考虑取得零售商、批发商或其他人员的合作,还要考虑控制外来变量的影响,这些都是比较困难的。

第三节　农产品市场预测

一、农产品市场预测的概念和分类

(一)农产品市场预测的概念

农产品市场预测一般指在农产品市场信息资料的基础上,依据对市场经济规律的认识,运用科学方法,对影响市场供求变化的各种因素进行分析、测算,对农产品市场的发展、变化做出趋势判断和定性的估计,为企业经营决策、社会发展、农户生产等提供市场资料、信息。

(二)农产品市场预测的分类

农产品市场预测的分类主要包括以下几种。

(1)根据市场预测时间的长短,可分为短期预测(1年以内或1~2年)、中期预测(2~5年)、长期预测(5年以上)。

(2)根据市场预测的项目,可分为单项预测和复项预测。

(3)根据市场预测的商品种类,可分为大类商品的预测和商品品种的预测。

(4)根据预测的方法可将其分为直观判断预测和因果关系预测。

(5)根据市场预测的范围划分,可分为宏观经济预测、中观经济预测、微观经济预测。

二、农产品市场预测要求

市场预测的根本要求就是预测的准确性。预测越接近实际,准确程度就越高,预测的效果就越好。因此,为了提高预测的准确度,尽量减少预测的误差,必须做到以下6点要求。

(一)确保原始资料的可靠性和完整性

资料的收集需真实、无误,同时要符合预测目标的要求。对所收集到的资料要进行认真的审核,对不完整和不适用的资料要进行推算和调整,以确保资料的准确性、系统性、完整性和可比性。对经过审核和整理的资料还要进行初步分析,观察资料结构的性质,作为选择适当预测方法的依据。

(二)确定预测项目的数目和预测时间

样本越多,越有代表性;时间越短,不能预料的因素就越少,误差就越小。但也不是说预测项目数越少和预测时间越短预测的准确性越好,这主要根据预测目标和预测项目因素多少和难易程度来定,在人力、时间允许的范围内,尽量做到预测项目多,预测时间短。

(三)选择适当的预测方法

每项预测都可采用多种预测方法,但每种方法预测的准确度不同。为减少预测误差,对预测方法要在使用前先行试验,精心挑选,以便使用最简便、最准确的预测方法。对复杂的预测项目来说,最好用几种预测方法进行综合性预测,或者把定量方法和定性方法结合起来进行预测,使预测结果更符合实际。

(四)提出预测模型,确定预测权重

预测模型是对预测对象发展规律的近似模拟。在资料的收集和处理阶段,应收集到足够的可供建立模型的资料,并采用一定的方法加以处理,尽量使它们能够反映出预测对象未来发展的规律性,然后利用选定的预测技术确定或建立可用于预测的模型。根据近期影响大、远期影响小的法则,越是接近预测期,对预测值的影响就越大,因而,应在预测时给予较大的权数;相反,远离预测期,对预测值影响小,在预测时应给予较小权数。

(五)估计可能发生的误差

任何预测都存在误差,这可能是由于建立的预测模型不符合产品的实际需求规律、历史统计数据不完整或存在虚假因素等。通过计算标准误差来调整预测结果,以尽可能减小误差。

(六)进行预测期实际值的比较

市场预测毕竟只是对未来市场供需形势和变化趋势的估计和假设。由于市场流量变化的动态性和可变性,预测值与未来实际值之间总是存在差距。通过比较和反馈对预测结果进行校正,并跟踪预测期间发生的意外因素对预测值的影响,以校正预测误差。

三、农产品市场预测方法

(一)购买者意向调查法

市场由潜在购买者构成,预测就是预估在给定条件下潜在购买者的可能行为,即要调查购买者。这种调查的结果是比较可靠的,因为只有购买者自己才知道将来会购买什么和购买多少。

当购买者的购买意向较为清晰,就会转化为顾客购买行动,在购买者愿意将其意向告诉调查者的情况下,购买者意向调查法比较有效。用购买者意向调查法预测农产品的未来需要,其准确性比较低。因为消费者的购买动机或计划常随着某些因素(如竞争者的市场营销活动等)的变化而变化,所以一般不能完全根据消费动机作长期预测,只适合短期预测。

(二)销售人员综合意见法

在不能直接与顾客见面时,企业可听取销售人员的意见估计市场需求。销售人员包括

基层的营业员、推销员以及有关业务人员。销售人员综合意见法的主要优点如下。

第一,销售人员最接近市场,对购买者意向以及竞争者的动向有较全面深刻的了解,熟悉所管辖地区的情况,能考虑到各种非定量因素的影响,比其他人有更充分的知识和更敏锐的洞察力,能够较快地做出反应。

第二,由于销售人员参与企业预测,因而他们对完成上级下达的销售配额有较大的信心。

第三,通过这种方法,也可以获得按产品、区域、顾客或销售人员划分的各种销售预测。一般情况下,销售人员所做的需求预测必须经过进一步修正才能利用。这是因为一是销售人员的判断总会有某些偏差,受其最近销售成败的影响;二是销售人员可能对经济发展形势或企业的营销总体规划不了解;三是为使其下一年度的销售量大大超过配额指标,以获得升迁或奖励的机会,销售人员可能会故意压低其预测数字;四是销售人员也可能对这种预测没有足够的知识、能力或兴趣。

(三)集合意见法

集合意见法是将有关业务、销售、计划等相关人员集中起来,交换意见,共同讨论市场变化趋势,提出预测方案的一种方法。也就是说,为了避免依靠某一个人的经验进行预测使预测结果产生偏差,而集合有关人员共同研究进行预测。集体意见法的优点是,当市场中的各种因素发生剧烈变化时,它可以考虑各种非定量因素的作用,从而使预测结果更接近实际。集体意见法是一种面对面的讨论方法,可以相互启发、相互补充。它简单易行,没有复杂的计算过程。在缺乏历史数据或缺乏其他预测方法的情况下,这是一种可行的方法。

(四)德尔菲法

德尔菲法,又称专家意见法,在市场调查和市场预测中有广泛的应用。德尔菲法是充分发挥专家们的知识、经验和判断力,并按规定的工作程序进行的预测方法。其基本过程是:先由各专家针对预测事物的未来发展趋势,提出自己独立的估计和假设。经企业分析人员审查、修改、提出意见,再发回到各位专家手中,这时专家们综合预测结果,参考他人意见修改自己的预测,即开始下一轮估计。如此往复,直到各位专家对未来的预测基本一致为止。

在德尔菲法的整个预测过程中,任何专家之间都不发生直接联系,一切活动都由工作人员与专家单独进行,以保证预测的独立性和准确性。此外,采用该方法在预测过程中要进行多次反馈征询意见,对各种不同意见加以修正,集思广益,有助于提高预测的全面性和可靠性。

此外,德尔菲法还有如下局限性:一是预测结果主要凭专家判断,缺乏客观标准,故这种方法主要适用于缺乏历史资料或未来不确定因素较多的场合;二是有的专家在得到组织者汇总后的反馈资料后,由于自身水平不高,或不了解别的专家所提供资料的依据,有可能做出趋近中位数或算术平均数的结论;三是反馈次数多、时间较长,有的专家可能因工作忙或其他原因而中途退出,影响到预测的准确性。

(五)市场试验法

企业收集到的各种意见的价值,无论是购买者、销售人员的意见,还是专家的意见,都取决于获得各种意见的成本、意见可得性和可靠性。如果购买者对购买没有细致的计划,或意向变化不定,或专家的意见也并不可靠,就需要利用市场试验法。

市场试验法又称为市场试销法,或者销售实验法,即指通过向某一特定的地区或对象,采用试销手段向该试验市场投放新产品或改进的产品,在新的分销途径中取得销售情况的资料,用其进行销售的预测。这是市场预测行之有效的方法之一。因为市场试销要求顾客和用户直接付款进行购买,所以能够真实地反映出市场需求情况,其结果较为准确。

(六)时间序列分析法

很多企业用以前的资料为基础,利用统计分析和数学分析预测未来需求。这种方法的根据是:第一,过去的统计数据之间存在着一定关系,而且这种关系利用统计方法可以揭示出来;第二,过去的销售状况对未来的销售趋势有决定性影响,销售额只是时间的函数。

时间序列分析法的主要特点是以时间推移研究和预测市场需求趋势,不受其他外界因素的影响。但在遇到外界因素发生较大变化时,如国家政策发生变化,或遇到突发事件时,如2020年新发生的新冠疫情对农产品销售的影响等,这时根据以往已经发生的数据进行预测,往往会出现比较大的偏差。经常使用的时间序列分析法有简单平均法、加权平均法、指数平滑法和季节指数法等。

产品销售的时间序列,可以分成以下4个组成部分。

一是趋势。它是人口、资本积累、技术发展等方面共同作用的结果。利用过去有关的销售资料描绘出销售曲线就可以看出某种趋势。

二是周期。企业销售额往往是出现某种波状运动,因为企业销售一般都受到宏观经济活动的影响,而宏观经济活动总是呈现出某种周期性波动的特点。周期因素在中期预测中尤其重要。

三是季节。季节指年内销售量变动的形式,在这里可以指任何按小时、月份或季度周期发生的销售量变动形式,一般同气候条件、节假日、商业习惯等有关。季节形势为预测短期销售提供了基础。

四是不确定事件。不确定事件包括自然灾害、突发疫情、战争恐慌、流行风尚、恐怖袭击和其他一些干扰因素。这些因素属不正常因素,常常无法预测。应当从过去的数据中剔除这些因素的影响,考察较为正常的销售活动。时间序列分析就是把过去的销售序列 Y 分解为趋势(T)、周期(C)、季节(S)和不确定因素(E)等组成部分,通过对这几个因素综合考虑,进行销售预测。这些因素可构成线性模型,即:

$$Y = T + C + S + X$$

也可构成乘数模型,即:

$$Y = T \times C \times S \times E$$

还可以是混合模型,如:

$$Y = T \times (C + S + E)$$

(七)统计分析法

统计分析法是以大量的实际数据为基础,在随机性的背后寻求统计规律性的方法。客观事物或经济活动中的很多因素是相通的,是相互制约的,即它们的变量之间客观上存在某种关系。通过对现有的大量实际数据进行分析,可以发现数据变化的规律性,找出其变量之间的关系,称为回归关系。有关回归关系的计算方法和理论,称为回归分析。

回归分析研究的内容包括:第一,从一组数据出发,确定变量间的定量关系,对这些关系式的可信程度进行统计检验;第二,从影响着某个量的许多变量中,判断哪些变量的影响是显著的,哪些是不显著的;第三,利用所得的关系式对设计、生产和市场需求进行预测。

运用回归法进行定量预测,必须有以下三个条件:第一,预测对象与影响因素之间必须存在因果依存关系,而且数据点在 20 个以上;第二,过去和现在的数据规律分布,能够反映未来的发展趋势;第三,数据的分布确有线性趋势,可采用线性解,如不是线性趋势,则可用非线性解。

回归分析法根据其自变量的个数划分为一元线性回归法、多元线性回归法,根据回归曲线的形态分为线性(直线)回归、非线性(曲线)回归法等。具体方法可参考相关的书籍。

需求预测是一项非常复杂的工作。农产品生产经营企业所面临的市场环境是不断变化的,因此市场总需求和企业需求也是变化和不稳定的。越是不稳定的需求,越需要精准的预测。这个时候,准确预测市场需求和企业需求就成了企业成功的关键,因为任何一个错误的预测都可能导致农产品滞销、库存积压等不良后果,从而造成销售额下降以致中断等不良后果。

四、农产品市场预测的程序

农产品市场预测的程序与市场调查的程序很类似,主要包括以下程序。

(一)明确预测的目的和要求

市场预测范围广、内容复杂,实际工作中应有重点,有针对性,根据预测的目的和要求,选定预测项目。

(二)收集、整理所需资料

掌握资料越充分,分析就会越详细、越深刻,预测数据的准确性也就越高。资料来源主要有两部分:一是本系统、本企业的内部资料,包括历年经营统计资料、市场专题调查和综合调查资料、业务情报资料、企业现有的会计与业务资料以及合同等;二是外部资料,包括国家计划统计机关发布的统计资料和计划执行情况公报、国家有关的方针政策、国民经济发展规划、投资方向、各行各业的发展前景等。应根据预测的目的和要求确定收集资料的范围。收集资料的工作顺序,一般是先内后外,由粗到细,做到有数字、有事实,以利于分析研究。

(三)正确选择预测方法

市场预测的具体方法很多,各种方法各有其优点和使用的范围,应根据预测的项目、目的和要求加以选择。

(四)编制预测表并估计预测误差

资料收集齐全,确定预报方法后,按照预报项目的目的和要求,设计编制预报表进行预报。在进行预测时,要对影响预测项目的各种因素进行综合分析,实事求是地对市场走势进行分析。同时,预报时间不宜过长,预报时间越短、数据越全越准,预报误差就越小,准确率就越大。

（五）用实践来检验预测结果，不断总结经验

市场预测报告提出后，应结合实际情况，用实践来检验预测结果，实现报告中提出的建议方案，进一步总结经验。

课后练习

一、名词解释

农产品市场信息　定性调查法　定量调查法　文案调查　农产品市场预测　市场调查
德尔菲法

二、简答题

1. 请简述农产品市场调查的基本内容有哪些？
2. 市场调查的步骤有哪些？
3. 农产品市场预测的要求是什么？
4. 农产品市场预测的基本方法有哪些？
5. 农产品市场调查的基本方法有哪些？

三、论述题

请以你家乡附近的某一特色农产品为例，预测一下该特色农产品的市场发展前景。

四、案例分析

智慧订单农业：让农户和消费者都受益

传统的农产品销售，使田间到餐桌产生诸多中间环节，农户丰产不增收，消费者还要多掏腰包。电商拉近了两者的距离，让农户通过平台直接面对消费者。现在，阿里巴巴的"聚土地"智慧订单农业，通过大数据，"智慧"对接农产品生产者和消费者，缩短了中间环节，拉长了售卖"时间线"，消费者提前预订产品，生产者提前锁定市场。

"只要预付1元钱，就能'承包'10平方米的土地！今年冬天的口粮算是解决了。"一大早，赵女士就在阿里巴巴聚划算平台上连下5单，等到新米上市、交齐尾款，当季新鲜大米就会送到赵女士家中。

与此同时，在千里之外的"中国富硒稻米之乡"黑龙江省方正县，放眼望去，满眼尽是"接天稻浪无穷碧"的田园画卷。7月22日，就在这碧波荡漾的稻田旁，阿里巴巴"聚土地"智慧订单农业战略发布会拉开帷幕。来自方正县、延寿县等优质稻米产区的两万亩稻田向消费者直接开放预订，除了可以"1元预订"今秋新米，还可购买月卡"承包"一整年的大米。等到两个月后稻米成熟，最快48小时就能从农场到餐桌。

智慧订单农业究竟有哪些"智慧"之处？农户和消费者如何"两端受益"？带着疑问，记者来到富饶的黑土大地寻找答案。

提前锁定市场,农户放心

农产品"卖难"问题一直广受关注。农户辛苦劳作,喜获丰收,有时却只能守着劳动果实"干瞪眼"。如何解决供需矛盾,更好对接消费者需求和农产品生产? 聚划算做出了有益探索。

"聚土地"智慧订单会在农产品成熟前的 1~2 个月向消费者开放预售,提前锁定爆发式的市场需求,帮助时令性农产品率先获得订单,在"抢鲜"之战中胜出。这种销售方式能够将农产品售卖的时间线"拉长",为农户争取更多宝贵时间。例如,本文开头提到的黑龙江大米,就以预售的方式,让消费者七月份就可以抢购秋天的新米,帮助农户尽可能多地提前锁定线上订单,吃下"定心丸"。

在传统的产销对接中,"试错"是无可奈何的选择,农户在"试错",消费者也在"试错"。而"聚土地"智慧订单另辟蹊径,提供了一种新的农产品销售模式,在农户和消费者之间搭起了从农田到餐桌的"快速通道"。

大数据精准定位消费需求

除了解决"卖难",卖出好价,智慧订单农业的"智慧"之处更体现在帮助农民预测来年市场需求,为来年"种什么""种多少""怎么种"提供参考。

聚划算营销总经理敖树峰介绍,实际售卖中,很多产区在跟聚划算合作一次后,看到了上线聚划算后的火爆销量,就要立即定下明年的售卖目标。在聚划算后台,积累了大量的销售爆发和消费者反馈数据,通过大数据分析,可以较为精准地刻画出"消费者画像",从而准确锁定消费市场的真实需求。实践中,通过大数据分析,聚划算已成功帮助甘肃青山农场开发出了适合微波加热的速食南瓜,成功抓住了白领消费人群。

正如阿里巴巴聚划算事业部运营总经理陈浩所言:"好的农产品需要跟消费者沟通,这非常重要。"好的沟通是"双向"的。一方面,通过大数据分析,可以快速找到目标用户,投其所好,在平台搜索、直播观看或者其他场景中,给消费者"精准推荐"可能感兴趣的农产品,提高成交的"中标率"。另外,当用户购买农产品后,又会产生大量数据,例如对物流和产品品质的评价等,这些数据经二次加工后,又会反馈给商家,帮助商家有的放矢地改良物流、改进包装、改善产品品质。另一方面,通过精心设计品牌策划和产品包装等,农产品旧貌换新颜,在平台窗口"闪亮登场"。这种展示本身就是与消费者的一种交流,可以强化消费者对品牌的记忆和农产品的认同感。

在消费升级的背景下,消费水平和趋势发生变化,消费者对产品品质等提出了更高的要求。要想农产品持续畅销、卖出好价,核心是要得到消费者的认可,让消费者下单。

(资料来源:农民日报,2019-07-31.)

案例思考题:

1. 大数据网络平台在农产品市场调查与预测中扮演着怎样的角色?

2. 提前对农产品的市场进行调查并做出预测有何重要意义?

项目六

农产品市场细分与定位

学习目的

1. 掌握农产品市场细分的含义、原则和步骤。
2. 掌握农产品目标市场的概念、选择条件、策略和考虑因素。
3. 掌握农产品市场定位的方法和策略。
4. 了解农产品市场细分的作用和依据。
5. 了解农产品市场定位的概念。

情境导入

竹叶青，市场细分定位下的"茶叶飘香"

竹叶青是源自四川省峨眉山的绿茶品牌，在中国茶行业几千年来长期"有品类，无品牌"的历史背景下，是中国第一家开始品牌化运作的茶企。经过20多年的品牌化运作，竹叶青从一个偏居峨眉山一隅、亏损累累濒临倒闭的小茶厂，成为当之无愧的川茶骄傲和中国高端绿茶的领先品牌，创造了中国茶企的奇迹，缔造了中国高端绿茶品牌佳话。

竹叶青虽然在川、渝地区知名度高，但认知度低。在对"竹叶青"茶有所了解的消费者中，绝大多数人认为这是一个茶叶品种而非品牌；消费者与经销商都谈不上对四川省峨眉山竹叶青茶业有限公司的认知。茶叶产品由于其不同的文化、产地和品饮习惯，很难统一于同一个企业品牌之下。因此，竹叶青在品牌结构上采用了多品牌运作的形式。四川省峨眉山竹叶青茶业有限公司针对不同的细分市场，目前共推出四种不同品牌名称的产品。"论道·竹叶青"及"竹叶青"品牌采用的是文化定位。对于碧潭飘雪则从竞争维度进行品类定位，而宝顶雪芽则从产品维度根据产品利益进行定位。

一、论道·竹叶青

应人而生的论道饱含中国茶文化精髓的内敛平和，它决不招摇张扬，在峨眉千年茶史中历经世事，历练一生。所谓集大成者，大象无形，道隐无名。做茶如此，做人亦如此！

二、竹叶青

茶品与中国人的关系非常微妙，并且随着人们的生活越来越向丰富多元的方向发展，人们对茶叶品牌的需求逐渐强烈。因此，必须要找到适合竹叶青产品气质的诉求点，为产品打上文化的烙印。于是"平常心，竹叶青"的口号应运而生。唯有将竹叶青与之连接，才能赋予竹叶青人格的魅力，使之打动消费者，并不断发扬光大。

三、碧潭飘雪

竹叶青通过打造高端产品品牌"论道",在竹叶青的茶叶品类中获得了高端消费者的认同。但也因其高定价策略,很难满足普通消费者的饮茶需求。于是,竹叶青人通过深入研究四川本土的饮茶习惯,有针对性地打造了一款全新品类的产品品牌"飘雪"。碧潭飘雪颠覆了传统茉莉花茶低质低价的做法,精选峨眉山脉高海拔明前绿茶与广西壮族自治区横县伏天茉莉花瓣窨制6次而成。因此,碧潭飘雪将自己定位为中国高端茉莉花茶。

四、宝顶雪芽

作为竹叶青产品组合中的低端品牌,宝顶雪芽直接从功能性利益出发,强调自己不发酵,成分保持更完整,将自己定位为"鲜醇"好喝的绿茶。

凭借着市场细分定位下的多品牌形式,四川省峨眉山竹叶青茶业有限公司成功诠释了:"竹叶青不只是竹叶青",而是拥有多品类多品牌的绿茶企业。

(资料来源:根据网络资料整理)

思考: 在农产品生产经营中,农产品市场细分与定位的意义是什么? 从以上案例可以得到什么启示?

第一节　农产品市场细分

一、农产品市场细分的模式

市场细分是指企业从市场需求的同质性和异质性出发,根据消费者不同的需求和欲望进行分类的过程。拥有相同或相似需求和欲望的消费者群体属于同一细分市场,也称"子市场"或"亚市场"。市场细分的基础是消费者对同一产品需求的多样性。每一个消费者群就是一个细分市场,每一个细分市场都是具有类似需求倾向的消费者构成的群体。

农产品市场细分就是根据农产品总体市场中不同的购买者在需求特点、购买行为和购买习惯等方面的差异性,把农产品总体市场划分为若干个不同类型的购买者群的过程。分属于不同细分市场的消费者对同一农产品的需求与欲望存在明显的差异,这种差异性使农产品市场细分成为可能。

按照顾客对产品不同属性的重视程度划分,农产品市场细分主要有以下三种模式(图6-1)。

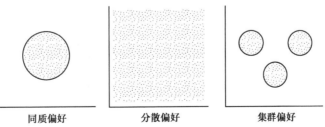

图6-1　农产品市场细分的模式

（一）同质偏好

同质偏好指所有消费者具备大致相同的偏好,这种市场不存在自然形成的细分市场,消费者对产品不同属性的重视程度大致相同,现有产品品牌基本相似,且集中在偏好的中央。

（二）分散偏好

分散偏好即所有消费者的偏好极大,各不相同。如果市场上同时存在着几个品牌,则这些品牌可能定位于市场上各个空间,分别突出自己的差异性,来满足消费者的不同偏好。

（三）集群偏好

集群偏好指不同的消费群体有不同的消费偏好,但同一群体的消费偏好大体相同。这种市场也称为自然细分市场。进入该市场的第一家企业可以有三种选择:一是定位于偏好中心,来迎合所有的消费者,即无差异性营销;二是定位于最大的细分市场,即集中性营销;三是同时开发几种品牌,分别定位于不同的细分市场,即差异性营销。

二、农产品市场细分的依据

由农产品市场细分的概念可知,市场细分的客观依据是消费者需求的多样性。只要消费者的需求存在差异性,就可以进行市场细分。具体地讲,市场细分的依据主要有以下几点。

（一）消费者市场的细分依据

1. 消费者需求客观上存在多样性

在农产品供不应求时,消费者对农产品的需求大同小异,但随着农业生产力水平和人们生活水平的提高,消费需求的多样性越来越明显。农业生产企业要根据这种客观要求,细分消费群体,生产和经营多样化的农产品,并针对各种消费群体运用不同的营销组合策略。

2. 消费者购买动机客观上存在多样性

消费者受社会、家庭等诸多因素的影响,在认识、感情、意念等心理活动过程中会形成不同的购买动机,从而引起不同的购买行为。消费者购买动机是引起购买发生的前提,因此,企业应当认真研究和掌握目标消费者的购买动机,有的放矢地制订和实施营销策略,以取得农产品营销的成功。

3. 消费者购买行为的多样性

消费者由于收入、性格、素养等不同而存在着购买心理的差异,会产生多种类型的购买行为,诸如理智型、冲动型、经济型、习惯型、情感型、不定型等。企业应注意分析影响消费者行为的心理因素,了解不同消费者的态度和信念,生产符合不同心理要求的农产品。在促销手段上要设法迎合消费者的心理要求,正确选择目标市场,有针对性地开展产品营销活动,使消费者的潜在需求变为现实需求。

（二）生产者市场的细分依据

很多用来细分消费者市场的标准同样也可用于细分生产者市场。例如,根据地理位置、追求的利益和使用率等变量加以细分。但是,由于生产者与消费者在购买动机与行为上存在差别,所以,除了运用前述消费者市场细分标准外,还可用一些新的标准来细分生产者市场。

1.用户规模

在生产者市场中,有的用户购买量很大,而另外一些消费者的购买量则很小。企业应当根据用户规模大小来细分市场,并根据消费者的规模不同,制订不同的营销组合方案。例如,对于大客户,宜于直接联系、直接供应,在价格、信用等方面给予更多优惠;而对众多的小客户,则宜于让产品进入商业渠道,由批发商或零售商去组织供应。

2.产品的最终用途

产品的最终用途不同也是生产者市场细分的标准之一。企业购买农产品时,一般都是供再加工之用,对所购农产品通常都有特定的要求。

3.工业者购买状况

工业者购买的主要方式包括直接重购、修正重购及新任务购买。不同的购买方式的采购程度、决策过程等不相同,因而可将整体市场细分为不同的小市场群。

三、农产品市场细分的标志

消费者对农产品的需求与偏好主要受地理位置、人口、心理及购买行为等因素的影响。因此,这些影响因素都可以作为农产品市场细分的标志。

（一）地理位置标志

农业企业或农产品营销组织可以按消费者所在的地理位置来细分消费者市场,其主要理论依据是:处在不同地理位置的消费者,对农产品各有不同的需要和偏好。例如,根据我国不同地区对大米的需求不同,可将大米市场细分为东北、华北、华东、华中、华南等子市场。

（二）人口标志

人口是构成市场最主要的因素,它与消费者对产品的需求、爱好、购买特点及使用频率等关系密切。人口因素是企业细分农产品市场的重要标志,这是因为人口变量比其他变量更容易测量。

（三）心理标志

心理状态直接影响消费者的购买趋向,特别是在比较富裕的社会,消费者购买农产品已不限于满足基本生活需要,购买时心理因素的作用更为突出。企业可以按照消费者性格、爱好等来细分农产品市场。

（四）购买行为标志

这类标志是根据消费者对农产品知识、态度、使用及对销售形式的感应程度等行为来细分农产品市场。它是农产品市场细分的一个重要因素,在农产品供应相对过剩、消费者收入不断提高的市场条件下,这一因素显得更加重要。

四、农产品市场细分的条件

(一)可衡量性

可衡量性是指细分的市场是可以识别和衡量的,即有明显的区别、合理的范围。

(二)可进入性

可进入性是指企业能够进入所选定的市场部分,能进行有效的促销和分销,实际上就是考虑营销活动的可行性。一是企业能够通过一定的广告媒体把产品的信息传递给该市场众多的消费者;二是产品能通过一定的销售渠道抵达该市场。

(三)有效性

有效性是指进行农产品市场细分时,必须考虑细分市场上消费者的数量,以及他们购买产品的频率和购买能力。如果细分市场的规模过小,市场容量太小,成本耗费大,获利小,细分工作烦琐,就没有必要去细分。

(四)差异性

差异性是指各细分市场的消费者对同一市场营销组合方案会有差异性反应,或者说对营销组合方案的变动不同细分市场会有不同的反应。

(五)相对稳定性

相对稳定性是指细分后的市场有相对应的稳定的时间。细分后的市场,能否在一定时间内保持相对稳定,直接关系到企业生产以及营销的稳定性。

五、农产品市场细分的程序

企业要确定生产什么,经营什么,要满足哪一类消费者的需求。农业企业或农产品营销组织应根据自身条件,以市场为导向,确定营销目标,选择进入市场的范围,这是市场细分的基础。通过对不同消费者的需求了解,初步筛选、分析可能存在的细分市场。根据国内外市场营销学的一般规律,可将农产品市场细分的程序分为七步(图6-2)。

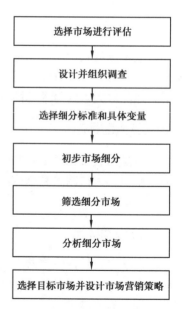

图6-2 农产品市场细分的程序

第二节 农产品目标市场选择与定位

一、农产品目标市场选择

(一)农产品目标市场及其条件

任何一个企业,无论规模多么大,都无法满足所有消费者的全部需求,必须把企业的营销活动限定在一定的市场范围内,才能集中使用企业的人力、物力、财力,保证营销目标的实现,避免资源浪费。所以,企业必须在市场细分的基础上,选择自己的目标市场,制订相应的营销策略。

农产品目标市场是指农业企业或农产品营销组织决定进入并为之服务的农产品细分市场。农产品目标市场的选择,一般是在市场细分的基础上选择某一个或几个细分市场作为营销对象。因此,市场细分是选择目标市场的前提,选择目标市场则是市场细分的目的和归宿。选择和确定农产品目标市场是农业企业或农产品营销组织制订市场营销策略的首要内容和基本出发点,但并不是所有的细分市场都能作为企业的目标市场,一般来说,目标市场应具备以下基本条件。

第一,具有适度的销售规模。农产品目标市场应该具有一定的规模,且有尚未满足的现实需求和潜在需求,这样企业才可能向市场提供相当数量的适销对路的、物美价廉的农产品,以满足消费需求并获得盈利。

第二,具有市场竞争的优势。企业要分析和掌握竞争对手在该市场上的经营状况,如果该市场未被竞争对手完全控制,企业进入市场后才能充分发挥优势;如果竞争者只是表面上控制了市场,而本企业实力又强,则依然可以设法挤进这一市场参与竞争,以竞争与协作并举,配合公共关系和行政等手段,力争在市场上占有一定的份额。

第三,消费者具有购买能力。当消费者具有现实的购买力时,便能将未满足的需求变成现实的需求,构成现实的市场。企业确定目标市场之后首先要进行消费者购买能力分析,不具备购买力的市场,尽管有潜在的需求,也不能作为目标市场。在分析购买力时,不仅要分析其收入和经济实力,而且要研究消费者的不同消费倾向。

第四,销售者具有经营实力。必须要考虑企业自身的经营实力,只有当销售者的人力、物力、财力和经营管理水平等条件具备时,才能将该市场作为目标市场。

(二)农产品目标市场策略

根据所选择的细分市场数目和范围,农产品目标市场策略分为无差异性目标市场营销策略、差异性目标市场营销策略和集中性目标市场营销策略(图6-3)。

1. 无差异性目标市场营销策略

无差异性目标市场营销策略是指企业在进行市场细分之后,不考虑各细分市场的差异

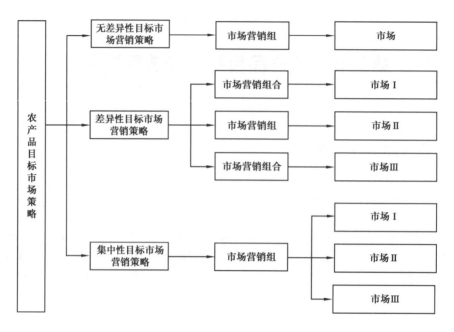

图 6-3 农产品目标市场策略分类

性,将它们视为一个统一的整体市场,认为所有消费者对农产品有共同需求。采用该策略可以无视各细分市场消费者群体的特殊需求,营销人员可以设计单一营销组合直接面对整个市场,凭借大规模的广告宣传和促销,吸引尽可能多的消费者。无差异营销的理论基础是成本的经济性。生产单一产品,可以减少生产与储运成本;无差异的广告宣传和其他促销活动可以节省促销费用;不搞市场细分,可以减少企业在市场调研、产品开发、制订各种营销组合方案等方面的营销投入。这种策略对于需求广泛、市场同质性高且能大量生产、大量销售的产品比较合适。

2. 差异性目标市场营销策略

差异性目标市场营销策略是指企业针对各细分市场中消费者对农产品的不同需求,生产不同的农产品,并将整体市场划分为多个细分市场,针对每一细分市场采用不同的营销组合。该策略适用于从事多种经营的大型农业企业,小型农业生产者则不宜使用。该策略的优点是小批量、多品种、生产机动灵活、针对性强,能够满足不同消费者的需求,有利于农产品的销售,扩大企业总销售量,从而增加销售收入和利润;缺点是生产复杂,投资大,单位产品成本高,增加营销成本,可能导致企业的资源配置不能有效集中。在农产品相对过剩,特别是低质农产品过剩、优质农产品不足、农产品销售困难的情况下,实施差异性市场营销具有重要的现实意义。

3. 集中性目标市场营销策略

集中性目标市场营销策略是指企业集中全部力量进入一个或少数几个细分市场,生产一种较理想的农产品,实行专业化生产和销售。实施该策略,企业不是追求在一个大市场角逐,而是力求在一个或几个子市场占有较大份额,适宜资源条件相对有限的中小企业。该策略的优点是:企业能够把资源与能力集中于少数细分市场,有利于迅速占领市场,提高新产品的知名度和市场占有率,可以节省营销费用,并能获得较高的投资利润率;缺点是:市场区域相对较小,新产品单一,市场应变能力差,企业发展受到限制,面临的经营风险较大。

(三)影响农产品目标市场策略选择的因素

企业在选择具体策略时,需要综合考虑企业自身实力、农产品特性、农产品生命周期、市场需求情况、市场竞争者等因素(表6-1)。

表6-1　影响农产品目标市场策略选择的因素

影响因素	无差异性目标市场营销策略	差异性目标市场营销策略	集中性目标市场营销策略
企业自身实力	强	强	弱
农产品特性	同质性	异质性	异质性
农产品生命周期	导入期、成长期	成熟期、衰退期	成熟期、衰退期
市场需求情况	差异性小	差异性大	差异性大
市场竞争者	少	多	多

1.企业自身实力

企业的人力、物力、财力及信息等资源不足、实力有限,一般不宜把整体市场作为目标市场。实力雄厚的大企业,差异化市场战略与无差异化市场战略均可根据需要选用。

2.农产品特性

同质性产品本身差异小,一般适合于无差异市场战略。产品设计变化较多的,一般考虑差异化市场战略和集中性市场战略。

3.农产品生命周期

通常在产品处于导入期和成长期时,可采用无差异性目标市场营销策略,以探测市场与潜在顾客的需求。当产品进入成熟期或衰退期时,可采用差异性目标市场营销策略,以开拓新的市场,或采取集中性目标市场营销策略,以维持和延长产品的生命周期。

4.市场需求情况

若购买者爱好相似,每一时期购买数量相近,对营销刺激的反应也大致相同,可采用无差异市场战略;反之,应考虑差异化市场战略或集中性市场战略。

5.市场竞争者

竞争者积极进行市场细分,实施差异化市场战略,如果本企业采用无差异市场战略一般难以起效,应通过更有效的市场细分寻找机会,采用差异化市场战略或集中性市场战略。

二、农产品市场定位

(一)农产品市场定位的方法

市场定位是指企业针对竞争者现有产品在市场上所处的位置,根据消费者对该产品某一属性或特征的重视程度,为产品设计和塑造一定的个性或形象,并通过一系列营销努力把这种个性或形象传达给消费者,从而适当确定该产品在市场上的位置。市场定位是一种消费者心理定位,市场定位的出发点是竞争,是一种帮助企业确认竞争地位、寻找竞争策略的方法。所谓农产品市场定位,是指农产品生产经营者根据竞争者现有产品在市场上所处的位置,针对消费者对该产品某种特征或属性的重视程度,有力地塑造本企业产品与众不同的鲜明个性或形象,并传递给顾客,从而确定该产品在市场中的适当位置。

由于农产品具有与一般产品不同的特点,因此,其定位方法有特殊性。

1. 功效定位

功效定位是指通过突出产品适应消费者需求的某些独特功效来确定其市场位置的定位方法。在不同的产品类别中,企业可以发展的独特功效也不相同,关键要看哪种功效能真正适应消费者的购买心理。要保证功效定位的成功,企业就必须密切关注市场,不断选择并培育独特的功效优势。

2. 质量定位

质量定位是指在开发、生产一个产品时,产品的质量要控制在一个什么样的档次上。质量是产品的主要衡量标准,质量的好坏直接影响到企业产品在市场上的竞争力。因此,企业在研发、生产产品时,应该根据市场需求的实际状况确定产品的质量水平。

3. 价格定位

价格定位是指依据产品的价格特征,把产品价格确定在某一区域,在消费者心目中建立一种价格类别的形象,通过消费者对价格所留下的深刻印象,使产品在消费者的心目中占据一个较显著的位置。价格定位并不是一成不变的,在不同的营销环境下,在产品生命周期的不同阶段上,在企业发展的不同历史阶段,价格定位可以灵活变化。现代市场上的价格大战实质上就是企业之间价格定位策略的较量。价格定位一般有四种类型。

(1)高价定位。即把不低于竞争者产品质量水平的产品价格定在竞争者产品价格之上,这种定位一般都是借助良好的品牌优势、质量优势和售后服务优势。

(2)低价定位。即把产品价格定得远低于竞争者价格。这种定位的产品质量和售后服务并非都不如竞争者,有的可能比竞争者更好。之所以能采用低价,是由于该企业要么具有绝对的低成本优势,要么是企业形象好、产品销量大,要么是出于抑制竞争对手、树立品牌形象等战略性考虑。

(3)市场均价定位。即把价格定在市场同类产品的平均水平上。

(4)固定价格定位。这是一种不折、不扣、不减价、明码实价的定位法。可以消除消费者对价格的不信任感受,免去消费者的砍价之苦。一般而言,这种定位要求产品或企业具有相当的信誉做基础。

4. 利益定位

利益定位是指品牌提供的利益点是其他品牌无法提供或者没有诉求过的,是独一无二的。运用利益定位,在同类产品品牌众多、竞争激烈的情形下,可以突出品牌的特点和优势,让消费者按自身偏好和对某一品牌利益的重视程度,更迅捷地选择商品。实力雄厚的名牌企业可以利用利益定位在同一类产品中推出众多品牌,覆盖多个细化市场,提高其总体市场的占有率。

在进行利益定位时应注意:第一,利益的诉求点必须是独一无二的,绝无仅有的,至少是其他企业无法提供的,或者没有提及过的;第二,利益的诉求出发点必须是消费者,即利益的卖点必须是消费者最关心、最感兴趣、最需要、最迫切的;第三,利益的诉求点要集中,指示明确,不要因复杂而分散了注意力,失去关注焦点。

5. 属性定位

属性定位是指当消费者购买产品时会影响其购买决策的一些相关产品的特性与功能,包括内在、外在、表现和抽象四项内容。

(1)内在属性。内在属性即产品的物理组成,包括原材料、制造和形态等方面的内容,原材料、制造和形态指的是产品的组成部分、制造工艺和制造过程、产品的大小和形状等内容。

(2)外在属性。外在属性是指在不使用的情况下进行评估的属性,包括品牌、包装、服务和价格等内容。品牌是指产品或公司的名称和标志等;包装是指包裹产品的器物;服务是指为消费者购买和使用产品所提供的相关服务;价格是消费者购买产品时支付的货币数。

(3)表现属性。表现属性即产品发挥作用的方式,只有通过使用才能对其进行评估。

(4)抽象属性。抽象属性是将多种属性包含的信息集合在某一种属性当中,包括加权多种属性、消费者意向属性和使用情境属性。加权多种属性是指将外观质量、可靠性、耐用性等多种属性通过加权的方法合并为一个属性;消费者想象属性是指用户对某一产品或品牌的想象包含了多种属性;使用情境属性是指消费者对某种产品和服务的使用条件有自己的看法。

6. 产品形象定位

产品形象定位是指将一个产品品牌的特点综合起来,使其象征某类人物或事物,让消费者接受这种象征性并使品牌在消费者心目中树立一个永不磨灭的形象的定位方法。人们愿意对事物加以联想,那些恰当的、有意义的联想会轻易进入人们的心智。产品形象定位法正是利用联想规律,将枯燥、平淡的品牌特性附着在一个适当的形象上,传递给消费者并使这一形象深深印在消费者心中,达到定位目的。

7. 竞争对抗定位

竞争对抗定位是指一个有竞争实力但知名度不高、在市场上尚未取得一个稳定地位的产品,与一个已在市场上建立起领导者地位的产品直接对抗,以吸引消费者的关注,从而在市场上取得有利位置的定位方法。该方法的实质是通过与市场领导品牌直接对抗,吸引消费者的关注,用比单纯依靠本产品自身力量更短的时间在消费者心目中占领一个较为有利的位置。竞争对抗定位法需要企业的巨大财力支持,而且风险很大,所以企业使用时一定要谨慎。

8. 比附定位

比附定位是指通过与竞争品牌的比较来确定自身市场地位的一种定位策略。其实质是一种借势定位或反应式定位。借竞争者之势,衬托自身的品牌形象。在比附定位中,参照对象的选择是一个重要问题。一般来说,只有与知名度、美誉度高的品牌做比较,才能借势抬高自己的身价。比附定位的形式主要有甘居第二、攀龙附凤以及进入高级俱乐部三种形式。甘居第二就是明确承认同类产品中另有最负盛名的品牌,自己只不过是第二而已;攀龙附凤就是首先承认同类产品中的著名品牌,本品牌虽自愧不如,但在某一地区或在某一方面还可以与这些最受消费者欢迎和信赖的品牌并驾齐驱,平分秋色;进入高级俱乐部是企业利用模糊的概念,借助群体的声望,把自己归入高级俱乐部式的品牌群体中,强调自己是这一群体的一员,从而提高自己的形象和地位。

9. 市场空当定位

市场空当定位法是品牌定位的一种,即寻找众多消费者所重视的,但尚未被开发的市场空间。任何企业的产品都不可能占领同类产品的全部市场,也不可能拥有同类产品的所有竞争优势。市场中机会无限,善于寻找和发现市场空当,是品牌定位成功的一种重要选择。市场空当定位包括时间空当、年龄空当、性别空当、包装空当等形式。

(1)时间空当。农产品的"反季节销售"就是利用时间空当的典型例子。这些季节性产品,占领季节是很重要的,但人们都有一种求异心理,在淡季进行品牌宣传,往往能取得出其不意的效果。

(2)年龄空当。年龄是人口细分的一个重要变量,品牌经营者不应当捕获所有年龄阶段的消费者,而应寻找合适的年龄层,它既可以是该产品最具竞争优势的,也可以是被同类产品品牌所忽视的或还未发现的年龄层。

(3)性别空当。现代社会,男女地位日益平等,其性别角色的区分在许多行业已不再那么严格,男性中有女性的模仿,女性中有男性的追求。对某些产品来说,奠定一种性别形象有利于稳定顾客群。

(4)包装空当。每个人的消费习惯不同,有人喜欢小包装,方便携带,可以经常更新;而有人喜欢大包装,一次购买长期使用。利用使用量上的空当,有时能取得意想不到的效果。

(二)农产品市场定位的步骤

农产品市场定位的实质是农业经营者取得在目标市场上竞争优势的过程。一般包括以下步骤:

1. 分析目标市场现状,确认企业潜在竞争优势

这一步骤的中心任务是要回答以下三个问题:一是竞争对手产品定位如何? 二是目标市场上消费者欲望满足程度如何以及确实还需要什么? 三是针对竞争者的市场定位和潜在消费者的真正需求要求企业应该做什么以及能够做什么? 要回答这三个问题,企业营销人员需要通过营销调研,系统了解目标消费者对农产品的需要及其欲望的满足程度,了解竞争对手的产品定位情况,分析消费者对本企业的期望,得出相应的研究结果,从中把握和明确本企业的潜在竞争优势。

2. 准确选择竞争优势,初步确定目标市场定位

选择竞争优势实际上就是一个企业与竞争者各方面相比较的过程。从经营管理、技术开发、采购供应、生产能力、市场营销、资本财务、产品属性等方面构建完整的指标体系与竞争对手进行比较(表6-2),并选出最适合本企业的优势项目,准确地评价本企业的实力,以初步确定企业在目标市场上所处的位置。

表6-2 农产品目标市场评价指标体系

指标类别	具体指标
经营管理	领导能力、决策水平、计划能力、组织能力、应变能力
技术开发	技术资源、技术手段、技术能力、资金投入

续表

指标类别	具体指标
采购供应	采购方法、存储运输、供应商合作、采购人员综合能力
生产状况	生产能力、技术装备、生产控制、职工素质
市场营销	营销能力、分销网络、市场研究、销售战略、广告营销、销售人员能力
资本财务	资金来源、资本成本、支付能力、现金流量、财务制度
产品属性	产品特色、价格、质量、品牌、包装、市场占有率、信誉、服务

3. 显示独特的竞争优势和重新定位

企业要通过一系列的宣传促销活动,将独特的竞争优势准确传播给潜在消费者,并在消费者心目中形成独特的企业与产品形象。为此,企业首先应使目标消费者了解、知道、熟悉、认同、喜欢和偏爱本企业的市场定位,在消费者心目中建立与该定位相一致的形象。其次企业要通过各种努力强化目标消费者形象,促进目标消费者的理解,稳定目标消费者的态度和加深目标消费者的感情来巩固与市场相致的形象。最后企业应注意目标消费者对其市场定位理解出现的偏差或由于企业市场定位宣传上的失误而造成的目标消费者模糊、混乱和误会,及时纠正与市场定位不一致的形象。

第三节　农产品市场营销计划与控制

计划是管理的首要职能,农产品营销作为农业企业或农产品营销组织经营与管理高度融合的活动过程,计划工作具有十分重要的意义,营销计划涉及企业总体战略计划和各种营销策略设计。

一、农业企业总体战略计划与营销计划的关系

任何一个企业能否在不断变化的环境条件下求得生存和发展,很大程度上取决于企业战略层面上的决策与管理。企业总体战略计划是指在企业的目标、资源和不断变化的经营环境之间建立与保持一种可行的战略适应性的过程。主要包括确定企业的任务与目标、选择合适的市场机会、制订相应的业务组合计划和新业务发展计划等。农业企业的战略计划所涉及的是企业发展中带有全局性、长远性和根本性的问题。

战略计划确定了企业的经营方向以及各个战略业务单位的经营目标。在此基础上,每个战略业务单位还需要制订具体的营销计划。所谓农产品营销计划就是指农产品营销部门制订的关于农产品或品牌所有营销方面的具体安排和规划。

企业总体战略计划与市场营销计划分别由企业的战略计划部门(决策层)和市场营销部门(职能部门)来制订和组织实施,两个部门的关系如图6-4所示。一是农产品营销部门向农业企业战略计划部门提供市场信息;二是企业战略计划部门对营销部门的信息进行分析

和评价;三是战略计划部门为营销部门规定任务;四是营销部门根据本单位任务制订农产品营销计划并贯彻执行,战略计划部门要对执行结果进行评价。

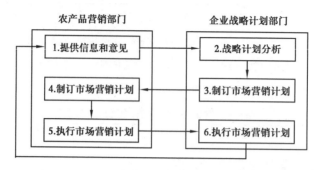

图 6-4   农产品营销部门与企业战略部门关系示意图

二、农产品营销计划的内容

市场营销计划是由营销部门在分析市场营销现状的基础上,针对某项业务、某个产品、产品线或品牌等的市场营销工作,围绕实现企业目标的全局部署、时间安排以及实施策略等要求制订的。市场营销计划的框架见表6-3。

表 6-3   农产品营销计划的步骤及目的一览表

计划步骤	目的
计划提要	对拟制订的计划进行概要说明
营销现状	提供有关市场、产品、竞争、销售以及宏观环境等方面的资料
机会与问题分析	分析主要的机会、威胁、优势、劣势以及产品所面临的问题
目标	确定有关销售量、市场份额、利润等要完成的目标
营销战略与策略	实现计划目标拟采取的主要营销目标
行动方案	具体部署营销行动的内容、主体、时间及费用
预计损益表	预测计划实施后的财务收益情况
控制	说明如何监控计划的实施

(一)计划提要

农产品营销计划书的开头应对计划的主要内容作一个简要的概括,以便企业的决策者及有关人员能迅速把握计划的核心及主要内容。在提要之后附上计划的内容和目录。

(二)营销现状

这一部分应提供有关市场、产品、竞争、分销和宏观环境的背景资料。

1.市场形势

市场形势主要提供有关农产品目标市场的现状分析,包括各细分市场或区域市场的规模及成长分析,目标消费者的需要、观念和购买行为的变化趋势等情况分析。

2. 产品状况

产品状况要反映几年来主要产品的销售量、价格、收益率等情况。

3. 市场竞争状况

市场竞争状况要识别主要的竞争对手,描述他们的规模、目标、市场份额、产品质量、技术水平、战略取向及其行动。

4. 分销状况

分销状况描述企业分销渠道的规模及现状,包括分销商能力及其变化、激励中间商必要的价格及交易条件等。

5. 宏观环境及其趋势

这是对影响企业及其产品的各种宏观环境因素进行分析,包括人口、经济、政治、法律、社会、文化、科技等各方面的形势及发展趋势。

(三)机会与问题分析

1. 机会与威胁分析

机会与威胁分析主要分析影响企业及其产品前途的各种外部因素,辨认环境机会与威胁。机会可从潜在的吸引力和成功的可能性两方面进行评估;威胁可从潜在的重要性和发生的可能性两方面进行评估。对一些明显而重要的倾向要引起足够的注意。

2. 优势与劣势分析

优势与劣势分析是分析农业企业内部及相关的农产品营销组织内部的各种影响因素,辨认企业能应用并获取成功的优势所在,明确需要加以弥补的不足之处。

3. 问题分析

问题分析是利用前两项的分析结果,确定企业所面临的主要问题。对这些问题的分析,是制订农业企业目标、农产品营销战略与策略的基础。

(四)目标

目标包括财务目标和营销目标。财务目标是企业对计划期内具体产品或产品组合确定的投资收益率、利润、现金流量及其他财务指标。营销目标是由财务目标转化而来的,包括计划期内的总销售规模、市场占有率、产品价格、分销范围以及产品知名度等。

(五)营销战略与策略

为实现企业目标,应对营销战略与策略作出规划。应列出的主要内容包括目标市场、产品定位、产品组合、价格、分销网络、销售队伍的配备、广告、营业推广、研究与开发、市场调研等。制订这部分计划时,营销部门经理或产品经理要与企业其他职能部门协商,以保证计划能够有效实施。

(六)行动方案

行动方案即阐述为实现计划目标所采取的主要营销行动,包括行动内容、时间、主体、成本等。也就是根据各项营销措施对人、财、物进行合理的配置,详细阐明行动方案的名称、内容、时间、主管人、费用预计、参与部门及人员等。

(七)预计损益表

这是指提出市场营销计划的预算。在预计损益表中,收入方要列出预计销售量和平均实现价格;支出方要列出成本的构成及其细目,包括设计研究成本、实体分销成本和营销费用等。两者差额即预计的利润。企业决策层要对计划的预算进行审核,必要时要做出调整。

(八)控制

这是农产品营销计划的最后一个内容,主要用来监控计划的实施进度。这一部分应阐明营销组织监控计划实施的标准及方式、方法,包括有关保障措施和应变计划。通常目标和预算要按月或季度来制订,企业对计划的执行结果进行定期核查、监督,以确保计划的顺利实施,出现偏差和失误要及时纠正和改进。对不确定的因素要制订应急计划。

三、农产品营销控制

农产品营销控制是指农产品营销组织为了实现营销计划、销售、利润和其他目标,检查农产品营销计划的执行情况,分析存在问题并及时采取措施,以保证计划实施的过程。农产品营销控制主要有以下四种形式。

(一)年度计划控制及其方法

年度计划控制是为了保证年度计划中所规定的销售、利润和其他目标的实现所采取的控制步骤。分为四个步骤:第一,农产品营销组织或管理者要在年度计划中确定每个月和每个季度要完成的目标;第二,衡量营销计划执行情况,将实际成果与预期成果进行比较;第三,如果营销计划在执行中出现偏差,则需要找出发生偏差的原因;第四,采取必要的补救或调整措施,以缩小计划与实际执行之间的偏差。

农产品营销组织或农业企业经营者可以运用以下方法来分析、核对年度计划目标的实现情况。

1.销售分析

销售分析主要用于衡量和评估计划销售目标与实际销售之间的差距,找出产生缺口的各种原因。这种衡量和评估主要有以下两种方法:一是销售差异分析,主要用于分析不同因素对销售差距形成的影响程度;二是地区销售量分析,主要用于衡量导致销售差距的具体地区。所以,应进一步查明原因,并加强对该地区营销工作的管理。

2.市场占有率分析

通过市场占有率分析可以揭示出企业同其竞争者在市场竞争中的相互关系;如果企业的市场占有率升高,表明企业的营销绩效提高,在市场竞争中处于优势;反之则说明企业营销绩效下降,在竞争中失利。市场占有率分析必须明确市场占有率的度量方法。一般有以下四种不同方法。

(1)全部市场占有率。以企业的销售额占全行业销售额的百分比来表示。使用这种度量方法必须做两项选择:一是要以单位销售量或以销售额来表示市场占有率;二是正确认定行业的范围。

(2)可达市场占有率。以其销售额占企业所服务市场的百分比来表示。所谓可达市场:一是企业产品最适合的市场;二是企业市场营销努力所及的市场。企业可能有近100%的可达市场占有率,却只有相对较小百分比的全部市场占有率。

(3)相对市场占有率(相对于三个最大竞争者)。以企业销售额对最大的三个竞争者的销售额总和的百分比来表示。如某企业有30%的市场占有率,其最大的三个竞争者的市场占有率分别为20%、10%、10%,则该企业的相对市场占有率是75%。一般情况下,相对市场占有率高于33%即被认为是实力较强的企业。

(4)相对市场占有率(相对于市场领先者)。以企业销售额相对市场领先竞争者的销售额的百分比来表示。相对市场占有率超过100%,表明该企业是市场领先者;相对市场占有率等于100%,表明企业与竞争者同为市场领先者;相对市场占有率的增加表明企业正接近市场领先者。

3. 市场营销费用与销售额比率分析

年度计划控制的任务之一,就是在保证实现销售目标的前提下,控制销售费用开支和营销费用的比率。市场营销管理人员应密切注意这些比率的变化,以发现是否有任何比例失去控制,当一项费用对销售额比率失去控制时,必须认真查找原因。

4. 消费者态度追踪分析

年度计划控制除了以金额、数量或相对值作为衡量标准外,还需要对市场营销的发展变化进行定性分析和描述。为此,追踪消费者的态度,对于营销控制过程中分析原因和寻找调整措施十分必要。一般可从以下三个方面进行消费者态度的追踪分析。

(1)建立听取意见制度。企业对来自消费者的书面的或口头的意见应该进行记录、分析,并作出适当的反应。对不同的意见应该归类成册,对意见比较集中的问题要查找原因,加以改进。企业应该鼓励消费者提出批评和建议,使消费者经常有机会发表意见,这样可能收集到消费者对其产品和服务反应的完整资料。

(2)固定消费者样本。有些企业建立由有一定代表性的消费者组成的固定消费者样本,定期通过电话访问或邮寄问卷了解其需求、意见和期望。这种做法有时比听取意见更能代表消费者态度的变化及其分布范围。

(3)消费者调查。企业定期让一组随机消费者回答一组标准化的调查问卷。通过对问卷的分析,企业可及时发现问题,并及时予以纠正。

(二)盈利能力控制

企业需要衡量不同产品、不同销售区域、不同消费者群体、不同渠道以及不同订货规模的盈利能力,并在此基础上采取相应措施。对盈利能力可作如下具体分析。

1. 营销成本分析

营销成本是指与营销活动有关的各项费用支出。营销成本直接影响企业利润,因此,企业不仅要控制销售额和市场占有率,也要控制营销成本。营销成本主要包括五个方面:一是直接推销费用,包括直销人员的工资、奖金、差旅费、培训费、交际费等;二是促销费用,包括广告媒体成本、产品说明书、印刷费用、赠奖费用、展览会费用、促销人员工资等;三是仓储费用,包括租金、维护费、折旧、保险、包装费、存货成本等;四是运输费用,包括托运费用等。如果是自由运输工具,则要计算折旧、维护费、燃料费、车船税、保险费、司机工资等;五是其他市场营销费用,包括市场营销管理人员工资、办公费用等。上述成本连同企业的生产成本构成了企业的总成本,直接影响企业的经济效益。

2. 盈利能力的指标考查

在对市场营销成本进行分析之后,还应考查如下盈利能力指标。

(1)销售利润率。该指标是评估企业获利能力的主要指标之一。其计算公式为:

$$销售利润率 = \frac{本期利润}{销售额} \times 100\%$$

但是,在同一行业,各个企业间的负债比率往往大不相同,而对销售利润率的评价又常需通过与同行业平均水平来进行对比。所以,为了较准确地评价市场营销效率,在评估企业获利能力时最好能将利息支出加上税后利润,这样将大体消除由于举债经营而支付的利息对利润水平产生的不同影响。其计算公式为:

$$销售利润率 = \frac{税后息前利润}{产品销售收入净额} \times 100\%$$

(2)资产收益率。资产收益率是指企业所创造的本期利润与企业资产平均总额的比率。其计算公式为:

$$资产收益率 = \frac{本期利润}{资产平均总额} \times 100\%$$

与销售利润率一样,为了在同行业间有可比性,资产收益率可以用如下公式计算:

$$资产收益率 = \frac{税后息前利润}{资产平均总额} \times 100\%$$

其分母之所以用资产平均总额,是因为年初和年末余额相差很大,如果仅用年末余额作为总额显然不合理。

(3)净资产收益率。这是衡量企业偿债后剩余资产的收益率的指标,其计算公式为:

$$净资产收益率 = \frac{税后利润}{净资产平均余额} \times 100\%$$

其分子不包含利息支出,因为净资产已不包括负债在内。

(4)资产管理效率。该指标可通过以下比率来分析。

第一,资产周转率。该指标可以衡量企业全部投资的利用效率,资产周转率高,说明投资的利用效率高。其计算公式为:

$$资产周转率 = \frac{产品销售收入净额}{资产平均占用额} \times 100\%$$

第二,存货周转率。其计算公式为:

$$存货周转率 = \frac{产品销售成本}{存货平均余额} \times 100\%$$

这项指标说明某一时期内存货周转的次数,从而考核存货的流动性。存货平均余额一般取年初和年末余额的平均数。一般说来,存货周转率次数高,说明存货水准低、周转快、资产使用效率高。

资产管理效率与获利能力密切相关。资产管理效率高,获利能力相应也高。这可以从资产收益率与资产周转率及销售利润率的关系上表现出来。资产收益率实际上是资产周转率和销售利润率的乘积。

$$资产收益率=\frac{产品销售收入净额}{资产平均占用额}\times\frac{税后息前利润}{产品销售收入净额}\times100\%$$

(三)效率控制

如果盈利能力分析显示出企业关于某一产品、地区或市场所得的利润很差,那么,需要进一步分析和控制的便是有没有高效率的方式来管理销售人员、广告、营业推广及分销。

1. 销售人员效率

企业各地区的销售经理要记录本地区内销售人员效率的几项主要指标。指标包括每个销售人员每天平均的销售访问次数、每次会晤的平均访问时间、每次销售访问的平均收益、每次销售访问的平均成本、每次销售访问的招待成本、每百次销售访问预订购的百分比、每个期间增加的新顾客数、每个期间流失的顾客数、销售成本对总销售额的百分比。这些分析可以发现一些非常重要的问题,如销售人员每天的访问次数是否太少,每次访问所花时间是否太多,在招待上花费是否太多,每百次访问中是否签订了足够的订单,是否增加了足够的新顾客并且留住了老顾客。如果企业重视这些问题,通常容易取得实质性的改进。

2. 广告效率

对广告效率主要统计和分析如下指标:每一媒体类型、每一媒体工具接触每千名购买者所花费的广告成本;顾客对每一媒体工具注意、联想和阅读的百分比;顾客对广告内容和效果的意见;广告前后对产品态度的衡量;受广告刺激而引起的询问次数。企业高层管理者可以采取若干步骤来改进广告效率,包括进行更加有效的产品定位、确定广告目标、指导广告媒体的选择、寻找较佳的媒体、进行广告效果测定等。

3. 营业推广效率

为了改善营业推广的效率,管理者应该对每一次营业推广的成本及其效果进行统计和分析,主要包括由于优惠而销售的百分比、每一销售额的陈列成本、赠券收回的百分比、因示范而引起询问的次数。此外,还应观察不同营业推广手段的效果,并选择效果最佳的推广手段。

4. 分销效率

这主要是对企业存货水准、仓库位置及运输方式进行分析和改进,以达到最佳配置并寻找最佳运输方式和途径。

(四)战略控制与营销审计

1. 战略控制

随着农产品营销环境的不断变化,企业的目标及战略行动方案会失去作用,因而需要做相应的调整,即在农产品营销战略实施过程中必然会出现战略控制问题。所谓战略控制,是指营销经理采取一系列行动,使实际市场营销工作与原规划尽可能一致,在控制中通过不断评审和信息反馈,对战略不断修正。战略控制的目的在于检查企业是否在市场、产品和分销等方面正在与最佳市场机会结合。营销战略事关企业营销的总体性和长远性方面的决策,且战略控制注重未来控制,所以农产品营销的战略控制既重要又难以准确把握。

2. 农产品营销审计

企业在进行战略控制时,通常运用营销审计这一重要工具。所谓农产品营销审计,是对一个企业市场营销环境、目标、战略、组织、方法、程序和业务诸方面进行综合的、系统的、独立的和定期的核查,以便发现市场机会和存在的问题,并提出改善营销工作的行动计划和建议,以提高营销管理效果。营销审计是对一定时期内企业全部市场营销业务进行总的效果评价。相对于财务审计而言,市场营销审计还很不完善,尚未建立起一套规范的控制体系,有些企业往往只是遇到危急情况时才进行,其目的是解决一些临时性的问题。农产品营销审计的基本内容包括以下几个方面。

(1)农产品营销环境审计。农产品营销必须审时度势,对人口、经济、生态、技术、政治、文化等营销环境进行分析,并在此基础上制订企业的市场营销战略。这种分析是否正确,需要经过市场营销审计的检验,审计内容包括市场规模,市场增长率,顾客与潜在顾客对企业的评价,竞争者的目标、战略、优势、劣势、规模、市场占有率,供应商的推销方式,中间商的分销渠道等。

(2)农产品营销战略审计。企业是否按照市场导向确定自己的任务、目标并设计企业形象,是否选择了与企业任务、目标相一致的竞争地位,是否制订了与产品生命周期、竞争者战略相适应的市场营销战略,是否能进行科学的市场细分并选择最佳的目标市场,是否能合理地配置市场营销资源并确定合适的市场营销组合,企业在市场定位、企业形象、公共关系等方面的战略是否卓有成效,所有这些都需要经过市场营销战略审计的检验。

(3)农产品营销组织审计。这主要是评价企业的市场营销组织在执行市场营销战略方面的组织保证程度和对市场营销环境的应变能力。主要包括:企业是否有坚强有力的市场营销主管人员及其明确的职责与权利;是否能按产品、用户、地区等有效地组织各项市场营销活动;是否有一支训练有素的销售队伍,对销售人员是否有健全的激励、监督机制和评价体系;市场营销部门与采购部门、生产部门、研发部门、财务部门以及其他部门是否有密切的合作关系等。

(4)农产品营销系统审计。企业市场营销系统包括市场营销信息系统、市场营销计划系统、市场营销控制系统和新产品开发系统。对市场营销信息系统的审计,主要是审计企业是否有足够的有关市场发展变化的信息来源,是否有畅通的信息渠道,是否进行了充分的市场营销研究,是否恰当地运用了市场营销信息进行科学的市场预测等。对市场营销计划系统的审计,主要是审计企业是否有周密的市场营销计划,计划的可行性、有效性以及执行情况等。对市场营销控制系统的审计,主要是审计企业对年度计划目标、盈利能力、市场营销成本等是否有准确的考核和有效的控制。对新产品开发系统的审计,主要是审计企业开发新产品的系统是否健全,是否组织了新产品创意的收集与筛选,新产品开发的成功率如何,新产品开发的程序是否健全等。

(5)营销盈利能力审计。营销盈利能力审计是在企业盈利能力分析和成本效益分析的基础上,审核企业的不同产品、不同市场、不同地区以及不同分销渠道的盈利能力,审核进入或退出、扩大或缩小某一具体业务对盈利能力的影响,审核市场营销费用支出情况及其效益,进行市场营销费用分析,包括销售队伍与销售额之比、广告费用与销售额之比、促销费用与销售额之比、市场营销研究费用与销售额之比、销售管理费用与销售额之比,以及进行资本净值报酬率分析和资产报酬率分析等。

（6）农产品营销职能审计。这是对企业的市场营销组合因素（即产品、价格、地点、促销）效率的审计。主要是审计农产品的产品质量、特色、式样、品牌受顾客欢迎程度，企业定价目标和战略的有效性，市场覆盖率，企业分销商、经销商、代理商、供应商等渠道成员的效率，广告预算、媒体选择及广告效果，销售队伍的规格、素质以及能动性等。

课后练习

一、名词解释

市场细分　农产品市场细分　农产品目标市场　农产品定位　农产品营销计划　农产品营销控制

二、简答题

1. 简述农产品市场细分的条件。
2. 简述选择农产品目标市场的条件。
3. 简述市场定位的方法。
4. 简述市场定位的步骤。
5. 简述农产品营销审计的基本内容。

三、论述题

根据所学内容，选择一种农产品，并为其制订一份简要的营销计划。

四、案例分析

卤味市场下沉，细分赛道品类崛起

从佐餐到休闲食品再到具有"正餐"属性，卤味赛道的消费场景正在逐步增加，"万物可卤"正在成为趋势。

美团餐饮数据观发布的《2022卤味品类发展报告》显示，2022年中国卤味行业规模将达3691亿元，预计2023年达4051亿元，2018—2021年复合增长率为12.3%。

多位卤味品牌操盘者以及行业观察人士告诉《中国经营报》记者，当下休闲卤味巨头正在加大渠道下沉力度，佐餐卤味融资不断且连锁动作频频，而具有正餐属性的热卤以及"卤+"业态迎来爆发，整个卤味市场迅速扩容和细分，产业面临着洗牌和升级。

一、巨头下沉

此前固守直营的周黑鸭在3年前放开特许加盟之后，近日再度降低加盟门槛，并进一步扩大准入市场区域。

该政策被称为"单店特许经营2.0轻盈版"。单店整体投资由当初的20万~25万元降到8万~10万元（不含租金及人力成本）。同时，由原本5万元保证金和5万元入门特许费，调整为1万元保证金和3万元入门特许费。加盟区域方面，周黑鸭特许的城市由99个扩充到近 300 个。周黑鸭将逐步下沉到县域市场,进入品牌力较强的区域乡镇或者人口规模在 10 万及以上的人口大镇。对于休闲卤味食品而言,绝味食品、周黑鸭和煌上煌一直被称为"卤味三巨头"。只是,绝味食品近两年的增速打破了这种局面。

美团餐饮数据观提到,绝味食品为万店品牌,紫燕百味鸡、煌上煌、久久丫、周黑鸭四大品牌共同构成第二梯队。截至目前,绝味食品、周黑鸭、煌上煌的门店规模为 1.4 万家、2400 家和 4800 家。绝味食品能够快速发展的主要原因是通过加盟的模式在低线城市进行扩张。绝味食品目前在一线城市的市场占有率仅为 10.91%。这意味着在下沉市场,绝味食品拥有着广泛的消费基础。

多位行业人士表示,此次周黑鸭进行渠道下沉,是休闲卤味食品竞争加剧的表现之一。按照周黑鸭的公开说法,降低加盟门槛之后,截至 2022 年 5 月底,公司共计收到超过 5.5 万条正式申请,在全国范围内门店超过 3000 家。

二、佐餐卤味火热

休闲卤味巨头们的竞夺如火如荼,定位于佐餐卤味的新锐品牌同样发展迅猛。

对于卤味市场,业内普遍根据消费场景分为休闲卤味和佐餐卤味。绝味食品、周黑鸭以及煌上煌等均属休闲卤味。而在佐餐卤味赛道,除了紫燕百味鸡,并无头部企业出现。但是,佐餐卤味的市场容量不容小觑。多家券商机构在相关研报中提到,2021 年,佐餐和休闲卤制品行业规模分别为 1792 亿元和 1504 亿元,目前佐餐市场的规模大于休闲卤味,两者的市场占比大约为 6∶4。窄门餐眼统计的门店数量最多的三个休闲卤味品牌和三个佐餐卤味品牌最受消费者欢迎的十大品类显示,休闲卤味头部品牌主要以鸭脖及其他鸭副产品为主,而佐餐卤味分布相对均衡,鸡、牛、猪等品类各有特色。

热卤则是这几年佐餐卤味中增速迅猛的细分赛道。多位行业人士提到,传统热卤和新式热卤最大的区别在于,前者无论荤素,都是先卤好再售卖;新式热卤现做现卖,不用隔夜卤料,基本上做到一锅卤水只卤一种菜品,即"一锅一卤"模式。盛香亭是代表品牌之一。该品牌目前拥有 400 家门店。在 2021 年 4 月和 6 月共完成了两轮亿元融资,投资方为腾讯投资和绝味食品。

在 2022 年 4 月,伍红波掌舵的蜀锦味旗下卤料品牌耍家卤正式问世,首批推出了三款单品。他将卤料与十余味草本香料融合,做成了更加简单的卤汁,通过"卤汁 + 干料"的形式,让卤味在家轻松自制。"传统预制菜和卤味制作起来都很麻烦。我们通过推出卤汁调味料,让卤味产品的制作门槛降低。"

"'万物可卤'符合近年来消费两大趋势:一是饮食健康鲜趋势;二是懒人群体扩大趋势,卤正好能填补这两个需求。而随着卤味品牌的迭代,以及细分品类的崛起,卤味产业正在经历着巨变。"孙巍说。

(资料来源:中国经营报,2022-07-04.)

案例思考题:

1.结合本案例讨论一下市场细分的重要作用和意义是什么?

2.在进行市场细分时需要考虑哪些问题?

项目七

农产品市场营销的产品策略

学习目的

1. 掌握不同阶段的营销策略。
2. 掌握农产品的品牌与包装策略。
3. 熟悉农产品的市场生命周期。
4. 了解营销学意义上的农产品整体概念。
5. 了解农产品组合的含义及策略。
6. 了解新产品开发程序以及新产品的采用和扩散过程。

情境导入

滑石乡：打造白水贡米品牌助力乡村振兴

位于贵州省铜仁市碧江区的滑石乡素有"铜仁粮仓"之称。近年来，该乡加快推进优质水稻产业发展，打造"白水贡米"品牌，让"白水贡米"销往全国各地。

2014 年，滑石乡踏上脱贫攻坚的征程。碧江区委、区政府对"白水贡米"品牌进行了重塑和打造，组建了滑石乡白秧坪大米专业合作社。将资源整合，采取"合作社+基地+农户"的经营模式，把农民有序、合理地组织起来，提高生产经营的组织化水平，推进白水大米规模化、产业化发展，集中连片打造"白水贡米"品牌。村子通过统一选种、统一技术、统一销售、统一包装、统一品牌等七个"统一"来销售白水大米。

为了重塑白水贡米的口碑，碧江区农业农村局下派技术专家、专业技术人员，广泛开展田间课堂、交流、示范推广等多形式的技术培训服务。

在技术提升的同时，当地还投入 5300 余万元，建设灌溉沟渠、晒谷坝、机耕道等基础设施及购置种植机械设备，保障稻谷的灌溉、晒干及运输；又建设了大米加工厂房，引进新型加工设备，采用不抛光、不打蜡的加工方式，最大限度地保留大米的营养，保留大米的原始色、香、味。白水贡米的品牌重新被擦亮，种植户们的收入一年比一年增加。

随着东西部协作的推进，2017 年昆山市与碧江区"结对"，"白水贡米"迎来新的机遇。昆山配套落实东西部扶贫资金 220 万元，采用 1 名高级专家+5 名技术骨干帮扶模式，建设 4380 亩"白水贡米"核心绿色示范区。来自昆山的"稻田+鱼""稻田+鸭"立体农业模式复制到了滑石乡，"有机""生态"成了白水贡米新的关键词。

"通过从种植、丰收到销售等一系列的环节，以及品种的选优，病虫防治的绿色防控等关键技术，来提升产业。加上今年开展的稻+模式，严把投入品关，保证稻米的品质，进而提升稻米在市场上的价格。"昆山市农业农村局高级农艺师汤留弟说道。

如今,"白水贡米"的售价从原来的每斤1.2元,增长到每斤8元,高端品种甚至可以卖到每斤近20元。不仅和市内10家商超平台稳定合作,也与昆山、东莞等帮扶城市签订了直供协议,还通过电商渠道销往全国各地。2022年,滑石乡白水贡米核心基地预计种植稻谷4700余亩,辐射带动周边种植面积1.2万亩,年产量7200多吨,年产值8000余万元。注册有"碧江白水""碧江区白秧坪大米"等商标。种植地老麻塘村获农业农村部第九批全国"一村一品"示范村镇称号,白水贡米被列入2020年国家农产品地理标志登记保护名单。

(资料来源:铜仁市碧江区人民政府,2022-05-30.)

思考:白水贡米是怎么做到越来越受消费者欢迎的?为树立"白水贡米"品牌,该村做了哪些方面的努力?

第一节 农产品市场营销中的产品概念与生命周期

一、农产品市场营销中的产品概念

农产品市场营销中的产品概念和传统意义上的产品的含义有很大的不同。传统意义上的农产品仅指有形的实物,即在农业活动中获得的植物、动物、微生物及其产品。而农产品市场营销中的产品是指人们通过购买而获得的能够满足某种需求和欲望的物品的总和,它既包括具有物质形态的产品实体,又包括非物质形态的利益。农产品的整体概念包含农产品的核心产品、形式产品和附加产品三个层次(图7-1)。

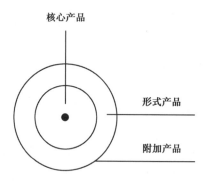

图7-1 农产品市场营销中的产品整体概念图

(一)农产品的实质层(核心产品)

农产品的实质层也称农产品的核心产品,是指消费者购买某种农产品时所追求的效用或利益。它是产品整体概念中最基本、最主要的部分。消费者购买某种农产品,并不是为了占有或获得农产品本身,而是为了获得能满足某种需要的效用或利益。因此,企业在开发产品、宣传产品时应明确地确定产品能提供的利益,产品才具有吸引力。

（二）农产品的实体层（有形产品）

农产品的实体层也称农产品的有形产品，是指核心产品借以实现的形式，即向市场提供的实体和服务的形象。它是由质量、特征、形态、商标和包装五个标志组成。产品的基本效用必须通过某些具体的形式才得以实现。市场营销者应首先着眼于消费者购买产品时所追求的利益，以求更完美地满足消费者需要，从这一点出发再去寻求利益得以实现的形式，进行产品设计。

（三）农产品的延伸层（附加产品）

农产品的延伸层是农产品的附加产品实现的形式，也称农产品的延伸产品或利益产品，是指消费者购买有形产品时所获得的全部附加服务和利益，包括提供信贷、免费送货、售后服务等。由于农产品的消费是一个连续的过程，既需要售前宣传产品，又需要售后持久、稳定地发挥效用，因此，服务是不能少的。可见，随着市场竞争的激烈展开和消费者要求不断提高，附加产品越来越成为竞争获胜的重要手段。

综上所述，农产品整体概念是由实质层、实体层、延伸层三个层次有机结合而形成的，这三个层次是紧密相连的。其中，核心产品是基础和本质；核心产品必须转变为形式产品才能得到实现；在提供形式产品的同时还要提供更广泛的服务和附加利益，形成附加产品。

二、农产品市场营销中的产品市场生命周期

农产品在市场上的销售潜力和获利能力会随着时间的推移而变化。企业只有通过辨认产品所在阶段或未来趋向，以及根据产品特性和市场需求相应改变产品的市场营销战略，才能在动态市场中生存和发展。

（一）农产品生命周期阶段

农产品生命周期是指农产品从进入市场到退出市场所经历的市场生命循环过程，特指农产品的市场、经济寿命，而不是自然生命或使用寿命。农产品经过研究开发、试销，然后进入市场，其市场生命周期就开始了；农产品被消费者拒绝或淘汰，退出市场，则标志着产品生命周期的结束。

农产品市场生命周期一般划分为投入期、成长期、成熟期、衰退期四个阶段（图7-2）。每一阶段都呈现出不同的特点。需要注意的是，图中产品生命周期仅是一条理论曲线，指的是产品市场生命周期的一般规律。实际上每个产品的生命周期曲线完全不同，由于受到各种主客观因素的影响，某些产品并不一定按照生命周期的正常规律变化。例如，有的产品由于决策失误，刚上市不久就被淘汰，没有经过成长期、成熟期而直接跨入衰退期。

1. 投入期

投入期是指农产品刚刚进入市场，处于向市场推广介绍的阶段。此时产品销量小且销售额增长缓慢，产品利润低甚至亏损，它不一定都能走完所有的生命周期阶段，存在夭折的风险。而完全创新的产品和含有高新技术的换代新产品在投入期的竞争者较少甚至没有竞争者。因此为了让消费者了解产品和扩大销售，应加大广告宣传推广的力度。

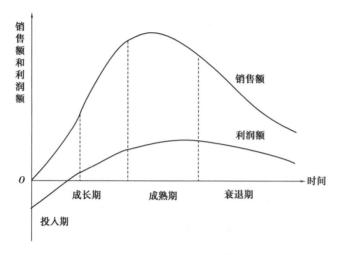

图 7-2　农产品的市场生命周期曲线

2. 成长期

成长期是指农产品已被市场的消费者了解并熟悉、接受,销售量迅速增长的阶段,同时也是产品生命周期中销售增长率最高的阶段。此时产品已具备大批量生产的条件,生产成本相对下降,销售额和利润额迅速增长,使得有些企业看到了盈利的机会,于是纷纷进入市场,参与竞争,导致同类农产品供给量增加,价格随之下降,企业利润增长速度逐渐减慢,最后达到生命周期利润的最高点。

3. 成熟期

成熟期是指农产品在市场上已经普及,市场需求趋于饱和,销售额增长缓慢甚至有可能停滞或下降的阶段。成熟期产品的销售额大,达到整个产品生命周期的最高峰,产品利润也达到最高。成熟期的产品销售增长率有一个变化过程:缓慢增长,只有少量滞后的消费者在这时进入市场;销售增长率接近或等于零,这时市场处于饱和状态;缓慢下降,一部分消费者开始转向购买替代产品。这一阶段存在行业内生产过剩的威胁,迫使整个企业都采用最有效的竞争手段来维持市场占有率,导致竞争达到白热化,促销费用增加,利润下降。

4. 衰退期

衰退期是指农产品已过时,新产品或新的替代品出现,原有产品的销售额和利润额迅速下降的阶段。随着科学技术的发展和竞争的加剧,导致部分企业经营陷入困境,新的农产品逐渐代替原有的产品,使消费者的消费习惯也发生改变,转向消费其他产品。该时期的主要特征是伴随销售额的下降,利润也在下降或出现亏损;该产品行业的竞争者将立即退出市场或缓慢退出市场。

(二)产品生命周期策略

1. 投入期市场营销策略

在农产品投入期,由于消费者对农产品比较陌生,企业必须通过各种手段把农产品投放市场,力争提高本企业农产品的知名度,避免新产品夭折的风险。具体的营销策略包括以下几个方面。

(1)控制投资规模,待销量有明显增加时才逐步扩大投资;单一品种或品牌进入市场,等新产品被接受后才不断多样化和差异化;广泛收集消费者使用产品后的信息,尽快修正新产品的缺陷,保证新产品的质量。

(2)宣传推广的重点应放在知悉产品的存在和产品的利益、用途上,可采用多种多样的促销方式、手段,尽快使新产品能被潜在消费者接受。

(3)投入期产品的上市范围要根据企业潜在市场对新产品的需求程度等具体情况而定,可全面铺开,推向市场;可先向区域市场推出,然后逐步扩大。

在产品投入期,一般可由价格、促销、地点等因素组合成各种不同的市场营销策略。若以新产品的定价与促销力度进行组合,可形成四种策略(表7-1)。

表7-1　定价与促销结合的四种策略

策略	特点	目的	使用条件
快速掠取策略	高价格 高促销	迅速扩大销售量,取得较高的市场占有率	大多数潜在消费者根本不了解该产品或已经了解的消费者急于求购且愿出高价;企业面临潜在竞争者的威胁,急需造势,通过高价优质来树立声誉,建立消费者对自己产品的偏好
缓慢掠取策略	高价格 低促销	让企业获取更多的利润	农产品的市场规模较小,竞争威胁不大,市场上大多数消费者愿意高价支付
快速渗透策略	低价格 高促销	迅速扩大市场,占有最大市场份额	该产品市场容量大;潜在消费者对产品不了解,且对价格十分敏感;潜在竞争比较激烈;农产品单位成本随着生产规模扩大和销售量的增加而迅速下降
缓慢渗透策略	低价格 低促销	在市场竞争中以廉取胜,稳步前进	市场容量大;消费者对价格比较敏感;有相当数量的潜在竞争者

2. 成长期市场营销策略

农产品进入成长期后,消费者的使用量大量增加,企业的销售量和利润都大幅度增长,但是竞争也逐渐加剧。此时,企业的重点是继续扩大市场占有率,树立农产品和企业形象。可选择的策略有以下几个方面。

(1)改善农产品品质。通过提高质量、赋予新特性、改进款式、修正缺陷等手段,提高农产品的竞争能力,使其优于同类产品,以满足消费者更广泛的需求。

(2)寻求新的细分市场。加强市场调研,运用细分化策略,找到新的且尚未满足的细分市场,根据细分市场的需要组织生产,发展销售网点,不断开辟新市场。

(3)改变广告宣传的重点。广告促销要重点宣传品牌商标,提高品牌的知名度与美誉度,既维系原有消费者,又吸引新的消费者,促使潜在消费者购买。

(4)在适当的时机采取降价策略。根据竞争形势的要求降低价格,以激发那些低收入且对价格敏感的潜在消费者产生购买动机和实施购买行为。

3.成熟期市场营销策略

农产品进入成熟期后,市场容量基本饱和,销售增长率较低,甚至在后期销售量可能出现负增长。这一阶段,企业重点应放在保持农产品的市场份额上,努力延长农产品的市场生命周期、提高竞争力,通过获得竞争优势来维持大量销售,从中获得尽可能多的利润。企业可采取的策略有以下几种。

(1)市场改良,即通过发现农产品的新用途或改变推销方式等,来扩大农产品销售量。采用这种策略可从三个方面考虑:一是寻找新的细分市场,把产品引入尚未使用过这种农产品的市场,重点是要发现农产品的新用途,应用于其他领域,延长成熟期;二是寻找能够刺激消费者、增加农产品使用频率的方法;三是市场重新定位,寻找有潜在需求的新的消费者。

(2)产品改良,即通过改变产品自身来满足有不同需求的消费者。企业可从三个方面改进产品:一是提高质量,使本企业品牌的产品更可靠、更经济、更耐用、更安全等;二是增加特性,使本企业品牌的产品具有其他同类产品所没有的新特性;三是更新款式,包括采用新的包装、造型、外观设计等,增加产品的美感。营销中的农产品任何一层次的调整都可视为农产品再推出。

(3)市场营销组合改良,即通过对农产品、定价、渠道、促销四个市场营销因素加以改良,延长农产品的成熟期。

4.衰退期市场营销策略

衰退期的产品销售量急剧下降,企业从这种产品中获得的利润很低甚至为零,大量的竞争者退出市场。这一阶段营销策略的重点是掌握时机,退出市场。可选择的策略有以下几种。

(1)继续策略。即保持原有的细分市场和营销组合策略,把销售维持在一个低水平上,待到适当时机,便停止该产品的经营,退出市场。

(2)集中策略。即把能力和资源集中使用在最有利的细分市场、最有效的销售渠道和最易销售的品种、款式上,尽可能获得更多的利润。

(3)缩减策略。即大幅度降低销售费用,虽然销售量可能迅速下降,但是可以从忠实于本企业农产品的消费者中获取眼前利润。

(4)放弃策略。对于衰退比较迅速的农产品,企业应放弃经营,把农产品完全转移出去或立即停止生产,也可以采取逐步放弃的方式,使其所占有的资源逐步转移到其他产品。但企业应在立即停产还是逐步停产问题上慎重决策,并应做好善后事宜,使企业有秩序地转向新产品经营。

第二节　农产品组合

一、农产品组合及相关概念

(一)产品线

产品线又称产品大类,是指一组密切相关(或经由同种商业网点销售,或同属于一个价格幅度)的产品项目。产品线可视经营管理、市场竞争、服务消费者等具体要求来划分。

(二)产品项目

产品项目是指某一品牌或产品大类内由型号、品种、尺寸、外观及其他属性来区别的具体产品。产品项目是衡量产品组合各种变量的一个基本单位,指产品线内的不同品种及同一品种的不同品牌。

(三)产品组合

产品组合是指企业提供给市场的全部产品线和产品项目的组合或结构,即企业所经营的全部农产品业务范围。产品组合包括宽度、长度、深度和关联度等四个衡量变量(表7-2)。

表7-2 产品组合的衡量变量

衡量变量	概念
宽度	产品组合的宽度是指一个企业生产经营的产品线的数目。如某企业经营大米、食用油、面粉三条产品线,其宽度为3
长度	产品组合的长度是指一个企业的产品组合中所包含的产品项目的总数。如食用油有豆油、菜籽油、花生油,其产品组合的长度是3
深度	产品组合的深度是指每一条产品线中所含产品项目的多少,即产品项目中每一品牌所含不同花色、规格、质量产品数目的多少
关联度	产品组合的关联度指一个企业的各个产品线之间在最终用途、生产条件、分销渠道或其他方面存在的相关程度

任何企业的产品组合都有一定的宽度、长度、深度和关联度,它们受到以下三个条件的约束。

第一,企业拥有的资源条件。任何一家企业拥有的资源总是有限的,且总有自己的特长和薄弱环节,所以,并不是企业经营任何产品都是有利的、可能的。

第二,市场的需求情况。企业发展任何产品都必须考虑到市场是否存在需求,需求潜力多大。企业只能拓宽或加强具有良好发展前景的产品系列。

第三,竞争条件。企业决定增加或减少产品线或产品项目,需要考虑竞争对手情况。如果新增加的产品系列遇到强大的竞争对手,利润的不确定性将会很大,那么与其增加产品线,不如对原有的产品项目进行深加工。因此,企业对其产品系列的宽度、长度、深度及关联度的决策有多种选择。

根据产品组合的四个衡量变量,企业可以采取以下四种方法发展业务。

第一,加大产品组合的宽度,扩展企业的经营领域,实行多样化经营,分散企业投资风险。

第二,增加产品组合的长度,使产品线丰满充裕,成为更全面的产品线公司。

第三,加强产品组合的深度,占领同类产品的更多细分市场,满足更广泛的市场需求,增强行业竞争力。

第四,加强产品组合的一致性,使企业在某特定市场领域内加强竞争和赢得良好的信誉。

二、农产品组合分析

农产品组合分析主要是分析现有产品组合是否和企业的利润等目标要求一致。企业只有不断分析、评价、调整和优化产品组合，才能扩大销售，提高企业盈利。具体分析方法有定性分析和定量分析。

(一)农产品组合定性分析方法

1.分析产品线中各个产品项目的销售和盈利情况，并实施相应策略

每一个产品线中不同的产品项目的销售额和利润额是不同的，假设某农业综合企业的某产品线中包含五个产品项目，第一个产品项目占整个产品线总销售额的50%，占总利润额的35%，第二个产品项目的比率分别为30%、30%，即这两个产品项目的总销售额和总利润额占整个产品线的80%、65%。如果这两个项目突然受到竞争者的打击，该产品线的总销售额和利润额就会急剧下降。因此，把销售额集中在少数几个产品项目上，意味着产品线具有脆弱性，企业必须密切监视。另外，如果第五个产品项目的销售额和利润额均只占产品线销售额和利润额的4%，则可以考虑停止生产经营这种滞销、效益低下的农产品。

2.分析同一市场上本企业各个产品线的产品项目与竞争者同类产品的对比情况，并采取相应对策

企业必须针对竞争者产品线情况，分析自己产品线的定位问题，以实现产品最佳组合。例如，假设某企业的一条产品线是乳制饮料，它的主要优良属性一个是营养价值，一个是味道。企业的乳制饮料有A、B两个竞争者。A公司生产较高营养价值且味道甜的饮料和一般营养价值且味道甜的饮料。B企业生产高营养价值且味道甜的饮料、一般营养价值且味道甜的饮料、较高营养价值且味道甜的饮料和高营养价值且味道微酸的饮料。企业根据市场上这两个竞争者的分布情况，权衡利弊，决定生产一般营养价值且味道微酸的饮料，把市场定位在B公司的旁边和B公司进行竞争。一般营养价值且味道微酸的饮料没有竞争者，是"产品空白点"。造成这种"产品空白点"的原因可能是生产这种饮料不合算，也可能是这种饮料市场需求不足，抑或其他公司没有发现。可见，进行产品项目市场定位分析，对于企业了解产品线、不同产品的竞争状况以及抓住市场机会意义重大。

(二)产品组合定量分析方法

产品组合决策首先必须确定企业所经营产品的现状。但仅靠前述定性分析还不够，需要进行进一步的定量分析。

1.四象限评价法

四象限评价法又称波士顿矩阵法，是根据产品的市场占有率和销售增长率评价产品的方法。

波士顿咨询公司主张，一个经营单位的相对竞争地位和销售增长率是决定整个经营组合中每一经营单位应当奉行什么样战略的两个基本参数。以这两个参数为坐标，波士顿咨询公司设计出一个具有四象限的网格图(图7-3)。

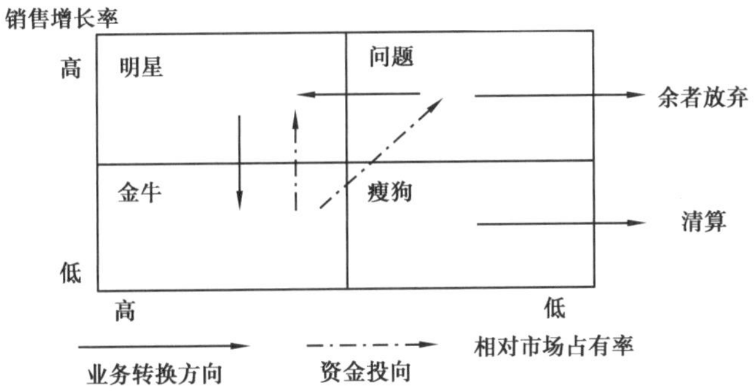

图 7-3　波士顿矩阵

　　横轴代表经营单位的相对竞争地位,它以经营单位相对于其主要竞争对手的相对市场占有率来表示。相对竞争地位决定了该经营单位获取现金的速度。因为如果一个经营单位较之竞争对手有较高的市场占有率,它就应该有较高的利润率,从而能得到较多的现金流量。在这里,以相对市场占有率而非绝对市场占有率来代表竞争地位,是由于前者更好地说明了与主要(或最大)竞争对手的关系。因此,以相对市场占有率来表示竞争地位更具合理性。而任意一年某经营单位的相对市场占有率计算公式如下:

$$相对市场占有率(当年)=\frac{经营单位的销售额或量(当年)}{主要竞争者的销售额或量(当年)}\times100\%$$

或

$$相对市场占有率=\frac{经营单位的绝对市场占有率}{主要竞争对手的绝对市场占有率}\times100\%$$

　　在波士顿矩阵中,纵轴表示销售增长率。销售增长率代表着对一个经营单位来说市场的吸引力大小,也就是说它决定着投资机会的大小。如果销售增长迅速,就为迅速收回资金、支付投资收益提供了机会。当然,由于销售增长得越快,维持其增长所需的资金就越多,因而这样的机会也可能带来一些问题。市场增长率的计算公式如下:

$$销售增长率(当年)=\frac{当年市场需求-去年市场需求}{去年市场需求}\times100\%$$

　　一般说来,高销售增长率被认为是高于 10% ,而高与低相对市场占有率的分界线是1.5。也就是说,如果某一经营单位的销售额是其主要竞争对手的 1.5 倍或更多,则它被认为具有较高的相对市场占有率。然而,这种划分并非绝对,根据不同行业的需要,可以采用不同的划分界限。

　　需要指出的是,市场占有率和销售增长率这两个界限的划分是相对的,在实际工作中应根据市场状况、企业能力和规模以及产品属性等具体情况和以往经验来确定。处于不同象限的各类产品的特征和策略如下。

　　(1)金牛产品。一般表现为市场占有率高,但销售增长率缓慢下降,偶见缓慢增长。这类产品有很好的市场基础,销售量大,是企业利润的主要来源。它往往处于市场生命周期的成熟期,发展前途不大,企业应重点保护,加强管理,设法延长其市场生命周期,防止其过早衰退。一般应提供足够的投资,使资金周转顺利,保持其为企业利润主要提供者的地位。在此基础上,再求改进,提高其盈利水平。

　　(2)明星产品。其市场占有率和销售增长率都高。它是高成长市场中的领先者,但并不意味能给企业带来多大利润。由于它处于市场生命周期的成长期,既有可能向金牛产品转化,也有可能为市场所抵制,因此,企业常常要投入大量资金来维持其销售增长率,抵御其他竞争者的进攻。这类产品往往是企业的希望所在,应采取积极发展的方针,稳定和提高其市场占有率,使之转化为金牛产品,促使其为企业创造更高的利润。

(3)问题产品。这类产品的销售增长率高但市场占有率很低,表明其处于成长期,今后可能有前途但目前缺乏竞争力。企业的大多数产品都是从这类产品起步的,一般需要大量投资添置厂房、设备和人员,以适应迅速成长的市场需要并赶超主要竞争对手。这类产品理论上有3个移动方向,即可能成为拳头产品、厚利产品或衰退产品。企业必须分析造成其高销售增长率、低市场占有率的原因,研究市场需求和竞争状况。投资上应当慎重,不宜过多经营该类产品。一般是集中于一个或两个这类产品,并准备多种预案。

(4)瘦狗产品。这类产品的销售增长率往往呈急剧下降或缓慢增长趋势,市场占有率也很低,一般是微利或无利可图的产品,继续经营,可能得不偿失。对这类产品,企业必须考虑其销售增长率是否可能回升,或是否可能重新成为市场领先者,否则应迅速放弃。下面以某奶粉业企业集团为例,说明波士顿矩阵法在实际中的应用。图7-4为某奶粉业企业集团经营组合图,它所描述的经营组合是相当平衡的。该企业集团经营着一条奶粉产品线,品种有配方奶粉类、脱脂奶粉类、甜奶粉类、淡奶粉类等产品项目。从图中可以看出,该企业集团有淡奶粉类金牛产品作为其坚实的基础,脱脂奶粉类提供了进一步发展的机会,可能只有配方奶粉类能以合理的代价转变为明星。最后,还有应当受到严密监控的瘦狗产品甜奶粉类,应放弃或清算掉。

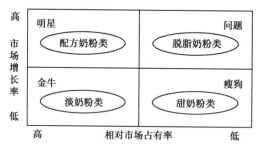

图7-4 平衡的经营组合图

2.产品获利能力分析法

这是根据产品利润率大小评价和分析产品组合的方法。

$$资金利润率 = \frac{产品利润}{占有资金} = \frac{产品利润}{销售额} \times \frac{销售额}{占有资金} = 销售利润率 \times 资金周转率$$

其步骤为:

(1)计算产品销售利润率和资金周转率。

(2)以销售利润率为纵轴,资金周转率为横轴。设定目标资金利润率为20%,则根据上述公式可求得各周转率下降的销售利润率。将坐标中的各点连接起来可形成一条平滑的曲线,称为目标利润率(资金利润率)曲线。凡在曲线上方的产品,称为超目标利润率产品;反之,则称为相对亏损产品,即达不到企业目标利润率(20%)的产品。

(3)根据各产品的销售利润率和资金周转率,找出其在坐标图中的各自位置。

(4)做出评价并采取相应对策。目标资金利润率曲线将坐标平面分为6区域,可分别对处于各区域中的产品采取相应的措施,如某区中的产品,资金周转率低于一次,销售利润率小于 20%,均应淘汰。

三、产品组合策略

产品组合策略就是企业根据市场需求、竞争形势和企业自身能力对产品组合的宽度、长度、深度和相关性方面作出的决策。其决策内容包括产品线的延伸、填充与缩减。企业在调整和优化产品组合时,可依据不同的情况选择如下策略。

(一)扩大产品组合

扩大产品组合策略包括拓展产品组合的宽度和增强产品组合的深度。前者是在原产品组合中增加一个或几个产品线,扩大产品经营范围;后者是在原有产品线中增加新的产品项目。扩大产品组合,可使企业充分地利用人、财、物等资源,分散风险,增强竞争能力。

(二)缩减产品组合

当市场不景气或原料、能源供应紧张时,较长、较宽的产品组合不一定会为企业带来盈利,反而带来风险,此时,缩减产品可能使总利润上升。企业应根据市场变化的实际情况,适当减少那些获利很小甚至亏损的产品线或产品项目,而集中精力去发展有活力的产品线或产品项目。

(三)产品延伸策略

每一企业的产品都有其特定的市场定位。产品延伸策略指全部或部分地改变企业原有产品的市场定位,具体做法有向下延伸、向上延伸和双向延伸三种。

1. 向下延伸

向下延伸是指企业在原来生产高档或中档产品的基础上,再生产中档或低档的同类产品。企业采取这种策略的主要原因:一是企业发现其高档产品的销售增长缓慢,因此不得不将其产品线向下延伸;二是企业的高档产品市场竞争激烈,必须用侵入低档产品的方式来反击竞争者;三是企业当初进入高档产品市场是为了建立其质量形象,然后再向下延伸;四是企业增加低档产品是为了弥补高档产品减销的空缺,防止竞争对手乘虚而入。

2. 向上延伸

向上延伸是指新推出高档或中档的同类产品。企业采取这种策略的主要原因:一是高档产品畅销,销售增长较快,利润率高;二是企业估计高档产品市场上的竞争者较弱,容易被击败;三是可完善产品线,满足不同层次消费者的需要;四是企业想使自己成为生产种类全面的企业。

采取向上延伸的战略也要承担一定的风险,如可能引起生产高档产品的竞争者进入低档产品市场,进行反攻;潜在消费者可能不相信企业能生产高档产品;企业的销售代理商和经销商可能没有能力经营高档产品。因此,企业采取产品线向上延伸策略的条件:企业原有的信誉比较高;企业具有向上延伸的足够能力;实际存在对较高档次的需求;能应对竞争对手的反击。

3. 双向延伸

双向延伸是指原定位于中档产品市场的企业掌握、了解市场优势以后,同时扩大生产高档和低档的同类产品。采用这种策略的企业主要是为了取得同类产品的市场地位,扩大经营,增强企业的竞争能力,但应注意,只有在原有中档产品已取得市场优势,而且有足够资源和能力时,才可进行双向延伸,否则还是单向延伸较为稳妥。

第三节 农产品品牌策略

一、品牌的概念与命名

(一)品牌的概念

品牌是用以识别某个销售者或某群销售者的产品或服务,并使之与竞争对手的产品或服务相区别的商业名称及其标志,通常由文字、标记、符号、图案和设计等要素或这些要素的组合构成。品牌是一个综合性的组合标识系统,而非一个单一的名称,组成品牌标识系统的要素有以下4个。

1. 品牌名称

品牌名称是指品牌中可用言语表达,可以读出的部分——词语、字母、数字或词组等的组合,也称"品名",如老干妈(辣椒酱)、宣威(火腿)、山花纯牛奶等。

2. 品牌标志

品牌标志是指品牌中可以识别、易于记忆,但不能读出声音的部分,包括符号、图案或明显的色彩或字体,如麦当劳金色的字母"M"。

3. 品牌角色

品牌角色一般以人或拟人化的标识注解产品的载体,如明星代言人、大白兔、康师傅、郑大厨等。

4. 商标

商标是经工商管理机构认同的标识组合。商标使用时应在工商管理机构注册,用"R"或"注"标注,未经注册的商标法律不予保护。

(二)品牌的命名

品牌名称是品牌的核心元素,响亮的、文化底蕴深厚的、朗朗上口的品牌名称,是品牌命名所追求的。品牌命名的常用方式有以下几种。

1. 以功能命名

以功能命名,即以产品的主要功能和特点命名,使消费者能迅速理解商品的用途和功效,便于联想与记忆,如可口可乐、冰红茶等。

2. 以商品制作工艺和商品主要成分命名

以引起消费者对其质量产生信赖感，如"安岳"柠檬、"其鹏"有机茶、"长园"野生茶油等。

3. 以人物命名

以人物命名，即以传奇人物、历史人物、发明者或制造者及对产品有特殊喜好的名人姓名命名，借以提高产品知名度，如曹雪芹家酒、孔府家酒、"詹氏蜜蜂园"蜂产品、永福杜鹃花、"禹王"牌农机产品、台州的"玉环文旦"等。

4. 以地域命名

以地域命名，即以产品产地命名。一方水土养一方人，许多农产品受水土的影响，其质量、味道、口感差别较大。因而农产品流行的地域性比较强。用产地来命名，有助于了解这些地方的人对产品产生亲近感和信任感。如贵州茅台、山西老陈醋、莱阳梨、王屋山猕猴桃、云南白药、三门青蟹、福建龙井、信阳毛尖等。

5. 以吉利、美好事物命名

以良好的祝愿、吉利的词语命名，迎合消费者美好的愿望，激发其愉悦的感情，如千禧鹤调和油等。

6. 以制法命名

以制法命名，即以商品的独特工艺或正宗制法命名，用以提高产品的品位，赢得消费者的信赖，如泸州老窖白酒等。

7. 以动植物形象命名

以动植物形象命名，即以动植物形象或含有某种寓意的图案命名，烘托其优良品质和对目标消费者的适应性，可以引起人们对商品的注意与好感，并追求某种象征意义，如台州的"玉麟西瓜、仙居杨梅"、"千叶春"大米、焦作的"铁棍山药"等。

8. 以企业名称命名

以企业名称命名，即以生产该产品的企业名称作为商品品牌的命名方式。这种以企业名称命名的品牌，突出了商品生产者的字号和信誉，能加深消费者对企业的认识，有助于突出品牌形象，以最少的广告投入获得最佳的传播效果。如娃哈哈苏打水、江中健胃消食片等。

9. 以译音命名

以译音命名，即进口或出口商品常以译音命名，如进口轿车 BMW 品牌译为宝马，出口美加净牙膏品牌译为 MAXAM 都是经典译名之作。

10. 以现代科技为由头来命名

用这种方法命名具有时代感，使人有现代、时髦等感受，如灵宝的 SOD 苹果、三真富硒米等。

11. 以具有感情色彩的吉祥词或褒义词命名

以具有感情色彩的吉祥词或褒义词命名以引起人们对商品的好感，如"好想你"枣片、"方欣"（谐音放心）大米、"金玉"牌滁菊等。

（三）命名的基本要求

为农产品取名实际上是选择适当的词或文字来代表商品。对消费者而言，品牌名称是引起其心理活动的刺激信号，它的基本心理功能是帮助消费者识别和记忆商品。品牌名称的好坏给消费者的视觉刺激、感受程度和心理上引起的联想差别很大，带来的消费者对生产企业的认知感也不同。

第一，品牌名称要有助于建立和保持品牌在消费者心目中的形象。品牌名称要清新高雅，不落俗套，充分显示商品的高品位，从而塑造出高档次的企业形象。

第二，品牌名称要有助于使产品区别于同类产品。选择名称时，应避免使用在同类商品上已经使用过的或音义相同、相近的名称。如果不注意这一点，则难免会使消费者对品牌认识不清和对企业认识模糊，鲜明的企业形象的建立更是无从说起。

第三，品牌名称要充分体现产品的属性所能给消费者带来的益处，从而通过视觉的刺激，使消费者产生对产品、对企业认知的需求。这是企业形象深入人心的基础。

第四，品牌名称要符合大众心理，能激发消费者的购买动机，使企业形象的树立有一个立足点。这是品牌最需要注意的问题。例如，现在的人比较注意身心健康，注意营养元素的合理搭配，所以像富含硒元素的富硒葡萄、养神静目的静宁苹果一度受到消费者的青睐。

第五，品牌名称应注意民族习惯的差异性，这样树立企业形象才更有效，更具针对性。由于国内外各地区的喜好、禁忌不同，品牌的命名更应慎之又慎。

第六，品牌命名要合法。要遵循商标法和知识产权法的有关规定，否则，即使市场运作成功了，也可能是为他人作嫁衣。

二、农产品品牌策略

（一）品牌有无策略决策

所谓无牌农产品是指在市场上出售的无品牌、包装简易且价格便宜的普通农产品。农产品市场营销者推出无牌产品的主要目的是节省包装、广告等费用，降低价格，扩大销售。一般来讲，无牌农产品使用质量较差的原料，而且包装、广告、标贴的费用都较低。由于农产品之间的竞争程度不同，同一类农产品之间的同质性也不一样。若农产品之间同质性大，则不需要使用品牌以区分；若农产品之间同质性小，则需要使用品牌来区分，增强竞争优势。

农产品市场营销者首先要确定生产经营的产品是否应该有品牌。尽管品牌能够给品牌所有者、品牌使用者带来很多好处，但并不是所有的产品都必须有品牌。当然，农产品无品牌也有对品牌认识不足、缺乏品牌意识等原因。农产品有无品牌不是一成不变的。随着品牌意识的增强，原来未使用品牌的农产品也开始使用品牌。

（二）品牌归属策略决策

确定在产品上使用品牌的营销者，还面临如何抉择品牌归属的问题。一般有三种可供选择的策略：一是企业可以决定使用自己的品牌，这种品牌叫作企业品牌、生产者品牌、全国性品牌；二是企业选择决定将其产品大批量地卖给中间商，中间商再用自己的品牌将物品转卖出去，这种品牌叫作中间商品牌、自有品牌；三是企业还可以决定哪些产品用自己的品牌，哪些产品用中间商品牌。

当生产者或制造商的市场信誉良好、企业实力较强、产品市场占有率较高时宜采用生产者品牌;相反,在生产者或制造商资金拮据、市场营销薄弱的情况下,不宜选用生产者品牌,而应以中间商品牌为主,或全部采用中间商品牌。必须指出,若中间商在某目标市场拥有较好的品牌忠诚度及庞大而完善的销售网络,即使生产者或制造商有自营品牌的能力,也应考虑采用中间商品牌。这是在进入海外市场的实践中常用的品牌策略。

(三)品牌统分策略决策

如果营销者决定其大部分或全部产品都使用自己的品牌,那么还要进一步决定其产品是分别使用不同的品牌,还是统一使用一个或几个品牌。通常有以下四种可供选择的策略。

(1)统一品牌策略。统一品牌是指厂商企业所有的产品都统一使用一个品牌名称,也称家庭品牌。采用统一品牌策略有利于集中广告费用,降低新产品宣传费用;企业也可凭借其品牌已赢得的良好市场信誉,使新产品顺利进入目标市场。然而,不可忽视的是,若某一种产品因某种原因(如质量)出现问题,就可能牵连其他种类产品,从而影响整个企业的信誉。另外,统一品牌策略也存在着易相互混淆、难以区分产品质量档次等令消费者感到不便的问题。

(2)个别品牌策略。个别品牌是指企业各种不同的产品分别使用不同的品牌。这种品牌策略可以保证企业的整体信誉不会因某一品牌声誉下降而承担较大的风险;便于消费者识别不同质量、档次的商品;有利于企业的新产品向多个目标市场渗透。显然,个别品牌策略的主要缺点是大大增加了营销费用。

(3)分类品牌策略。分类品牌是指企业的各类产品分别命名,一类产品使用一个牌子。例如,企业可以将自己生产经营的产品分为蔬菜类产品、果品类产品等,并分别赋予其不同的品牌名称及品牌标识。分类品牌可把需求差异显著和产品类别区分开,但当公司要发展一项原来没有的全新的产品线时,现有品牌可能就不适用,应当发展新品牌。

(4)复合品牌策略。复合品牌是企业对其各种不同的产品分别使用不同的品牌,但需在各种产品的品牌前面冠以企业名称。它的好处在于,可以使新产品与老产品统一化,进而享受企业的整体信誉,节省促销费用。与此同时,各种不同的新产品分别使用不同的品牌名称,又可以使不同的新产品彰显各自的特点和相对的独立性。

(四)品牌重新定位策略决策

品牌重新定位策略也称再定位策略,是指全部或部分调整或改变品牌原有市场定位的做法。虽然品牌没有市场生命周期,但这绝不意味着品牌设计出来就一定能使品牌持续到永远。当竞争者品牌逼近,使企业品牌的独特性逐渐消失,或消费者转向其他品牌时,即使某一个品牌在市场上的最初定位很好,随着时间的推移也必须重新定位。

当企业在制订品牌重新定位策略时,要全面考虑两方面的因素:一是要全面考虑把自己的品牌从一个市场部分转移到另一个市场部分的成本。一般来讲,重新定位距离越远,其成本就越高;另一方面,还要考虑把自己的品牌定在新的位置上能获得多少收入。

(五)多品牌策略决策

多品牌策略是指企业同时经营两种或两种以上相互竞争的品牌。虽然多个品牌会影响原有单一品牌的销量,但多个品牌的销量之和又会超过单一品牌的市场销量,增强企业在这一市场领域的竞争力。多品牌决策的最佳结果应是企业的品牌逐步挤占竞争者品牌的市场份额,或多品牌决策所增加的利润应大于因为相互竞争所造成的利润损失。

采用多品牌策略的优点是:多种不同的品牌可以在零售商的货架上占用更大的陈列面积,既吸引消费者更多的注意,也增加了零售商对生产企业产品的依赖性;提供几种品牌不同的同类产品,可以吸引那些求新好奇的品牌转换者;多种品牌可使产品深入多个不同的细分市场,占领更广大的市场;有助于企业内部多个产品部门之间的竞争,提高效率,增强总销售额。

三、农产品品牌延伸策略

品牌延伸是指企业利用其成功品牌的声誉来推出改良产品或新产品,包括推出新的包装规格、香味和式样等。在激烈的市场竞争中,持续推出新产品是赢得竞争优势的根本途径。

(一)农产品品牌延伸的基本策略

(1)向上延伸策略。这种策略是指企业以低档或中档产品进入市场,之后渐次增加中档或高档产品。这种策略有利于产品以较低的价格进入市场,市场阻碍相对较小,对竞争者的打击也较大。一旦占领部分市场,向中、高档产品延伸,就可获得较高的销售增长率和边际贡献率,并逐渐提升企业产品的高档次形象。

(2)向下延伸策略。这种策略与向上延伸策略正好相反,是指企业以高档产品进入市场后逐渐增加一些较低档的产品。此策略有利于公司或产品树立高档次的品牌形象,而适时发展中、低档产品,又可以躲避高档产品市场的竞争威胁,填补自身中、低档产品的空缺,为新竞争者的涉足设置障碍,并以低档、低价吸引更多的消费者,提高市场占有率。

(3)双向延伸策略。这种策略是指生产中档产品的企业,向高档和低档两个方向延伸。这种策略有利于形成企业的市场领导者地位,而且由中档市场切入,为品牌的未来发展提供了双向的选择余地。这种策略的优点是有助于更大限度地满足不同层次消费者的需求,扩大市场份额;缺点是容易受到来自高低两端的竞争者的夹击,或者造成企业品牌定位的模糊。

(4)单一品牌延伸策略。这种策略是指企业在进行品牌延伸时,无论纵向延伸还是横向延伸都采用相同的品牌,品牌名称、商标、标识等品牌要素都不改变。这种做法的好处就是让品牌价值最大化,充分发挥名牌的带动作用,相对节省品牌推广费用,快速占领市场;局限性是有些产品不一定适合这个品牌,致命的缺点就是一旦某一产品出了问题便会连累其他产品,损害整个品牌形象,造成一损俱损的后果。

(5)主副品牌策略。这种策略是以一个主品牌涵盖企业的系列产品,同时给各产品打一个副品牌,以副品牌来突出不同产品的个性形象。主副品牌策略利用"成名品牌+专用副品牌"的品牌延伸策略,借助消费者对主品牌的好感、偏好,通过情感迁移使消费者快速认可和喜欢新产品,达到了"既借原品牌之势,又避免连累原品牌"的效果。但需注意的是,副品牌只是主品牌的有效补充,副品牌仅仅处于从属地位,副品牌的宣传必须依附于主品牌,而不能超越主品牌。

(6)亲族品牌延伸。这种策略是指企业经营的各项产品市场占有率虽然相对较稳定,但是当产品品类差别较大或是跨行业,原有品牌定位及属性不宜做延伸时,企业往往把经营的产品按类别、属性分为几个大的类别,然后冠之以几个统一的品牌。它不仅避免了产品线过宽,使用统一品牌而带来的品牌属性及概念的模糊,而且避免了个别品牌策略带来的品牌过多、营销及传播费用无法整合的缺点。亲族品牌策略无明显的劣势,但是相对统一品牌策略而言,如果目标市场利润低,企业营销成本又高,亲族品牌策略营销传播费用分散,则无法起到整合的效果。因此,如果企业要实施亲族品牌策略,应考虑行业差别较大,现有品牌不宜延伸的领域。

(二)农产品品牌延伸的好处与弊端

对农产品企业来说,应用品牌延伸策略有许多积极意义,主要表现在如下几个方面:一是有利于新产品快速地进入市场;二是有利于满足消费者的不同需求;三是有利于品牌价值最大化;四是有利于企业发展多元化业务,分散经营风险。

品牌延伸虽然好处很多,但也存在着一定的局限性和弊端,主要表现在如下几个方面:一是可能损害原有品牌形象,若运用不当的品牌延伸,原有强势品牌所代表的形象信息就会被弱化;二是有悖消费心理,企业把强势品牌延伸到和原市场不相容或者毫不相干的产品上时,就有悖消费者的心理定位;三是容易造成品牌认知模糊;四是容易产生株连效应,将强势品牌名冠于别的产品上,如果不同产品在质量档次上相差悬殊,就使原强势品牌产品和延伸品牌产品产生冲突。

四、农产品品牌策略的实施

(一)从农产品生产经营主体来看

1. 树立农产品品牌和名牌意识

建立品牌、创立名牌有利于提高农产品科技含量和商品化程度,促进农民增产增收;有助于提高农产品档次,提高人们生活质量,取得良好社会效益;为农民参与市场竞争赢得发展空间。

2. 通过加强科技创新提高竞争力

质量是产品的生命,是竞争力的源泉和高效益的保证。质量竞争是通过科技创新和争创名牌来实现的。争创名牌就是要追踪世界高新技术前沿,逐步形成科技创新体系,加快科技成果的转化。

3. 建立农业产业化组织

在生产方面,可以建立农民生产协会、专业性生产合作组织;内部实行不同程度的企业化管理与经营。在市场方面,建立有特点的品牌产品产地市场,集中销售当地的名优农产品;同时,建立稳定的销售渠道、开拓新的业务关系,促进农产品的大流通。在有条件的地方,还可以促进品牌农产品走向世界市场。

4. 依法保护名牌农产品

市场对国内品牌农产品的冲击主要来自假冒伪劣农产品的冲击和自砸品牌行为两个方

面。农产品要在市场上站得稳、立得住,就必须用法律来保护它。农业企业必须重视产品商标专用权,因为商标就是自己产品的身份证,是企业进军市场、抢占制高点的秘密武器。

(二)从政府的支持和领导来看

1.推进农业标准化

标准化是实施农产品品牌策略的重要基础。推行标准化种植或生产模式,能够保证质量的统一和稳定。因此,政府应建立和完善农产品质量标准体系,积极推广标准化生产,加大农产品质量检测和监管力度,确保农产品优质稳定。

2.出台扶持政策

政府应加大对农业企业的扶持力度,出台税费减免以及资金补贴等相关政策,鼓励农产品品牌相关参与者大力发展品牌。

3.加大科学技术投入

政府应投入大量资金用于科研和新产品开发,培养和引进优秀技术人才。另外,针对农产品新品种培育、配套,在配合饲养技术、产品加工、包装和市场营销等环节,应开展多学科、多领域的科技攻关,为实施农产品品牌策略提供技术储备和支撑。

4.营造健康良好的市场环境

国家应尽快制定和完善保护品牌健康成长的法律、法规,把品牌的培育和保护纳入法治化轨道。政府职能部门要加大执法力度,坚决打击假冒品牌农产品和虚假广告的行为,为品牌农产品的生存和发展创造公平竞争的市场秩序及良好的市场环境。

第四节 农产品包装策略

一、农产品包装的概念及其分类

(一)包装及农产品包装的定义

在我国国家标准《包装术语》(GB/T 4122.1—2008)中对包装明确定义为,为在流通过程中保护产品、方便储运、促进销售,按一定技术方法而采用的容器、材料及辅助物等总体名称,也是指为了达到上述目的而采用容器、材料和辅助物的过程中施加一定方法等的操作活动。

农产品包装是对即将进入或已经进入流通领域的农产品或农产品加工品采用一定的容器或材料加以保护和装饰。农产品包装是农产品商品流通的重要条件。企业应按照目标顾客需求、包装原则、包装技术要求进行,以保护农产品,减少损耗,便于运输,节省劳力,提高仓容,保持农产品卫生,便于消费者识别和选购,美化商品,提高农产品市场营销效率。

（二）包装的功能

1. 保护功能

保护功能是包装最基本的功能，即保护商品不受各种外力的损坏。在开始包装设计之前，首先要想到包装的结构与材料，保证商品在储存、运输、销售及消费流通过程中的安全，免受或减少各种不利条件及环境因素的破坏和影响。而食品的特殊性对包装的保护功能的要求更加严格，应选择适当的包装材料、容器及技术方法对产品进行适应性包装，以达到产品在保质期内的质量要求。

2. 便利功能

包装在由产品转化为商品过程中，不仅能方便厂家及运输部门搬运装卸、仓储部门保管、商场陈列销售，也方便消费者的携带、取用和消费。

3. 促销功能

设计精美的产品包装，可起到宣传产品、美化产品和促进销售的作用。包装既能提高产品的市场竞争力，又能以其新颖独特的艺术魅力吸引、指导消费者，是促进消费者购买的主导因素。

4. 增值功能

包装的增值作用不仅体现在包装直接给商品增加价值，而且更体现在通过包装塑造所体现的品牌价值这种间接的增值方式。

（三）农产品包装的分类

1. 按产品性质分类

运输包装又称大包装，是以商品的储存和运输为目的的包装。要求包装物应对储运注意事项以文字或图示进行说明，一般常用的文字有"防雨""易燃""不可倒置"等。农产品运输包装大多为纸箱、木箱、金属桶、托盘、集装箱等。

销售包装又称小包装或商业包装，是直接随商品进入零售网点与消费者直接见面的包装。与运输包装相比更注重包装的促销和增值功能，通过装潢设计手段来吸引消费者，提高竞争力。销售包装常用的方式为瓶、罐、盒、袋及其组合包装。

2. 按包装结构分类

（1）贴体包装。贴体包装是将产品封装在用塑料片制成的、与产品形状相似的型材和盖材之间的一种包装形式。

（2）热收缩包装。热收缩包装是将产品装入用热收缩薄膜制成的袋中，通过加热使薄膜收缩而完全包贴住产品的一种包装方式。

（3）携带包装。携带包装是在包装物上制有提手或类似装置，便于携带的包装形式。

（4）托盘包装。托盘包装是将产品或包装件堆码在托盘上，通过扎捆、裹包或粘结等方法固定而形成一定形状的包装形式。

（5）组合包装。组合包装是将同类或不同类商品组合在一起形成一个搬运或销售单元的包装形式。此外，还有悬挂式包装、可折叠式包装、喷雾式包装等。

3.包装的其他分类方法

（1）按包装防护技术方法分类。包装可分为真空包装、抗菌包装、缓冲包装、防辐射包装、脱氧包装、防伪包装等。

（2）按包装销售范围分类。包装可分为国际市场包装、国内市场包装、特种需要包装和一般民用包装等。

（3）按运输方式分类。包装可分为铁路运输包装、卡车货物包装、船舶货物包装、航空货物包装、零担包装和集合包装等。

（4）按包装操作方法分类。包装可分为罐装包装、捆扎包装、裹包包装、收缩包装、压缩包装和缠绕包装等。

二、农产品包装设计的原则

（一）安全方便设计原则

安全是产品包装最核心的作用之一，也是最基本的设计原则之一。在包装活动过程中，包装材料的选择及包装物的制作必须适合产品的物理、化学、生物性能，以保证产品不损坏、不变质、不变形、不渗漏等。

（二）提升艺术美设计原则

农产品包装尽量使用当地的天然材料，适当使用新材质、新技术、新工艺等个性独特、视觉鲜明的包装。

（三）商业品牌塑造原则

新推广的农产品，通过外包装准确且清晰地告知消费者产品名称、使用方法、产品成分、营养功效、适用人群、保存方式、注意事项等信息，包装设计师设计出新颖的视觉语言进行版式设计、工艺表现、结构创新等技法去美化与表达。

（四）突出地域文化内涵原则

包装设计可以在使用功能的基础上增加文化传播、体验等，它不仅是物质功能的使用，也是精神文化的综合体。不同的商品赋予了一定内容的文化内涵，销售商品的同时，也可以利用包装设计展示企业部分历史、地域传统文化、地方风土人情，民族精神等。切忌出现有损消费者宗教情感、容易引起消费者忌讳的颜色、图案和文字。

（五）突出绿色环保设计原则

包装设计还应兼顾社会利益，坚持绿色包装设计，坚决避免用有害材料做包装。农产品包装设计时可以因地制宜、就地取材，采用树、竹、藤、草、筋等植物包装材料。另外，还应注意尽量减少包装材料的浪费，节约社会资源，严格控制废弃包装物对环境的污染，实施绿色包装战略。

三、农产品包装策略及其效果

(一)农产品包装策略

1. 类似包装策略

类似包装策略是指企业生产经营的各种产品,在包装上采用相同或相似的图案、颜色等共同的特征,使消费者通过相似的包装联想到这些商品是同一企业的产品。类似包装策略的主要优点:可以节省包装设计、印刷的成本;有利于树立企业整体形象,扩大企业影响;可以充分利用企业已拥有的良好声誉,消除消费者对新产品的不信任感,进而带动新产品销售。它适用于质量水平、档次相近的产品,不适于质量等级相差悬殊的产品。

2. 等级包装策略

等级包装策略是指企业为不同等级或满足不同消费者需要的产品设计不同的包装。针对高档、中档、低档三类不同产品采用相应的包装,使产品的价值与包装相一致。策略的实施成本高于类似包装策略,但整体效益可能好于类似包装策略。这既适应了不同需求层次消费者的购买心理,又便于消费者识别、选购商品,从而有利于全面扩大销售。

3. 组合包装策略

组合包装策略亦称综合包装、配套包装,是指将有关联性的一些产品装在同一包装物里。这种策略不仅为消费者购买、携带、取用和保管提供了方便,也有利于企业扩大产品销路、增加产品销量、推广新产品。但在实践中,还须注意市场需求的具体特点、消费者的购买能力和产品本身的关联程度大小,切忌任意搭配。

4. 再利用包装策略

再利用包装策略又称多用途包装,是指包装物在被包装的产品消费完毕后,还可另作他用。这种包装策略增加了包装的用途,进而刺激消费者的购买欲望,促进扩大产品销售,同时也可使带有商品商标的包装物在再使用过程中起到延伸宣传的作用。

5. 附赠品包装策略

附赠品包装策略是在包装物里附有赠送的赠品,吸引消费者购买或重复购买。包装物中的附赠品可以是小挂件、图片等实物,也可以是奖券。该包装策略对儿童和青少年以及低收入者比较有效。

6. 创新包装策略

创新包装策略是指改变产品现在的包装,使用更有吸引力的包装。企业经营管理人员应在市场上多收集有关包装表现的信息,不断改进产品包装,及时采用新材料、新技术,精心设计新造型,创造新颖独特的包装来最大限度地发挥包装的作用。

(二)农产品的包装效果

1. 树立产品形象的包装策略

这种包装策略通过在包装上再现产品品质、功用、色彩、美感等,有助于充分地传达自身信息,给选购者直观印象,真实可信,以产品本身的魅力吸引消费者,缩短选择的过程。

2. 突出产品用途和使用方法的包装策略

这是指通过包装的文字、图形及其组合告诉消费者,该农产品是什么样的产品,有什么特别之处,在哪种场合使用,如何使用最佳,使用后的效果是什么。

3. 展示企业整体形象的包装策略

在注重产品包装质量的同时,更注重企业形象的宣传扩展。运用这种包装策略的企业文化积淀比较深厚。有的企业挖掘企业文化透彻,并且能与开发的农产品有机地融合起来宣传,达到了既展示企业文化,介绍其产品,给消费者留下深刻印象,又有利于促销的目的。

4. 展现产品特殊要素的包装策略

任何一种商品化的食品都有一定的特殊背景,如历史、地理背景,人文习俗背景,神话传说或自然景观背景等,包装设计中恰如其分地运用这些特殊要素,能有效地区别同类产品,同时使消费者将产品与背景进行有效链接,迅速建立概念。

四、农产品包装的困境及优化对策

(一)农产品包装的困境

1. 认识反差较大

如今农民对农产品包装认识的反差进一步扩大,一种认识是过高地估计了包装的作用,认为"货卖一张皮",只要包装好,东西就不愁卖。所以,在这种思想的引导下,农产品也出现了一些豪华包装、过度包装的情况,甚至出现了一些包装挺好看,而里面的农产品质量并不好的情况,在一定程度上直接影响了农产品的销售。而另一种认识则是只要农产品质量好,包装无所谓。俗话说:"好马配好鞍。"一些好的农产品由于没有配上科学得体的包装,也就无法实现增值。采用得体的包装,不但可以使我国的农产品为农民增加更多的收入,而且还可以提升在国际市场上的竞争能力。

2. 包装技术落后

尽管不少乡村干部与农民对农产品包装的重要性认识有所提升,但是,包装技术的严重落后仍然成为困扰农产品包装的重要问题。近些年来,各地虽然不断加大科技下乡的力度,"科技下乡""科普大集"正成为农民学科技、用科技的良好平台,但是,在绝大部分科技下乡、科普大集上,却很难找到包装方面的内容,致使农产品包装技术成为科技下乡中的空白。

3. 创新能力欠缺

在我国,尽管如今在农产品开发方面花钱不少,但真正花在农产品包装开发方面的钱却并不多。在农村,近些年来可以说从事农产品加工的中小型民营企业也出现了不少,可是真正开发农产品包装的企业却比较少。虽然极个别的包装企业已经在农村出现,但仍然是传统的小作坊式生产,设备简单落后,工艺粗糙,无法适应市场经济的发展。

4. 包装人才缺乏

我国农产品包装行业如今基本上还处于小作坊式的生产方式。农产品包装企业中的专业人才结构也不尽合理,工程师、工人技师的比例很小,而高级工程师、高级技师更是凤毛麟角。同时,一些中小型农产品包装企业不愿意在人才的培训上投资,担心培训后员工跳槽,投资无回报。因此,采取只使用、不培训的办法,不但无法提高人员的整体素质,而且无法适应农产品市场化的需求。因此,在发展"三农"经济的同时,只有搞好农产品包装市场的开发,农产品包装工作才会有创新、有发展,才能跟上时代经济的步伐。

(二)农产品包装的优化对策

1. 以科学的发展观看待农产品包装问题

随着农产品国际贸易的不断增加,同类产品的差异性减小,品牌之间使用价值的同质性增大,任何一种产品都会有很多生产者蜂拥进入同一市场,产品使用价值的可识别性差异越来越模糊。这时产品的品牌形象日趋重要,塑造产品的品牌形象、提升产品附加值,就必须在包装上下本钱。要做强产后经济,必须面向市场。

2. 自主创新改进农产品包装

首先,找出同类产品所具有的独特性,这是产品走向市场的第一前提。其次,寻找产品在销售对象、销售目标、销售方式上的差异,注意包装图形、色彩、文字、编排上消费群体的喜好和心理。最后,寻找产品在包装外形、包装结构设计方面的特色,如选择什么样的纸盒来突出产品的特色和视觉冲击力。

3. 大力推广开发新型的绿色包装

(1)从源头入手,大力提倡包装的减量化设计。在技术方面的主要措施有:改进材料性能,使瓶装容器在提高强度的同时,降低壁厚,减轻重量;通过材料工艺研制,开发改性材料,使塑料包装进一步轻量化、薄膜化等。

(2)采用绿色包装材料。绿色包装材料本身必须对人体无害,对生态环境不产生污染,且要易于回收利用,或可以通过环境降解回归自然。同时,我们还应根据需要制订环保材料的研发方案,积极研制开发新的绿色包装材料。

4. 完善包装设计人才培训机制

当前,我国包装人才的培养主要采取两种方式进行:一是学历教育;二是非学历教育。人才培训要合理定位,建立就业准入机制;加强对包装人才培训机构的监管,保证培训质量;包装人才培训应注重学历教育与专业培训相结合,培训与管理相结合;对包装人才培训市场进行有针对性的多层次细分;引进国际先进的包装人才培训体系,积极有效整合,使其本土化等。

5. 建立健全法规制度

(1)包装立法。目前,我国已颁布《固体废弃物污染环境防治法》(2020年修订)等有关法规,但尚无专门的包装管理法规。虽然近年来陆续出台了一些有关包装的政策,但由于缺乏强制性的约束力,作用不大。我们应加强与世界各国的交流与合作,借鉴其他国家的成功经验,并根据国际上的发展动态制定政策。

(2)标志认证。我国的出口企业需要全面开展有关的绿色认证工作,推行环境标志制度。不仅要积极推行 ISO 14000 国际标准,建立、实施环境管理认证体系,还要积极实施环境标志产品制度,让更多的出口商品在开展环境标准认证的基础上,进一步取得发达国家的环境标志,使更多的出口商品突破"绿色壁垒",获得国际产品出口的通行证。

第五节 新产品开发与创新

一、新产品的概念及其开发意义

(一)新产品的概念

市场营销中"新产品"是指产品整体概念中的任何一部分的变革或创新,并且给消费者带来新的利益和满足感的产品。具体地说,新产品可分为以下四种类型。

1. 完全创新产品

这是指应用新原理、新技术、新材料,具有新结构、新功能的产品。一项科学技术上的发明从理论到技术,从实验室到工业生产,需要经历很长的时间,花费巨大的人力、物力和资金。绝大多数企业是难以提供这类新产品的。

2. 换代新产品

这是指采用新技术、新材料,对现有产品进行较大革新,能给使用者带来新利益的新产品。在开发换代新产品中应注意:要善于发现现有产品的重大缺陷,这是开发换代型新产品的前提条件。只有发现了现有产品的重大缺陷,才可能进行革新和改良,开发出换代型的新产品。

3. 改进新产品

这是指在原有老产品的基础上进行改进,使产品在结构、功能、品质、花色、款式及包装上具有新的特点和新的突破,改进后的新产品,其结构更加合理,功能更加齐全,品质更加优质,能更多地满足消费者不断变化的需要。

4. 仿制新产品

这是指企业未有但市场上已经存在,而企业加以模仿制造的产品。仿制型新产品的主要特点:能缩短产品开发的时间,降低设计成本,同时又能保证市场接受。有利于寻找市场空间,能快速提高企业竞争实力,增加销售收入。但由于仿制产品需要付出一定的代价购买专利,企业从中得到的收益不一定很大。

(二)开发新产品的意义

开发新产品,无论对于社会还是对于企业本身,都有重要意义:一是开发新产品能够更好地满足人们日益增长的物质和文化要求;二是开发新产品有利于企业在激烈的市场竞争中增强竞争实力;三是开发新产品有利于降低企业的风险,提高企业的经济效益;四是开发新产品是企业生存和发展的根本保证。

二、新产品开发的原则

为使新产品尽可能成功和发展,满足市场要求,新产品开发应遵循以下原则。

(一)根据市场需要开发适销对路的产品

新产品开发是从营销观念出发采取的行动,首先必须适应社会经济发展需要,生产适销对路的产品。因此,新产品要符合以下要求。

1.有特色

有特色包括式样新、功能全或高能化等。新产品应给消费者以特殊的感受,使其产生购买欲望。尤其在市场上产品品种繁多、消费者信息有限的情况下,有特色的新产品才能起到吸引消费者的作用。

2.小型化、标准化

小型化是在功能不变的情况下能细小轻便,便于使用,或者是体积、重量略增而功能大大提高。标准化是指产品结构、形式等力求精简、标准,达到产品系列化、标准化、通用化,满足了消费者求新、求方便以及生产集约化的要求。

3.使用安全、质量可靠

新产品开发必须严格遵守国家的相关规定,经受各种测试和检验,试验成熟后再推向市场。同时新产品不应是假冒伪劣产品,应保证使用质量,维护消费者权益。无公害蔬菜、水果之所以受到消费者的欢迎,与其遵循安全可靠原则、满足市场需求有很大关系。

(二)从企业实际出发确定开发方向

新产品开发是一项高风险、高投入的活动,不能盲目进行,必须同时考虑企业的开发能力以及开发出来后的生产能力。要研究新产品研发出来后企业的生产条件(资金、技术、原材料等)是否具备。如果有了新产品而不能生产,新产品开发的经济效果就会大大降低。

(三)注意新产品开发的动向

新产品开发的过程非常复杂,资源消耗大。它包括对开发计划的可行性研究、开发规划制订与实施过程的管理以及营销方案制订等一系列工作,因此必须抓好开发管理,提高开发效率。

三、新产品开发的程序

为了减少新产品开发中的风险,开发工作不但要遵循正确的原则,还要坚持科学的过程。一般而言,开发新产品要经历以下阶段。

(一)调查研究阶段

要根据企业的经营目标、产品开发策略和资源条件确定新产品的开发目标,就必须做好调查研究工作。对市场进行调查,了解消费者需求的发展变化动向,以及影响市场需求变化的因素等。

(二)开发新产品创新阶段

根据调查研究的情况以及企业本身的条件,充分了解消费者使用要求和竞争对手的动向,在一定范围内提出开发新产品的初步设想和构思创意。构思创意主要来自消费者的要求,本企业职工以及厂外技术人员运用专家、学者的科研成果。总之,构思来自灵感、偶发事件、消费者需求、创造技巧四种方式。企业应注意发现消费者需求,广泛收集新产品的开发素材。一种新产品的设想,可以提出许多的方案,但一个好的构思必须同时兼备两条:一是构思要非常奇特;二是构思要尽可能接近于可行,包括技术和经济上的可行性。

(三)新产品开发创意的筛选阶段

这一阶段是从征集到的许多方案中选择出具有开发条件的构思创意。筛选时一要坚持新产品开发的正确方向;二要兼顾企业长远发展和当前市场需要;三要有一定的技术储备。企业在对新产品构想进行筛选时,既要防止对那些好的设想的潜在价值估计不足,以致漏选而失去机会,又要防止误选了缺乏营销前途的设想,以致造成失败。为此,应制订新产品设想评价表,就质量目标、技术水平、市场规模、竞争状况、技术能力、资源状况等项目逐一进行评价,要尽可能地吸收企业各个部门有经验的管理人员和有关专家参加,正确地确定评价项目及其标准,以提高筛选的准确程度。

(四)确定决策方案和编制设计任务书阶段

根据新产品开发目标的需求,对未来产品的基本特征和开发条件进行概括的描述,包括主要性能、目标成本、销售预计、开发投资、企业现有条件利用程度等,然后对不同方案进行技术经济论证比较,决定取舍。设计任务书包括新产品的结构、特征、技术规格用途、使用范围,与国内外同类产品的分析比较,以及开发这一新产品的理由和根据等。

(五)新产品设计与试制阶段

1. 新产品设计

新产品设计是从技术手段上把新产品设想变成现实的重要阶段,是实现社会或用户对产品的特定性能要求的创造性劳动。产品的成功与否、质量好坏,很大程度上取决于产品的设计工作。设计要有明确的目的,要从用户角度和掌握竞争优势来考虑。产品设计的科学性与科学的设计方法是分不开的,企业应重视采用现代化的设计方法,如价值工程、可靠性设计、优化设计、计算机辅助设计、正交设计等。

2. 新产品试制

新产品试制是按照一定的技术模式来实现产品的具体化或样品化的过程,包括新产品试制的工艺准备、样品试制和小批量试制等方面的工作。新产品试制是为实现产品大批量投产的一种准备或实验性的工作。无论是工艺准备还是技术设施、生产组织,都要考虑实行大批量生产的可能性,同时,新产品试制也是对设计方案可行性的检验。新产品试制出来以后,还需从技术性、经济性上对产品进行全面的试验、检测和鉴定。

(六)新产品试验阶段

对多数产品需要通过试用或试销检验。试用是指请用户直接试用样品,企业跟踪观察,及时收集试用实况、改进意见、用户的使用习惯,以及对包装、装潢、商标设计的要求等。试销是指将产品及其商标、装潢与广告、销售服务的组织工作置于一个小型市场环境中,实地检验用户反应。新产品试销或试用成功后,应根据收集到的使用者意见,进一步提高产品的功能和质量,对产品的整体设计再做进一步修改,然后即可大批量生产。

(七)正式生产和销售阶段

在新产品正式生产之前,要进行大量的生产技术准备工作,包括设备、工艺、工装、工具、动力、材料、人员培训等等,它涉及企业的每个职工。新产品投放市场,必须以试用试销过程中取得的信息为依据,制订出有效的营销组合策略,以便最快地进入和占领市场,进入产品寿命周期的成长期,迅速达到一定的市场占有率。在新产品投放市场之后,还要进行一次全面、系统的分析,包括市场销售状况、产品前景、竞争形势和产品收益率的分析,并与原计划目标进行比较;寻求进一步改进产品设计和营销策略的措施,以达到新产品开发的最佳收益。

四、新产品采用与扩散

(一)新产品采用过程

新产品采用过程是指消费者个人由接受创新产品到成为重复购买者的各个心理阶段。美国著名学者埃弗雷特·罗杰斯(Everett M. Rogers)把采用过程看作创新决策过程,他认为创新决策过程包括五个阶段,即认识阶段、说服阶段、决策阶段、实施阶段和证实阶段。这五个阶段又受到一系列变量的影响,它们不同程度地促进或延缓了创新决策过程。

1. 认识阶段

在认识阶段,消费者要受个人因素、社会因素和沟通行为因素的影响。他们逐步认识并学会使用创新产品,掌握其新的功能。研究表明,较早意识到创新的消费者同较晚意识到创新的消费者有着明显的区别,前者较后者有着较高的文化水平和社会地位,他们广泛地参与社交活动,能及时、迅速地收集到有关新产品的信息资料。

2. 说服阶段

消费者一旦产生喜爱和占有该种产品的愿望,决策行为就进入了说服阶段。在说服阶段,消费者的心理活动就具备影响力了。消费者常要亲自操作新产品,来避免购买风险。不过这也不能使消费者立即购买,除非营销部门能让消费者充分认识到新产品的特性。其特性包括以下几个方面。

(1)相对优越性。即创新产品被认为比原有产品好,创新产品的相对优越性越多,如功能性、可靠性、便利性、新颖性等方面比原有产品的优势越大,就越容易被消费者采用。

(2)适用性。即创新产品与消费者行为及观念的吻合程度。当创新产品与消费者的需求结构、价值观、信仰和经验适应或较为接近时,就较容易被迅速采用。

（3）复杂性。即在新产品设计、整体结构、使用维修和保养方法等方面与目标市场的认知程度相接近，新产品尽可能要设计得简单易懂、方便。

（4）可试性。即创新产品在一定条件下可以试用。

（5）明确性。指创新产品在使用时，是否容易被人们观察和描述，是否容易被说明和示范。创新产品的消费行为越容易被感知，其明确性就越强，其采用率也就越高。

3. 决策阶段

通过对产品特性的分析和认识，消费者开始决策，即决定采用还是拒绝采用该种创新产品。他可能决定拒绝采用，此时又有两种可能：一是以后改变了态度，接受了这种创新产品；二是继续拒绝采用这种产品。他也许决定采用创新产品，此时也有两种可能：一是在使用之后觉得效果不错，继续使用下去；二是使用之后发现令人失望，便中断使用。

4. 实施阶段

当消费者开始使用创新产品时，就进入了实施阶段。在决策阶段，消费者只是在心里盘算究竟是使用该产品呢还是仅仅试用一下，并没有完全确定。到了实施阶段，消费者就考虑以下问题了："我怎样使用该产品？"和"我如何解决操作难题？"这时，企业营销人员就要积极主动地向消费者进行介绍和示范，并提出自己的建议。

5. 证实阶段

人们在做出某项重要决策之后，总是要寻找额外的信息来证明自己决策的正确性。消费者购买决策也一样。在整个决策创新过程中，证实阶段包括了决策后不和谐、后悔和不和谐减弱三种情况。消费者往往会告诉朋友们自己采用创新产品的好处，倘若他无法说明采用决策是正确的，那么就可能中断采用。此时，推销人员则要加强推销攻势。

（二）新产品扩散过程

新产品扩散过程是指新产品上市后随着时间推移不断被越来越多的消费者采用的过程。也就是说，新产品上市后逐渐地被扩张到其潜在市场的各个部分。扩散过程与采用过程的含义不一样。采用过程是从微观角度，考察消费者个人由接受创新产品到成为重复购买者的各个心理阶段；而扩散过程则是从宏观角度，分析创新产品如何在市场上传播并被市场更为广泛地采用的问题。

1. 新产品采用者的类型

在新产品的市场扩散过程中，社会地位、消费心理、消费观念、个人性格等多因素的影响，导致不同消费者对新产品接受快慢程度不同。企业如果善于分析消费者对新产品的反应差异，就有利于加快新产品的市场扩散。美国学者罗杰斯在对新产品扩散过程的研究中发现，某些人性格上的差异是影响消费者接受新技术和新产品的重要因素。就消费品而言，罗杰斯按照消费者接受新产品的快慢程度，把新产品的采用者分为五种类型。

（1）创新采用者。该类采用者处于距离平均采用时间两个标准差以左的区域内，占全部潜在采用者的2.5%。任何新产品都是由少数创新采用者率先使用。该采用者有以下特点：一是富有冒险精神；二是收入水平、社会地位和受教育程度较高；三是多数为年轻人，交际广泛且信息灵通。企业市场营销人员在向市场推出新产品时，应把促销手段和传播工具集中于创新采用者身上并通过他们影响后面的使用者。

（2）早期采用者。早期采用者是第二类采用创新的群体，大约占全部潜在采用者的13.5%。他们大多是某个群体中具有很高威信的人，受到周围朋友的拥护和爱戴；他们一般是年轻人，富于探索，对新事物比较敏感并有较强的适应性，经济状况良好，对广告促销反应强烈，他们常常去收集有关新产品的各种信息资料，成为某些领域的舆论领袖。这类采用者多在产品的介绍期和成长期采用新产品，并对后面的采用者影响较大。所以，他们对创新扩散有着决定性影响。

（3）早期大众。这类采用者的采用时间较平均采用时间要早，占全部潜在采用者的34%。主要有以下特征：深思熟虑，态度谨慎；决策时间较长；受教育程度高；有较好的工作和稳定的收入；对社会上有影响的人物的消费行为有较强的模仿心理。他们虽然也希望在一般人之前接受新产品，但却在经过早期采用者认可后才购买，从而成为赶时髦者，由于该类采用者和晚期大众约占全部潜在采用者的68%。因此，研究其消费心理和消费习惯对于加速创新产品扩散有着重要意义。

（4）晚期大众。这类采用者的采用时间较平均采用时间稍晚，约占全部潜在采用者的34%。他们的信息多来自周围的同事或朋友，很少借助宣传媒体收集所需要的信息，其受教育程度和收入状况相对较差，所以他们从不主动采用或接受新产品，往往在产品成熟阶段后才购买。显然，对这类采用者进行市场扩散是极为困难的。

（5）落后采用者。这类采用者是采用创新的落伍者，约占全部潜在采用者的16%。他们思想保守，拘泥于传统的消费行为模式，对新生事物持反对态度，极少借助宣传媒体，其社会地位和收入水平较低。因此，他们在产品进入成熟期后期乃至进入衰退期时才会采用。

2. 新产品扩散过程管理

新产品扩散过程管理是指企业通过采取措施，使新产品扩散过程符合既定营销目标的一系列活动。企业能对扩散过程进行管理，是因为扩散过程除了受到外部不可控因素（如竞争者行为、消费者行为、经济形势等）的影响，还受到企业营销活动（如产品质量、人员推销、广告水平、价格策略等）的制约。

新产品扩散管理的主要目标，包括投入期销售额迅速起飞、成长期销售额快速增长、成熟期产品渗透最大化、尽可能维持一定水平的销售额等。然而新产品扩散的实际过程却不是这样的。根据产品生命周期曲线，典型的产品扩散模式常是投入期的销售额增长缓慢，成长期的增长率较低，而且产品进入成熟期不久销售额就开始下降。为了使产品扩散过程达到其管理目标，要求市场营销管理部门采取以下措施和策略。

（1）实现迅速起飞。需要派出销售队伍，主动加强推销；开展广告攻势使目标市场很快熟悉创新产品；开展促销活动，鼓励消费者试用新产品。

（2）实现快速增长。需要保证产品质量，促进口头沟通；继续加强广告攻势影响后期采用者；推销人员向中间商提供各种支持；创造性地运用促销手段使消费者重复购买实现渗透最大化；更新产品设计和广告策略，以适应后期采用者的需要。

（3）长时间维持一定水平的销售额。使处于衰退期的产品继续满足市场需要，扩展分销渠道，加强广告推销。

3. 舆论领袖和口头传播对扩散的影响

扩散过程就是创新产品不断被更多消费者所采用的过程。缩短消费者由不熟悉新产品到采用新产品花费的时间，是企业营销目标之一。前面对采用和扩散过程的分析，不同程度地解决了这个问题。这里再从信息沟通角度进行研究。

（1）信息沟通与新产品扩散。在新产品扩散过程中,有关信息和影响是怎样从营销人员传递到目标市场的呢？最初,人们认为信息和影响是借助媒体的力量直接传递到消费者,这就是一级流动过程,即从媒体到消费者。后来研究发现,信息流动并非经过一级,而是两级。他们认为,新产品通常是从媒体传递到能够非正式地影响别人的态度,或者一定程度上改变别人行为的舆论领袖,再从舆论领袖流向追随者;追随者受舆论领袖的影响,远远超过媒体的影响。在这里,媒体是主要的信息源,追随者是信息受众,而舆论领袖则对受众接受信息有着重要作用,他们凭借自身的威信和所处位置加速了信息的流动。

（2）舆论领袖的作用。舆论领袖的作用主要体现在以下方面:一是告知他人(追随者)有关新产品的信息;二是提供建议以减轻别人的购买风险;三是向购买者提供积极的反馈或证实其决策。所以,舆论领袖是一个告知者、说服者和证实者。不过,舆论领袖只是一个或几个消费领域的领袖。仅仅在这一个或几个领域能施加自身影响,离开这些领域,就没有影响了。

（3）舆论领袖与其追随者。每一个社会阶层都有舆论领袖。大多数情况下,信息是在一个阶层内水平流动,而不是在阶层之间垂直流动。舆论领袖同其追随者有着显著的特征:第一,舆论领袖交际广泛,同媒体和各种交易中间商联系紧密;第二,舆论领袖常被人接触,并有机会、有能力影响他人;第三,舆论领袖有高于其追随者的社会经济地位,但不能高出太多,否则二者难以沟通;第四,乐于创新,尤其当整个社会倡导革新时。

课后练习

一、名词解释

农产品市场营销中的产品　农产品生命周期　产品组合策略　品牌延伸　农产品包装

二、简答题

1. 简述产品组合策略。
2. 农产品品牌的基本策略有哪些？
3. 包装有哪些功能？
4. 农产品包装设计的原则有哪些？
5. 简述新产品开发的原则。

三、论述题

1. 分析农产品市场营销中的产品概念和传统意义上的产品的含义之间的区别和联系。
2. 试述产品生命周期各个阶段的特征及相应的市场营销策略。
3. 结合我国发展现状,谈谈我国农产品包装的困境与解决途径。

四、案例分析

河北沧州：打造高品质好口碑农业"金字招牌"

日前,河北省沧州市启动实施农业品牌建设3年行动,把品牌农业作为推动农业高质量发展的重要抓手,打造高品质、好口碑的沧州农业"金字招牌",提高农产品综合效益,推进全市农业高质量发展,促进乡村全面振兴。

围绕15个特色优势产业集群,集中力量抓好8个系列沧州品牌、8个区域公用品牌、5个领军企业品牌建设,带动全市农业品牌发展,形成"突出重点、分级推进、带动全局"的品牌建设新格局。到2024年,力争市级以上农产品区域公用品牌超20个(省级12个以上),行业领先企业品牌超10个,品牌价值超10亿元的企业超5个。

夯实农业品牌发展基础

以建设科技农业、质量农业、绿色农业为基础,大力推进农业结构调整,全面提升农产品品质和质量安全水平,为品牌培育创造良好的基础条件。

打造精品示范基地。围绕全市8大类特色农产品,依托特色农产品优势区、现代农业园区,按照科技高端、标准高端、品质高端、品牌高端的标准,2022年年底前,创建"大而精"精品示范基地5个,"小而特"优质农产品供应基地5个,全面推行绿色、有机标准化生产和全程质量控制,质量检测合格率达到100%,带动全市农产品标准化生产,品质和质量安全水平全面提升。

完善质量管控体系。严格产地环境、生产过程、产品质量管控,建立投入品进场、产品出厂检测制度,保障产品质量安全。2022年年底前,将现有注册品牌农产品纳入省级质量追溯平台,实现"标准可查询、生产可监控、销售可追踪、产品可追溯"。

加强产品认证。组织区域公用品牌和企业品牌参加绿色食品、有机农产品、地理标志农产品认证,每年新认证绿色食品、有机农产品、地理标志农产品合计不少于10个,推进从基地到产品全链条标准化生产,全面提升企业组织化、标准化水平,增强市场竞争力。

加强品牌设计和专业策划

依托专业机构,对8个系列沧州品牌、8个区域公用品牌进行专业设计,为5个领军企业品牌设计提供专家对接、品牌培训、平台共享等服务,每个品牌都形成明确的产品分析、市场定位、创意设计、品牌形象。

精准定位。通过开展特色产业、品牌产品调研,进行品牌文化挖掘、产品特性分析、消费调查研究,梳理产业结构,研究品牌定位,建立品牌发展模式。针对南方北方、城市乡村、国内国际不同市场、不同消费人群,开展定位研究,形成品牌宣传营销方案。发布全市农业品牌发展研究报告,明确不同产品的产业特点、市场定位和营销策略,指导各地产业发展和品牌建设。

强化创意。对每个农业品牌建立设计创新创意体系,进行专业化设计,提升内在质量,完善整体形象,提高外包装水平。积极组织参加全省品牌农业发展大会以及品牌农业展、品牌创新创意设计大赛、品牌论坛等系列活动,同时聘请专业品牌机构举办专题培训班,搭建品牌交流对接合作平台,进一步提高品牌设计意识和专业化水平。

充实内涵。按照"九个一"要求,分层次对8个系列沧州品牌、8个区域公用品牌和5个领军企业品牌进行内涵充实和塑造。"九个一"即明确一个品牌主体,注册一个保护商标,设计一个整体形象,出台一套整体规划,制订一套准入制度,建立一套监管体系,制订一套宣传机制,健全一套营销体系,建好一支品牌队伍。从差异化分析、商业模式策划、品牌灵魂注入、统一视觉体系等专业角度出发,与品牌市场定位和品牌建设分析报告相衔接,实现品牌"规模化、标准化、定制化"。

强化农业品牌管理

加强对沧州农业品牌的管理与保护,做到"保护老品牌,打造新品牌,发掘靓品牌",构建结构合理的农产品品牌体系,形成创品牌、管品牌、强品牌的联动机制。

强化品牌保护。加强品牌授权管理和产权保护,联合多部门形成合力,加大对假冒、滥用品牌行为的打击惩治力度。挖掘品牌文化,加强对中华老字号、农业非物质文化遗产等老工艺、老品种的保护与传承。积极组织企业开展品牌创建宣传活动,扩大品牌社会影响力。

支持品牌创建。支持品牌主体申报省级、国家级品牌荣誉。对通过绿色、有机、地理标志认证的主体,按相关政策给予财政补贴并优先列入公益广告宣传、市场推广名录。鼓励企业(产品)申请有关产品、质量管理认证,对获得认证的企业给予奖励。

加强品牌管理。对沧州市农产品品牌目录实行动态监管,对产生质量问题和信誉事故进行及时清退。建立农业品牌评价体系,基于品牌评价结果,发布沧州市农业品牌发展报告,总结品牌发展成果,分析发展趋势和方向,推动优质品牌创建。

加强宣传推广。综合利用宣传渠道,分层次、分地域、分重点宣传典型案例,讲述品牌故事,推广特色优势品牌。

(资料来源:河北日报,2022-04-18.)

案例思考题:

1.谈谈建设农产品品牌的意义是什么。

2.请根据案例分析河北沧州是如何打造高品质好口碑农业"金字招牌"的。

项目八

农产品价格策略

学习目的

1. 掌握农产品价格制订程序。
2. 掌握农产品价格制订方法及策略。
3. 熟悉农产品价格调整程序。
4. 了解影响农产品定价的因素。
5. 了解农产品价格制订的目的。

情境导入

入行仅 4 年,韦小东已经成了当地金橘行业的一匹"黑马"

位于广西壮族自治区柳州市融安县的农业以"一果一木一草"(即金橘、香杉、青蒿)为主,"滑皮金橘出产量全国第一","融安香杉生态板材生产量全国第一""青蒿素产量全球第一",占全球产量的三分之一。其中,"融安金橘"是国家地理标志保护产品。

在融安县,从事金橘流通的企业有 700 多家,其中有个叫韦小东的小伙子,曾做过多年的电商工作。2016 年,韦小东带着合作伙伴成立广西融安深创农业发展有限公司。虽然入行时间短,却把生意做得风生水起。他把融安金橘生意从线上发展到线下,从南方卖到北方。同行卖 15~20 元一斤的金橘,韦小东通过分级优选、覆膜保鲜、智能物流配送,一斤卖到了 30~35 元。

2018 年,韦小东决定在线上和线下联合销售。他花 30 多万元买回一台水果覆膜设备,给金橘单独包装,想要延长金橘的保质期。他和他的团队经过不断调试机器,花了小半年时间,前后投入了 60 万元,最后在机器上加装了打孔装置,让袋里的金橘能自由呼吸,才把问题解决了。把金橘单独包装,可以防震、保鲜,即使某一个金橘变质,也不会影响其他的果子。最重要的是,把经过覆膜包装的金橘放入冷库,保质期就能从半月延长到半年。凭借保鲜优势,韦小东的金橘卖上了一斤 30~35 元的高价。他的金橘有一半经过普通包装后卖到批发市场,另一半经过覆膜包装,卖到了商场、超市。这一年,金橘的销售额达到了 2000 多万元。

凭借金橘保鲜技术,韦小东接到的订单越来越多,这时,分拣速度太慢成了制约公司发展的大问题。公司原来用的分拣机,只能根据金橘的大小分类。而果皮带伤、有花斑、颗粒多的金橘,只能靠人工一个一个筛选。5 个工人分拣 8 小时,也只能分拣 1 万斤左右的金橘。2019 年,韦小东提出把分拣机更新换代,专门定制一整套的分拣系统。新的分拣系统可以从质量、颜色、光学称重、直径几个方面对金橘进行分析、判别,8 小时能分拣出 15 万斤金橘。

这套分拣系统节省了人工成本,提高了分拣效率,还提高了金橘的品质。这一年,他的销售额再次提高,达到了 4000 多万元。

金橘的主产区主要集中在南方,北方市场空缺很大。韦小东了解到这一情况后,又把金橘卖到了东北和西北市场。他还通过智能物流,打造云仓概念,线上对接客户,线下对接各地市场和商超。消费者从下单到收货,最快只需要 2 个小时。韦小东的销售优势在"优"和"鲜"的基础上,再增加一个"快"。

（资料来源:根据网络资料整理）

思考:韦小东的融安金橘的售价上涨受哪些因素影响? 融安金橘要如何应对农产品价格波动?

第一节 影响农产品定价的因素

农业生产企业作为独立的生产者和经营者,可制订价格,因此,价格是营销组合的可控变量之一。但是价格的制订要受一系列内部因素和外部因素的影响,其中,内部因素包括营销组合、生产成本等,外部因素包括市场特性、需求特点、竞争者特点、消费者心理特点和宏观环境特点等。

一、生产成本

(一)产品成本

产品成本是指生产经营者为某产品所投入和耗费的费用总和,包括固定成本和变动成本。其中固定成本是指在一定时期内生产农产品所付出的固定投入,如农业机械设备折旧、管理人员基本工资、保险费等;变动成本是指那些在一定时期内随着农产品生产的变动而发生变动的成本,如购买农药、化肥等生产资料的费用。

(二)单位成本

单位成本也叫平均成本,它等于单位固定成本加单位变动成本,也等于总成本除以总产量。从短期看,随着产量的增加,单位成本有下降的趋势,因为虽然单位变动成本是稳定的,但单位固定成本会随产量的增加而下降。其公式如下:

$$单位成本 = 单位固定成本 + 单位变动成本 = 总成本 / 总产量$$

(三)边际成本

边际成本是指增加一个单位产量所增加的那部分成本。按照规模效益的说法,随着农产品生产规模及产量增加,总成本会相应递减。但当增加的单位农产品收益低于边际成本时,就会出现亏损。只有在生产能力得到充分利用的情况下,运用边际成本进行生产决策才有重要意义。

借助经济学中边际成本公式可以表述为：

$$MC = \Delta TC / \Delta Q$$

式中，ΔTC 为农产品总成本变化量；ΔQ 为农产品产量变化量。

(四)机会成本

机会成本是指将某种资源用于生产某种产品以后，所放弃的该资源用于生产其他产品可能取得的最大收益。也就是某一资源用于一种产品的生产，就要放弃另一种产品的生产，这个代价就是机会成本。在进行决策时，所选择项目的利润应当大于机会成本。

二、供需关系

(一)农产品供给

农产品供给定理的基本内容是：在其他条件不变的情况下，某种农产品的供给量与其价格呈同方向变化，即在一般情况下，农产品供给量随其价格的上升而增加，随其价格的下降而减少。

农产品供给数量与价格之间呈同方向变化，由以下两个方面原因引起：第一，农产品价格上升，将带来新的生产者，即在原来价格水平下愿意生产但不能盈利的生产者变成实际的生产者，生产者人数增多，从而使生产和出售的农产品数量增加；第二，农产品价格上升，可使原来的生产者增加产量，提高农产品的供给量。

农产品市场价格与农产品供给数量之间的这种同方向变化规律，为农产品市场开发提供了一个基本的理论指导，即提高农产品的价格，这有利于增加农产品的生产量和供给量，提高农产品的供给能力。因此，保持适当的农产品价格水平，可调动农业生产者的生产积极性，增加农产品供给。

农产品供给理论也有其他情况：当农产品的价格上升时，其供给量减少；当价格降低时，供给量反而增加。产生此类现象的原因主要有以下两点：第一，农业资源的专用性较强，生产用途范围狭窄，不能顺利实现转移和流动。当所生产的农产品价格下跌后，生产者为维持正常收入水平，会努力增加产量，形成现实供给。第二，由于农业生产者对农产品价格预期的不确定性，当预计未来某种农产品价格上升时，为了将来获得高额收益，即使当前价格较高，也会减少农产品的供给量；相反，在价格下跌时，若预计未来某种农产品价格会继续下跌，则会把库存农产品全部抛出，从而增加现实的供给量。

(二)农产品需求

农产品需求是指消费者所要购买的农产品数量。这种需求又可分为现实需求和潜在需求。一般来讲，农产品需求越大于供给，其价格越高。虽然"物以稀为贵"，但价格攀升又会限制需求进一步扩大，最终导致供求平衡，形成均衡价格；而需求下降，也会导致价格下降。

在研究农产品需求时，我们要注意边际递减规律在一定程度上是一种边际效用递减规律。随着效用递减，我们的消费意愿会进一步下降，而愿意为之付出的价格也会随着效用递减而递减。某农产品价格较低时会增加该产品的需求量，当农产品价格较高时会相应地降低消费者的购买欲望，甚至转向其替代品。

当然,影响农产品需求的因素还有很多,比如农产品供给、消费者收入、农产品价格、农产品替代品或互补品供给与价格、消费者对该产品的价格预期、国家相关农产品生产经营政策、区域经济发展状况等。

(三)需求与供给的弹性

1. 弹性、弧弹性与点弹性

弹性是用来表示影响因变量 Y 的诸因素(自变量 X)发生变化以后,因变量作出反应(增减变化)程度大小的一个概念。

弧弹性根据两组 X、Y 的值来计算弹性,其公式为:

$$E = \frac{\Delta Y}{\Delta X} \times \frac{\Delta X}{\Delta Y}$$

由此计算出的弹性系数代表曲线上两个点之间的一段弧的弹性。当这两个点无限接近,即 ΔX 趋近于零,于是 $\frac{\Delta Y}{\Delta X}$ 便趋近于 Y 对 X 的导数 $\frac{dY}{dX}$,此时计算得到的弹性为曲线上一点的弹性,称为点弹性。其公式为:

$$E = \frac{dY}{dX} \times \frac{X}{Y}$$

2. 需求弹性

需求弹性是用来表示影响需求的诸因素发生变化后,需求数量作出反应程度大小,即是用来表示影响自变量变化后因变量作出增减变化程度。需求的三种弹性包括需求的价格弹性、需求的交叉价格弹性和需求的收入弹性等。需求弹性是描述商品特性、划分商品种类、确定不同商品间关系的重要指标。

3. 需求的价格弹性

需求的价格弹性是指单位价格变化引起的需求量的变化程度,也是用来测定商品需求数量变动对于商品自身价格变动反应的敏感程度。其表达式为:

$$E_d = \frac{\frac{\Delta Q_d}{Q_d}}{\frac{\Delta P}{P}} = -\frac{\Delta Q_d}{\Delta P} \times \frac{p}{Q_d}$$

(1)弹性值的分类。根据弹性值的大小,可分为以下几种情况。

①若 $E_d = 0$,则称为该物品的需求为完全无弹性。

②若 $0 < E_d < 1$,则称该物品的需求为相当缺乏弹性,如多数生活必需品。

③若 $E_d = 1$,则称该物品的需求为单位弹性。

④若 $1 < E_d < \infty$,则称该物品的需求为富有弹性,多数奢侈品的需求即是如此。

⑤若 $E_d = \infty$,则称该物品的需求为完全有弹性。

(2)影响需求价格弹性的因素。主要包括以下几个方面。

①该商品的替代品的数目和替代的相近程度。

②该商品在购买者家庭预算中所占比例的大小。

③该种商品的用途。

④考察时期的长短。

4. 需求的收入弹性

需求的收入弹性是指在某特定时间内,某商品的需求量变动的百分比与消费者收入变动的百分比的比值。它被用来测定某种商品需求量的变动对于消费者收入的变动反应的敏感程度。其计算公式如下:

$$E_I = \frac{\Delta Q}{\Delta I} \times \frac{I}{Q} \text{ 或 } E_I = \frac{dQ}{dI} \times \frac{I}{Q}$$

根据需求收入弹性值的大小,商品可以分为以下几种。

①若 $E_I > 1$,表示某商品消费量增加的百分率超过收入增加的百分率,属于"奢侈品"。

②若 $0 < E_I < 1$,表示某商品消费量增加的百分率低于收入增加的百分率,属于"必需品"。

③若 $E_I < 0$,表示收入增加时,消费量反而减少,属于"劣等品"。

5. 需求的交叉价格弹性

需求的交叉价格弹性是指在某特定时间内,商品需求量变动的百分比与另一种商品的需求量变动的百分比的比值。它被用来测定某种商品需求量的变动对于另一种商品的需求量的变动反应的敏感程度。其计算公式如下:

$$E_C = \frac{\frac{\Delta Q_Y}{Q_Y}}{\frac{\Delta P_X}{P_X}} = \frac{\Delta Q_Y}{\Delta P_X} \times \frac{P_X}{Q_Y} = \frac{Q'_Y - Q_Y}{P'_Y - P_X} \times \frac{P_X - P'_X}{Q_Y - Q'_Y}$$

式中,E_C 代表 X 替代 Y 的交叉弹性系数;P_X 及 P'_X 分别代表变化前后 X 的价格;Q_Y 及 Q'_Y 分别代表变化前后 Y 的数量。

根据需求交叉价格弹性的符号,商品 X 与 Y 之间的关系分为以下几种。

①当 $E_C > 0$ 时,X 与 Y 两种产品间有替代关系。

②当 $E_C < 0$ 时,X 与 Y 两种产品间有互补关系。

③当 $E_C = 0$ 时,X 与 Y 两种产品间无关系。

6. 供给价格弹性

供给价格弹性是指单位价格变化引起的供给量的变化程度,也是用来测定该商品供给量变动对于该商品自身价格变动反应的敏感程度。其计算公式如下:

$$E_S = -\frac{\Delta Q}{\Delta P} \times \frac{P}{Q} \text{ 或 } E_S = -\frac{dQ}{dP} \times \frac{P}{Q}$$

根据弹性值的大小,供给的价格弹性又可以分为以下几种。

①若 $E_S = 0$,则该物品的供给为完全无弹性。

②若 $0 < E_S < 1$,则该物品的供给为相当缺乏弹性,多数农产品的供给均缺乏弹性。

③若 $E_S = 1$,则该产品的供给有单位弹性。

④若 $1 < E_S < \infty$,则该产品的供给为相当富有弹性,多数工业产品的供给均富有弹性。

⑤若 $E_S = \infty$,则该物品的供给为完全有弹性。

(四)农产品均衡价格

农产品均衡价格是指农产品供给量等于需求量时所对应的价格。从市场角度看,农产品供给与需求在相互作用过程中,会经历一个此消彼长的过程,并逐渐趋向一种均衡,形成相对稳定的市场均衡价格,市场均衡价格所对应的农产品数量就是均衡数量。它是由农产品市场供求双方决定的,如图 8-1 所示。其中,SS 为供给曲线,DD 为需求曲线,两线交点 E 为均衡点,即需求量与供给量相等的点,这个量也被称为均衡数量,E 所对应的价格即为均衡价格。

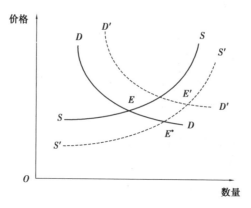

图 8-1 需求供给曲线决定均衡价格

一般来讲,农产品需求增加,需求曲线会上移,由 DD 移到 $D'D'$,其均衡点会上升,由点 E 到点 E',相对应的均衡价格和均衡数量会增加;反之,农产品需求下降,均衡价格和均衡数量将相应减少。结论是:一般情况下,农产品需求变动会引起农产品均衡价格与农产品均衡数量同方向变动。

如果农产品供给增加,供给曲线由 SS 移到 $S'S'$,其均衡点会下移到 E^*,此时,均衡价格下降会引起均衡数量增加;反之,减少农产品供给,均衡价格会上升,均衡数量则会减少。结论是:农产品供给与农产品均衡价格相关性为负,与农产品均衡数量相关性为正。

三、市场竞争因素

农产品成本与市场需求分别决定了农产品价格的最低临界点和最高临界点,而竞争对手的多少和竞争的强度对农产品确定合适的价格也有着重要的影响。竞争越激烈,对价格的影响就越大。农业经营企业须以适当方式了解竞争对手的价格和产品质量。另外,竞争对手也可能针对企业的产品价格而调整其价格,或虽不会调整价格,但也会调整市场营销组合的其他变量,与企业争夺消费者。对此农产品经营企业要用动态的观点随时关注竞争对手的价格调整措施,并及时作出反应。

(一)竞争者产品价格及质量

营销中的竞争者包括四大类型:欲望竞争者、形式竞争者、行业竞争者和品牌竞争者。我们这里所讲的竞争者主要是指品牌竞争者,即在农产品定价中,要关注农产品质量的相对水平。农产品定价应当对该产品竞争者给予充分关注,对产品品质进行比较,品质相近,则定价相近;如果相比之下自己产品的品质明显较好,价格可以高一些。

(二)市场结构的影响

市场结构是指市场各要素之间的内在联系,体现供给与需求之间的相互关系。一般情况下,若市场上卖者众多,且产品具有同质性,定价只能随行就市,依照现行市场价格来定;若市场上有较多卖者,但产品之间存在差异,就存在较大的定价空间和选择自由。若市场只有少数卖者,产品差异小,定价自由度也相对小一些,市场上可能存在价格之间的微小差异,一般情况下消费者会选择价格较低的商家;若市场只有一家卖者,则会形成市场的独家垄断,在法律和政策允许下,形成一定程度的垄断价格。

四、消费者认知价值

消费者对产品所持有的认知价值,对他们所能接受的价格有重大影响。当他们对产品的认知价值较高时,就能接受一个较高的价格。一个产品的认知价值的建立需要经营者做好营销工作,只有建立起良好的产品形象,才能提升消费者对产品的认知价值。如寿光的绿色蔬菜在这方面的成功经验值得借鉴。

五、政府干预行为

由于农产品价格是关系到国家、企业和广大农民三者之间的物质利益的大事,牵涉各行各业和千家万户,与人们的日常生活息息相关,因此,国家在遵循价值规律的基础上,往往通过制定物价工作方针和各项政策、法规对农产品价格进行管理,或利用税收、金融、海关等手段间接地控制农产品价格。

有时候政府会对市场价格进行干预。一是若国内薄弱产业或是关系到国家安全的产业,政府为了促进其发展,会制订支持价格。一般政府会对农产品价格进行干预,以保证农民的利益不受损害。二是如果是政府限制发展的商品或产业,为了限制其生产和消费,政府会制订限制价格,该价格低于均衡价格,企业产品价格最高不能超过限制价格。

第二节 农产品定价目标与定价程序

一、农产品定价目标

农产品定价就是要体现出农产品价值,农产品定价目标是对农产品生产经营所要达到的经济目标进行货币化表现。一般来讲,农产品定价目标越明确,定价效果就越好。

(一)以维持生存为目标

在激烈的市场竞争中,如果经营者将维持生存作为自己的主要目标,这时利润对他来说就显得不十分重要了。经营者会降低产品价格,也就是说,价格只要能弥补变动成本和部分固定成本,经营者就能维持生存。当然这种定价方法不可能是长期的,因为任何经营者都不可能将维持生存作为长期目标来追求,长期目标肯定是实现盈利,取得经营效益。

(二)以利润最大化为目标

许多经营者喜欢制订高价格来快速取得市场利润,但这应该是在经营者推出新产品的时候,而且应该是一个能够让消费者感到物有所值的价格。当市场销售额下降时,应该迅速调整商品价格,以吸引一些对价格敏感的消费者,以薄利多销使总体利润增加。

(三)以销售增长率最大化为目标

销售增长率是指企业本年销售增长额与上年销售额之间的比率,反映销售的增减变动情况。即:

$$销售增长率=(本期销售额-上期销售额)/上期销售额$$

一般情况下,销售额越大,单位成本就越低,经营者所获利润也就越高。以此为目标的经营者一般采取低价格抢占市场,依靠扩大销售达到总体盈利目的。

(四)以产品高质高价为目标

温饱问题解决以后,人们更为重视农产品的安全、口感、健康和环保。一些著名农业企业生产的无公害农产品、绿色农产品、有机农产品等,其质量过硬,安全有保障,价格也比一般产品定得高,但对消费者仍有巨大的吸引力,企业也因此创造了很好的经济效益。

(五)以市场份额为目标

在竞争性市场上,经营者用保持和增加市场份额作为定价目标,有利于参与竞争。稳定占有某种(或多种)农产品一定量的市场份额,获得绝对的市场定价权,可长久占有市场份额收益。

(六)以适应竞争为目标

大多数经营者对于竞争者的价格都十分敏感,定价之前要广泛收集资料,将本企业产品品质、规格与竞争者类似产品作认真的比较,并主要以对市场有决定影响的竞争者的价格作为定价基础:一是制订与竞争者相同的产品价格;二是高于竞争者的价格,一般资金雄厚、技术条件好和产品优良的企业经常采用此定价方法;三是低于竞争者的价格,比较小的企业或谋求扩大市场占有率的企业,常常采取此种定价方法。

(七)以稳定价格为目标

在市场竞争和供求关系比较正常的情况下,为了避免不必要的价格竞争,保持生产的稳定,以求稳固地占领市场,常常采取保持价格稳定为目标的定价策略。这类经营者通常是同行业中举足轻重的大企业,这个大企业处于领导地位,左右着市场价格,其他企业往往采取跟随策略。

二、农产品定价程序

在选择合适的定价目标后,需要对农产品市场需求、成本、市场价格进行测定,然后确定最终价格。农产品定价程序主要包括以下四个步骤(图8-2)。

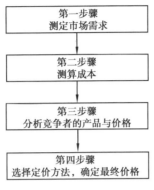

图8-2　农产品定价程序

(一)测定市场需求

主要测定目标市场上消费者对拟投放市场的农产品价格的主观评价,不同营销变量组合对应的农产品需求量,不同价格条件下农产品的需求量和需求价格弹性,为后续定价的顺利进行提供依据。

(二)测算成本

根据成本类型,分析不同生产条件下生产成本的变化,估算不同营销组合下的农产品成本,以此作为定价的依据之一。

(三)分析竞争者的产品与价格

通过调查顾客对市场上竞争者销售的农产品的态度、价格等办法了解这些情况。重点调查分析同一产品竞争者的产品质量、价格水平、可能做出的反应、替代产品的生产等有关情况。

(四)选择定价方法,确定最终价格

获取上述资料后,产品价格区间就基本上可以确定下来。产品成本决定了产品价格的底线,竞争者的价格和代用品的价格以及自己产品所独有的特色为估算其最高价提供了依据。产品价格上下限区间确定后,还需参考营销组合的其他因素,并且确认价格水平是否符合国家有关的政策法规,以及对自身市场经营的影响,在此基础上最终确定价格。

第三节 农产品定价方法

农产品定价方法是农产品经营企业为了在目标市场实现定价目标,给农产品制订基本价格和浮动范围所用的方法。农产品定价方法主要有成本导向定价法、需求导向定价法和竞争导向定价法。

一、成本导向定价法

成本导向定价法是指以农产品的成本为中心,制订对企业最有利的价格的一种定价方法。确定农产品价格时首先要考虑的因素是成本,因此成本导向定价法应用最为广泛,主要有以下几种具体方法。

(一)成本加成定价法

成本加成定价法是指在产品单位成本的基础上,加上预期利润作为产品的销售价格,是最基本的定价方法。售价与成本之间的差额就是利润。由于利润是有一定比例的,这种比例就是人们俗称的"几成",因此这种方法就称为成本加成定价法。采用这种定价方式,一要准确核算成本;二要确定恰当的利润百分比(即加成率)。其计算公式为:

$$P = c \times (1 + r)$$

式中,P 表示商品的销售价格;c 表示商品的单位总成本;r 表示商品的成本加成率。

(二)目标利润定价法

目标利润定价法又称目标收益定价法或投资收益率定价法,主要以企业总成本、总销售量预计为依据来确定产品的价格。其计算步骤如下:

(1)确定目标收益率。目标收益率可以表现为投资利润率、成本利润率、销售利润率等不同形式。

(2)确定目标利润。从投资、成本、销售等不同角度,目标利润可以有不同的计算公式。

目标利润=总投资额×目标投资利润率

目标利润=总成本×目标成本利润率

目标利润=销售收入×目标销售利润率

(3)计算售价。销售价格公式为:

$$销售价格 = \frac{总成本 + 预期利润}{产(销)量} = \frac{固定成本 + 预期利润}{产(销)量} + 单位变动成本$$

目标利润定价法的特点是,首先确定一个总目标利润或目标利润率,然后把总利润分摊到每个产品中去,与产品的成本相加,就可以确定价格。这种方法一般是用于经营较好的农产品生产经营企业,比如具有较高的市场占有率或影响力。

这种定价方法的优点是可以保证实现既定的利润目标,但是由于利用的是预计销售量来确定价格,而价格是影响销售量的重要因素,所以,采用此方法计算出来的价格,不一定能保证预计销售量的实现。因此企业必须在价格与销售量之间寻求平衡,从而确保用所定价格来实现预期销售量的目标。

(三)盈亏平衡定价法

运用量、本、利分析,先计算出不亏不盈时的农产品产量,具体是指在农产品销量既定的情况下,农产品价格必须达到一定的水平才能做到盈亏平衡。与盈亏平衡相对应的销量就称为盈亏平衡点,这是盈亏平衡分析的关键,相应的价格被称为盈亏平衡价格或者保本价格。

盈亏平衡定价法的计算公式如下:

盈亏平衡价格=固定成本/预期销量+单位产品可变成本

高于保本价格则盈利,低于此价格则亏损,因此,确定保本点是一个重要的应用。

这种方法在现实生活中应用较多,甚至在国家农产品宏观分析方面也常涉及。

(四)售价加成定价法

与成本加成定价的方法类似,零售企业往往以售价为基础进行加成定价,售价加成率的衡量方法有两种:一是用零售价格来衡量,即加成率=加成/售价;二是用进货成本来衡量,即加成率=加成/进货成本,成本的不确定性一般比需求小,基于单位成本制订价格可以简化企业定价程序。

$$P = \frac{C}{1 - R}$$

式中,P 为单位成本售价;C 为单位产品成本;R 为售价加成率。

(五)边际成本定价法

边际成本定价法主要是分析企业是否有增量利润,即增量收入减去增量成本。与成本加成法不同之处是此种方法以增量成本为定价基础,主要考虑变动成本回收后尽量补偿固定成本,只要增量收入大于增量成本,这个价格就是可以接受的。

在企业经营中,增量分析定价法适用于市场不景气,企业以维持生存为目标制订定价策略,以及企业生产相互替代或互补的几种产品,综合考虑几种产品的综合效益等情形。

二、需求导向定价法

需求导向定价法是指企业在定价时以消费者对产品价值的理解和需求强度为依据。这种定价方法常用的有三种方式。

(一)认知价值定价法

认知价值定价法也称"感受价值定价法""理解价值定价法"。这种定价方法是以消费者对产品价值的感受和理解程度作为定价的依据。各种产品在消费者心目中一般都有特定位置,消费者在选购某一产品时,常会将其与其他同类产品相比较,通过权衡相对价值的高低来决定是否购买。当商品价格水平与消费者对商品价值的理解水平大体一致时,消费者就会接受这种价格;反之则反。因此,营销者在定价时,需要搞好产品的市场定位,突出产品特色,并通过各种营销手段,加深消费者对产品的印象,使消费者感到购买这种产品能获得更多的相对利益,从而提高他们接受价格的程度。

这一方法的核心是消费者对产品的认知价值,即寻求消费者在观念上的认同,消费者比较全面地感知价值,包括商品效用价值、服务价值、人员价值、形象价值等方面。采用这一方法的关键是正确地估计消费者的认知价值,如果估计过高,就会导致定价过高;反之,就会影响生产经营者的收益。

掌握认知价值定价法需要掌握两个关键:第一,企业应通过市场营销研究,探测消费者对本企业所生产的产品的市场上同类品牌的认知价值;第二,企业还应估计和测量本企业营销组合中的非价格变量,建立认知期望值并比较产品差异和认知价值差异,然后给产品制订价格,这种价值要能反映消费者对产品的评价,而不是企业成本,更不是企业主观价值判断。

认知价值定价法的步骤如下。

第一,确定消费者认知价值,决定商品的初始价格。

第二,预测在初始价格下的商品的销量。

第三,预测目标成本,即由销量算出生产量、投资额及单位成本。

第四,把目标成本与实际成本相比较,计算能否达到预期利润。

(二)需求差异定价法

需求差异定价法又称差别定价法,是指根据销售的对象、时间、地点的不同而产生的需求差异,对相同的产品采用不同价格的定价方法。在这里,同一产品的价格差异主要是由消费者需求的差异所决定的。这种定价方法的好处是可以使企业定价最大限度地符合市场需求,促进商品销售,有利于企业获取最佳的经济效益。根据需求差异来定价,主要有五种情况。

1. 基于消费者差异的差别定价

根据不同消费者消费性质、消费水平和消费习惯等差异,制订不同的价格。

2. 基于不同地理位置的差别定价

由于地区间的差异,同一产品在不同地区销售时,可以制订不同的价格。

3. 基于产品差异的差别定价

质量和规格相同的同种产品,按外观和式样不同来定价。

4. 基于时间差异的差别定价

同一产品在不同的时间实行不同的价格。在需求旺季时,商品需求价格弹性化,可以提高价格;在需求淡季时,价格需求弹性较高,可以采取降低价格的方法吸引更多消费者。

5. 基于不同交易平台的差别定价

通常交易平台是指买卖双方沟通产品信息的渠道。由于不同的交易平台,销售费用、产品送达时间、满足消费者需求的程度及购后感受不同,采取不同的价格可吸引更多的消费者购买。

需求差异定价法比单一价格销售产品更能增加销量,获得更多的"消费者剩余",即消费者在购买商品时所预料的、自愿付出的价格与市场实际价格之间的差额使企业的盈利达到最大化。通常情况下,一位消费者购买商品实际付出的价格,不会高于他愿意支付的价格,这样,对同一商品,不同消费者愿意支付的价格是不同的。所以商家应针对这种需求差异,采用多种价格,实现消费者的不同满足感,从而将这些"消费者剩余"尽可能多地转化为企业的利润。

实行需求差异定价法必须具备一定的前提,包括以下几点。

第一,符合国家的相关法律法规和地方政府的相关政策。

第二,市场能够细分,且各细分市场有其不同的需求弹性。

第三,不同价格的执行不会导致本企业以外的企业在不同的市场之间进行套利。低价市场和高价市场之间是相互独立的,不能进行交易,需防止转手倒卖。

第四,消费者在主观上或心理上确实认为产品存在差异。避免引起消费者的反感,使他们产生被歧视的感觉,放弃或抵制购买。

(三)反向定价法

反向定价法也称倒推定价法,是指企业根据消费者能够接受的最终销售价格,计算自己从事经营的成本和利润后,逆向推算出产品的批发价和零售价。这种定价方法不以实际成本为主要依据,而是以市场需求为定价出发点,力求使价格为消费者所接受。分销渠道中的批发商和零售商多采用这种定价方法,计算方法是:

$$产品价格=市场可接受的零售价格\times(1-批零差率)\times(1-进销差率)$$

三、竞争导向定价法

竞争导向定价法是根据竞争者的价格来定价。生产经营者视自己产品的质量和需求状况,或采用与主要竞争者相同的价格,或高于、低于主要竞争者的价格。其特点是只考虑竞争者价格的高低,而不考虑产品成本和市场需求的变化。这种方法主要包括以下三种定价方式。

(一)随行就市定价法

随行就市定价法又称通行价格定价法,是指参照该产品市场平均价格或者主要竞争者的价格定价,从而使本农产品价格与该产品市场平均价格基本持平。这种定价法适合完全竞争市场和寡头垄断市场,同时也适用于需求弹性比较小或供求基本平衡的商品。

随行就市定价法定价的具体形式有两种:一种是随同行业中处领先地位的大企业价格的波动而同水平波动;另一种是随同行业产品平均价格水准的波动而同水平波动。这种方法的优点在于:企业可以节省调研费用,避免贸然变价带来的风险;各行业价格保持一致也易于同行竞争者之间和平共处,避免价格战和竞争者之间的报复;有利于在和谐的气氛中促进整个行业的稳定发展。随行就市定价法,一般应用于以下情况:农产品生产经营成本不易计算;不愿引起市场价格纷争;重新定价,存在不确定性市场风险等。

(二)相关产品定价法

相关产品定价法是以某种同类产品为标准品,以它的现行价格为标准,通过成本或质量的比较而制订新品种价格的定价方法。

相关产品定价法是一种简便易行的定价方法,能较好地贯彻执行按质论价的原则,有利于保持同类产品价格水平的基本稳定。但这种定价工作的关键在于选定标准品和确定标准品的合理价格。

1. 正确选定标准品

由于标准品是同类产品比质比价的核心,所以企业一般应选择产量大、生产正常、质量稳定、销售面广的产品,而不应选择产量小、质量波动大、无销路的产品。

2. 定标准品的价格

标准品的价格是否合理,关系新产品的价格水平,所以,企业要以成本或质量的标准作为定价依据,认真做好标准品的定价工作,不可随意变动。具体的定价方法有以下三种。

(1)新品种与标准品相比,若成本变动与质量变动的方向和程度大体相似,可按成本差异程度确定新品种价格。其计算公式为:

$$新品种价格 = 标准品价格 \times (1 + 新品种成本差异率)$$

该定价方法虽然简便,但不能反映新产品与标准品的质量差异。

(2)新品种与标准品相比,若质量显著提高而成本增加不大,可按它们的质量差别确定新品种的价格。其计算公式为:

$$新品种价格 = 标准品价格 \times (1 + 新品种成本率)$$

$$新品种价格 \leqslant 标准品价格 \times (1 + 新品种质量差率)$$

(3)若新产品成本减少不多,而质量明显下降,应实行低质低价。其计算公式为:

$$优质新品价格 = 标准品价格 \times (1 - 低质产品质量差率)$$

(三)密封投标定价法

密封投标定价法也称为投标竞争定价法,是指在招标竞标的情况下,企业在对其竞争对手了解的基础上定价。这种价格是企业根据对其竞争对手报价的估计确定的,其目的在于签订合同,所以它的报价应低于竞争对手的报价。密封投标定价法主要用于投标交易方式。投标定价法的步骤如下。

1. 招标

招标是由招标者发出公告,征集投标者的活动。在招标阶段,招标者要完成下列工作。

(1)制订招标书。招标书也称招标文书,是招标人对招标项目成交所提出的全部约束条件,包括招标项目名称、数量;质量要求与工期;开标方式与期限;合同条款与格式等。

(2)确定底标。底标是招标者自行测标的愿意成交的限额,是评价是否中标的重要依据。底标一般有两种:一是明标,它是招标者事先公布的底标,供投标者报价时参考;二是暗标,它是招标者在公证人监督下密封保存,开标时方可当众启封的底标。

2. 投标

由投标者根据招标书规定提出具有竞争性报价的标书送交招标者,标书一经递送就要承担中标后应尽的职责。在投标中,报价、中标、预期利润三者之间有一定的联系。一般来讲,报价高,利润大,则中标概率低;报价低,预期利润小,则中标概率高。所以,报价既要考虑企业的目标利润,也要结合竞争状况考虑中标概率。

3. 开标

招标者在规定时间内召集所有投标者,将报价信函当场启封,选择其中最有利的一家或几家中标者进行交易,并签订合同。

第四节　农产品定价策略

一、新产品定价策略

(一)撇脂定价策略

撇脂定价策略,又称高价厚利策略,撇脂的意思是指从牛奶表面逐层撇取奶脂,撇脂定价是指新产品进入市场后经营者有意识地把产品价格定得大大高于成本,使其能在短时间内把开发新产品的投资和预定的利润迅速收回。采用这一策略的经营者在促销时,产品价格定到什么程度不以成本为标准,只要能满足消费者的炫耀心理,能显示出商品的高品质、高附加值即可。这一策略的实施往往配合强大的宣传攻势,将产品推向市场,使消费者尽快地认识新产品,在短时间内形成强烈的需求欲望和购买动机。当然采取高价策略要有支持高价的产品特性。比如,高价产品应该能突出显示消费者的社会地位和财富,意味着产品高品质、高档次等。

(二)渗透定价策略

渗透定价策略,又称薄利多销策略,是指把新上市产品的价格定得较低,吸引大量消费者,迅速打开和稳定地占领市场。这种定价策略常被以扩大销量、提高市场占有率为定价目标的企业采用。该策略主要包括以下三种。

1. 高质中价定位

高质中价定位是指企业提供优质的产品和服务,但价格却定在中等水平上,以价格的优势吸引众多的消费者,使消费者感到以中等的价格获得高品质消费。

2. 中质低价定位

中质低价定位是指企业以较低的价格,向消费者提供符合一般标准的产品和服务,使消费者以较低的价格,获得信得过的产品。这一目标市场的消费者群对价格敏感,但又不希望质量过于低劣。

3. 低质低价定位

产品没有质量优势,唯一有的是价格优势。这一策略主要迎合一些低收入阶层。使用低质低价策略的条件是:能够通过销售量的增加使产品的生产成本下降,且目标市场的消费者对价格非常敏感。如果发现竞争加剧,经营者应考虑有更低成本的产品推出。

渗透定价的优点是:可促使新产品迅速成长,并迅速占领市场,扩大销量,提高市场占有率,进而大幅度地降低成本,获得成本优势,提高长期利润,打击缺乏这种优势的新的竞争者。渗透定价的缺点是:利润较低,难以在短期内收回投资。

渗透定价策略的适用范围是:新产品进入市场;产品市场规模大,市场竞争性较强;产品需求弹性较大,消费者对产品价格反应敏感,稍微降价就会刺激需求;大批量生产能显著降低成本;薄利多销的利润总额大于按正常价格销售的利润总额。

（三）满意定价策略

当消费者对价格十分敏感时,不能采用撇脂定价策略;当竞争者对市场份额十分敏感时,不能采用渗透定价策略。此时企业应采用满意价格策略,即制订一个不高也不低的适中价格,使企业既能获得适当的利润,又能赢得消费者满意。满意定价策略适合于产销比较稳定的产品。它既可以避免撇脂定价因价格过高带来的风险,又可以避免渗透定价因价格过低造成的收益减少。其缺点是定价较保守,不适用于需求复杂多变、竞争激烈的环境。

二、心理定价策略

心理定价是指运用心理学,根据消费者的不同层次消费需求和不同购买欲望来确定价格。常用的心理定价策略主要有以下四种。

（一）尾数定价

针对消费者的求廉心理,取尾数价格而不取整数价格。一般消费者往往认为尾数价格是经过精密计算的,因而产生一种真实感、信任感、便宜感。尾数定价策略可以顺应某些地区、民族的风俗习惯,从而有利于扩大销售。如 1000 克鸡蛋标价 5.9 元,比标价 6 元更能吸引消费者。现在用的尾数比较多的还有 8,取"发财"中"发"的谐音。

（二）整数定价

根据消费者自尊心理的需要,对一些高级商品要采取整数定价,因为这种定价能满足消费者的虚荣心。例如一盒人参礼品如果定价为 59 元,就不如定价 60 元为好。因为消费者心理感觉 59 元只是 50 多元,没有超过 60 元,心理上得不到满足,不易引起购买动机。

（三）组合定价

当企业经营两种以上相关的产品时,可将关联产品的价格一个定得高些,一个定得低些,对其进行组合。组合定价可分产品线定价法、互补产品定价法、两端定价法、捆绑产品定价法。产品线定价,根据价格把产品划分为高、中、低档产品。互补产品定价,把必须在一起使用的产品,一种价格定高些,另一种价格定低些。服务型企业常采用两端定价法,收取一个固定费用,另外根据使用情况再收取一个可变费用。以上三个办法一般都是针对自己的产品的,捆绑策略可针对不同企业的产品,既可针对互补的产品,也可针对同类产品。

（四）习惯定价

有些日用品,消费者经常接触、购买,对价格已养成固定习惯,不宜轻易变动,而且,物价越稳定,这种习惯定价的产品也就越多。别的企业如生产相同产品,须按已有的习惯价格定价,否则销路就会受影响。有时,企业的生产因素发生了变化,如原材料涨价等,确实需要提价,企业也要将产品改型,或利用新的牌号、新的包装,这样消费者在心理上比较容易接受。

三、分档定价策略

分档定价就是根据不同消费者、不同时间和不同场所,在经营不同牌号、不同花色和规格的同类产品时,不是一种商品一个价格,而是把商品分为几个档次,每一档次定一个价格。分档定价的形式有以下几种。

1. 针对不同消费者群体定不同价格

如许多会员商店,对会员消费者实行标明的价格售货,而对非会员消费者购物则要加收价格的5%～10%。

2. 同一产品按不同花色、样式和规格实行分档定价

如把同为红富士品种的苹果按照大小分成不同的等级,每个等级确定一个价格;出售猪肉时,根据不同部位确定不同的价格。

3. 按位置分档定价

根据销售场所的区位优势、交通便利程度、商业繁华度、消费群体层次等因素确定不同的价格。

4. 按时间分档定价

比如在日本一些大的超市里鲜鸡蛋早上和晚上的价格不同。再如同样的新鲜蔬菜元旦、春节期间价格要比平时高出一倍,甚至几倍。

分档定价可以使消费者感到商品档次高低的明显差别,为消费者选购提供了方便。但分档不宜太少也不宜太多,因为档次太多,价格差别太小,起不到分档作用;档次太少,价格差别太大,则容易使期望中间价格的消费者失望。

实行分档定价要注意以下几点:市场是可以细分的,且每个细分市场的需求强度不同;商品不可能从低价市场流向高价市场,不可能转手倒卖;高价市场上不存在削价竞争;分档定价不应引起顾客不满等。

四、折扣定价策略

(一)价格折扣的主要类型

折扣定价策略指经营者在消费者购买商品达到一定数量或金额时予以价格折扣。折扣定价策略包括以下几种。

1. 数量(金额)折扣

这是指卖主为了鼓励消费者多购买,达到一定数量(或金额)时给予某种程度的折扣。其形式有以下两种。

(1)累进折扣。累进折扣是指买方在一定时期内累计购买达到一定数量或金额时,给予一定折扣,购买越多,折扣比例越高。使用累进折扣,对企业来说,可鼓励用户长期购买,使其成为可信赖的长期用户,便于安排生产经营活动;对消费者来说,可保证货源,便于掌握进货进度。但这种形式适用于宜一次少量购买的不易腐的产品以及日常生活用品。

（2）非累进折扣。非累进折扣是当一次购货达到卖主要求的数量或金额时,就会给予折扣优待。非累进折扣,可以鼓励消费者一次性大量购买,也可以降低企业生产、销售、储运等环节的成本费用。

2. 现金折扣

现金折扣是指消费者在赊销购物时,如果买方以现金付款或者提前付款,可以得到原定价格一定折扣的优惠。主要是销售商为及时回收货款而采取的一种价格促销方式。

3. 交易折扣

根据各类中间商在市场营销中功能的不同给予不同的折扣。交易折扣的多少要根据中间商所承担的营销功能的多少而确定(如推销、储存、服务等)。一般来说,批发商的折扣较大,中间商的折扣次之,零售商的折扣较小,这样可以刺激批发企业大批量购买,并有可能进行批转业务。

(二)影响折扣策略的主要因素

1. 行业竞争者的实力

市场中同行业竞争对手的实力强弱会威胁到折扣的成效,一旦竞相折价,要么两败俱伤,要么被迫退出竞争市场。

2. 折扣的成本均衡性

销售中的折价并不是简单地遵循单位价格随订购数量的上升而下降这一规律。对生产厂家来说有两种情况是例外的:一是订单量大,很难看出连续订购的必然性,企业扩大再生产后,一旦下季度或来年订单陡减,投资难以收回;二是订单达不到企业的生产标准,企业生产运转与分批送货的总成本有可能无法用增加的订单补偿。

3. 市场总体价格水平下降

由于折扣策略有较稳定的长期性,当消费者利用折扣超需购买后,再进行转手出售,跨区域倒卖等现象就会扰乱市场,导致市场总体价格水平下降。

五、地区性定价策略

地区性定价策略是指当产品销售给不同地区的消费者时采取不同的定价方法。地区性定价策略的关键是如何灵活对待装运、保险等费用,是否将这些费用包含在价格中。尤其是运费和保险费成本比例较大时更应重视。具体方法如下。

(一)FOB 产地定价(原地交货定价)

FOB(Free on Board)是常用的贸易术语,亦称离岸价。FOB 产地定价又称原地交货定价,是指消费者在产地按出厂价购买产品,卖主负责将产品运至消费者指定的运输工具上,运输费用和保险费全部由买方承担。这种定价方法对卖方来说是最简单和容易的,对各地区的买主也是适用的。

(二)统一交货定价

统一交货定价是指不论买主所在地距离远近,都由卖主将货物运送到买主所在地,并收取同样的运费。这种策略类似于邮政服务,因此又被称为"邮票定价法"。该策略适用于重量轻、运费低廉,并占变动成本比重较小的产品。它可以使买方感到免费运送而乐于购买,有利于提高市场占有率。

(三)分区运送定价

这是指卖方将市场划分为几个大的区域,在每个区域内实行统一价格,与邮政包裹和长途电话收费近似。距离较远的价格区定价高,距离较近的价格区定价低。

(四)基点定价

这是指企业选定某些城市为基点,然后按出厂价加上从最近的基点城市到消费者所在地的运费来定价。基点定价适用于以下情形:产品运费成本所占比重较大;企业产品市场范围大,许多地方有生产基地;产品的需求价格弹性较小。消费者支付价格等于商品价格加实际所在地到基点城市的运费。

(五)运费减免定价

这是指企业负担全部或部分费用。在企业急于和消费者成交,且交易量较大、交易额较高的情况下,用销售成本的节约部分抵偿运费,从而免收运费。这样可使企业加深市场渗透,提高市场竞争力。

第五节　农产品价格调整及价格变动反应

一、价格变动的原因和对策

(一)主动变动价格

主动变动价格的情形见表8-1。

表 8-1　主动变动价格

原因和对策 变动	降低	提高
原因	该产品供大于求、大量积压,希望夺回市场占有率;成本费用低,希望调价以控制市场	产品成本提高,产品供不应求,通货膨胀
对策	淡季降价比旺季降价有利 同一产品降价次数太多会失去市场占有率 短期内降价不足以阻止新品牌的进入 新品牌降价效果比旧品牌的降价效果好 销量下降时降价效果不理想	要控制提价幅度,不宜太高;及时向消费者说明原因,帮助大宗购买消费者解决提价带来的问题

（二）被动调整价格

被动调整价格的情形见表8-2。

表 8-2 被动调整价格

情况	考虑因素
竞争者情况	变价原因 变价期限是临时的还是长期的 本企业做出反应后,竞争者和其他企业将采取的措施 经济实力
本企业情况	经济实力 经济的市场生命周期 产品的价格敏感度 跟随调整价格后,对企业营销的影响

二、企业应变程序

图 8-3 说明一个企业预先计划如何应对价格变动,并确认非价格竞争在什么情况下比价格竞争更有利,从而提出全部调整或部分调整价格的策略。

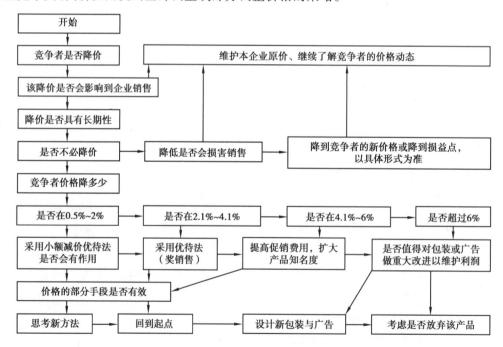

图 8-3 价格应变程序图

三、降价技巧

(一)降价的意义

产品降价,可以扩大销售,增强竞争能力,促使企业加强管理。一般来说,除产品滞销、陈旧变质等原因外,企业要降价销售,就必须降低产品的成本。为此,企业就要加强管理,降低消耗,提高劳动生产率;否则就无法降价,以致减少企业收入。

(二)降价的形式

1. 经营性降价

企业为了扩大产品销售,有时甚至将产品售价降到成本以下,以吸引消费者购买。随着产品销量的扩大,单位产品的成本大幅度下降,从而获得利润。

2. 优惠性降价

企业利用人们的求利心理,对带头购买、经常购买和大量购买的消费者,给予优惠待遇,以鼓励他们扩大购买和经常光顾。

3. 陈旧性降价

企业的产品由于长期积压,在外观、式样或性能等方面已陈旧或变质,无法吸引消费者,企业为了将死物变成活钱,用于进行再生产,可采取降价的形式,促使产品尽快售出。所以,陈旧性降价也称处理性降价。

4. 竞争性降价

竞争性降价是指企业及企业的经销人员在产品的经销过程中为争夺用户所采用的低于竞争对手产品价格的一种策略和手段。

5. 季节性降价

季节性降价是指企业对季节性产品所采用的一种经销手法。在产品的销售旺季,可按正常价格售出;到了销售淡季,应降低产品价格。

6. 效益性降价

效益性降价是指企业由于改进技术、加强管理、降低消耗,使产品的成本明显下降,从而降低产品的售价。降价后,企业仍能保持较好的经济效益,同时也可增强竞争能力,扩大产品销售。

(三)降价的技巧

1. "零头"降价技巧

"零头"降价技巧即根据消费者的求廉心理,将产品的整数价格变为尾数价格。

2. 弹性降价技巧

弹性降价技巧即根据购物的不同数量,确定不同降价幅度的一种降价技巧。产品的弹性降价技巧也称折扣定价技巧,可促使消费者购买更多商品。

3. 自动降价技巧

例如,某家商店规定,店内出售的商品如果 12 天后卖不掉,就自动降价 25% 出售;再过 6 天卖不出,就自动降价 50% 出售;再过 6 天卖不出,就自动降价 75% 出售;再过 6 天卖不出,就将商品送人或抛弃。该店这样做,开始时亏了本,但时间长了,受到了消费者的普遍欢迎。

4. 自行降价技巧

一些易腐变质、当天必须售完的商品,若上午未售完下午就应自行降价,若下午仍未售完商店应及时抛弃处理。

5. 赠送降价技巧

企业为吸引消费者购买商品,一般采用以下三种赠送降价技巧:一是搭配奉送,即消费者买一样东西,店方送一个小纪念品;二是配套发奖,即消费者在店里买东西,可凭发票到指定地点领奖,奖品大都是一些实用的或有纪念意义的物品;三是减价优惠,即消费者购买了东西后,可得到商店所发的优惠券,消费者凭券可在指定柜台购买低价的商品。

6. 逆反降价技巧

一般情况下,商品降价出售,总是由高到低,如 100 元降为 90 元。但有的企业在对商品进行降价时,却登出"100 元可买 110 元商品"的广告。这种降价技巧,从表面上看,与"10 元商品卖 90 元"没有什么差别,但仔细一想则不然。

(1)折扣的大小不同。"100 元商品卖 90 元",折扣价为商品价格的 90%;"100 元卖 110 元商品",折扣价为商品价格的 91%,两者相差 1%,即后者的折扣比前者略低,企业可增加约 1% 的利润。

(2)消费者的心理反应不同。"100 元商品卖 90 元",消费者的直觉反应是削价求售,而"100 元买 110 元商品",即使消费者产生了货币价值提高的心理反应,但产生"与商品降价无直接关系"的错觉。

(3)实现的销售收入不同。在销售情况大致相同的情况下,"100 元商品卖 90 元",一次实现的销售收入为 90 元:"100 元买 110 元商品",一次实现的销售收入为 100 元。显然,后者比前者高出 10 元。

7. 部分降价技巧

为吸引消费者购买,可在企业出售的商品中挑选具有代表性的一两种商品进行降价,或者降低消费者敏感性较强的商品的价格。这样,既可直接吸引消费者前来购物,还可起到让消费者在购买降价商品的同时,也购买其他非降价商品的作用。

8. 全面降价技巧

1987 年,杭州市解放路百货商店在报纸和电视台登出一则广告:"凡本店出售的商品,其价格一律低于杭州市同类商店。如果有消费者买到的商品价格高于本市同类商店,均可持货物和单据到本店领取高出部分的差价。"在这里,该店就是采用了全面降价(低价)的技巧。从表面来看,商店似乎减少了利润,其实并非如此。该店采用此法后,前来购物的人日渐增加,当月销售量就比上年同期上升 45.7%,资金周转加快 10.36 天,利润增长 44.88%。

(四)降价的要求

1.降价的幅度要适宜

企业产品的降价,应根据具体原因、目的和要求进行,降价的幅度既不宜过小也不宜过大。过小,不足以引起购买者的兴趣,达不到降价的目的;过大,既会给企业带来一定的利益损失,又会引起消费者的猜疑。

2.降价的时机要恰当

对时尚商品,流行周期一过就应降价;对季节性商品,季末就应降价;对时尚潮流商品,在落市前就应降价;对一般商品,应尽可能在陈旧、变质前降价。在市场疲软时,对非紧俏商品可随时降价处理。

3.降价的次数应有所控制

总的要求是,企业产品降价的次数不宜太多。一个产品的降价次数多了,会使购买者产生观望等待心理,不利于企业的产品销售,也不利于企业经销工作的正常开展。

4.降价的标签应显示出来

商品降价后,应将降价后的价格标签立即显示出来。制作降价后的价格标签,一种方法是划去原标价,再填写降价后的价格;另一种方法是换上降价后的新标签。

四、提价技巧

提价技巧就是企业及企业的营销人员根据企业的生产经营情况,对企业产品实行提高价格的一种经销方法。

(一)提价的效应

产品提价,对企业来说会产生正、负两种效应。通过提价,可提高企业的盈利水平,增加效益,改善经营管理。如果产品的售价不变,成本提高,时间长了,企业就会缺乏足够的承受能力,就会发生亏损。但提价也会减少销售,削弱产品的竞争力。消费者对提价有一种本能的反感,心理承受能力较弱。所以,产品提价必然会降低(特别是提价开始阶段)销售量。企业只有在发生下列情况之一时,才能对产品进行提价。

第一,在产品供不应求,又一时难以扩大生产规模时,可考虑在不影响消费者需求的前提下,适当提高价格。

第二,对需求弹性较小的产品,企业为提高单位产品利润和总利润,在不影响销售量的前提下,可适当提高价格,如食盐等。

第三,产品的主要原材料价格提高,影响企业的经济效益,在大多数同类企业都有提高价格意向的前提下,可适当提高价格。

第四,产品的性能有所改进,或功能有所提高,或服务项目有所增加,在加强销售宣传的前提下,可适当提高价格。

第五,与竞争对手相比,企业确信自己的产品在品种、款式等方面更受用户欢迎,在市场上已建立良好的信誉,而原定价格水平偏低,可适当提价。

第六,企业产品的生命周期即将结束,经营同类产品的企业大多转产,营销人员在出售产品时,面对一些具有怀旧心理的消费者,可以使自己的产品"奇货可居",提高价格出售。

第七,在国家统一调价时,企业可在国家规定的幅度内提高价格。

(二)提价的要求

1. 提价的幅度要适宜

产品提价的幅度不宜过大,一般应控制在这样的水平上:一是不宜高于企业生产经营费用增加的幅度;二是不宜高于同类产品企业提价的幅度。

2. 提价的形式要灵活

可对产品直接提价,如从 2 元直接提到 2.2 元;可对产品间接提价,如改变结算方法、减少折扣,也可对产品搭配提价,如一种产品提价,可与另一种产品降价相配合。

3. 提价的手法要巧妙

有些产品可通过改变其形状、材质、包装等手法提价,使消费者易于接受。有些产品可通过增添附加物或增加服务项目,或赠送礼品等方法提价,使消费者感到实惠。

4. 选择好提价的时机

对产品性能改进等造成的技术性提价,应在消费者需求量最迫切、反感程度较小的时候提价。如某种仪器经过改进,功能有所提高,消费者又急等使用,则可适当提价。对产品成本提高造成的费用性提价,应向消费者广泛宣传解释,取得广大消费者谅解后提价。

5. 控制提价的次数

产品提价要尽可能一步到位,不宜分步到位。在一定的时间内(如一年),企业产品提价的次数不宜多于一次,否则容易遭到广大消费者的抵制。

6. 提价后要进行情况跟踪

产品提价后,企业的有关部门,如经销部门或财务部门,要对消费者进行跟踪调查。调查的内容主要有两点。第一,消费者对产品提价的承受能力。这种能力可称为产品提价的适宜程度。第二,消费需求的转移情况。一种产品提价,往往会使该种产品的相关产品或代用品的销量增加,由此可反映出该产品提价与相关产品或代用品价格之间的关系,从中分析产品提价的合理性。

7. 提价的回落要慎重

随着企业外部环境的改变和内部条件改善,产品提价后,企业还要适时考虑价格的回落,设法将提高的价格再降下来。要回落价格,就要做好两项工作。一是挖潜。企业只有通过挖潜,大搞技术革新,提高劳动生产率,才能减少消耗,降低成本,使价格回落建立在可靠的基础上。二是慎重。国家定价的产品,其价格也不宜大起大落,否则会损害企业的形象。

课后练习

一、名词解释

成本导向定价法　密封投标定价法　撇脂定价策略　渗透定价策略　FOB 产地定价

二、简答题

1. 影响农产品定价的因素有哪些？
2. 简述农产品定价的目标。
3. 阐述农产品定价程序。
4. 农产品定价方法有哪些？
5. 如何依据需求导向进行定价？

三、论述题

1. 地区性定价主要有哪些策略？哪一种方法更公平？为什么？
2. 结合本地农产品实际情况，谈谈如何给本地农产品进行定价。
3. 农产品经营者如何根据市场变化进行价格调整？

四、案例分析

海南——种好"菜园子"，拎稳"菜篮子"

2021 年 2 月至 12 月，海南 15+N 种（N 种为各市县自行确定不多于 7 个的本土品种）基本蔬菜累计均价为每斤 3.30 元，较上年均价下降 0.38 元，其中 15 种全国可比的蔬菜年均价降幅全国第一；蔬菜均价排位从 2020 年的全国第九位后移到第十九位；其他蔬菜价格每斤均价较上年下降 0.22 元。菜价降，进而带动 2021 年全省居民消费指数全国排名从 2020 年的第十六位后移到第二十九位。

受天气、地理位置等因素影响，海南菜价曾长期在全国位居前列。海南自贸港建设以来，海南省委、省政府着力解决这一问题，2021 年 2 月，海南平价蔬菜保供惠民行动专班成立。如今，"菜价贵"难题逐步得到缓解。

生产：压实责任制，细化具体任务

海南建有常年蔬菜基地 15.5 万亩，供应本地市场，面积不算小，为何还一直存在蔬菜短缺问题？

"一方面，以前有些市县建设常年蔬菜基地，只管搭大棚，建起来后怎么管理、如何提高生产效率，却很少过问；另一方面，设施大棚基地面积仅 1.17 万亩，每年 5 到 10 月份由于高温、暴雨、台风等不利条件，室外蔬菜种植会受到较大影响，导致淡季供应不足。"海南省政府副秘书长、省平价蔬菜保供惠民行动专班办公室主任李东屿说。

针对第一个问题，海南持续压实"菜篮子"市县长负责制，强化党政同责。2021 年，通过出台各市县 15+N 种常年蔬菜生产保供指导计划，将全年基本蔬菜保供自给率 60% 的目标所需要的种植面积和产量按月分解到市县,各市县将具体任务细化到每一块常年蔬菜基地。同时加大督导检查力度,每月对各市县进行调度,并通报排名,对排名靠后的市县适时进行约谈。

"指导计划出台后,已有 7 名市县政府主要责任人被约谈,各市县蔬菜基地利用率有了明显提升。"李东屿说,专班还统筹利用乐东黎族自治县、东方市等地的一些闲置的蜜瓜大棚改造种植蔬菜,并指导海口、文昌、琼海等夏秋季暴雨多、菜地易积水的市县异地建立临时蔬菜基地,并列入常年蔬菜基地动态管理。

为解决"看天种菜"的问题,从 2021 年开始,专班在全省启动建设具有"旱能灌、涝能排、防风雨、能防虫、可控温、可监控"六大功能的 2 万亩全天候光伏蔬菜大棚。

据介绍,预计 2022 年 6 月底第一茬菜产出后,海南蔬菜供应新增锁定 15% 以上的保供自给率。下一步,将加快推进农光互补蔬菜大棚基地建设,力争实现一年四季全天候抗风雨的本地蔬菜保供目标。

流通:加大公益性市场建设和直供直销力度

3 月 26 日,记者在琼海市菜篮子平价生鲜超市看到,店内摆放着各种常见蔬菜,其中圆白菜标价每斤 1 元,土豆标价每斤 1.3 元,"目前店里菜品有 18 种,价格都比其他市场的蔬菜便宜 5 毛到 1 块。"琼海市供销社农产品有限公司总经理何文彬说,"'菜篮子'企业直接供货后,菜价比之前便宜不少。"

"菜篮子"拎得稳不稳,不仅取决于"菜园子"种得好不好,还取决于流通链条畅通与否。海南农贸市场多数为民营,在流通环节,政府长期缺少调控抓手。

"去年以来,海南省供销合作社和 18 个市县供销合作社通过全资、控股、参股等方式重组运销实体,加大公益性市场建设和直供直销力度,其中,琼海、东方等 7 个市县合作社获得了财政支持。"海口市菜篮子产业集团党委书记、董事长王敏介绍,企业依托供销系统,实行企业化管理、市场化运作,承担产销对接职能。

产地直销,减少中间环节。"店里的蔬菜都是云南的蔬菜基地直供的,直接运输到琼海福松蔬菜批发市场,然后分发到各个平价菜销售网点,成本低,也有一定的利润空间。"何文彬说。

"'菜篮子'企业尽可能缩短运输链条,减少流通成本,避免菜价过高。"王敏说,目前,海南各市县"菜篮子"企业已与全省 582 家单位食堂建立直供直销体系,同时与 10 家电商供应商组建货源地遍及全国的电商联盟。2021 年累计运销农产品 44.04 万吨。

除了直供直销外,海南还大力推进平价商店、平价专区、社区菜店、平价摊位等多种模式的平价网点建设,逐步提高平价菜的市场比例。据统计,海南省平价菜交易网点已建成 500 余个,2021 年海南平价蔬菜市场份额占比上升到 38.22%。

销售:推行"智能电子秤+零售保险"机制

把孩子送到学校后,海口市民王女士一如往常来到家附近的农贸市场买菜,在有智能电子秤的平价菜摊,以 1 元钱 1 斤的价格,买了包菜,"平价菜摊有政府兜底,菜价实惠!"

一台智能电子秤怎么和"政府兜底"联系在一起了?

"传统的稳价机制,主要依靠人工采集、逐级上报的方式,无法及时获取零售摊位交易价格。现在有了智能电子秤,海南省平价菜智慧管理平台就能实时抓取上传产销两端的交易数据。"李东屿说,智能电子秤全面铺开后,全省的菜价监管就能细化到每一个零售摊位。

智能电子秤一方面推动了海南传统的农贸市场监管数字化转型,强化明码标价、诚信经营;另一方面则为引导市场主动降价销售的创新模式提供了支持。

2021年,专班联合海南省财政厅、银保监局、保险机构推出"平价蔬菜零售保险",作为财政补贴的政策性保险。"公司通过智能电子秤设备实时采集平价菜销售的品种、数量和价格,以智能电子秤销售数据作为赔付依据。由省、县(市)两级财政补贴80%保费,投保人零售者自缴保费比例仅为20%,同时实行按月承保、按月理赔机制。零售商户只要按照不高于政府倡议的价格销售,就可以按照每斤不超过0.5元的差额得到赔付,第二个月即可拿到赔款。"人保财险海口市分公司副总经理余宏星说。

截至目前,海南全省蔬菜摊位已设置了5533台智能电子秤,初步建立了动态实时价格异常波动的问题发现机制,为省与市县专班每周调度例会提供了最重要的数据基础支撑。同时,蔬菜零售保险也已覆盖全省3 842台智能电子秤。

(资料来源:人民日报,2022-03-29.)

案例思考题:

1. 请结合案例分析影响海南蔬菜价格的因素。

2. 为了种好"菜园子"拎稳"菜篮子",海南省采取了哪些保供惠民行动?

项目九

农产品渠道策略

学习目的

1. 掌握农产品物流的功能与管理。
2. 熟悉农产品中间商与运行模式。
3. 熟悉农产品市场营销渠道选择策略与管理。
4. 熟悉农产品物流发展的新趋势。
5. 了解农产品市场营销渠道的含义及作用。

情境导入

三门峡苹果销售"逆势"飞扬

苹果是三门峡果农致富的"金果果"。三门峡位于豫晋陕三省交界黄河南金三角地区。2020年在决战决胜脱贫攻坚的关键时期,面对新一轮新冠疫情的不利影响,三门峡苹果销售仍"逆势"飞扬,取得良好成效,全市苹果产量201.5万吨,截至2021年2月底,销售率达98.2%,较上年同期高出6.3个百分点;冷库储藏苹果19万吨,已销售15.2万吨,占冷库储量的80%。

三门峡苹果全方位发力,拓渠道、促销售。

开展企业联销。2020年三门峡市113家"特色农产品销售企业大联盟"注册企业、合作社、家庭农场,通过挖掘资源要素,强化互动互补,促进苹果销售内循环有效运转,推动企业降成本、增收益,实现多赢、共赢。联盟内部销售苹果217.6吨,为联盟内企业节约成本50万元,增加收入60万元。

开展消费助销。部门联动合作,构建特色农产品生产源头销售、居民终端消费相结合"双驱动"新格局;组织市直单位和各县(市、区)220个党政机关、企事业单位、社会团体,优先采购苹果等特色农产品,并组织货源进机关、学校等单位食堂。

开展扶贫帮销。以全国消费扶贫月集中活动为契机,个人对口、乡镇专场、电商专区,开展多层次、多形式、多渠道消费扶贫帮销活动。

开展节会展销。东盟博览会、农洽会、农交会以及第二十六届三门峡黄河文化旅游节、农民丰收节"六会双节"活动,签约总金额3.25亿元。

开展电商营销。全市建成益农社1145个,发展涉农电商2500余家,开设涉农网店4200余个。疫情防控期间,电商企业创新搭建"移动菜篮子"网络平台,每天为辖区100多个社区、4万余户居民配送农产品等4万余斤;组织电商企业与阿里巴巴公司合作,在"中国农民丰收节"三门峡专场销售苹果等特色农产品2亿余元。特别是由市委宣传部指导的2020年三门峡市"消费扶贫援企助农"电商直播,收获28万张订单;芭芭农场直播活动,半天时间销售苹果价值200万元。

开展对接直销。三门峡市在商超、集贸市场、餐饮集团设立苹果等特色农产品销售专区专馆专柜80余处,在北京、上海等大中型城市开设直销窗口、经销门店、专卖店铺30多个,三门峡苹果打入高端市场直销渠道;组织农产品专业经纪人260人,开展系统化培训,经纪人销售苹果量占全市总产量的50%以上。其中,陕州区西张村镇宜村果品经纪人任德良,与全国10多个省市近百家果商开展合作,销售苹果3500吨,较上年增长17%。

（资料来源:河南省人民政府门户网站,2021-03-25.）

思考:案例中涉及哪些分销渠道模式? 新形势下,农产品分销渠道应如何变革?

第一节 农产品市场营销渠道模式

一、农产品市场营销渠道的含义及作用

(一)农产品市场营销渠道的含义

在市场营销理念中,分销渠道和市场营销渠道两个术语一般不加区分地交替使用。分销渠道是指产品从生产者向消费者转移所经过的路径,这种路径通常是由交换过程中的一整套相互依存的组织所构成的。市场营销渠道是指配合起来生产、分销和消费某种产品和服务的所有组织和个人。也就是说,市场营销渠道包括某种产品供产销过程中的所有有关企业和个人,如供应商、生产商、经销中间商、代理中间商、辅助商以及最终消费者等。

农产品市场营销渠道是指农产品从生产领域向消费领域转移过程中,由具有交易职能的商业中间人连接的通道。通常情况下,转移活动需经过各种批发商、零售商、商业服务机构在内的中间环节。在这一过程中,营销渠道包括实体、所有权、付款、信息和促销五个方面。具有交易职能的商业中间人是介于生产者和消费者之间并独立于生产者之外的商业销售环节。其特征如下:第一,商业中间人包括商人中间商和代理中间商,不包括生产者自己设立的门市部或销售点,因为商人中间商取得所有权,代理中间商帮助转移所有权;第二,必须具有交易职能,因此商业中间人不包括如铁路、银行、广告公司和其他辅助性营销组织。需注意的是,农产品市场营销渠道与农产品实体转移不同。农产品实体转移是指农产品的实际移动路线。实体转移可节省流通费用,减少农产品的损坏。农产品市场营销渠道与农产品实体转移有时同时进行,有时则可能独立于实体转移而单独进行。

(二)农产品市场营销渠道的作用

1.促进生产,引导消费

营销渠道就是完成农产品从生产者到消费者的转移,农产品市场营销渠道是连接生产

和消费的桥梁。对于生产者来说,既要生产满足消费者需要的农产品,又要正确地选择自己的营销渠道,发挥促进生产、引导消费的作用。

2.吞吐商品,平衡供求

农产品市场营销渠道是由一系列商业中间人联结而成的。在农产品供过于求的地区或季节,商业中间人将农产品蓄积起来,在供不应求的地区或季节销售出去,起到吞吐商品、平衡供求的作用。营销渠道上的商业中间人使农产品市场具有明显的地区性和季节性供求不平衡的矛盾得到缓和。

3.加速商品流通,节省流通费用

选择合适的营销渠道,利用商业中间人的力量销售自己的产品,可带来两方面的好处:一方面,可以缩短流通时间,相应地缩短再生产周期,直接促进生产的发展;另一方面,可以减少在流通领域中积压的商品和资金,加速资金周转,扩大商品流通,节省流通费用。

4.扩大销售范围,提高产品竞争能力

选择合适的营销渠道,将产品交由商业中间人销售,则可运输到更多地方,从而扩大产品的销售范围。同时,一些商业中间人为了自身的利益也乐于为产品做广告,这样就有可能增加销售量,从而提高产品的市场竞争能力。

二、农产品市场营销渠道类型

分销渠道可根据渠道层次的数目来分类,在产品从生产者转移到消费者的过程中,任何一个对产品拥有所有权或负有推销责任的机构,就叫作一个渠道层次。农产品按流通(购销)环节的多少,可以划分为直接渠道和间接渠道。根据中间机构层次的数目可以定义渠道长度,农产品从生产者转移到消费者手中要经历的环节和层次,即农产品流通所经过的中间环节越多,则渠道越长,反之渠道越短。通常将零阶渠道称为直接渠道,一阶渠道定义为短渠道,二、三阶及以上渠道定义为长渠道(图9-1)。

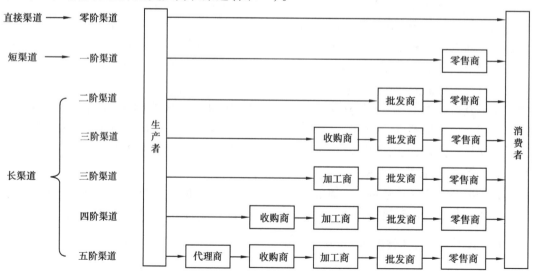

图9-1 农产品市场营销渠道模式

(一)直接渠道

直接渠道又称为零阶渠道,即"生产者→消费者",是指农业生产者将农产品直接出售给消费者,不经过任何中间商。这是一种最简便、最短的渠道。该模式减少了流通环节,降低了交易成本,产品价格相对较低,但规模小、集中度低、附加值低。

(二)间接渠道

间接渠道指有一级或多级中间商参与,农产品经由一个或多个商业环节售给消费者的渠道类型。大多数农产品生产者缺乏直接组织市场销售的财力和经验,采用间接渠道,通过专业化职能的中间商分销农产品,既能有效利用中间商开拓目标市场的效率,又能集中资源聚焦所经营的核心业务。因为农产品批发商、零售商在销售网络、渠道关系、运营经验、专业水准和规模经济方面具有显著优势,费用总水平通常会低于生产者自营销售,可以获得更高利润。另外,农产品经销中间商能更好地协调生产者提供的产品与消费者需求的产品组合之间的匹配度,包括产品包装、分级分等、时间地点差异等带来的一系列矛盾,这是生产者难以承担的。

1. 生产者→零售商→消费者

这种模式也称一阶渠道,是指农业生产者将农产品出售给零售商,再由零售商转卖给最终消费者,中间有一道转卖环节。该模式能促进订单农业和系列农产品市场、加工、销售链条的建立,但物流效率低、物流成本高。

2. 生产者→批发商→零售商→消费者

这种渠道也称二阶渠道,分销渠道有两层中间环节。这种模式为大多数中小型企业和零售商所采用。农业生产者将农产品出售给批发商,批发商再转卖给零售商,最后由零售商出售给消费者。该模式极大地扩大了物流过程的半径,但农民的利润空间小,消费者要支付更高的价格作为中间环节产生的成本。

3. 生产者→收购商→批发商→零售商→消费者

这种模式是在生产者和批发商之间又经过一道收购商环节。农产品的收购商有两类:一类是基层商业部门设立的独立核算的收购站和供销社,它们收购农副土特产品,然后交给市、县商业批发企业;另一类是个体商贩,他们走街串镇,收购农副产品,然后转卖给批发企业。

4. 生产者→加工商→批发商→零售商→消费者

这种模式是生产者将农产品出售给加工商,而不是收购商。这种模式主要适合有些农产品的原始形态不适合消费者直接消费,必须经过加工的产品。可以说,加工是整个农产品流通过程的主要环节,也是农产品市场营销渠道与工业品营销渠道的主要区别之一。采用这种渠道模式,必须在农产品产地设有农产品加工厂,便于生产者直接出售。

5. 生产者→收购商→加工商→批发商→零售商→消费者

这种模式最适合需要加工的农产品。例如,在生猪集中产区,农村食品收购站将收购的生猪转运至肉联厂屠宰、加工;在鸡、鸭、鹅集中产区,分散在农村各地的禽羽收购商,将零星收购的禽羽卖给羽绒厂加工成羽绒制品。

6. 生产者→代理商→收购商→加工商→批发商→零售商→消费者

这种模式是在生产者和批发商之间多增加了代理商、收购商和加工商。例如,在我国有些农村地区,生猪收购环节中专门设置有代购代销员,他们的身份是农民,但为农村食品收购站工作。他们按其收购额的一定比例提取手续费作为报酬。这些代购代销员实际上就是农村食品站的代理人。

第二节　农产品市场营销渠道选择策略与管理

一、影响农产品市场营销渠道选择的因素

生产者和经营者在选择正确的销售渠道时,要考虑农产品经营者的主观条件和客观条件等诸多因素,具体来说包括如下因素。

(一)产品因素

1. 产品的单位价格

农产品单价越低,营销渠道应越长;反之,农产品单价越高,营销渠道应越短。

2. 产品的体积与重量

体积过大或过重的农产品,应选择较短的分销路线,最好采用直接营销渠道;体积小而轻的农产品,一般数量较多,有必要设置中间环节。

3. 产品的自然属性

大多数农产品都是鲜活商品,具有易腐、易损、易死亡等特点。对于这些农产品,营销渠道应该尽可能短些、宽些,以减少这些鲜活农产品在流通过程中的损失。

4. 产品的季节性

季节性强的农产品,应充分发挥中间商的作用,以便更好地推销。农产品一般要在上市旺季多储存,以备淡季之需,其营销渠道应长些,以解决农产品的季节性生产和常年性消费之间的矛盾。

5. 产品数量

可以提供的农产品数量越多,就越需要通过中间商销售;反之,数量少,生产者或经营者有能力自己销售或只需选择较少的中间商销售,其营销渠道就短些、窄些。

6. 新产品

为尽快把新产品投入市场,扩大销路,生产企业会重视组织自己的推销队伍,直接与消费者见面,推介新产品和收集消费者意见。假如能够同中间商取得良好合作,也可以考虑间接销售模式。

(二)市场因素

1.目标市场的选定

这是选择目标市场时需要注意的重要因素。如果目标市场比较近,生产者或经营者可选择直接销售或较短渠道。如果目标市场比较远,则需要经过长途运输,甚至还要经过储存,其营销渠道较长。

2.市场的地区性

购买力强的大城市,大百货商店、超级市场、连锁商店,可直接从生产企业进货,宜采取最短的销售渠道;反之,购买力弱的地区和中小零售商则必须通过批发环节。

3.地区差价的大小

农产品的地区差异大,中间商从事贩运活动有利可图,营销渠道可长些;反之,则要短些。

4.消费者偏好

对于那些购买次数频繁,消费者希望可以随时随地购买的农产品,可选择通过批发商和为数众多的中小零售商,将产品专卖给广大的消费者。有些农产品,有的消费者喜欢到生产者那里购买商品,有的消费者喜欢到零售商店购买,对于这样的农产品,生产企业既应直接销售,也应间接销售,以满足不同消费者的需求,同时也增加了产品的销售量。

5.竞争特性

生产者的渠道设计也受到竞争对手使用的渠道的影响,因为农业生产者希望在相同或类似的分销场所与竞争对手的产品竞争。例如,食品生产商希望他们的品牌与竞争品牌一起销售。在某些情况下,企业会尽量避免使用竞争对手使用的分销渠道。例如,褚橙没有选择多数竞争对手使用的平台,而是独家授权原生活网分销产品。

6.企业特性

企业特性有以下6方面的内容。

(1)总体规模。企业总体规模的大小决定了其市场范围、客户规模及强制中间商合作的能力。

(2)资金能力。如果企业本身资金雄厚,盈利水平高,产品又畅销,通常可以自由选择分销渠道,甚至有能力建立自己的销售网点。采取直接渠道,实行产销合一的经营方式。企业资金薄弱,无力支付市场调查、广告、推销人员、销售网络设施、产品运输等方面的费用,只能依赖中间商进行销售和提供服务,选择间接分销渠道。

(3)销售能力。生产企业在销售力量、储存能力和销售经验等方面具备较好条件的,应选择直接分销渠道;反之,则必须借助中间商,选择间接分销渠道。另外,企业如能和中间商进行良好的合作,或对中间商能进行有效的控制,可选择间接分销渠道。若中间商不能很好地合作,将影响产品的市场开拓和经济效益,不如进行直接销售。

(4)可能提供的服务水平。中间商通常希望生产企业尽可能多地提供广告、展览、培训等服务,为销售产品创造条件。若生产企业无意或无力满足这些方面的要求,就难以达成协议,迫使生产企业自行销售;反之,提供的服务水平高,中间商乐于销售该产品,生产企业则选择间接分销渠道。

(5)产品组合。企业的产品组合宽度越大,与消费者直接交易的能力越大;产品组合的深度越大,使用独家销售或选择性代理商就越有利;产品组合的关联性越强,越应使用性质相同或相似的渠道。

(6)营销政策。农产品经营者如果为消费者提供快速交货的服务,就要提高对中间商执行能力、存货水平以及物流系统等要求。

(三)环境因素

国家政策的变化决定着农产品市场营销渠道的取舍和变更。政府根据各种农产品在国计民生中的重要程度,对有些关系国计民生的农产品实行收购、派购或议购政策。农业生产者必须按照统派购任务先卖给国营商业或供销合作社。完成统派购任务后的剩余产品才允许上市,由农业生产者自由选择营销渠道。农产品经营者应研究如何在国家政策允许的范围内选择合适的营销渠道,以省工、省时,节约流通费用,取得最佳的经济效益。另外,如税收政策、价格政策、出口法、商品检验规定等,也会影响农产品市场营销渠道的选择。自然环境对营销渠道的影响主要表现在地理位置方面,若农产品地处交通便利地区,开展直接营销的可能性就较大,而地处偏远地区的农产品,就只能采用较长的营销渠道。

二、农产品分销渠道的选择策略

农产品分销渠道的选择,不仅要求保证产品及时到达目标市场,而且要求选择的分销渠道销售效率高,销售费用少,能取得最佳的经济效益。因此,农业企业在进行分销渠道选择前,必须综合分析企业的战略目标、营销组合策略以及其他影响分销渠道选择的因素,然后再做出决策。

(一)直接销售与间接销售的选择策略

农产品直销是指面对面的直接销售方式,这种方式不受渠道、空间、时间的影响。农产品间接销售是指农产品生产经营者通过中间商环节把产品传送到消费者手中。连接农产品生产者与消费者的中间商包括分销渠道的代理商和分销商;从是否具有经营权来区分的独立的中间经营供应商或代销商;根据属于消费市场还是产业市场划分,前者分为批发商和零售商,后者分为销售代理商和批发代理商。

企业在选择时,必须对产品、市场、企业营销能力、控制渠道的要求、财务状况等方面进行综合分析。一方面,直接销售具有销售及时、节约费用、可加强推销、可提供服务、可控制价格、能了解市场等优点;另一方面,由于直接销售使产品的整个销售职能完全落在农业生产者的身上,其费用也完全由自己负担,因此生产量大、销售面广、消费者分散的产品,任何企业都没有能力将产品送到每一个消费者手中,即使能送到也是不经济的,所以这些企业只能选择间接销售渠道。而宜采用直接销售渠道具体有以下情况:一是大宗原材料消费者购买量很大,购买次数少,消费者数量有限;二是生产资料产品技术复杂,价格高,用户对产品规格、配套、技术性能有严格要求,需要安装和维修服务,交易谈判时间较长;三是生活用品中的一些容易变质的产品和时尚产品,以及价格昂贵的高档消费品。

（二）长渠道与短渠道的选择策略

分销渠道长短是指产品从生产者到最终用户所经历的中间环节的多少。当企业决定采用间接分销时,就要考虑渠道层次的多少。分销渠道越短,生产者承担的任务就越多,信息传递越快,销售越及时,就越能有效地控制渠道。越长的分销渠道,中间商承担的任务就越少,信息传递就越慢,流通时间越长,生产者对渠道的控制就越弱。因此生产者在选择时,应综合考虑生产者的特点、产品的特点、中间商的特点以及竞争者的特点加以确定。

（三）农产品分销渠道宽窄的选择策略

分销渠道的宽窄是指分销渠道中的不同层次使用中间商数目的多少,主要有三种可供选择的策略。

1.广泛分销策略

广泛分销策略也称密集分销策略,是指生产者利用很多中间商经销自己的产品。其特点是充分利用场地,占领尽可能多的市场供应点,以使产品有更多展示、销售的机会。该策略一般适用于原生态的农产品或农产品加工产品的分销。

2.选择性分销策略

选择性分销策略是指生产者从愿意合作的中间商中选择一些条件较好的中间商销售自己的产品。其特点是生产者在某一市场上选用少数几个有支付能力、销售经验、产品知识及推销知识、信誉较好的中间商推销其产品。该策略一般适用于消费者需要在价格、质量等方面精心比较、挑选后才能决定购买的产品和农产品加工产品的分销。该策略的优点是减少了生产者与中间商的接触,每个中间商可获得较大的销售量,有利于双方合作,提高渠道的运转效率,而且还有利于保护产品的声誉,便于生产者对渠道的控制。

3.独家分销策略

独家分销策略指生产者在一定的市场区域内仅选用一家经验丰富、信誉卓著的中间商销售生产者的产品。在这种情况下,双方一般都签订合同,规定双方的销售权限、利润分配比例、销售费用和广告宣传费用的分担比例等;生产者在特定的区域内不能再找其他中间商经销其产品,也不允许所选定的中间商经销其他生产者的同类竞争性产品。该策略主要适用于消费者挑选水平很高、十分重视品牌商标的特殊品,以及需要现场操作表演和介绍使用方法的产品。该策略的优点是:易于控制市场的产品价格,可以提高中间商的积极性和销售效率,更好地服务市场;有利于产销双方相互支持和合作。而缺点是:在该市场区域内,生产者过于依赖该中间商,容易受其支配;在一个地区选择一个理想的中间商并不容易,如果选择不当或客观条件发生变化,可能会完全失去市场;一个特定地区只有一家中间商,可能因为推销力量不足而失去许多潜在消费者。

三、农产品市场营销渠道管理

（一）对中间商的选择

中间商的质量直接影响企业的产品销路及经济效益。企业选择中间商应依据以下条件。

1. 目标市场

选择的中间商,其服务对象应与本企业的目标市场相一致。挑选的中间商一定要与本企业产品的销路相对口是最基本的条件。

2. 地理位置

零售商应位于人流量大的地区,批发商应有较好的交通运输及仓储条件。

3. 产品经营范围

应选择经营有相互连带需要的中间商。企业一般不要选择销售竞争对手产品的中间商,但是,若本企业产品的质量确实好于竞争对手的产品,亦可将其产品交给经营竞争对手产品的中间商,但应考虑其价格不要过于悬殊。

4. 促销措施

要考虑所选择的中间商是否愿意承担部分促销费用。一般来说,拥有独家经销权的中间商,会负责部分广告活动,或与企业合作共同负担促销活动及其费用。

5. 提供服务

农产品的销售工作一般需要各种服务的相互配合。有些农产品在销售过程中,还需要提供技术指导或财务帮助(赊销或分期付款),所以,在选择中间商的时候需考虑他们是否具备销售服务的各种条件。

6. 运输和储存条件

运输和储存条件对某些产品的生产企业是十分重要的。例如,保鲜食品有没有专门的运输设备或仓库的大小及温度能否可控等,是选择中间商的一个决定性条件。

7. 财务状况

财务力量较强和财务状况较好的中间商不仅可以按期结清货款,而且可能预收货款,为企业提供某些财务帮助;反之,财务状况不好的中间商会发生拖欠货款,以致给生产企业带来某些不应有的损失。

8. 管理能力

如果所选择的中间商的领导者很有才干,其各项工作安排井然有序,说明他们可以信赖,并有条件把产品的销售工作做好,因为管理水平的高低对经营的成败关系极大。

(二)对主要营销渠道评估

生产者已经明确了产品进入目标市场所依赖的主要分销渠道,还需要对其进行评估,依靠评估的结果可以决定满足企业长期目标的最佳渠道方案。评估时应考虑以下问题。

1. 每一条分销渠道的销售额与销售成本的关系

一般来说,利用中间商销售的成本较企业自销的成本低。但通过中间商销售的成本增长较快,当销售额达到一定水平后,利用中间商销售的成本将越来越高,因为中间商按一定的比例索取较大的佣金,而企业自己的销售人员只享受固定工资或部分佣金。因此,规模小的企业,或大企业在销售量小的地区,利用中间商销售成本较低、利润高,比较合算,当销售额增长到一定水平之后,可实行直销方式。销售利润平衡点分析如图9-2所示。

图中两条利润直线的交叉点F是两种形式的利润平衡点。由于直销方式利润直线的斜率大于间接销售方式利润直线的斜率,故当销售量大于 Q 时,宜采用直销方式;当销量小于 Q 时,应采取间接销售方式。

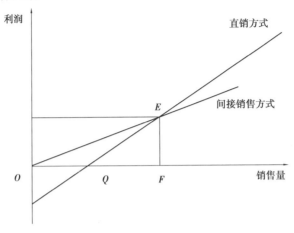

图 9-2　销售利润平衡点分析

2. 生产商对分销渠道成员的可控程度

若利用大的中间商,对渠道成员进行控制可能产生较大的问题,因为中间商是以追求利润最大化为目标的独立的商业公司,生产商一般无力左右或影响其进货和销售行为。若中间商的销售人员对产品的技术性能和相应的促销材料不够熟悉,使销售促进难以有效实施。但中小型的中间商一般依附于生产商,愿意接受生产商的要求和指导,按双方的共同协议行事,故易于控制。

3. 分销渠道成员的信誉及其适应市场变化的灵活性

这是指对渠道成员在买卖中的信用情况、财务状况、社会形象、商业地位和竞争能力作出评估。在实际工作中,生产商应对上述内容进行综合考察、权衡利弊,然后认真地评估选择。这样,生产商就有可能达到自己的期望,取得好的营销效果。

(三)营销渠道管理

在选择了销售渠道的模式并确定了具体的中间商之后,企业还应对其销售渠道进行管理,即对中间商进行激励、检查和必要的调整。

1. 对中间商的激励

销售渠道由各渠道成员构成。一般来说,各个渠道成员都会为了共同的利益而努力工作。但是,由于各渠道成员是独立的经济实体,在处理各种关系时会过分强调自己的利益。因此,对于选定的中间商,必须尽可能调动其积极性,采取有效的手段对其进行激励,以求得最佳配合。可以采用的措施有以下几个方面。

(1)向中间商提供物美价廉、适销对路的产品。这是激励中间商的重要措施,也是为中间商创造良好的销售条件。为此,企业应根据市场需求以及中间商的要求,合理调整生产计划,改进生产技术,改善经营管理以及提高产品质量,以更好地满足中间商的要求。

(2)合理分配利润。企业要充分运用定价策略,考察各中间商的进货数量、信誉、财力、管理等因素,根据不同情况分别给予不同的折扣。同时,也应充分考虑市场需求和中间商的利益,根据实际情况的变化随时调整价格,合理分配双方利润。

（3）授予独家经销权。这种做法可获得中间商的积极合作。中间商将更愿意在广告、促销等方面投入资金。尽管产品的销售市场可能受到一定的影响，但独家销售可以为生产企业和经销商双方带来名誉上的好处。

（4）开展各项促销活动。企业可利用广告宣传其产品，给予中间商支持；对于技术性较强的产品，企业应为中间商培训人员；企业还应经常派人协助中间商进行营销推广，如安排产品的陈列、举办产品展销等。

（5）资金支持。中间商一般都希望生产企业能够给予他们一定的资金支持，可以采取售后付款或先付部分货款待产品出售后再结算的方式，以解决资金不足的问题。这可促使他们增加进货，积极推销产品。

（6）提供市场信息。市场信息是企业开展市场营销活动的重要依据。企业应将所掌握的市场信息及时传递给中间商，以便能及时调整和制订销售策略。

2. 对中间商的检查

企业要对中间商进行有效的管理，还需要制订一定的考核标准，检查、评估中间商的表现。这些标准包括：销售指标完成情况、平均存货水平、向消费者交货的快慢程度、对损坏和损伤商品的处理、与企业宣传及培训计划的合作情况以及对消费者的服务表现等。在这些指标中，比较重要的是销售指标，它表明企业的销售期望。经过一段时间后，企业可公布对各个中间商的考核结果，目的在于鼓励那些销售量大的中间商继续保持声誉，同时鞭策销量小的中间商努力赶上。企业还可以进行动态的分析比较，从而进一步分析各个不同时期各中间商销售状况。若某些中间商的绩效低于标准，应查找其原因，采取相应的措施。

3. 销售渠道改进

为了适应多变的市场需求，确保销售渠道的畅通和高效率，要求企业对其销售渠道进行改变。改进销售渠道主要有以下几种方式。

（1）增减渠道成员。这是指在某一销售渠道里增减个别中间商，而不是增减渠道模式。但在决定增减个别中间商时，重要的是，企业需要作经济效益的分析。分析增加或减少某个中间商将对产品的销售、企业的收益等带来何种影响，其影响程度如何。一旦决定增减某个中间商，就要采取相应的措施，防止出现一些不必要的矛盾。

（2）增减销售渠道。这是指增减渠道模式，不是指增减渠道里个别中间商。若增减渠道成员不能解决问题，企业可考虑增减销售渠道模式。采取这种方式时要对可能产生的直接、间接影响及经济效益进行广泛的分析。

（3）调整销售系统。这是指改变整个销售渠道系统，即对企业原有的销售体系、制度，进行通盘调整，不是只在原有销售渠道的基础上进行完善。此类调整难度较大且将会引起市场营销组合的一系列变化。增减渠道成员属于结构性调整，重点在于增加或减少某个中间商；增减销售渠道和调整销售系统属于功能性调整，目的在于将销售任务在一条或多条销售渠道的成员中重新分配。销售渠道是否需要调整，调整到什么程度，应视具体情况而定。

（四）营销渠道冲突化解

渠道成员之间的合作程度、协调程度如何，将直接影响到整个渠道的分销效率和效益。

1. 渠道冲突的表现形式

渠道冲突是指当分销渠道中的一方成员将另一方成员视为对手，且对其进行伤害或在损害该成员的基础上获得稀缺资源的情形。我们必须对渠道冲突加以重视,防止渠道关系恶化,甚至是整个渠道体系的崩溃。渠道冲突的类型可以分为水平渠道冲突、垂直渠道冲突和多渠道冲突 3 种。

(1)水平渠道冲突。水平渠道冲突是指某渠道内同一层次中的成员之间的冲突。如同级批发商或同级零售商之间的冲突,表现形式为跨区域销售、压价销售、不按规定提供售后服务或提供促销等。

(2)垂直渠道冲突。垂直渠道冲突是指同一条渠道中不同层次之间的冲突。如制造商与分销商之间、总代理与批发商之间、批发商与零售商之间的冲突,表现形式为信贷条件的不同、进货价格的差异、提供服务(如广告支持)的差异等。

(3)多渠道冲突。多渠道冲突是指两条或两条以上渠道之间的成员发生的冲突。当制造商在同一市场或区域建立两条或两条以上的渠道时,就会产生此类冲突。如直接渠道与间接渠道形式中成员之间的冲突,代理分销与经销分销形式中渠道成员之间的冲突。表现形式为销售网络紊乱,区域划分不清,价格不同等。原来可口可乐的销售渠道不是零售,后来开始采用售货机,终端销售机实际上就是一个细分渠道,一开始零售商非常不乐意,因为这个终端销售机好像也是最终面向消费者,但可口可乐解决了类似的冲突问题。因为看似是定位在相同的消费者,但还是有办法再进行细分。

2.渠道冲突的起因

渠道成员之间的冲突的起因很多,大致可以归纳为以下几点。

(1)角色失称。当一个渠道成员的行为超出另一个渠道成员对其行为角色的期望范围时,角色失称就会发生。有些情况下,角色失称也发生在当一个渠道成员不能确定哪些行为是可以接受的时候。为了避免角色失称,渠道成员需要了解其他成员的具体期望是什么,他需承担什么责任,以及他的行为绩效如何被对方所评价。

(2)感知偏差。它指的是渠道成员如何对他所处的形势进行解释,或如何对不同的刺激作出反应。例如,一个零售商如果认为 50% 的毛利率是合理的水平,那么他就可能认为制造商规定的 40% 的加成率太低。渠道成员应通过加强相互间的理解来减轻甚至消除这种感知差异。

(3)决策主导权分歧,即一个渠道成员认为其他渠道成员的行为侵害了自己的决策权。例如,零售商或生产商是否有权制定最终零售价格,制造商是否有权对分销商的存货水平作出要求。

(4)目标不相容,即成员间的目标是不相容的。例如,新希望牛奶公司希望为它的新品酸奶获得额外的展示货架空间以提高市场份额,而分销商则关心这种新产品是否会创造更多利润,通常情况下这两者是相互矛盾的。目标不相容还可以在分销商和制造商"如何使利润最大化"的分歧上体现出来。分销商为使利润最大化通常希望提高毛利率,加快存货周转速度,降低成本并获得较高的制造商津贴,而制造商为了提高销量通常倾向于降低零售毛利率、增加分销商库存、提高促销费用并减少津贴。

(5)沟通困难,也就是信息在渠道成员间的传递缓慢或不准确。为了克服沟通困难,许多大的零售商都要求他们的供应商就订单、发票以及装运通知单等方面与其进行充分的交流。实际上,沟通困难也是造成感知偏差的原因之一。

(6)资源缺乏。争夺稀缺的资源是渠道冲突产生的一个重要原因。例如,对客户资源的争夺使许多实施多重分销策略的企业与分销商产生摩擦。

3. 化解渠道冲突的对策

渠道冲突的存在是一个客观事实,不能消灭,不能根除,只能通过分析,区别对待。并非所有的冲突都会降低渠道效率。低水平的渠道冲突可能对分销效率无任何影响,中等水平的渠道冲突有可能会提高渠道的分销效率,而只有高水平的渠道冲突才会降低渠道的分销效率。适当冲突的存在会增强渠道成员的忧患意识,刺激渠道成员的创新意识。

(1)销售促进激励。要减少渠道成员的冲突,有时成员组织的领导者不得不对其政策、计划进行折中,对以前的游戏规则进行修改,这些折中和修改,是为了对成员进行激励,以物质利益刺激他们求大同,存小异,大事化小,小事化了。如价格折扣、数量折扣、付款信贷、按业绩的奖罚制度、分销商成员的培训、成员的会议旅游等。

(2)进行协商谈判。协商谈判是为实现解决冲突的目标进行的讨论沟通。成功的、富有成效的协商谈判能够将原本可能中断的渠道关系引向新的成功之路。协商谈判是分销渠道管理之中常有之事。有效的谈判技巧非常有用,首先它是渠道成员自我保护和提高自己地位的手段。如果掌握了这一技巧,在面临冲突解决问题时保持良好关系的可能性就会大大增加,甚至许多对手也会因一次成功的谈判而成为长久的合作伙伴。

(3)清理渠道成员。对于不遵守游戏规则、屡犯不改的渠道成员,有可能是当初对其考察不慎,该成员的人格、资信、规模与经营方式都未达到成员的资格和标准。此时就应该重新审查,将不合格的成员清除出联盟。如对那些肆意跨地区销售、打压价格进行恶性竞争的分销商,或长时间未实现规定销售目标的分销商,都可以采取清理的方法。

(4)发挥行业组织的作用。农产品行业协会一般以农产品市场为支撑,为从事农产品流通营销大户、中介服务组织——农民经纪人(农户、合作组织、企业等)等搭建一个平台,以方便相互联系沟通、磋商合作、交流经验、洽谈贸易。通过农产品行业协会,可以加强渠道成员之间的业务沟通,如通过商会、工商联合会,组织专题研讨会,对商贸工作中的一些热点问题广泛交换意见,促进各方做好工作。

(5)使用法律手段。法律手段是指渠道系统中存在冲突时,一方成员按照合同或协议的规定要求另一方成员行使既定行为的法律仲裁手段。比如在特许经营体系中,特许经营商认为特许总部不断新添的加盟商侵蚀了他们的利益,违反了加盟合同中的地理区域限定,这时就很可能要采用法律手段来解决这一问题。法律手段应当是解决冲突的最后选择。因为一旦采用了法律手段,另一方可能会完全遵守诉讼方的意愿而改变自己的行为,但是会对诉讼方产生不满,这样的结果是双方的冲突可能会增加而非减少。从长远看来,双方可能会不断卷入法律纠纷而使渠道关系继续恶化。

第三节 农产品中间商与运行模式

一、农产品批发商

农产品批发是指将农产品销售给为了转卖或其他商业用途而购买的个人或组织的活

动。农产品批发商是指把农产品卖给那些为转售而购买的零售商的中间商,主要指从事农产品批发活动的企业,而不包括制造商和零售商。

(一)农产品批发商的特点与功能

1.农产品批发商的特点

与零售商相比较,农产品批发商具有以下特点。

第一,农产品批发商的交易次数较少而每次交易量较大,并有一定的批发起点,以批发价格出售。

第二,农产品批发商的交易对象比较稳定,他们对交易产品的规格、性能等有比较深刻的了解,具备一定的专业知识。

第三,农产品批发商拥有比较雄厚的资金,可以承担比较大的风险。

第四,农产品批发商的活动范围广,可以把产品售往相距很远的两地。

第五,农产品批发商对市场变化的反应比零售商更加敏感。

第六,农产品批发商的进货渠道比较稳定,与生产者关系更为密切。

第七,农产品批发交易行为结束后,商品流通过程并没有结束,而是将商品转到另一家企业继续进行流转或进行生产再加工。

2.农产品批发商的功能

农产品批发商处于生产者与零售商之间,起着桥梁和纽带作用,而且随着经济的社会化和现代化,农产品批发商所起的作用越来越突出,表现如下。

(1)促进产品的销售。由于批发商大量地从生产者那里购买产品,从而减少了生产者在销售工作方面的时间和费用,减轻了生产者的营销负担,使其集中精力抓技术、抓生产,提高产品的质量,以便更易于销售。另外,产品经过批发商这个环节,看似增加了一道关卡,但实际上这是销售的集约化和社会化,由批发商来处理商品的各流通渠道,速度更快,效率更高,缩短了商品到消费者手上的时间。

(2)储存货物并发挥空间效用。批发商经常进出大宗货物,因此,它必须保持一定的库存量来储存农产品,减轻了生产者的库存压力。另外,由于批发商有一定的库存,可以为零售商及时提供货源,从而也使零售商保持较小的库存和减少零售商缺货的情况,批发商就像蓄水池一样,充分发挥了空间效用,是社会经济稳定的重要砝码之一。

(3)扩大运输规模。一般的生产者为了减少销售费用的支出,往往都采取就近销售的做法,市场覆盖面小。批发商的出现,使组织大规模的运输变得可能,生产者的产品运往各地,从而扩大了生产者的市场范围,也使消费者可以购买到异地产品,增加其购买的品种,扩大其选择范围。

(4)资金融通。批发商的资金是一笔独立的资金,一方面,它可以为生产者提供赊销信用,也可以为零售商提供赊购信用;另一方面,生产企业和零售商也可以为之提供赊销和赊购信用。这样,就可以使生产者、批发商和零售商之间资金互相通融,连为一个整体,使社会上闲置的资金被充分利用起来,获得原来没有的经济效益。

(5)承担风险。由于批发商是大批量地进货和大批量地储存商品,这就为生产企业和零售商承担了许多市场风险。

(6)沟通产销信息。批发商处于生产者与零售商之间,便于了解产品的生产情况和市场对产品的反应。因此,他们既可以向生产者提供市场需求价格变动的信息和消费者对产品的意见,又可以向零售商提供产品的生产情况和新产品上市的信息。作为连接生产者和消费者的桥梁,批发商联系面广、信息灵通,素有"市场的耳目"之称。

(7)代替生产者和零售商的部分工作。一方面,批发商可以为生产者的农产品进行必要的初步分工、挑选、整理、分级、编配和包装等活动;另一方面,也可以为零售商进行批货处理,首先是大量购进,然后再分成小量卖给零售商。

(8)管理服务。批发商可以为生产者引进外地新产品品种,介绍新技术并提供对产品的改进建议,为其管理出谋划策。批发商也可以为零售企业培训售货员,提供有关商品的知识,帮助零售商改善经营管理,搞好商品的陈列和广告宣传等。

(二)农产品批发商的类型

批发商的活动性质不同,则有不同的分类标准。

①按农产品的产销地来分,可分为产地批发商和销地批发商。

②按是否拥有商品所有权来划分,可分为拥有商品所有权的自营批发商和不拥有商品所有权的代理批发商。

③按活动区域划分,可分为地方性批发商、区域性批发商和全国性批发商。

④按经营的农产品种类划分,可分为经营多种农产品的综合批发商和经营一两种农产品的专营批发商。

⑤按经营场所划分,可以分为批发市场批发商、店铺批发商和卡车批发商。

⑥按运销职能划分,分为全面服务批发商、部分服务批发商和特殊批发商。

下面重点介绍这几种批发商。

1. 商人批发商

商人批发商指的是自己进货,取得商品所有权后再批发出售的商业企业或者个人。商人批发商是批发商中的最重要的类型。商人批发商按其职能和提供的服务是否完全,可以分为完全服务批发商(执行全部批发职能)和有限服务批发商(执行部分批发职能)两种类型。

(1)完全服务批发商。完全服务批发商执行批发商业的全部职能,它们提供的服务除了从事商品买卖活动外,还承担商品的储存、运输、拼配、分装、送货、提供信贷和协助管理等。其中包括批发中间商和工业分销商两种。批发中间商主要是向零售商销售,提供广泛的服务;而工业分销商则是向制造商而不是向零售商销售产品。完全服务批发商,既可以为农产品生产者提供大量的销售服务,也可以为众多的零售商以及以农产品为原材料的制造商提供大量购买服务。例如,提供农产品收购、整理、分级、储存和送货等系列服务。

(2)有限服务批发商。这类批发商是只执行一部分服务职能的批发商。这类经销农产品的批发商又可细分为现购自运批发商、直送批发商、货架批发商等。现购自运批发商特点是不赊账、不送货,零售商自备运输工具将商品运回,当面钱货两清;直送批发商不设仓库,不提供仓储服务,主要经营不方便运输的大宗商品,如木材、粮食等;货架批发商在超市或商场设有自己的货架,展销其经营的产品,并以赊销的方式向零售商供货。

2. 代理批发商

代理批发商是指从事购买或销售或者二者兼备的洽商工作,但不取得商品所有权的批发商类型。与商人批发商不同的是,他们对其经营的产品没有所有权,所提供的服务比有限服务批发商还少,其主要职能在于促成产品的交易,借此赚取佣金作为报酬。代理批发商主要有以下几种形式。

(1)商品经纪人。经纪人是为买卖双方牵线搭桥,协助谈判,促成买方和卖方的成交。农产品经纪人是指从事农产品收购、储运、销售以及销售代理、信息传递、服务等中介活动而获取佣金或利润的经纪组织和个人。随着农产品流通体制改革的深入,农产品流通渠道日益多样化,农产品经纪人成为解决农村小生产和大市场矛盾的一支重要力量。

(2)制造商的代理商。制造商的代理商是指在签订合同的基础上为生产商销售商品的代理商。制造商的代理商既可以负责代理销售生产商的全部产品,也可以只代理某一部分产品。双方一般要签订合同,明确双方的权限、代理区域、定价政策、佣金比例、订单处理程序、送货保证和其他各种保证。另外,生产商欲扩大市场而未建立分销店或建店不合适也可利用代理商以节省成本。

(3)销售代理商。销售代理商是指在签订合同的基础上,为委托人销售某些特定商品或全部商品的代理商,相当于生产商的销售部门。销售代理商与制造商代理商相比较,在代理产品的范围、销售地区、价格条件等方面有较大权限,并可兼营代理多个生产厂家的产品。

(4)佣金商。佣金商又称为代办行或商行,是指在一定时期内,为委托人运送、保管、代销产品、收取佣金的代理商。他们对委托的产品有较大的经营权,可不经委托人同意,以自己的名义销售产品,可以多家代理,代理时间可长可短。佣金商代理生产商销售产品后,扣除佣金和费用,将余款交给生产商。以农产品市场营销为例,佣金商将农产品运送到中心市场,以比较高的价钱出售,然后减去佣金和各项开支,将余款交给生产者。

3.生产商和零售商的批发机构

它不是独立批发商,而是卖方或买方自己进行的批发业务。它有以下两种主要形式。

(1)生产商销售部和销售办事处。大的生产商一般都有自己的销售部门,在城市设立办事处。销售部持有自己的存货,销售办事处不持有存货,是企业驻外的业务代办机构。生产商自己设立分销部和办事处,有利于掌握当地市场动态和加强促销活动。

(2)采购办事处。许多零售商在大城市设立采购办事处,这些办事处的作用与经纪人或代理人相似,但却是买方的组成部分。

4.其他类型批发商

(1)农产品采购商。农产品采购商从广大农民处收购农产品,然后集零为整,运销给食品加工厂、食品生产商和广大消费者。农产品采购商通过整车运费和地区差价获得好处,从中赚取利润。

(2)拍卖行。拍卖行是为买方和卖方提供交易场所和各种服务项目,以公开拍卖方式决定市场价格,组织买卖成交,并从中收取规定的手续费和佣金。一些大宗商品,例如,烟草、果蔬、茶叶、牲畜等农产品就可以通过拍卖行进行拍卖。

(三)农产品批发市场

1.中央批发市场的形成

现代中央批发市场大部分是在农村集贸市场的基础上发展而成的。在农村集贸市场上,商品从四周流入市场,同时又从市场流向四周地区,但交易规模小,市场辐射面小,产品销售区域也小。随着经济的发展，人们的收入水平不断提高，特别是城市居民收入不断增加，市场需求迅速上升。广大农民的生产积极性持续高涨，农产品产量急剧增大。在此情况下，一方面，城市对农产品需求增大，要求提高农产品的品质；另一方面，大量的农产品急需寻找销路，以解决农产品买难卖难、流通不畅的社会问题。为此，政府出面开办农产品中央批发市场。中央批发市场是批发区域内的产品销售中心，商品从周围地区流入中心，同时又从该中心流向周围地区。现代中央批发市场是乡村经济发展成为都市经济的集中反映和必然结果。

2. 农产品批发市场的类型

在我国，运行的农产品批发市场主要有四种类型。

(1)政府开办的农产品批发市场。这是指由地方政府与商务部共同出资，参照国外经验建立起来的农产品批发市场。其特点是：国家是投资主体；交易量大、品种单一；进入市场参加交易的是国有企业或单位；交易设施完备，环境好；结算方式先进，既做现货交易，也做期货交易。

(2)自发形成的农产品批发市场。这是指由民办形成的农产品批发市场，一般是在城乡集贸市场的基础上发展起来的。其特点是：投资的主体较为复杂，来自社会各个方面，包括国有企业、集体企业和个体企业等；交易的农产品品种多而杂；交易时采用传统的一对一谈判方式；市场基础设施和服务设施简陋，交易环境差；主要从事现货交易，结算方式比较单一，一般只用现金结算。

(3)产地批发市场。这是指在农产品产地形成的批发市场，一般都具有农产品的生产技术、土质、气候、光照、水源等良好条件，适于农产品生长，生产的区位优势和比较效益明显，产出的农产品不是靠当地市场消化，而是销往国内、外市场。产地批发市场的典型代表是山东寿光蔬菜批发市场。由于市场带动，寿光种植蔬菜达 3.7 万公顷，产品销往我国 30 个省、自治区、直辖市，部分精细菜远销欧美、日本及东南亚等国家和地区。

(4)销地批发市场。这是指在农产品销售地，农产品市场营销组织将集货再经批发环节，销往本地市场和零售商，以满足当地消费者的需求。

3. 农产品批发市场的功能

(1)商品集散的功能。农产品批发市场将各地的农产品集中起来，在较短时间内完成交易，并把农产品分配到各地，有效地解决了农产品小规模生产与大市场的对接；调动了广大农户的生产积极性，在批发市场周围，往往涌现出农产品大型生产基地，促进了生产发展。

(2)价格形成的功能。在批发市场上，来自全国各地的农产品同场竞争，同一种产品可以进行比较，按质论价，有利于反映商品价值和供求关系。这种真实价格可以起到对全国各类市场农产品价格的指导和稳定作用，有效地解决了农产品销售中经常出现的不等价交换问题，避免了"谷贱伤农"的现象，促进了农业增产增收。

(3)调节市场供求的功能。农产品具有季节性生产，常年性消费的特点，要达到市场供求平衡是一件很难的事。批发市场可以大规模集散农产品，完全按市场规律来调节供求，有效地引导农户对农产品进行反季节种植和生产，引导农户对农产品进行储存保鲜，对农产品的生产和消费起到很好的调节作用。

(4)信息集散的功能。批发市场一头联结生产，一头联结消费，市场信息快捷、真实、可靠，是信息收集、整理、发布的中心。再加上现代化的信息手段，对农产品的生产、运销、消费具有灵敏的指导作用。

二、农产品零售商

(一)农产品零售商的功能及其行业特征

农产品零售是指将农产品销售给最终消费者用于生活消费的经济活动。凡是以经营零售业为主要收入来源的组织和个人均属于零售商。零售商首先是经营者(中间商)的一种类型,该经营者的基本业务范围必须是零售活动。因此,对一些批零兼营的商业机构来说,只有其销售量主要来自零售活动的商业单位,才能称之为零售商。零售商是农产品商品流通的最终阶段,具有以下三个功能。

第一,为消费者提供服务。这是零售商最主要的功能。它通过提供数量充足、品种齐全、物美价廉的农产品,为消费者的购买提供时间、地点和服务,满足消费者对农产品的需求。

第二,为农业生产企业和农产品生产者、批发商服务。零售商既为农业生产企业、农产品生产者和批发商的销售服务,又为其提供最新的市场信息,有利于安排生产和组织市场供给。同时零售人员对于指导消费者的消费、激发消费者的购买动机具有非常重要的作用。

第三,能够有效地平衡市场供求。零售商根据市场供求状况及市场营销活动经验的积累,可以对市场需求有较准确的预测,可预先购买、储存农产品,逐渐投放市场,既为生产者、批发商节省时间和促销费用,又可以随时按社会需要,在品种、数量、时间及地点上有效投放,以满足消费者的需要。

农产品零售行业具有以下特征。

第一,终端服务。终端服务即农产品零售面对的是最终消费者,消费者每次购买量少,而且要求商品的档次、品种齐全,购买方便。因此,农产品零售商经营的特点一般是少批量、多品种、勤进货和现场促销。

第二,业态多元。为满足不同消费者群体的需要,零售业的经营方式呈多元化发展特点,有专营商店、农贸市场、超级市场、便利店、连锁店、摊贩等各具特色的多种业态,以及中小电商、微商、社区团购等多种业态的创新。

第三,竞争激烈。与其他行业相比,零售业者之间的竞争显得更为直接、激烈,手段也更具多样性。如为了吸引消费者购买,对线下商店的位置、营业时间,线上平台的店铺设计、商品结构、服务项目、广告宣传、促销手段的各种因素进行综合策划,实行差异化经营。

(二)农产品零售商的类型

1. 超级市场

超级市场于1930年首先出现于美国纽约,被誉为商业上的第二次革命。它是主要出售食品、农产品、洗涤和家庭日常生活用品的大型零售商店。其特点是:自动售货、薄利多销、一次性结算;营业面积大、进货量大,普遍增设服务项目,如免费提供停车场,免费送货,免费为顾客装车等。随着市场竞争加剧和绿色农业的发展,很多蔬菜、水果、猪肉等农副产品,尤其是绿色农产品纷纷进入超级市场参与竞争。超级市场的竞争对手主要是方便食品店、折扣食品店和百货商店。

2. 百货商店

世界上第一家百货商店是在巴黎开设的"好市场"百货商店,被誉为商业上的第一次革命。其特点是经营商品范围广,种类多,花色、品种、规格全,包括农产品、食品、服装、家电等。百货商店是由许多按商品种类分别设立的分店或柜台组成的,有助于满足一些消费者在同一时间、同一地点选购多种商品的需要。在大中城市,为了吸引大量的消费者购买,百货商店一般都开设在城市繁华地段。百货商店的优点是:商品齐全,消费者可在同一店里购买到所需全部商品;明码标价,保证质量,重视商业道德;为方便消费者选购,提供广泛的服务;装潢、陈列、布置讲究,给人一种美的享受,容易激发消费者的购买欲望。缺点是:价格下降空间小或售价增加;规模大,货种多,容易造成库存积压。

3. 农贸市场

农贸市场常设在居民区附近。其经营特点是经营时间长,零售商多是摊贩(分固定摊贩和流动摊贩),农副产品种类多而复杂,价格相对于商店销售来讲便宜。城市居民每天需要的蔬菜、水果、水产品、畜产品、禽蛋类产品大多由农贸市场供应。

4. 专业商店

专业商店是指专门经营一种或几种农副产品的零售商店,如粮油商店、水果商店、水产品商店、蔬菜商店、副食商店等。专营商店一般营业面积较小,雇员较少,销售效率高,营业费用低。目前,在我国的大中城市,农副产品大多采用这种形式。

5. 连锁商店

连锁商店在1859年始创于美国,它是在同一资本系统和统一管理之下,分设两个或两个以上统一的店名的商店组织形式。其管理制度是实行统一化和标准化,组织中的各家商店在定价、宣传推广以及销售方法等方面都有统一规定。连锁商店统一进货,价格上可享受特别折扣,且在存货、市场预测、定价政策和宣传推广技术等方面都有较高的管理水平,因而具有成本较低的优势。但也存在着由于统一管理而缺乏灵活性的弊端。连锁店也不满足于横向扩张,开始纵向整合。他们开始拥有自己的批发商,直接从产地购买农产品进行加工,甚至还收购一些食品加工企业进行深加工,逐渐形成自己的品牌。

6. 方便商店

方便商店是一种小型商店,多设在居民区或农村的杂货店。其营业时间长,销售家庭常用的商品,如香烟、小百货等,兼营蔬菜、水果、苇席等农副产品。消费者主要利用它做"填充式"采购,因此营业价格要高一些。但是,它满足了消费者一些重要的需求,人们愿意为这些便利品付出高价。这种商店往往是夫妻店,有的也雇佣几名职工。

7. 主食厨房

主食厨房是指粮油经销店扩展经营业务的一种形式。它是国有粮店在受到个体粮、油小食品店的激烈冲击下,为了自身的生存和发展而进行改革的产物。主食厨房以经营成品主食和半成品主食为主。在经营粮、米、油的同时,经营小食品、调料等。主食厨房极大地方便了消费者,适应了现代城市生活快节奏的要求,充分发挥了国有粮店的经营优势,具有广阔的发展前景。

(三)新零售

1.新零售的内涵

新零售是借助新科技与新思想,对传统零售业与网络零售业进行改良、创新、融合来服务消费者的活动,是依托大数据、云计算等多种先进技术进行的全渠道、无边界、全方位的服务方式。2017 年 3 月发布的《C 时代 新零售——阿里研究院新零售研究报告》对新零售概念进行了明确的定义:以消费者体验为中心的数据驱动泛零售形态,核心是重构,核心价值是最大限度地提升流通效率。其中,对新零售的特征进行了概括,主要包括三方面:首先是以消费者体验为中心,以消费者的需求为主要目的,对人、货物、场地的重新构建;其次是零售的双重性特征,从物理化与数据化的角度对零售进行全新的思考;最后是零售种类的全面开发,包括社交、娱乐、购物等全面的一体化综合零售。

新零售创新性地让线上线下相互融合并达成交易,在物流配送、结算方式上也形成了一体化的模式。将线上线下的渠道融合在一起的模式对全行业而言,都是十分值得借鉴的。新零售理念下农产品市场营销创新成为必然,体现在以下三个方面。

第一,消费升级促进农产品品牌化进程。进入 21 世纪,消费需求发生了重大变化,消费主体逐渐转为"80 后""90 后"和"00 后"的年轻群体;消费结构不再局限于传统的衣食住行,而是更加注重服务型消费,同时享受型消费、发展型消费成为主要消费方向;消费观念和消费心理发生变化,高品质、定制化、个性化的消费成为主流。消费需求的各种变化对农产品的零售形成了巨大的冲击,促使农产品的营销顺应消费者的需求进行变革。在未来,更多个性化、品牌化、可追溯的小而美的农产品品牌将在市场占据一席之地。

第二,农产品销售竞争环境加剧。农产品的销售竞争从传统零售的竞争逐渐进入传统零售、网络零售的竞争。在传统零售时期,农产品主要是价格竞争,而网络零售由于进入与退出十分简单,因此涌入大量竞争者,造成网络零售内部的竞争,以及线下与线上之间的竞争。新零售理念下,线上与线下销售都将进行新一轮的变革,原有的竞争环境将更加激烈,彼此间的合作关系也将提升,产品的销售将在全渠道的特征下进入无边界化发展,平台型运营、全链式服务将为行业的业态发展提供有效保障。

第三,信息技术与数据技术的驱动。随着信息技术发展迅速,从"互联网+"战略开始,信息技术成功覆盖大部分地区。Wi-Fi 技术在内的信息技术被广泛使用,而以此为基础的云计算、大数据等技术的持续开发使用,促使信息技术跨入数据技术的时代。新零售的一大特征就是以数据为导向,促进相关系统与体系的建立和完善,进一步引发商业与消费方式的改变,以消费者为中心,以数据为导向,生产制造、销售流通、服务体系互相融合,线上与线下的互相融合将成为开展新零售的驱动力。农产品市场营销在经历网络零售的冲击下,已经打破了传统的营销方式,这为农产品的营销创新打下了基础。随着信息技术与数据技术的发展,农产品的市场定位、消费者定位将更加精准,保鲜冷冻冷藏技术的普及、线下仓储服务水平的提升等将成为农产品市场营销创新的巨大推动力。

2.新零售理念下农产品的创新

(1)线上线下同步发展,深化融合。网络零售的进入门槛较低且方便快捷,在农产品行业内部建立统一的网络零售平台,将能更好地进行网络销售并开发线下渠道。线下销售具备不可取代的特性,可以为消费者提供良好的购买体验与售后服务,农产品线下销售具备传统零售的模式,即公司+农户、农户+农户、市场+农户、公司+基地四种基本形式,其中公司+农户,市场+农户、公司+基地的形式均可开辟为线下发展渠道,可以设立线下体验、线下直营,通过打造品牌化的特色农产品,供消费者参与农产品的互动体验。单独的线下渠道往往存在成本高、风险高的特征,线上平台通过参股入股的方式与线下渠道进行战略合作,可以达到资源共享。线上平台可以降低线下渠道的风险,同时获取更广泛的资源;线下渠道可以为线上平台提供消费者体验、合作推广、仓储运输等服务,保障线上平台的全面发展。在各行业不断融合的前提下,农产品的线上线下发展可与其他相对完善的平台进行合作,如与经营系统相对成熟的网络平台、线下超市等进行合作,依托现有的渠道进行农产品的线上线下同步发展和互相融合,彻底打开线上与线下的通路,全方位深度拓展虚拟与实体的融合。

(2)以消费者为中心,提供全方位服务式营销。首先,提升农产品质量,生产绿色健康的农产品。在保证农产品质量的前提下,建设特色农产品同时树立品牌,转变传统的农产品市场营销意识,以服务为主进行营销,满足消费者购物、娱乐等多维度的需求,包括进行特色农产品的介绍、宣传、消费者的亲身体验、品尝、生产过程的观光游览等。其次,推广复合式的营销模式。包括推广关联营销、文化营销、口碑营销等多种不同的营销方式,来对消费者的感官、思维、行为进行刺激。文化营销是赋予农产品丰富的文化内涵,带来立体的消费感受,同时提升品牌的形象。关联营销指的是在不同品牌、不同种类的特色产品、产地,以及不同的农产品销售渠道间进行有关联性的营销引导,使双方在互利互惠的基础上进行潜在的消费者引导,通过共享资源,拓宽受众群体的营销模式。体验营销有刺激消费的作用,在网络时代各种美化手段、虚假广告泛滥的情况下,消费者更加注重实际体验,对于亲身体验之后得出的产品信赖度更高,对消费到售后整个过程更加关注。口碑营销指通过互联网、社交媒体、网络平台的口碑进行宣传分享,达到推广农产品品牌、扩大营销的目的。最后,增加农产品市场营销的相关服务。当前消费者的消费需求不仅仅是满足基本生活需求,而且更多地存在享受、娱乐等服务性需求。农产品作为生鲜类产品,运输要求高、售后要求也相对较高,因此必须加强与物流的相互合作,加大对仓储的配备和对保鲜冷冻技术的投入运用,保证农产品的新鲜度。物流配送问题可通过线下渠道进行弥补,来保证流转环节的高效,提升消费者的满意度,同时建立完善的售后服务体系,通过线上及线下售后服务的结合,做到全方位的服务式营销。

三、农业中介组织和中介人

(一)农业中介组织的概念及作用

中介组织泛指介于企业和个人之间,并为其服务、沟通、协调及对其监督的社会组织,包括行业性中介组织(如行业协会、学会、商会、研究会等)、公正性中介组织(如律师、会计、资产评估等专业事务所等)、服务性中介组织(如提供就业、广告、公关、房地产等服务的中介)。农业中介组织是指在农民和市场之间起到桥梁和纽带作用的各类中介组织。农业中介组织的作用体现在四个方面。

第一,中介组织带动农户发展生产并促进农民增加收入。中介组织从三方面减少了农户收入的不确定性,保证了农民稳定增收。一是连接龙头企业的中介服务组织,通过合同实现了以销定产,保证了农民收入。二是使农户农产品有了比较稳定的销售渠道,并卖到相应的好价格。三是降低了市场交易成本。农户依靠中介组织进行销售,减少了费用。

第二,中介组织的发展保证了农业结构调整的成效。农业结构调整是适应市场需求的经常性经济行为,是致富农民的重要手段。但是被市场看好的项目,不一定就能成为致富项目。解决这一矛盾的关键主要在于中介服务组织。

第三,中介组织推动了农业产业化经营的发展。农业产业化经营发展的前提条件是龙头企业与农户之间能够形成稳定的链条。由于龙头企业与农户缺乏联系,互不了解,互不信任,加上龙头企业与分散经营的农户直接联系也非常困难,因此,只有在龙头企业与农户中间有中介组织的参与才能形成产业链,构成产业化经营。

第四,中介组织的发展促进了农业向第二、三产业的延伸。从产业划分来看,中介组织属于第三产业,发展中介组织就是农业向第三产业的延伸。而且中介组织保证了农业产业化企业的原料供应,促进了第二产业的发展,实现了加工增值。

(二)农业中介组织的类型

1. 按中介组织在营销渠道上的职能不同划分

(1)代理商。代理商不具有商品所有权,只是沟通买卖双方,促成双方达成协议,实现商品所有权从卖方转移到买方,并从中收取一定的佣金或费用。代理商的具体形式有生产者代理商、销售代理商、佣金商。

(2)经销商。经销商对商品具有所有权,不仅沟通买卖双方,达成交易,而且从中赚取利润。包括批发商和零售商。

2. 按流通组织形式划分

(1)国有商业。在国有商业中,农产品流通渠道最主要和最重要的是商业系统和粮食系统。商业系统负责经营的农副产品有烟、酒、糖、茶等。粮食系统则负责经营粮食、油料、油脂的收购、加工、储运、供应等业务。这两个系统经营的商品最多,流转额最大,它们的网点遍及全国各地,并设有各种专业公司。还有一些农产品分属于轻工业部门、外贸部门、林业部门、农垦部门以及水产部门等。国有商业有雄厚的资金和广泛的购销网,且市场信息灵通,因而由国有商业收购经营大宗农产品,可以保证农产品有稳定的销路,使生产者减少市场风险,有利于促进农业生产的发展,也有利于稳定市场。

(2)供销合作社。供销合作社是我国农村市场商品流通的主渠道。供销合作社系统负责经营农副产品的购销业务,以及部分农业生产资料和农村生活资料的供应。它是连接农业与工业、乡村与城镇、生产和消费的重要纽带。目前,供销合作社具有双重任务,一方面代表国家利益,承担国家的购销任务,保证国家计划的执行,负责安排农村市场;另一方面又代表农民的利益,为农民推销产品,供应生产资料和生活资料,提供各种服务,支持农民发展多种经营及农村工业。

(3)专业的销售合作组织。这是以农村专业协会、专业研究会、专业大户为核心组建的专业流通中介组织。这种专业的销售合作组织由原来的单一、简单化体制逐渐向符合市场规律的多样化、程序化体制发展。协会建设连接大市场,选举产生了由种养户、相关龙头企业等参加的理事会,设立技术推广服务、市场营销、协调管理、财务结算等常设机构,并招募一些专职工作人员。

(4)农民合作贸易组织。这是在国有商业或供销社领导下由行业或业务相近的商贩组织起来的商业中介组织。其特点是资金入股、统一经营、统一核算、自负盈亏。

（5）农村个体商业。这包括个体商贩和运销、储存专业户。他们多是家庭经营，有专营商业户，也有的以农业为主兼营商业，或以商业为主兼营农业。

（6）农工商联合企业。它是农业生产和农产品加工相结合的经济组织，实行农业、农产品加工和销售的综合经营。随着农业生产专业化和社会化的发展，以及农业劳动生产率的不断提高，农业劳动力将逐渐向工业和商业转移。

（7）粮食银行。粮食银行（简称"粮行"）是专门从事粮食存贷业务并从存贷利差中获利的粮食流通组织，它是粮食金融和粮食信用的主要形式。具体地讲，就是指储粮户将暂时闲置的粮食存放在粮行，自己拥有粮食的所有权，而将其使用权以定期、活期等形式交付粮行，让后者借贷或直接投资，从而盘活粮食资源，在粮食的流动和周转中获得粮食的增值效益，这部分效益即为粮行的利润和储粮户的利息。

3. 按与农户的连接方式划分

（1）连接加工企业与农户的中介组织。中介组织通过签订合同与加工企业建立某种农产品稳定的供销关系，并按照加工企业的要求组织农户定向生产，定时、定质、定量向加工企业交售农产品，并进行技术指导、生产资料供应、防治病虫等综合服务。

（2）连接市场与农户的销售服务中介组织。中介组织以销售为目的，按市场需求与农户订购农产品并组织上市。

（3）连接外贸出口商与农户的综合服务中介组织。中介组织通过与外贸出口商签订出口协议，按订单组织农户定向生产，并提供技术指导等综合服务。

（4）连接市场与农户的综合服务中介组织。中介组织对农户实行产前、产中、产后全方位服务，为农户提供种子、种苗、种禽，并进行产中服务，最后回收产品。

（三）中介人

中介人亦称经纪人，是从事购买或销售或二者兼备的洽商工作，但不取得产品所有权的商业单位和中间人。中介人把买方和卖方联结在一起，主要作用是提供商品信息，其本人并不掌握商品实体，所以只要设立办事处即可。经纪人的佣金或由雇主支付，或按成交额比例提取。

第四节　农产品物流与管理

一、农产品物流的定义

农产品是有生命的动物性与植物性产品，在物流过程中存在包装难、装卸难、运输难、仓储难等问题。现代物流业一头连着生产，一头连着消费，是国民经济高效运行的重要支撑，是培育发展新动能的重要手段，是保障和改善民生福祉的重要依托。农产品物流是指为了满足消费者需求、实现农产品价值而进行的农产品物质实体及相关信息从经营者到消费者之间的流动,包括农产品收购、运输、储存、配送、装卸搬运、包装、流通加工、信息处理等一系列环节,并在这一过程中实现农产品的价值增值。农产品物流与农业物流、农产品流通、农产品储运等概念既有区别也有联系。

第一,农产品物流与农业物流。农业物流是指从农业生产资料的采购、农业生产的组织到农产品加工、运输、分销等一系列活动的过程中所形成的物质流动。而农产品物流主要是指农产品生产、收购、运输、储存、配送、装卸搬运、包装、流通加工、信息处理等活动,因此,农业物流包含了农产品物流。并且,农产品物流是农业物流的重要组成部分。

第二,农产品物流与农产品流通。产品流通是指农产品从生产领域向消费领域中转移商品的价值、使用价值及相关信息三部分组成的运行过程,包括商流、物流、信息流和资金流。农产品流通首先从商流开始,通过经营者与消费者之间农产品所有权的转移来实现价值效用。物流与资金流伴随商流而发生,物流完成农产品实体让渡过程中时间与空间的转移;资金流则完成付款、转账等形式的资金转移。农产品流通是商流、物流、资金流和信息流的集合体,是一个综合性的系统,缺少其中任何一项都不能构成流通。因此,农产品物流是农产品市场营销的必不可少的重要一环。物流包括运输、储存、配送、包装、装卸、搬运、流通加工及信息处理等活动,贮存、运输仅仅是物流活动的构成要素之一。

第三,农产品物流与农产品储运。传统的储存与运输是两个相互独立的环节,各自追求自身的最优。而现代农产品物流是一个系统工程,经营运作的目标是系统最优,局部最优并不是系统的最大产出,重要的是通过协调提升短板。虽然储存和运输是物流的主要功能,占据大部分的成本比例,但不能简单地将农产品物流等同于农产品运输,农产品储运只是农产品物流系统中的重要部分。

二、农产品物流的功能与管理

(一)农产品仓储管理

仓储可以分为"仓"与"储"。"仓"即仓库,指存放物品的场所、建筑物或大型容器、洞穴等特定场所;"储"表示收存、保管以备使用。仓与储合起来指利用仓库对物资进行储存和保管。所谓农产品仓储是指利用仓库对农产品进行保存及对其数量、质量进行管理控制的活动。对于农产品仓储保管主要有五种方法。

1. 简易储存

简易储存就是利用现有设施,针对不同农产品的特点采取因地制宜的储存方式。可分为库藏、堆藏、沟藏等。这类储存方式设施投资较少,结构简单,适宜大宗、廉价、耐储的农产品。

2. 窖窑储存

窖窑储存的方式在全国各地都有,形式多样,如井窖、棚窖、冰窖、土窑洞。这类储存方式的环境中二氧化碳浓度很大,可以相对抑制农产品的呼吸作用,同时,还可抑制微生物和害虫的活动与繁殖,温度和湿度比较稳定。

3. 通风库储存

通风库是果蔬等农产品储存的传统设施。利用对流原理,引入外界冷空气起到降温作用,再配合强制通风,其保鲜效果几乎可以达到普通商业冷库的效果。与普通冷库相比,其硬件投入可节省60%以上,运作以后的能耗可节省90%左右。

4.冷藏库储存

冷藏库储存是在具有较好隔热性能的库房中,安装制冷设备,根据农产品储藏要求,自主控制库内的温度和湿度。其特点是效果好,但造价与运行费用高。

5.气调储藏

气调储藏是指调整储存环境中气体成分的储藏方法,综合了冷藏、降氧增碳(二氧化碳)、减压等方法。可以最大限度抑制果蔬产品在储存过程中的呼吸作用,延缓果蔬的后熟、衰老过程,同时通过减压起到抑菌、灭菌、消除气味干扰的作用,最终延长了果蔬产品的储藏期。

具体来说,推动农产品仓储建设,可以从以下方面进行科学化管理。

第一,对仓库进行科学合理的设计。科学选择仓库地址,综合考虑客户分布、气候、水文、地质、交通及当地政策等因素。合理建设库区,根据储存对象选择适应的库区结构与设备,科学规划出入库流程。

第二,对被储存物品进行分离分析,实施重点管理。

第三,加速周转,实现仓储时间合理化。周转速度加快,可以使资金周转加快、资本效益提高、仓库吞吐量增加、单位储存成本下降。可以实施"先进先出"、计算机存取等方法。

第四,适度集中储存,实现规模经济。

第五,提高储存密度,有效利用仓容。充分利用高度可以提高场所利用率,减少空间浪费,使储存成本直接降低。高垛、减少通道数量与面积、使用高层货架等方法可以加大储存密度。

第六,实施分类分区,并采取有效的储存定位手段等。

第七,采用现代化的储存保养方法、条码技术等。

第八,采用集装箱、集装袋、托盘等运储一体化装备。

(二)农产品运输

农产品运输是指通过运输工具或设施来实现农产品时间、空间上的转移。随着人类社会的发展,生产力在急速提高,农产品在被生产者消耗之后还有大量剩余,生产者会将这部分剩余拿到市场上去交易。这时生产与消费变得不同步,需要让运输去衔接这两个环节,伴随农产品交易规模的扩大、交易范围的全球化,社会对农产品运输的需求也愈加迫切。农产品运输主要有水路、铁路、公路、航空运输四种方式。可以从以下方面优化农产品运输的途径。

第一,加强对农产品运输中的绿色政策实施,在一些主要的农产品产地、运输枢纽地以及消费地之间开设农产品运输专列,便于农产品运输的顺利开展,进一步减少农产品运输成本。

第二,降低农产品运输的损耗率。采用先进的储运技术和包装加工技术改进包装方式,实现标准化包装。采用托盘一贯化运输作业,同时还可以提高整个行业的托盘循环共用比例。

第三,加强农产品运输的信息化建设。对农产品信息进行及时更新以及科学化管理,尤其对冷链物流,必须借助互联网信息技术。对农产品的整个生产流通过程进行多方位的监测跟踪,才能降低产品损耗以保证其自身体系的高精益性和敏捷性。高信息化的农产品供应链能较好地将农产品的供应商以及接收方和运输方相融合,缩短了农产品从生产到运输的整个环节时间,又降低了农产品的损耗。

第四,构建农产品冷链物流体系。根据中国优势农产品区域布局和农产品冷链物流的特点,建立多种组织形式并存的农产品冷链物流体系,包括以加工企业为核心,产供销一体化的农产品冷链物流体系;以物流配送中心为核心,发展区域内农产品短途冷链物流体系;利用第三方物流,发展跨区域的农产品长途冷链物流体系。

(三)农产品配送与配送中心

1. 农产品配送

农产品配送是指在经济合理的区域范围内,根据客户的要求,对农产品进行拣选、加工、包装、分割等作业,并按时送达给客户的活动。配送处于现代物流的末端,是现代物流中一种特殊的、综合的活动形式,在物流系统中占有重要的地位。

农产品本身具有生产区域性、季节性、分散性、鲜活性的特点,同时,农产品是生活必需品,消费弹性小,具有消费普遍性、分散性的特点。因此,农产品的配送会有不同的特点。首先,农产品的生产与消费都很分散,需要设置大量的接近消费者的配送点。其次,农产品大多易腐易烂,即便采取保险措施,也会有一定比例的损耗,这使得农产品配送的半径相对较小。最后,由于农产品的供求信息不对称、季节波动大,导致农产品的配送风险加大。

农产品配送的业务模式主要有以下四种模式。

第一种,直销型配送模式。直销型配送由农户或农产品供给者自行配送,将产品送到客户手中。

第二种,契约型配送模式。契约型配送模式是指加工企业与农户或合作社之间通过契约形式联系,由企业负责将产品运送至市场。

第三种,联盟型配送模式。联盟型配送模式的主导者是农产品批发市场,参与者是农产品生产者、批发商、零售商、加工保鲜企业等,通过利益联系和优势互补形成战略联盟。

第四种,第三方配送模式。第三方配送是由相对于发货人和收货人而言的第三方专业企业来承担企业配送工作的一种形态。它不拥有产品,不参与产品买卖,而是为其他方提供基于合同的一系列、个性化、信息化的长期配送代理服务。这种模式也将会是以后农产品配送发展的趋势。

2. 农产品配送中心

农产品配送中心是指从事农产品配备(集货、储存、加工等)和组织对用户的送货,以高水平实现销售和供给服务的现代流通设施。配送中心是从事配送业务的场所和组织,它应符合下列要求。

(1)主要为特定的用户服务。

(2)配送功能健全。

(3)完善的信息网络。

(4)辐射范围小。

(5)多品种、小批量。

（6）以配送为主、储存为辅。

具有以下六个方面的功能。

第一，储存保管功能。为防止缺货，需要有一定的安全库存。配送中心通常都建有现代化的仓库，储存一定量的商品，这也为农产品销售者降低库存奠定了基础。

第二，分拣配货功能。配送中心与传统仓库最大的区别在于它还要对农产品进行分拣、加工、配装。配送中心的服务对象很多，每一个服务对象因经营性质与规模的不同，其需要配送的产品在数量、规格、作业要求上也千差万别。为了能同时向不同的服务对象进行有效配送，必须采取现代化的分拣技术与设备对农产品进行分拣、分装和配货。

第三，农产品集散功能。集散功能是配送中心的一项基本功能，特别是农产品配送中心，通过配送中心可以把分散的农产品集中起来，同时，为提高送达效率，降低物流成本，还可以把各个用户所需的多种产品组合起来，形成经济、合理的货运批量，集中送达分散的用户。

第四，配送加工功能。为提高竞争力，国外许多配送中心均配备一定的加工设备，他们按照用户的要求，将货物加工成必要的规格、尺寸和形状等。这样既提高了客户满意程度，又提高了农产品资源的利用率。

第五，衔接功能。现代化的配送中心如同一个"蓄水池"，不断地进货、送货及快速周转，有效地缓解了供需矛盾，在产销之间搭建了一个缓冲平台。

第六，信息沟通和处理功能。配送中心不仅是产品流通的节点，也是信息流通的枢纽。消费者要求的变化可以由它获取并传递给生产者，生产者的推广信息、新产品信息也可由它传递给消费者，还可以实时反馈农产品流通所处的位置信息、数量信息，便于管理者进行决策。

农产品配送中心包括订单处理、分拣作业、补货作业和送货作业等流程。作业流程由供应商供应货品到达配送中心开始，经"进货"作业验收分类后，便依次"储存"入库，然后，这些产品根据需要的数量向分拣区递补。在"储存"的过程中，为了保证配送管理有良好的绩效，要对货品进行定期或不定期"盘点"。当接收到客户的订单后，先将订单进行处理，并生成分拣单，驱动"拣货"作业。"拣货"进行时，如发现分拣区存量过低，则需要储存区来"补货"，将存贮的农产品继续递补至分拣区以供"拣货"。如发现储存区域的存量低于标准，便要向上游供应商采购进货。而此时已按客户订单要求完成分拣的货品经数量复核并简单整理包装后便进入发货区域，等待"发货"。配送人员将这些农产品配装上车，然后，将它们"配送"到对应的客户手中。

（四）农产品包装、装卸搬运与流通加工

1. 农产品包装

商品经过适当的包装，才能真正进入流通和消费领域，才能实现商品的价值与使用价值。农产品具有自身的特性，良好的包装不但能促销，还能提高农产品的附加值。包装简陋、单一，不但销路会受影响，更重要的是运输、储存、装卸搬运都将受阻。

（1）农产品包装材料。农产品包装材料主要有纸质包装、塑料包装、纳米复合包装、金属包装、玻陶包装、可食性包装、条编包装。

（2）农产品包装技术。可采用的农产品包装技术有防震包装技术、防破损包装技术、防

霉腐包装技术、防虫包装技术、特种包装技术。

（3）农产品包装合理化。主要从以下四个方面考虑。

第一，适度包装。农产品包装应追求适度，一要防止包装不到位、包装落伍。包装不到位，会使包装的基本功能无法实现，容易出现商品受损、发霉变质等情况。包装落伍产品形象会受影响，延误销售。二要防止包装过度。包装过度会增加产品的成本，这个成本最终要转嫁到消费者身上，对于普通商品而言，包装费用应控制在售价的 15% 以下。

第二，包装应适应装卸搬运、运输、储存作业的要求。包装尺寸应尽量与运输工具、仓库等配合，既不溢出，又不留空隙，否则，运输及配送的成本会增加。

第三，大力推行农产品包装机械化、自动化和智能化。推广诸如缓冲包装、防锈包装等包装方法，采用托盘、集装箱进行组合包装运输。推行机械化、自动化、智能化包装，可以提高包装作业效率、节省劳动力、提高流通中货品的安全性，降低物流成本。

第四，农产品包装绿色化。农产品包装绿色化是当今世界农产品包装的基本原则。一是要求实行包装减量化；二是要求包装材料能可循环利用；三是要求包装材料可降解。

2. 农产品装卸搬运

农产品装卸搬运是附属性、伴生性的活动，但它衔接了生产的各阶段和流通的各环节，是整个物流过程中的闸门与咽喉。因此，改善装卸搬运作业，对于加速车船周转，加快物流速度，降低物流费用，提高服务质量，提升系统整体效益，都具有十分重要的意义。

减少装卸搬运的次数，消除多余、重复作业，提高装卸搬运灵活性，使货品尽量处于适于下一步作业的状态。利用重力作用，减少能量消耗。实现作业机械化和自动化，将作业人员从重体力劳动中解放出来，提高装卸搬运的效率。推行组合化装卸搬运，多使用托盘和集装箱，拓宽物流系统的"咽喉"和"闸门"。

3. 农产品流通加工

根据《物流术语》（GB/T 18354—2021）的定义，农产品流通加工是指根据顾客的需要，在流通过程中对产品实施的简单加工作业活动的总称。例如，按照顾客的订单要求，可将食肉和鲜鱼进行分割或把量分小等。农产品流通加工是根据对象的特征再细化，在物流过程中根据需要对农产品进行除杂去废、清洗、切段、计量等作业都属于农产品流通加工。农产品流通加工的方式主要包括：除杂去废加工、分级分类加工、清洗、切削分割加工、粉碎加工、压缩打包加工、腌泡加工、干燥脱水加工、冷藏冷冻加工、消毒杀菌加工等。

三、农产品物流发展的新趋势

（一）农产品绿色物流

《物流术语》（GB/T 18354—2021）对绿色物流的定义是指通过充分利用物流资源，采用先进的物流技术，合理规划和实施运输、储存、搬运、包装、流通加工、配送、信息处理等物流活动，降低物流活动对环境影响的过程。绿色物流是可持续发展的必然选择，绿色是生命、健康、活力的象征，农产品绿色物流已成为现代物流发展的新方向，它不仅关系到生态环境的污染问题，还关系到人类的身心健康。

近年来，农产品消费观念发生改变，从追求数量转向追求质量，强调无公害、无污染，崇尚健康、环保、安全。因此,农产品绿色物流显得尤为重要。

第一,发展农产品物流。可以优化农产品物流系统目标,提高农产品物流管理水平,实现农产品物流系统的整体最优及对环境的最低损害,提高物资的重复利用率。

第二,发展农产品绿色物流。这是对绿色农业的完善,有助于让农产品赢得公众信任,在激烈的市场竞争中脱颖而出。

第三,发展农产品绿色物流。可以给农业企业和农户带来巨大的经济效益,增加农民收入,增加农产品的价值,实现低投入、大物流。

第四,发展农产品绿色物流。可以在实现经济效益、社会效益的同时节约资源、保护环境,保持自然生态平衡,为子孙后代留下生存和发展的空间。

(二)农产品物流标准化

农产品物流标准化是指以农产品流通以及相关的农产品分类、采收、名词术语、包装、贸易、储存、运输为内容而制定的共同使用和遵守的准则,以形成全国以及与国际接轨的标准体系,并对标准实施进行监督。农产品物流标准化包括以下内容:基础编码标准化;物流术语、计量单位标准化;标志、图示和标识标准化;模数尺寸标准化;物流建筑基础模数标准化;集装模数尺寸标准化;物流单据、票证标准化。

农产品物流标准化具有重要意义。

第一,农产品物流标准化是规范秩序的重要纽带和桥梁,有利于农产品流通,有利于农产品物流网络的建立。

第二,农产品物流标准化可以降低物流成本,提高流通效率,并可以更好地保证质量安全。

第三,农产品物流标准化可以满足社会对农产品多样化、个性化的需求,可以促进农业管理与技术的进步。

第四,通过农产品物流标准化建设,可以更好地解决"三农"问题,提高农民收入。

(三)农产品物流信息化

农产品物流信息化是指将现代信息技术应用于农产品流通领域。农产品物流信息化是农业信息化的重要组成部分。通过信息化可提高农产品市场流通效率,保证农业信息畅通,有利于实现市场供需平衡,有利于降低农产品交易成本,促进农产品的商品流通。农产品物流信息化技术包括:电子数据交换技术(EDI)、无线射频识别技术(RFID)、地理信息系统(GIS)、全球定位系统(GPS)等。

农产品物流信息化的途径包括以下几种。

一是积极推行"信福工程"建设,加强农产品信息网站建设及推广。

二是提高农产品流通企业和农户的信息意识。

三是探索运营模式,解决农产品信息化集资难题。

四是加强与涉农部门的信息共享,完善信息采集系统。

五是加强农产品信息系统的扩充性开发。

六是通过政策优惠推动农产品龙头企业的信息化进程。

七是加强农产品流通信息管理和技术服务队伍的培训,形成专业化合作。

课后练习

一、名词解释

农产品市场营销渠道 农产品批发商 新零售 农业中介组织 农产品物流 农产品运输 农产品配送

二、简答题

1. 企业特性中包含哪些方面的内容?
2. 企业选择中间商要考虑哪些条件?
3. 对中间商的激励可以采用的措施有哪些?
4. 改进销售渠道主要有哪些方式?
5. 渠道冲突的起因有哪些?
6. 农产品批发商的特点有哪些?
7. 农产品批发市场的功能有哪些?
8. 零售商的三个功能和农产品零售行业的三个特点分别是什么?
9. 农产品仓储保管的方法有哪些?

三、论述题

1. 请你结合所学知识谈谈化解渠道冲突的对策。
2. 试述农业中介组织的作用。
3. 请结合当地实际情况,分析一下影响当地农产品市场营销渠道选择的因素有哪些?
4. 随着农产品消费观念发生改变,发展农产品绿色物流有哪些重要意义?

四、案例分析

河南省伊川县:城乡双向流通助力乡村振兴

"县供销社领办的红谷源种植农民专业合作社在我们村宣传,给我们提供免费服务,让我们加入合作社种谷子。我家去年种了 21 亩地,从种到销,合作社给安排得妥妥当当,根本不用我们操心。最后,我家每亩地成本减少 120 元,纯收入为 2.52 万元。农闲时候,合作社还让我去打工,又有 1.8 万元收入。"谈到农民专业合作社给自己带来的"实惠",河南省洛阳市伊川县吕店镇王村村民远留民掩饰不住内心的激动。

伊川县红谷源种植农民专业合作社与县为农服务中心、各大商超、企业工会等签订战略合作协议,实现订单生产。该合作社开通多个线上销售店铺,进行抖音带货,通过网上引流线下交易,成交量显著增加。截至目前,该合作社发展社员 440 户,带动附近 4 个村 640 户农户发展谷子产业,托管土地面积为 4000 余亩,谷子年均产量为 200 万斤。

按照县域流通网络建设要求,伊川县供销合作社夯实网络基础,逐步探索开展"物流进乡村、电商全覆盖"示范建设,建立县级集散中心 1 个、乡镇中转站 23 个、村综合服务社近

360 个。相继投资 1100 万元建设伊川县为农服务中心和 8 个乡镇物流平台,推进纵向联合、横向整合。伊川县社围绕农产品销售、农村电商、冷链物流、农资集采、农机服务等领域建立产业协作机制,联合济源四季蔬菜销售有限公司、河南物德供应链管理有限公司、河南义峰物流有限公司、洛阳市农资协会等新型农业经营主体 15 家,推动渠道共享,深化业务合作,做强流通网络,通过农副产品销售端和农资供应端与农民种植合作社、种植大户、家庭农场等形成有效利益联结,以销促产,建立农产品供应基地,逐步形成“一社一品、一村一业”的良好局面。

为进一步畅通流通渠道,伊川县社 2021 年 3 月牵头成立洛阳兆丰智慧农业发展有限公司,聚焦社区电商领域,主营农副产品分装和销售。目前,公司业务已对接电商平台包括美团优选、兴盛优选、橙心优选等。2021 年,伊川县供销合作社累计带动本地农产品销售额 400 余万元。

为加强日用品连锁经营,利用县为农服务中心、7 个县直公司、8 个乡镇物流平台、13 个乡镇供销合作社,初步建成县有物流配送中心、乡镇有综合超市、村有综合服务社的县域日用品流通服务网络,发展连锁经营网点 387 个,逐步打造供销合作社农村物流品牌,实现消费品年销售额 12.5 亿元。为农服务中心有小型冷藏库 2 个、分拣中心 1 个、配置运输车辆 12 辆。2021 年该服务中心采购销售 30 余类副食产品,日均销售量 4000 余单,初步实现了农产品、副食产品集采集配。该中心以“生产厂家+供销社+农民专业合作社+农户”模式,开展农资供应和测土配方、技术指导、收储加工等农业社会化服务。

伊川县供销合作社加强推动农资集采直供,密切与厂商合作,稳定货源,延伸农资流通服务链条,成立伊川县佑禾农资服务有限公司,在全县建立 15 个农资直营店,积极开展土地托管、智能配肥、统防统治业务。全县系统完成土地托管面积 12 万亩、智能配肥面积 3500 亩、统防统治面积 26000 亩。

为多渠道拉动农产品上行,与济源四季蔬菜销售有限公司、河南物德供应链管理有限公司、河南义峰物流有限公司签署合作协议,利用美团、拼多多等线上平台开拓农产品销售市场。2021 年,全县系统实现农产品电商销售额 1.5 亿元,使伊川的富硒小米、富硒红薯等农产品走出伊川,进入万家。2021 年,全县系统农副产品企业实现营业收入 1.5 亿元,农产品市场交易额 6000 万元。

近年来,伊川县供销合作社积极发展冷链物流,规划建设全县骨干网络,组织直采直销,开展产销对接活动 12 场次,带动 15 个农产品基地发展。同时,加强品牌建设,培育出“红谷源”小米品牌和“深山窝”红薯品牌。

伊川县供销合作社负责人介绍,今年将持续加强服务,锻造作风,进一步发挥供销合作社网络优势,积极推进农村现代流通体系建设,为伊川县农业农村现代化作出新的更大贡献。

(资料来源:中国经济网,2022-03-24.)

案例思考题:

1. 伊川县打造的“物流进乡村、电商全覆盖”体现了农产品物流发展的哪些新趋势?

2. 伊川县在网络上开展产销对接活动的行为有什么好处?

项目十

农产品促销策略

学习目的

1. 掌握农产品人员推销策略。
2. 掌握农产品人员推销的组织与管理。
3. 熟悉农产品广告效果评估。
4. 熟悉农产品促销的步骤。
5. 了解农产品促销的含义和作用。
6. 了解农产品广告的内涵与作用。
7. 了解农产品人员推销的概念和步骤。

情境导入

湖南：端午促销忙 消费渐回暖

端午 3 天假期，暴雨不断，闷热"升级"，挡不住人们出门走走的心。

一、粽子热销成引流"爆品"

"市面上粽子口味很多，但我家还是喜欢吃蛋黄肉粽、碱水粽、豆沙粽这种传统口味。"6 月 3 日，长沙市民陈女士在步步高梅溪新天地超市内选购碱水粽。超市专门开辟了端午食品选购区，挑选的市民络绎不绝。

选购区旁，超市还举行了包粽子活动，周边不少市民闻讯赶来体验，带动超市客流明显增多。结账处，10 多台人工收银台和 10 台自动收银机全部启用，依然排起长队。盒马长沙润和国际店内，七龙珠肉粽、五花肉粽、咸蛋黄五花肉粽等均有不错的销量。店长介绍，今年端午期间，店内盒马散装粽子销量同比增长 30%。尤其是含有七颗蛋黄的七龙珠肉粽销量喜人，带动店内整体营业额上涨。记者登录线上外卖餐饮店铺，买套餐送粽子、特价粽等，也成为线上商家撬动生意复苏的方式。饿了么数据显示，今年端午，长沙粽子外卖销量同比增长超五成，推出粽子外卖的商家数量，同比增长超过七成。

二、商业综合体是"人气王"

端午佳节，"合家欢"活动最有过节氛围。集吃、穿、用、玩于一体的大型综合体和特色商业广场，往往是出门过节的最佳选择。

端午假期，长沙步步高梅溪新天地推出了汉服游园会、校园艺术节等特色线下活动，吸引了不少市民前来打卡游玩。据了解，6 月 3 日至 4 日，步步高梅溪新天地总客流超过 26 万人次，同比增长 10%，销售增长 20%。在湘潭，大型商圈综合体同样是假期的人气聚集地。

湘潭河东建设路口步步高广场和万达购物广场,近几年来一直是湘潭最热闹的消费商圈。湘潭河西九华步步高新天地城市综合体今年初开业,在这个端午假期也为湘潭消费市场带来新活力。

"一站式"吃饭、购物、娱乐,加上消费券的刺激,岳阳现代芸武商场在这个端午迎来了客流高峰。端午期间,岳阳分两期发放共 1000 万元"巴陵消费券",可与商场的"满 500 减 100""满 200 减 50"等优惠活动叠加使用。商场负责人介绍,端午期间,商场平均每天核销"巴陵消费券"2 万余单。

三、农家乐、网红餐饮店热度不减

今年端午,湖南的"网红"餐饮店,依然一座难求。在常德,餐饮行业呈现出蓬勃的生机和旺盛的活力。据监测,龙弟、壹德壹等 14 家"网红"餐饮企业,总营业额达 539.8 万元,同比增长 7.9%。"网红"餐饮的热度还火到了湘西土家族苗族自治州。端午假期,乾州古城、湘西高新区部分"网红"餐饮门店生意火爆,端午节假期销售额同期上涨 30% 以上。

（资料来源:湖南日报,2022-06-06.）

思考:长沙是如何利用端午佳节做农产品促销的? 长沙的促销活动对我们有什么启示?

第一节　农产品促销及促销组合

一、农产品促销的含义及特点

(一)农产品促销的概念

促销是指企业通过人员和非人员的方式把产品和服务的有关信息传递给消费者,以激起消费者的购买欲望,影响和促成消费者购买行为的全部活动的总称。所谓农产品促销,是指农业生产经营者在正确的时间、正确的地点,用恰当的方式向消费者传递农产品相关商品信息,说服消费者进行消费的行为,是促进农产品销售的一系列活动。

(二)农产品促销的特点

基于农产品的特殊属性,农产品促销具有自身特色,主要表现在以下几个方面。

1. 农产品促销主体多元化

农产品生产的主体是农民,由于农产品分散经营、规模偏小等特点,加上农民的市场意识和营销手段、技能十分有限,跟不上市场形势,农产品卖不上好价钱。为了农民增收,政府会采取措施帮助农民销售农产品。另外,随着农民组织化程度的提高,农民专业合作组织、农产品龙头企业等均参与到农产品销售当中,使农产品销售主体呈现多元化。

2. 农产品客户差异化

农产品客户差异化是指农户通过向消费者提供不同于其他农户的农产品而取得竞争优势。随着人们收入水平的提高和消费观念的更新,人们对新、奇、特、精、优的农产品表现出极大的兴趣,农产品个性化需求旺盛。

3.农产品促销形式多样化

农产品在促销过程中可以采取广告、体验、人员推销、营业推广等多种方式,向消费者传递各具特点的农产品促销信息,实现农产品价值变现。

二、农产品促销的作用

农产品促销活动不仅可以直接刺激和诱导消费者购买,而且可以实现产品生产经营者同消费者之间的信息交流,增进双方了解并建立信赖关系。农产品促销的作用主要表现在以下四个方面。

(一)传递信息,提供情报

销售产品是市场营销活动的中心任务,信息传递是产品顺利销售的保证。信息传递有单向和双向之分,单向信息传递是指卖方发出信息,买方接收;双向信息传递是买卖双方互通信息,双方都是信息的发出者和接受者。在促销过程中,一方面,卖方向买方介绍有关企业现状、产品特点、价格、服务方式和内容等信息,以此来诱导消费者对产品或服务产生需求欲望并采取购买行为;另一方面,买方向卖方反馈对产品价格、质量和服务内容、方式是否满意等有关信息,促使生产者、经营者取长补短。

(二)突出特点,诱导需求

在日益激烈的市场竞争下,同类商品很多,消费者不易分辨。农产品大都相似,常是一种产品火爆后,会迅速出现大批跟风的企业或品牌。生产经营者应当找到自身核心竞争力和差异化优势,并通过促销活动,宣传、说明自己的产品有别于其他同类竞争产品之处,便于消费者了解生产者产品在哪些方面优于同类产品,使消费者乐于认购企业产品。生产经营者若能够突出产品特点的信息,能更好地激发消费者的需求欲望,就可以变潜在需求为现实需求。

(三)指导消费,扩大销售

农产品的需求具有层次性、多样性、可诱导性、季节性和地域性等特点。在促销活动中,营销者循循善诱地介绍产品知识,侧重宣传产品的质量安全性以及品种多样性,一定程度上对消费者起到了教育指导作用,从而有利于激发消费者的需求,引发消费者的购买行为,实现扩大销售的效果。有效的促销活动不仅可以诱导和激发需求,还可以创造需求。

(四)形成偏爱,稳定销售

在激烈的市场竞争中,有些产品的销售是此起彼伏、波动较大的。企业运用适当的促销方式,开展促销活动,使消费者了解产品,强化消费信念,提供更多信息和优惠条件,从而促使较多的消费者对企业的产品产生偏爱,形成品牌忠诚,进而稳住已占领的市场,达到稳定销售的目的。

三、农产品促销组合

促销组合又称营销传播(沟通)组合,是指企业根据产品特点与营销目标,将广告促销、人员推销、营业推广和公共关系等促销方式进行适当选择与有机结合,更好地达成促销目标(图 10-1)。

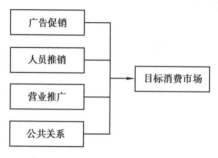

图 10-1 促销方式有机组合

所谓有机地组合,就是使各种促销方式目标一致,运用和发挥其特点,整合各种促销方式,便于资源更集中、目标更明确、投入更少、效益更高地开展促销活动。一场漂亮的促销攻势,一定是整合各种促销方式形成的促销组合。促销不仅要把农产品以合理或满意的价格销售出去,最好是能够同消费者建立稳定的关系,培养消费者忠诚度。影响促销组合的因素有很多,营销人员制订促销组合的方案,也就是在各个促销工具之间合理分配促销预算问题,应主要考虑以下因素。

(一)促销目标

围绕农产品生产经营者促销活动的目的,有一系列的目标,如目标受众(消费者)的认知、信息传递的效果、销售的目标等,促销组合方案的制订需要根据这些目标来进行。在不同营销阶段,企业希望达到的促销目标可能是不同的,比如扩大消费者对产品的了解、保持住市场中的地位和扩大产品的销售等。促销的目标不同,促销组合的方案也会有差异。

(二)产品因素

产品因素主要考虑产品性质和市场生命周期阶段,具体如下。

(1)产品的性质。不同性质的产品,购买者和购买目的不相同,就有不同的促销组合。农产品市场交易的产品有生产资料和生活资料的双重性质。因此,农产品市场可分为消费者市场和生产者市场。一般来说,在消费者市场,因市场范围广而更多采用广告、营业推广形式的促销;在生产者市场,因购买者较多,市场相对集中,则以人员推销为主要形式。

(2)产品的市场生命周期阶段。促销目标在产品生命周期的不同阶段是不同的,这决定了在产品生命周期各阶段要相应选配不同的促销组合,采用不同的促销策略(表 10-1)。以消费品为例,在投入期,促销目标主要是宣传介绍商品,以使消费者了解、认识商品,产生购买欲望。因此,这一阶段以广告为主要促销形式,以营业推广和人员推销为辅助形式;在成长期,由于产品打开销路,销量上升,同时也出现了竞争者,这时仍需加强广告宣传,但要注重宣传产品特色,以增进消费者对企业产品的购买兴趣,若能辅之以公关手段,会收到相得益彰之佳效;在成熟期,竞争者增多,促销活动以增进购买兴趣与偏爱为目标,广告的作用在于强调本产品与其他同类产品的细微差别,同时,要配合运用适当的营业推广方式;在衰退期,由于更新换代产品和新产品的出现,使原有产品的销量大幅度下降,为减少损失,促销费用不宜过大,促销活动适宜针对老顾客,采用提示性广告,并辅之适当的营业推广和公关手段。

表 10-1　产品不同生命周期阶段促销目标与促销组合

产品市场生命周期	促销目标重点	促销组合
投入期	使消费者了解产品	各种介绍性广告、人员推销、导入 CIS 策略
成长期	提高产品的知名度	加强广告宣传、公关手段
成熟期	增加产品的信誉度	改变广告形式、营业推广、公关手段
衰退期	维持信任、偏爱	营业推广、提示性广告、公关手段
整个周期阶段	消除消费者的不满意感	利用公共关系

(三)市场条件

市场条件不同,促销组合也有所不同。农产品批发市场是我国农产品流通的主要渠道和业态。农产品市场按城乡区位分布,一般分为产地市场、销售地市场和集散地市场。按农产品批发环节关系,分为一级批发市场、二级批发市场和三级批发市场。从市场地理范围大小看,若农产品生产经营者促销对象是小规模的产地市场,应以人员推销为主;而对更广泛的销售地市场进行促销,则多采用广告形式。从市场类型看,消费者市场因消费者多而分散,多数靠广告等非人员推销形式;而对用户较少、批量购买、成交额较大的生产者市场,则主要采用人员推销形式。此外,在竞争激烈的市场条件下,制订促销组合时还应考虑竞争者的促销形式和策略,要有针对性地不断变换自己的促销组合,适应市场竞争发展的需要。

(四)推式策略或拉式策略促销策略

从总的指导思想上可分为推式策略和拉式策略两类(图 10-2)。推式策略是生产者运用人员推销和营业推广手段将产品推向市场,从生产者推向批发商,从批发商推向零售商,直至最终消费者。拉式策略主要是运用广告和公共宣传手段,着重使消费者产生兴趣,刺激消费者对产品的需要,进而拉动消费者向中间商订购产品,然后中间商向农产品生产经营者订购产品,以此达到拉动产品销售的目的。促销组合受推式策略或拉式策略影响较大,确定促销组合方案时,主要考虑农产品生产经营者现阶段究竟是以拉式策略还是以推式策略为主,以此来明确采用的主要促销方式。

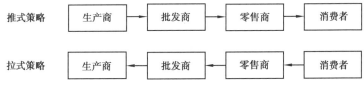

图 10-2　推式策略与拉式策略

（五）促销预算

农产品生产经营者开展促销活动,必然要支付费用。费用是农产品生产经营者十分关心的问题,并且,农产品生产者能够用于促销活动的费用总是有限的。因此,在满足促销目标的前提下,应尽量做到效果好且费用省,提升促销活动的整体效益。

四、农产品促销的步骤

为了成功地把生产经营者的有关信息传递给目标受众,企业需要有步骤、分阶段地进行农产品促销活动。一个高效、完整的促销计划分为以下五个步骤(图 10-3)。

设定促销目标 → 选择促销工具 → 拟订促销方案 → 执行促销方案 → 评估促销效果

图 10-3　农产品促进技术实施步骤

（一）设定促销目标

设定促销目标就是为整个促销活动确定一个明确的目的。这种目标可以是经济目标,也可以是公共关系目标,为促销计划、促销方案、促销实施控制、促销效果评估提供依据。

（二）选择促销工具

作为农产品信息发送者,必须选择有效的促销工具和手段,以便准确地、及时地传达产品促销信息。主要促销工具见表 10-2。

表 10-2　主要农产品促销工具

类型	特点
优惠价	消费者以此获得价格优惠
折扣	消费者凭借购物凭证获得额外打折优惠
抽奖、奖券	消费者填写表格参加随机抽奖、奖券
奖品	消费者购买一定数量的农产品获得价格优惠
礼品	消费者因购买某种农产品而得到礼品
展示	农产品在现场展示
在线促销	在互联网上销售农产品

（三）拟订促销方案

促销方案是实施促销活动的指导性文件,也称为促销策划书。促销方案主要包括促销对象、促销方式、促销工具、促销时限、促销范围、促销预算、促销预期、人员保障、执行监督、应急措施、注意事项等内容。

(四)执行促销方案

为了提高促销活动效果,需要对促销方案进行尝试性检验,并对其效果进行分析总结,进而对促销方案进行修改和完善。

(五)评价促销效果

作为一个闭环系统,在促销活动结束后,应该进行促销效果评估。通过对促销活动效果的反馈,评估该促销方案的可行性和效果,及时发现问题、总结经验,不断提高促销方案水平和促销效果。

第二节 农产品广告促销

一、农产品广告的内涵与作用

(一)农产品广告的内涵

广告是目前广为采用的促销手段之一。关于广告的概念我们引用美国市场营销协会(AMA)的解释,即广告是由特定的出资者(即广告主),通常以付费的方式,通过各种传播媒介,对商品、劳务或观念等所做的任何形式的非人员推介。所谓农产品广告促销,就是通过媒体向用户和消费者传递有关商品和劳务信息,达到促进销售目的的一种农产品促销手段。农产品广告的具体内容应根据广告目标、媒体的信息容量来加以确定。一般来说,应包括以下三个方面。

1. 农产品信息

主要包括农产品名称、农产品特性、销售地点、销售价格、销售方式以及国家规定必须说明的情况等。

2. 农产品生产经营者信息

主要包括生产经营者名称、规模、产品荣誉、生产经营范围及能力、联系方式等。

3. 农产品服务信息

主要包括农产品品质保证、销售网点分布以及其他服务信息等。

(二)农产品广告的作用

广告在农产品促销中具有重要作用,主要体现在以下几个方面。

1. 广告是最快速、最广泛的信息传递媒介

农产品广告可以把农产品功能、特性、用途及销售信息等向消费者进行有效传递,通过广告的视觉、听觉刺激,引起消费者的购买欲望,最终促成其实施购买行为。

2. 广告是激发、诱导消费的重要手段

消费者对某一产品的需求往往是潜在的需求,这种潜在的需求与现实的购买行为有时是矛盾的。广告造成的视觉、感官刺激往往会勾起消费者的现实购买欲望。农产品广告通过视觉、声音的感官刺激和反复渲染,会增加消费者的信任,扩大农产品知名度,增加农产品销售量。

3. 广告有助于推动农产品品牌建设

农产品品牌建设是实现农产品价值增值、提高竞争力的重要途径,而广告是提升品牌认知度、信任度、忠诚度的重要手段。而对于消费者来讲品牌具有产品识别、导购、降低购买风险等功能,进一步降低了消费者选择产品的时间成本、体力成本和精神成本,提高了消费者的产品价值和形象价值。

4. 广告能够影响中间商的交易兴趣

农产品能否真正走向市场,还取决于中间商的积极性。因为,农产品基本上是在批发市场和超市出售,广告在客观上帮助中间商说服消费者购买,因而会受到中间商的青睐。

二、制订农产品广告目标

广告目标是指在一个特定时期内,对于某个特定的目标受众群体要完成的特定传播任务和所要达到的沟通程度。其实质是要在特定的目标受众完成特定内容的信息传播,并获得目标受众的预期反映。农产品广告策划要做到以下五点。

第一,广告目标要明确,要达到有效传递农产品信息的效果。

第二,广告用语要简洁、明快,易懂易记。

第三,广告要体现经营者所达成的共识。

第四,广告要反映市场需求。

第五,广告效果要可以度量。

科利广告原则最重要的主题是广告的有效性,即广告目的明确,且可以通过测度加以评判,具有定量分析的潜质。为此,科利建议一种"6M"方法,即:

商品(Merchandise):商品的价值何在? 我们可以为消费者提供什么?

市场(Markets):我们的服务对象是谁?

动机(Motives):消费者选择我们的理由是什么?

信息(Messages):我们要传达给消费者怎样的信息?

媒体(Media):我们借助何种载体将信息有效传达给消费者?

测定(Measurements):我们如何评价广告受众的有效反应?

因此,制订农产品广告目标要重点把握三方面的内容。

一是提高农产品或农产品经营者的美誉度,达到品牌传播的目的。

二是促销农产品,通过广告向消费者有效传递农产品及促销信息,增加销量。

三是提升市场竞争力,通过广告在消费者心目中树立与其竞争者不一样的企业属性、产品特征和市场定位,进而产生差异化营销,打造竞争优势。

三、制订农产品广告预算

广告目标确定后,农业生产经营者必须确定广告预算。广告预算是否合理对农业生产经营者是一个至关重要的问题。预算太少,广告目标不能实现;预算太多,又造成浪费,有时甚至会决定企业的命运。因此,农产品生产经营者需要根据自己的任务确定合适的广告预算。

(一)广告预算考虑因素

1. 产品生命周期

不同的产品生命周期阶段,其所面对的市场差异较大,农产品处于不同产品生命周期,其市场维护的目的也不一样。农产品在投放期和成长期前期的广告预算一般较高,而在成熟期和衰退期的广告预算一般较低。

2. 市场占有率

市场占有率越高,广告预算的绝对额越高,但面向广大消费者的产品的人均广告费用却比较低;反之,市场占有率越低的产品广告预算的绝对额也较低,但人均广告费并不低。

3. 竞争者因素

广告是应对竞争的一种有力武器,只是面对不同的竞争对手,所采取的广告策略有所不同。广告预算的多少与竞争激烈程度的强弱成正比。

4. 广告频率

广告频率是指一定时期内(或一定时间内)广告重复传播的次数。一般来讲,广告频率越高,其相关费用也越高。广告频率的高低与广告预算的多少成正比。

5. 产品替代性

产品替代性较强时,需要投入较多的广告费用以强化顾客对本产品的认知;产品替代性较弱时,应着重突出产品或品牌可提供的独特物质利益或特色。

(二)确定广告预算的方法

1. 销售百分比法

农产品生产经营者按照销售额或产品售价的一定百分比来计算和决定广告预算。使用该方法的主要优点在于,经营管理层能够意识到营销费用支出与总收入变动有密切的关系,根据单位广告成本、产品销售利润之间的关系分析经营管理中存在的问题;缺点在于销售百分比法实际上是基于可用资金的多少,而不是市场机会的发现与利用,容易失去有利的市场营销机会,而所有产品广告都按同一比率分配预算,也不利于根据不同产品类别和不同消费市场确定相应的广告费用。

2. 竞争对比法

农产品生产经营者按照竞争者的广告费用支出来确定广告预算,以保持竞争的对等地位。农产品生产经营者采取竞争对等法还需要考虑自身的资源、机会、目标等实际情况,而竞争者的广告预算也能代表所在行业的集体智慧。

3.目标任务法

与前面三种方法先确定总的广告预算再分配给不同产品与地区不同,目标任务法先明确广告目标,决定为达成目标需要执行的工作方案,估计各项方案所需的费用,依据费用总和计划广告预算。目标任务法要求每一战略业务单位负责人应尽可能详细地制订广告目标与工作任务,并进行量化。对农产品生产经营者来说,根据边际成本与边际效益来估计广告预算效果更佳。

四、确定农产品广告信息

广告的效果关键在于广告的主题和创意。广告主题决定广告表现的内容,广告创意决定广告表现的形式和风格。只有广告内容迎合目标受众的需求,广告表现具有独特性,广告才能引人注意,给目标受众带来美好的联想,并促进销售。广告的信息决策一般包括以下四个步骤。

(一)确定广告的主题

广告的主题应当显示产品的主要优点和用途来吸引消费者。同类商品,从不同角度提炼的广告主题才能满足多样化需要。西方的营销专家认为消费者购买商品时期望从中获得理性的、感性的、社会的和自我实现的四种利益。产品用户可以通过三种方式获得这些满意度:使用后效果的感觉、使用中的感觉和附加效用的感觉。将上述四种利益和三种途径结合起来,就产生了十二种不同的广告信息,从每一广告信息中可以获得一个广告主题。

(二)广告信息的评价与选择

广告信息可根据愿望性、独占性和可信性来加以评估,即信息要说明一些人们所期待或有兴趣的有关产品的事;信息需说明有别于其他品牌的特色,或者独到之处;信息必须是可信的,或者是可以证实的。营销管理者应该进行市场分析和研究以确定哪一个诉求对目标受众最具感染力。

(三)广告信息的表达

广告信息的效果不仅取决于你说什么,还取决于你怎么说。广告表现手段包括语言手段和非语言手段。语言在广告中的作用超越了任何其他手段,因为语言能够准确、简洁、完整、简洁地传达广告信息,既简洁又朗朗上口,并取得了意想不到的效果。非言语是指除语言以外的一切能够传达信息的手段,主要包括构图、色彩、声音、运动等。为了进行广告表演,我们应该能够将图片和文本结合起来,善于根据不同产品的不同广告定位,将语言手段和非言语手段有机地结合起来。

(四)广告信息的社会责任评价

广告要正确传达产品信息,赢得广大受众的赞赏,除了信息的选择和表达外,我们还应该关注广告信息的社会责任。从社会责任的角度来看,广告商及其代理人必须确保他们"创造"的广告不超越社会道德和法律规范。广告活动中心必须坚持广告对消费者的开放性和成熟性,避免虚假和欺骗性广告。

五、农产品广告的形式

(一)报纸广告

报纸广告是指刊登在报纸上的广告。报纸是一种印刷媒介,其特点是发行频率高、发行量大、信息传递快。报纸广告以文字和图片为主要视觉刺激。报纸可反复阅读,便于保存。但由于报纸纸质及印制工艺上的原因,报纸广告中的商品外观形象和款式、色彩可能无法理想地展现出来。

(二)杂志广告

杂志是视觉媒介中比较重要的媒介。杂志可以按其内容分为综合性杂志、专业性杂志和生活杂志;按其出版周期则可分为周刊、半月刊、月刊、双月刊、季刊及年度报告等;而按其发行范围又可分为国际性杂志、全国性杂志、地区性杂志等。

(三)广播广告

广播广告是指利用无线电或有线广播为媒体播送传导的广告。广播广告的优越性很多,比如传收同步,听众容易收听到最快最新的商品信息,每天重播频率高,收播对象层次广泛,速度快,空间大,广告制作费也低。广播广告的局限性是只有信息的听觉刺激,而没有视觉刺激。另外,广播广告的频段频道相对不太固定,需要经常调寻,也妨碍了商品信息的传播。

(四)电视广告

电视广告起源较晚,但发展迅速。电视广告从声音和图像两个方面向观众传播信息,时效性强,直观性强,宣传效果好,可以在短时期内迅速提高企业和产品的知名度。但电视广告的劣势在于传播必稍纵即逝,广告信息不易保存,对商品的性能、特点、规格等不可能作详细的说明,另外电视广告费用高,时间限制大。

(五)网络广告

网络广告是指运用专业的广告横幅、文本链接、多媒体的方法,在互联网刊登或发布广告,通过网络传递到互联网用户的一种高科技广告运作方式,如微博、微信、社交、网络营销、视频营销等。网络广告具有范围广泛、超越时空、高度开放、双向互动、个性化、多媒体、超文本、低成本等优势,但网络虚拟性致使浏览者产生抵触心理,部分网络广告设计缺乏吸引力。

六、农产品广告效果评估

(一)广告的经济效果评价

广告的经济效果测定,就是测定在投入一定广告费及广告刊播之后,所引起的产品销售额与利润的变化状况。广告的经济效果评价是对广告农产品促销效果的直接衡量,故而是广告效果评价最重要的标准。广告经济效果评测指标主要有广告费用率、单位广告费用销售率和广告销售效果比率。

广告费用率是指每百元销售额所支付的广告费用的比率,它表明广告费支出与销售额之间的对比关系。

$$广告费用率 = \frac{本期广告费用总额}{本期广告后销售总额} \times 100\%$$

由于农产品生产与广告投放都具有明显的季节性,因此其广告经济效果评价的指标都应该以每季节为时间单位。

单位广告费用销售率测定单位广告费用产生的销售效果。

$$单位广告费用销售率 = \frac{本期广告后销售总额}{本期广告费用总额} \times 100\%$$

广告销售效果比率测定每增加单位广告费用带来的销售增加额。

$$广告销售效果比率 = \frac{本期广告后销售总额增长}{本期广告费用增长} \times 100\%$$

除了可以用销售额的变动与广告费用的关系来评价农产品广告效果外,还可以用利润、市场占有率的变动与广告费用的关系来评价广告经济效果。

(二)广告的社会效果评价

广告的社会效果是指广告刊播以后对社会某些方面的影响。广告的社会效果主要评定广告的合法性以及广告对社会文化价值观念的影响。一般可以通过专家意见法和消费者评判法进行。由于农产品广告在很大程度上由政府组织,因此提高广告的社会效果也是农产品促销广告的重要内容。农产品广告的社会效果体现在以下三个方面。

①提高人们的消费意识。

②提高人们的生态环保意识。

③提高人们的营养保健意识。

(三)广告的心理效果评价

广告心理效果评价是对广告在知晓度、认知和偏好等方面的效果测试。其评价方法有广告知晓度、广告回忆状况的测定和偏好状况的测定。

广告知晓度是指媒体受众通过多种媒体了解某则广告的比率和程度。

$$广告知晓度 = \frac{被调查者中知道广告的人数}{被调查者总人数} \times 100\%$$

广告回忆状况的测定是指借助一定的方法,评估媒体受众能否重述或复制出其所接触广告内容的一种方法。根据本产品广告市场投放量,可以将回忆测定分为无辅助回忆和辅助回忆两种。辅助回忆测定是指调查人员在调查时,适当地给被调查者某种提示,观察被调查者能否回忆广告内容。

对一些品牌影响力较强的农产品,消费者一般具有固定购买该品牌产品的心理特征。对偏好状况的测定就是指测定广告带来的消费者对该产品的选择偏好程度。

第三节 农产品人员推销策略

一、农产品人员推销的概念及特点

(一)农产品人员推销的概念

人员推销是指推销人员通过与消费者直接沟通的方式说服消费者购买某种产品或服务,并协助满足其需要的活动。人员推销有助于生产者和消费者的双向交流。农产品人员推销是以推销人员为主的与消费者面对面沟通、促进农产品销售的策略。农产品的人员推销有三种:农民自己作为推销员、城乡中介运销员、龙头企业或农业组织的专门推销员。

(二)农产品人员推销的特点

1. 推销过程的灵活性

推销员通过针对不同类型消费者的需求,灵活采取不同的、有针对性的推销手段和策略。

2. 满足需求的多样性

通过推销商品,满足消费者对商品使用价值的需求;通过宣传介绍商品,满足消费者对商品信息的需求;通过售前、售中、售后服务,满足消费者对技术和服务的需要;通过文明经销,满足消费者心理上的需要。

3. 协作关系的长期性

推销人员与消费者长期接触可增加双方之间的信任和友谊。推销人员可通过发名片、上门拜访等方式,与消费者维持长期关系,易于使消费者对企业产生偏爱、信任,提高忠诚度。

4. 推销目的的双重性

推销人员在农产品推销过程中,可以通过交流与消费者建立良好关系,达到推销产品与交朋友的双重目的。另外,要及时地收集消费者反馈信息。

5. 信息传递的双向性

人员推销是销售人员与消费者之间面对面交流,一方面向消费者传递产品和企业的信息;另一方面,可通过沟通直接从消费者处得到相应的反馈信息。

二、农产品人员推销的步骤

(一)寻找潜在消费者

潜在消费者是指具有购买力、购买决策权和购买欲望的人。寻找潜在消费者线索的方法主要包括:向现有消费者打听潜在消费者的信息;培养其他能提供潜在消费者线索的来源,如供应商、经销商等;加入潜在消费者所在的组织;从事能引起人们注意的演讲与写作活动;查找各种资料来源(工商企业名录、电话号码黄页等);用电话或信件追踪线索等。

(二)访问准备

在拜访潜在消费者之前,推销员必须做好必要的准备。具体包括了解消费者和竞争者、熟悉推销品、确定推销目标、制订推销具体方案等。充分的准备是推销成功的必要前提。

(三)接近消费者

接近消费者是推销员征求消费者同意接见洽谈的过程。接近消费者能否成功是推销成功的前提条件。推销接近要达到三个目标:给潜在消费者一个良好的印象;验证在准备阶段所得到的信息;为推销洽谈打下基础。

(四)分析需求

分析需求是推销过程的中心,要达成有效的推销必须了解消费者的需求。推销人员需要探测消费者分析出消费者需求的真正指向。其主要方法有:通过对拟订问题的提问,筛选出消费者感兴趣的项目,深入讨论并明确消费者的指向以及推销重点。

(五)提出建议

推销员应随时准备应对不同意见来消除消费者疑虑。有效地排除消费者异议是达成交易的必要条件。一个有经验的推销员面对消费者争议,既要有不蔑视、不回避、注意倾听的态度,又要具备灵活排除消费者异议的各种技巧。

(六)达成交易

达成交易是推销过程的成果和目的。在推销过程中,推销员要注意观察潜在消费者的各种变化。当发现对方有购买的意思表示时,要及时抓住时机,促成交易。为了达成交易,推销员可提供一些优惠条件。

(七)后续服务

后续服务主要是指在推动交易完成之后,尚需进行持久的追踪调研和持续访问。成交只是推销过程的开始。后续服务的方法主要是进行追踪访问。追踪访问应从调查产品使用效果和保持良好的人际关系入手,即对于 VIP 客户,推销员特别要注意与之建立长期的合作关系,实行关系营销。但若一味急于扩大销售或询问消费者的决策,就不会受到消费者的欢迎。

三、农产品人员推销策略

(一)推销策略

农产品人员推销策略主要有以下几种。

1. 试探性策略

就是在不了解消费者需要的情况下,事先准备好要说的话,对消费者进行试探,同时密切注意对方的反应,然后根据反应进行说明或宣传。推销人员热情打招呼后消费者有反应了再进一步展开话题,围绕产品信息深入介绍。

2. 针对性策略

这种策略的特点是事先基本了解消费者的某些方面的需要,然后有针对性地进行"说服",当讲到"点子"上引起消费者共鸣时,就有可能促成交易。

3. 诱导性策略

这是一种创造性推销,即首先设法引起客户需要,再说明推销的这种服务产品能较好地满足这种需要。这种策略要求推销人员有较高的推销技术。

(二)销售路线

根据产品的特点与推销途径,农产品人员推销可遵循以下五种销售路线。

1. 对批发商推销

农产品批发商是我国农产品流通组织的主要力量,普通推销员可以通过各个农产品批发市场方便地联系到这些批发商,一旦同批发商建立良好的合作关系,就会给地方农产品销售带来巨大利益。对批发商来说,差价与利润是他们主要关心的因素,因此推销的产品应该能够满足其市场利润较高的要求。

2. 对代理商、经纪商、佣金商的推销

对于品牌知名度较高的、销售前景较好的产品,可以通过销售人员与这些代理建立合作关系,促进产品的销售。对代理商来说,产品的市场前景是他们关心的问题,因此推销员应该重点介绍产品的功能、质量、品牌知名度等内容,以引起代理商的兴趣。

3. 对企业界的推销

企业需求的是成本低、性能高的原料性农产品,因此推销员应该能够掌握并阐述相关产品加工转化率的指标及其相对应的性价比。此外,企业往往非常关心农产品生产方对质量的控制能力,因此整个推销过程需要农业企业的相关配合。

4. 对机构团体的推销

主要是指对于大中专院校、中小学校、医院、孤儿院、旅馆、俱乐部、饭店以及其他实行集体食膳的机构,通常都由后勤主管负责购买。这些机构团体需要的是足够的产品安全性能保证。所以推销员应该找准负责人,并重点表达产品的安全、营养、质量及其质量控制能力。

5. 对超市、农产品连锁商店的推销

由于这些消费者关心的往往是产品的质量、安全问题,以及相关的服务功能,因此,推销人员也应该针对这些特点做好相应的准备,组织交谈的内容。

四、农产品人员推销的组织与管理

农产品销售过程会出现许多问题,突出表现为成员变化大、对推销人员控制力不高、管理松散、无书面协议、矛盾和纠纷时常发生等,故而要加强农产品人员推销的组织与管理。

(一)农产品经纪人队伍建设

农产品经纪人是指从事农产品收购、储运、销售以及销售代理、信息传递、服务等中介活动而获取佣金或利润的人员。农产品经纪人成功的基础有三个:专业知识、市场信息和经营理念。专业知识和市场信息是形成经营理念的前提。专业知识和市场信息是不能很快掌握的,需要平时大量积累并加以钻研。专业知识获取的途径主要有网络、书籍及市场。各地政府都要重视农产品经纪人队伍建设工作,把农产品经纪人纳入农村实用人才队伍的范畴,建立农产品经纪人协会,提高农产品经纪人进入市场的组织化程度。

(二)销售目标管理

销售目标的设定必须考虑市场的需求状况。销售目标的拟定,通常是按全年度的营业目标设定,但是业务代表的个人销售目标,则不能由主管强制设定,通常是相互协商,与员工面谈同意后决定。另外,销售目标应当根据士气的高低、人员的多少、经历时间的长短及业务代表的个性,适当调整实际的销售目标。

(三)推销人员的绩效评估

对推销人员的绩效评估,既可了解企业的营销效率,又能反映推销人员的工作状况。评估的信息来源主要是销售人员的工作报告,上级观察的结果,消费者调查结果和抱怨、意见等。评估的方法一般有如下三个方面。

1. 横向比较

对所有推销人员的工作绩效进行比较和排队。这种方法结果明确,但因为每个推销人员面临的市场状况、产品状况不太一致,会有失公允。

2. 纵向比较

将每个推销人员现在的工作绩效与过去进行比较。同一推销员现在和过去的工作实绩,主要涉及以下指标。

(1)销售计划完成率。即销售计划完成情况与原计划的比值。

(2)销售毛利率。用以衡量利润的潜力。

(3)销售费用率。用以衡量每次访问的成本及销售费用占营业额的比重。

(4)客户访问率。用以衡量推销人员的努力程度。

(5)访问成功率。用以衡量推销人员的工作效率。

(6)培育新客户数量。即开发新客户的衡量标准。这种方法可以看到推销人员的工作努力程度,但有时因市场的波动,会使比较的结果没有意义。

3.定性评估

对销售人员关心企业、消费者、竞争者的了解程度进行评估,还可以对销售人员的个人性格、风度、仪表、言谈举止和气质等进行评估。

(四)推销人员的培养

1.道德品质

正确处理个人与企业的关系。将个人发展目标与组织发展目标相统一,培养主人翁意识和组织责任感,建立正确的事业观;正确处理与消费者的关系。推销对象即消费者,按照现代营销观念,以消费者为中心,置位思考,培养服务意识;正确处理与竞争对手的关系。竞争对手既是对手也是伙伴,要通过了解竞争对手,解决自己所面临的问题,做到知己知彼。

2.个人修养

推销人员应该注意培养自己的形态美和神态美,要努力做到拥有端庄的仪表、文雅的举止、为人谦和、待人礼貌等良好的外在风度与内在气质,给消费者一种亲切、友善、真诚的直观感觉,以赢得消费者信任。这是展开销售工作的个人形象基础。

3.完善知识结构

完善市场、管理、心理学、法律等知识。市场知识,要了解目标市场的供求状况及竞争者,熟悉目标市场的环境,包括国家经济政策、社会经济发展等方面;管理知识,涉及市场营销、客户关系管理、商务礼仪、市场调查与预测等;产品知识,主要对所售产品的基本属性、基本特点和基本功能,特别是与同类产品相比的优势做到心中有数;心理学知识,涉及消费者行为学、消费心理学、组织行为学等方面;法律知识,要了解所涉及的国家相关法律、法规及政策,做到知法、遵法、守法。

4.销售能力

这是推销人员培训的核心内容。主要包括:
(1)市场开拓能力;
(2)谈判能力;
(3)敏锐的洞察力;
(4)业务组织能力;
(5)业务控制能力;
(6)应变能力;
(7)创新能力。

第四节 营业推广策略

一、营业推广的含义与特点

(一)营业推广的含义

营业推广是指除了人员推销、广告和公关关系之外的,在短期内用以刺激消费者或其他中间商迅速并大量地购买某种特定产品或服务的活动。营业推广发展比较快,它具有较大的促销作用。

一是吸引消费者购买。营业推广的首要目的是促销,由于营业推广采用比较集中的广告促销和人员推销,具有比较热烈的气氛,可以聚集大量人气,使消费者产生从众购买心理,具有时间短、促销效果好的特点。

二是可以提高消费者忠诚度。销售奖励、赠券等让利活动,使消费者得到真正的实惠,从而使消费者对产品及企业产生认同感,提高美誉度,培养消费者忠诚度。

三是可以实现企业销售目标。营业推广实际上是企业在拉近与消费者的距离,让消费者感到企业的热忱和真诚,从而心甘情愿地购买产品,并通过口碑扩大宣传来吸引更多的消费者,进而提高产品销售。

(二)营业推广的特点

营业推广的特点主要体现在以下四个方面。

第一,营业推广短期促销效果显著。营业推广适合于在一定时期一定任务的短期性的促销活动中使用。

第二,营业推广通常与其他促销方式相配合使用。将营业推广与人员推销、广告和公关搭配起来,围绕目标市场展开促销攻势,可以使营业推广的效果得到最大发挥。

第三,频繁使用营业推广可能有损品牌形象。有证据表明,价格促销不能巩固整个企业的总销售额,只能刺激短期销售额,若频繁使用营业推广或使用不当,往往会引起消费者对产品质量、价格产生怀疑。因此,在开展营业推广活动时,要注意选择恰当的方式和时机。

第四,目标明确且容易衡量。销售促进方案是否有效是看活动结束后促销目标的实现程度。

二、营业推广的类型

营业推广根据推广对象可分为以下三种类型。

(一)对消费者的营业推广

1.赠品推广

一方面农业生产者在农产品生产过程中可以收获多种主副产品;另一方面消费者对农产品也有多方面的需求,实际上表现为不同产品需求的组合,所以对产品进行组合或赠送农产品促销是一种可行的办法。

2.快捷服务

随着人们生活节奏的加快,对农产品的需求也增加了送货、去净等快捷服务。

3.免费品尝

农产品的口感质量是无法通过外观质量完全得以体现的,免费品尝的农产品促销活动是传递产品"美味"信息的最好途径。

(二)对组织用户的营业推广

这种类型的营业推广有很强的针对性,因为中间商是以赚取利益为目的的,通常进货的批量较大,可以加快资金的周转。所以,采用针对中间商的营业推广,要减轻农产品生产经营者的资金压力。从推广途径上看,营业推广主要有以下两种形式。

1.农产品交易会

农产品交易会是指在一定场所和期间,集中展示产品及有关信息,组织当事人洽谈、签约的产品交易活动。交易会的具体形式包括农产品促销会、展销会、博览会等。农业经营者通过交易会宣传本企业的产品,展示新品种,通过营业推广结识更多的朋友,获取所需的信息,吸引消费者前来购买,有利于扩大销售。

2.农产品拍卖会

农产品拍卖就是在公开、公平的环境下,拍卖师将供货商委托拍卖的农产品当众叫价,展示产品信息,由承销商出价竞购的农产品促销方式。农产品具有鲜活易用、不易久存等特点,需要快速流通以到达消费者手中。拍卖农产品促销可以减少流通环节,降低交易费用,有效地提高交易效率和物流效率。

(三)对推销员的营业推广

这种类型营业推广的优点在于从销售的根本问题入手,影响深远。它可以与农产品生产经营者的经营管理工作紧密联合在一起,起到对推销人员的激励作用。

三、营业推广设计

(一)确定营业推广目标

要明确推广对象和目的。如是以增加销量为主,以培养消费者忠诚度为主,还是以新产品市场推介为主等,不同目的采取的方案也各不相同。

（二）选择营业推广方式

营业推广方式很多，每种方式都具有其较鲜明的属性和特征，因此要慎重地加以选择，根据目标市场以及农产品特点，通过系统分析，寻找影响推广效果的关键因素，选择正确方式。

（三）与其他方式有机结合

营业推广只有与其他促销方式有机结合，才能营造更强劲的气势，形成推广声势，如广告、人员推销等方式的加盟和整合，可以达到满意的综合效果。

（四）确定推广时机

营业推广成功的关键之一是聚集人气，因此，要结合农产品的属性和特点，选择能够聚集人气的时间为市场时机，将其打造成销售的黄金时节。

（五）确定推广期限

营业推广活动持续时间是一个微妙的问题。推广期限过长，消费者的新鲜感会逐渐丧失，使营业推广适得其反；如果时间太短，消费者来不及光顾，也会影响推广绩效。因此，确定推广期限是一个需要综合考虑的大问题。

四、营业推广的具体方式

（一）对消费者的营业推广方式

1. 产品陈列与演示

产品陈列与演示是指通过橱窗陈列、柜台陈列或流动陈列，或者进行操作演示，以展示产品的性能与特长，打消消费者疑虑，促进产品销售的方式。这种方法在新产品进入市场时有着广泛的应用。消费者购买生鲜产品的随机性很强，容易冲动购买。店头展示和宣传往往对消费者有极大的诱惑力，产品陈列应充分利用店面广告效应，营造销售点现场的消费气氛，将潜在消费者变为现实消费者。

2. 样品赠送

样品赠送是指免费向消费者赠送样品，通过让他们了解产品的功效、传播产品信息来争取扩大产品销量的促销方式。其作用是使受赠者成为下一次该商品的真正购买者，提高惠顾率；可以使受赠者成为该商品的义务宣传者或他人的参考群体，促使他人购买。样品赠送适用于价值低廉的日用消费品，通过消费者亲身试用来提高接受度。该方法特别适用于新产品导入期，不少情况下也是改变其他品牌忠实消费者的方式。开展样品赠送活动时，要足够的广告加以支持。

3. 附赠赠品

附赠赠品是消费者购买某种特定产品时，附带赠送一些物品的促销方式。所赠送物品可以与所购商品相同，也可以不同。它是为了争取将竞争对手的消费者转移到使用促销者的产品,也是为了防止竞争者侵入促销者的产品市场。因此,赠品必须让消费者有深刻的印象和一定的实用价值。

4. 特价包装

特价包装是指对产品的正常零售价格给以一定的折扣优惠,并把原正常价格与限定的优惠价标明在产品包装或标签上。特价包装的具体形式,有同种商品减价出售也有组合包装的形式。特价包装适用于购买频繁、价格较低的商品。对于短期促销它比折价券更能刺激消费者。这种方法操作简易,容易控制,能够刺激经济型消费者的需求,对提升短期销售量比较有效。

5. 折价优惠

折价优惠是种折价凭证,当持有人在指定地点购买某种商品时,可免付一定的金额。这种方法一般用在有一定品牌基础的产品中,产品应是消耗性的,购买周期较短,消费者需经常购买或一次性购买量较大。在实际操作过程中,应慎重考虑兑换率的问题,它涉及促销的预算及其分配。折价优惠可以有效地刺激成熟期产品的销售,诱导对新产品的早期使用。

6. 竞赛与抽奖

竞赛就是让消费者按照竞赛要求,运用其知识技能来赢得现金、实物或旅游奖励,这种竞赛不全依靠人的本领,还要靠运气。抽奖是指消费者凭其资格证明,所使用的商品标记,以及通过详细阅读举办活动的宣传资料回答相应问题,向主办者申请获奖机会。而主办者根据事先公布的准则、程序,以一定比例从参加者中抽取获奖者,向其颁发奖金或奖品。一个规划完善的竞赛或抽奖活动能够帮助农产品生产经营者达到既定的促销目的和销售目标。但竞赛活动参加率低,无法普及,设计创新的难度也较大;尽管抽奖普及面高些,但它通常需要大量的宣传经费才能达到一定效果,另外还很难事先对活动效果预测。

7. 联合促销

联合促销是指两个或两个以上的组织合作开展促销活动,以扩大活动的影响力。联合促销可使联合体内的各成员以较少的费用,获得最大的促销效果;降低促销成本,促销活动中的广告费、赠品等各项成本均可由联合各方分摊;可使本产品快速接触到目标消费者,加快本产品的推进速度。此方法的弊端:联合促销需顾及合作各方的利益,协调有一定困难;促销中多品牌的出现可能影响产品形象的突出。因此,联合促销中的新产品尤其要注意配合相应的独立广告,以补充说明产品的利益点。

8. 会员营销

会员营销又叫俱乐部营销,是指以某项利益或服务为主题,将各种消费者组成俱乐部形式,开展宣传、促销和销售活动。加入俱乐部的形式多种多样,可以是缴纳一定的会费,也可以将产品与特定消费者联系起来。会员营销易培养消费者的品牌忠诚度,还不易被竞争者察觉,但其回报结果较慢,费用较高。另外,俱乐部的服务是否真正受欢迎,只能看俱乐部运转一段时间后的效果。

9. 免费品尝

农产品的口感是无法通过外观完全得以体现的,免费品尝的农产品促销活动是传递产品"美味"信息的最好途径。

10. 交易印花

交易印花也叫集点优惠，或商业印花，指消费者购买商品时，赠送消费者印花，等筹集到一定数量的印花就可换取商品或奖品。最终目标是鼓励消费者再次购买某种商品，或再度光顾零售店面。具体形式包括点券式印花优惠、凭证式印花优惠和积点卡式优惠等。

(二)对中间商的营业推广方式

1. 产品展览、展销、订货会议

展销是指零售商举办的，面对广大消费者，通过增加农产品选择性和在展销期间的某些优惠来吸引消费者的一种营业推广方式。在运用这一营业推广方式时，农产品生产经营者应充分做好各种展出的准备，包括布置展览摊位、准备介绍资料、印制产品广告页、利用传播媒体开展广告与公关宣传活动等。同时，应做好对前来参加会议的老客户、准客户、潜在客户的迎送接待工作，并分别制订相应的方案，安排好营销人员在会议期间的各项活动。订货会是指由农产品生产商或批发商独立举办或联合举办，由众多客户参加，通过直接展示产品和商品交易条件来促进销售的一种营业推广方式。

2. 销售竞赛

销售竞赛是指为了激励中间商尽全力推销产品，规定一个具体的销售目标，实现既定目标的优胜者可以获得相应的奖励。竞赛优劣通常以销售额、销售增长率、货款回笼速度、售后服务质量等一系列指标为标准，且奖励的形式也多种多样。开展销售竞赛活动时，竞赛目标的设定对于中间商而言既要有一定的挑战性，又要合理。虽然这一营业推广方式难以达到持续性的效果，但它对于促进、改善与中间商的合作关系却有着不容忽视的作用。

3. 价格折扣

价格折扣是一种运用非常普遍的促进中间商大量进货的方法，包括给予中间商数量折扣或职能折扣两种基本形式。前者是指购货者在一定时期内进货到达一定批量即可享受一定的价格折扣率，后者是指当中间商为产品作了广告宣传时给予适当补偿或对中间商特意陈列产品给予相应津贴。一般而言，数量折扣的效果相对具有持久性，可作为一种日常的促销手段，而职能折扣更具有瞬时性效果。

4. 赠品

赠品不仅是刺激消费者的有力手段，对于中间商来说，也是一种重要的刺激方式。它表现为一种实际的利益又是对中间商的一种感恩情结。因此，对中间商的赠品可以是促销产品本身或样品，也可以是各种有价值的文具用品、日用品或纪念品。

5. 采购支持

采购支持是指为了帮助中间商节约采购费用和库存成本等，而采取的一系列帮助中间商采购的促销活动。它的具体形式有 3 种。

(1)库存支持系统。尽量降低中间商的库存，一接到中间商的需求通知就立即送货。这种方式非常受中间商的欢迎，但对农产品生产经营者来说，资金压力过大，采用起来难度较大，可通过小批量、勤送货的方式来实现。

(2)自动订货系统。向中间商提供订购的各种表单，并通过计算机与中间商保持紧密的联系，一旦接到订单订货，马上供货。这种方式越来越受到重视。它联系性强，交货时减少

了必要的沟通费用,但这个系统必须通过一定时期人员的磨合才能正常运转。

（3）报销采购费用。对中间商人员到本单位提货的住宿费、差旅费、运输费均给予报销,以此来吸引中间商。

6. 津贴补助

津贴补助是指农产品生产经营者为中间商提供陈列商品、支付部分广告费用和部分促销费用等。中间商陈列农产品生产经营者的产品,农产品生产经营者可免费或者低价提供陈列商品;补助一定比例的推广费用,让中间商为农产品生产经营者商品做广告、做宣传;为刺激其他地域的中间商经销农产品生产经营者产品,可给予一定比例的运费补贴。

（三）对推销员的营业推广方式

对销售人员的激励手段,可实行销售提成、折扣鼓励和配套优惠等促销手段。销售人员的报酬与其销售业绩挂钩会更有激励性,销售人员会更主动、积极地工作,销售业绩会不断体现销售人员的潜力。除了绩效红利、奖金等形式,还包括精神激励。有些推销人员认为培训机会有时比提高收入还具有吸引力,这意味着他受到肯定、受到重视以及富有发展潜力。

五、营业推广决策

（一）确定营业推广目标

在选择营业推广的目标时,要根据目标消费者的需求、整体的营销计划来确定。农产品生产经营者此时的决策实际包含两层目标:营业推广目标对象和希望达到的效果。在营业推广的目标对象上,通常包括消费者、中间商和销售人员三种。在不同的情况下,农产品生产经营者营业推广的重点目标可能是不同的,希望达到的效果也是有差别的。

1. 对消费者的营业推广目标

针对消费者的商业推广目标可以分为两类:短期目标和长期目标。在短期目标方面,农产品生产经营者可能希望让消费者了解新产品或鼓励消费者尝试新产品;它还可能鼓励消费者重复购买和消费更多的农业生产者和经营者的产品;它还可能鼓励偶尔购买的消费者改变购买习惯,增加农产品生产商和经营者的销售量。在长期目标方面,它们通常侧重于巩固或扩大农产品生产者和经营者产品的市场份额,提高产品的知名度。此时,如何应对市场竞争也是制订业务推广目标时的主要考虑因素。

2. 对中间商的营业推广目标

中间商业务推广活动更多的是为了促进中间商参与农产品生产者和经营者的业务推广活动,刺激中间商购买更多产品或协助中间商开展业务推广活动。如果没有中间商的响应、参与和支持,农产品生产经营者策划和发起的促销活动往往会事倍功半。农产品生产经营者在开展业务推广时,要充分调动中间商参与的积极性。

一是维护和巩固现有销售渠道和终端推广水平,鼓励中间商销售完整的产品系列,吸引新的中间商改善销售渠道。

二是为缓解农产品生产经营者资金周转压力,制定专项招商活动,鼓励中间商多买,鼓励中间商存放农产品生产经营者品牌的相关产品。

三是为了帮助中间商进行商业推广或日常销售活动,农产品生产经营者可以通过培训中间商的销售人员和维修服务人员,有效地促进中间商的营销工作。实际上,这种方式是向中间商提供一种补贴,为中间商承担额外的运营费用(培训、服务等),也是一种有效的商业推广。

3. 对销售人员的营业推广目标

对销售人员的营业推广不单是指对生产者销售人员的营业推广,也包括对中间商销售人员的营业推广。其目标是鼓励销售人员努力开拓新市场,增加产品的销售量。对于销售人员进行营业推广不仅有助于将新产品打入市场,还有助于销售那些销售不畅或滞销的产品。

(二)选择营业推广方式

选择营业推广方式时要综合考虑市场的状况、营业推广的对象、希望达到的效果、竞争对手以及产品生命周期阶段等方面的因素。

1. 市场的状况

将一项新产品投入市场与对一项已进入成熟期或衰退期、市场竞争极其激烈的产品进行营业推广时,前者会倾向于选择产品陈列、展销、对中间商和消费者赠送样品、有奖销售、向中间商提供职能折扣等,后者则倾向于发放折价券、奖券、给中间商以较大数量的折扣等。

2. 营业推广的对象

营业推广对象不一样,选择的激励手段也不一样,中介提供的价格优惠中会有功能优惠这个重要因素,比向消费者提供更具目标性的优惠,而销售业绩排名仅适用于对销售人员的激励,对消费者来说是不必要的。

3. 希望达到的效果

不同的营业推广效果,要求所选择的营业推广方式会明显不同。一般来说,对销售人员展开的推广活动时效性很长,而对消费者的刺激一般只能帮助生产经营者实现阶段性目标。

4. 竞争对手

农产品生产经营者在选择营业推广方式时,应参考竞争对手同一时期的举动,以更优于竞争对手促销活动的方式选择营业推广方式,更好地建立与经销商的关系和获取更多的目标消费者购买行为。当然,竞争对手在过去开展促销活动时采用某种营业推广方式的效果,也应及时借鉴和参考。

5. 产品生命周期阶段

推广方式的选择还需考虑产品处于生命周期的哪个阶段,依据不同的阶段的市场特点,选择相应的营业推广方式。投入期主要是缩短产品与消费者之间的距离,诱使目标消费者试用、认知新产品;成长期鼓励重复购买、刺激潜在购买者,提高中间商的接受度;成熟期刺激大量购买,吸引竞争品牌的消费者,保持原有的市场占有率;衰退期大量销售农产品,处理积压库存。

(三)制订营业推广方案

农产品市场营销管理人员不仅要选择合适的营业推广方式,还要制订和阐明一个完整的促销方案。在制订营业推广方案时,必须对以下问题作出决策。

1.推广刺激的大小

营业推广对象的激励规模是根据费用与效果的最优比例确定的。要获得营业推广活动成功,最低限度的激励物是必要的,还要按最佳激励规模依据费用最低、效率最高的原则来确定。大量实践证明,销售反应函数一般呈"S"形,诱因规模很小时,销售反应也很小;诱因规模增大时,销售反应也增大;但超过一定规模时,较大诱因以递减率的形式增加销售反应。根据销售和成本增加的相对比率,营销管理人员可以设定最佳的推广刺激规模。

2.推广刺激的对象

营销管理人员须有参与条件,需要明确是面向每一个人还是有选择的部分人,另外,还要注意这种选择会不会影响到营业推广的最终效果。通过确定参与对象的条件,可以有选择地排除那些不可能成为农产品消费者的人,但条件过于严格也只有部分品牌偏好者会参与。

3.推广刺激的期限

推广期限是指营业推广活动持续时间的长短。推广期限不宜过长或过短。具体的活动期限应综合考虑产品的特点、消费者购买习惯、促销目标、竞争者策略及其他因素。要保证营业推广的持续性,如果过短,一些消费者将由于无法及时重新购买而失去享受优惠的机会,由此会导致其今后购买重复率降低;如果过长,则营业推广的号召力逐步递减,起不到刺激消费者马上购买的作用。赠品促销一般维持在8~12周,优惠券维持6~8周,抽奖以2~4个月为宜。

4.促销媒介的选择

营销人员还需要决定如何将销售促进方案向目标市场传达。假设选择折价优惠方式开展促销活动,则可以考虑线上、线下两种渠道使消费者获得优惠券:线上借助各种购物平台;线下可采取将优惠券附在包装内、零售店分发、附在宣传单上等方式。

5.推广时机的选择

营业推广时机选择要根据农产品属性及特色,结合消费需求时间特征,结合营销策略,做好日程安排,注重与生产、配送、促销等时间节点协调一致,并与战略相匹配。节假日或某一类产品的销售旺季到来前,以及热销过程中,都是不错的时机。优惠券通常选择旺季或旺季来临之前,有时候是为了保持淡季的生产任务,淡季也加以使用。

6.推广促销的预算及分配

营业推广的预算及分配有两种方法可供选择:一种是从基层做起(自下而上的方式),营销人员根据所选用的各种营业推广方式来估计它们的总费用。营业推广成本是由管理成本(印刷费、促销活动费等)和刺激成本(奖品或减价成本)构成。另一种是按照习惯比例来确定各项营业推广预算的比率。这种方式要避免因缺乏对成本效益的考虑而导致的决策过程过分简化。

(四)预试、实施和控制方案

为保证营业推广的效果,企业必须对推广方案进行测试,然后再正式实施推广方案。通过试验明确选择的营业推广方式是否适当,刺激规模是否最佳,实施的方法效率如何等。预试方法有两种:一种是面向消费者的预试可以采取征求意见法、对比试验法等;另一种是面向中间商的预试方法。

企业须制订具体的实施和控制方案。实施方案包括准备时间和实施时间。准备时间是指推出方案之前所需的时间,实施时间是从推广活动开始到95%的推广商品已到达消费者手中这一段时间。在实施计划的制订及执行过程中,应由专人控制事态的进展,应有相应的监控机制作保障,出现偏差或意外情况应及时予以纠正和解决。

营业推广的效果体现了营业推广的目的。每一次营业推广的效果都应进行细致、科学的评价,以为后来的活动提供参考。可用三种方法对营业推广效果进行评估:销售数据、消费者调查法和实验评估法。销售数据可以由农产品生产经营者的销售额与调查公司的行业数据进行综合分析;消费者调查法侧重了解消费者是否对促销活动有印象,参与了促销活动的人数,以及促销活动后对消费者产品选择与品牌偏好的影响程度;实验评估法可以根据不同区域促销措施和不同因素进行评估。

评估营业推广效果最常用的方法是分析营业推广前、营业推广过程中及实施后的销售量变动情况。在其他条件不变的情况下,将由于销售量增加而增加的贡献毛利率与促销成本比较,即得出该次促销的净效果,以此可基本评价该次促销活动的得失。一般销售情况的变化会出现四种情况。

一是起初奏效,但持续时间短,对销售缺乏实质的改变。

二是对销售没什么影响,基本上是浪费促销费用。

三是营业推广的影响不大,而且有后遗症,导致销售整体水平下降。

四是促销效果明显,对以后的销售也有积极的影响。

第五节　公共关系

一、公共关系的概念

公共关系是指企业在从事市场营销活动中正确处理企业与社会公众的关系,以便树立品牌及企业的良好形象,从而促进产品销售的一种活动。公共关系的核心是建立和发展与社会公众的良好的互动关系,赢得社会美誉度,营造企业发展的良好环境,树立农产品经营者的良好形象,为经营者获得经济和社会效益。

公共关系的基本要素包括公共关系主体、公共关系客体和传播与公共关系目标。其中,公共关系主体是指社会组织、工商组织、非营利组织和政府三大类;公共关系客体是指公众,包括内部公众和外部公众,内部公众是指企业管理者和员工,外部公众是指消费者、金融机构、大众媒体、社团公众以及社区公众等;传播是指建立主体与客体之间的双向沟通;公共关系目标是指从事公共关系所要达到的目的,比如树立企业良好形象,增强市场竞争力等。

二、公共关系的特点

(一)双向性的信息沟通

在公共关系中,信息流是双向的:一方面,通过企业行为(特别是公益行为)向消费者及社会推介自己,促使社会公众了解企业及其产品;另一方面,通过建立良好的社会形象,赢得消费者的理解和支持,最终赢得市场。

(二)关系协同性

企业要在社会中生存与发展,就必须与社会各方建立起良好的睦邻友好关系,尤其是与政府、金融服务机构、社区公众、非营利性组织等利益相关者建立长期的互信互利机制。这种协同性是一种双赢,可以营造一个有利于企业发展的社会氛围。

(三)信息反馈的及时性

公共关系要求经营者成立专门部门,用以了解社会公众对企业及其产品的态度。公共关系实际上是一个带有反馈的闭式循环系统,通过信息及时反馈,企业可以了解到社会环境的动态变化,特别是社会公众对企业的诉求,及时调整产品策略、企业经营思路和理念,把握市场机会或应对可能发生的危机。

三、公共关系的原则

(一)主动沟通

把握主动是公共关系中很重要的原则之一。企业应主动与社会公众沟通,传递有利于企业发展的信息,以对社会负责的主动态度为社会服务,赢得社会信任。只有双向沟通的过程,才是公共关系的完整过程。

(二)诚实守信

市场经济是契约经济,诚信是企业生存之本。只有真诚面对社会,履行诺言,才能取信于民。守信是市场经济对企业最基本的要求,还能体现企业的自信和责任感,展现企业竞争实力。

(三)互惠互利

公共关系是以一定的利益关系为基础的。企业为满足社会需求而不断提高管理水平和产品品质,社会为企业发展营造一个公平竞争的有利环境,双方互促互进,和谐发展。一个社会组织在发展过程中要得到相关组织和公众的长久支持与合作,就要奉行互惠互利原则,既要实现组织目标,又要让公众得益。

四、公共关系的内容

(一)企业与顾客的关系

消费者是企业生存和发展的基础。农产品在生产过程中存在信息不对称,因此,企业要与消费者建立并保持良好的关系,须做到以下三点:一是通过传播帮助消费者了解企业,建立企业信誉;二是认真听取和处理消费者的意见,妥善处理消费者的来信来访,认真听取消费者的询问和意见,及时解决产品和服务中的问题,消除消费者的不满意感,争取消费者的谅解和支持;三是加强与消费者的沟通和联系,重视情感在消费者购物决策中的影响力。

(二)企业与政府的关系

政府是国家权力的代表,更是宏观经济的调控者,政府对企业有监督管理的职能。所以,企业必须协调好和政府的关系,争取政府的政策支持,并借助政府的公信力宣传企业。

(三)企业与新闻媒体的关系

这是指通过广播、电视、报纸、杂志和网络等传播媒介,采用撰写新闻稿、演讲稿、报道、电视娱乐节目赞助等形式在公众中树立良好的形象。有计划地举办各种社会活动,通过举办新闻发布会、展销会、订货会和博览会等向公众推荐产品,介绍知识,增进了解,扩大影响。

(四)企业与组织用户的关系

对组织和用户的关系营销就是营销者在中间商市场上开展营销活动。现在的市场竞争是供应链之间的竞争。供应商、制造商、物流商、中间商和消费者之间已建立起一条动态的供应链体系,农业企业要与这些经销商保持良好的关系,须做好以下工作。

第一,及时了解中间商对产品质量的反应,提供质量优良的产品。

第二,加强产品的服务工作,搞好产品的售前、售中和售后服务。

第三,制订合理、稳定的价格水平,协调双方的利益关系。

第四,加强与经销商的沟通。沟通形式包括口头沟通和书面沟通。

(五)积极支持各项公益活动

利用参与各种社会性、公益性、赞助性活动的机会来与社会公众沟通,进一步扩大企业的影响,树立有社会责任感的企业形象。

五、公共关系的程序

(一)建立公关目标

目标的确定是公共关系活动取得良好效果的前提条件。企业的公关目标因企业面临的环境和任务的不同而不同。一般来说,企业的公关目标主要有以下几类。

第一,新产品、新技术开发之中,要让公众有足够的了解。

第二,开辟新市场之前,要在新市场所在地的公众中宣传组织的声誉。

第三,转产其他产品时,要树立组织新形象,使之与新产品相适应。

第四,参加社会公益活动,增加公众对组织的了解和好感。

第五,开展社区公关,与组织所在地的公众沟通。

第六,本组织的产品或服务在社会上造成不良影响后,进行公共关系活动以挽回影响。

第七,创造一个良好的消费环境,在公众中普及同本组织有关的产品或服务的消费方式。

(二)确定公关对象

公关对象的选择就是公众的选择。公关的对象决定于公关目标,不同的公关目标决定了公关传播对象的侧重点不同。选择公关对象要注意两点。

一是侧重点是相对的。企业在针对某类对象进行公关活动时不能忽视了与其他公众沟通。

二是在某些时候,企业必须加强与各类公关对象的沟通,以赢得各方面的理解和支持。

六、公共关系的活动方式

公共关系的方式是公共关系工作的方法系统。在不同的公关状态和公关目标下,企业必须选择不同的公关模式,以便有效地实现公共关系目标。一般来说,供企业选择的公关方式主要有战略性公关方式和策略性公关方式两类。

(一)战略性公关方式

下列五种公关方式,主要针对企业面临的不同环境和公关的不同任务,从整体上影响企业形象,属于战略性公关。

1. 建设性公关

主要适用于企业初创时期或新产品、新服务首次推出之时,主要功能是扩大知名度,树立良好的第一印象。

2. 维系性公关

适用于企业稳定发展之际,用以巩固良好企业形象的公关模式。

3. 进攻性公关

企业与环境发生摩擦冲突时所采用的一种公关模式,主要特点是主动。

4. 防御性公关

企业为防止自身公共关系失调而采取的一种公关模式,适用于企业与外部环境出现了不协调或摩擦苗头的时候,主要特点是防御与引导相结合。

5. 矫正性公关

企业遇到风险时采用的一种公关模式,适用于企业公共关系严重失调,从而企业形象严重受损的时候,主要特点是及时。

（二）策略性公关方式

下列五种公关方式属于公共关系的业务类型,主要是公共关系的策略技巧,属于策略性公关。

1. 宣传性公关

利用各类群众传播媒体、内部沟通、组织编印、宣传文字、影像资料等手段开展宣传工作,发布其产品优势信息或良性发展信息,树立良好企业形象,形成有利于企业发展的社会舆论导向,引起社会广泛关注,扩大农产品生产经营户的知名度和美誉度。新闻媒体宣传是免费的广告,具有客观性或真实感,消费者在心理上往往不设防,而媒体客观性带来的影响会比单纯的商业广告更大。

2. 交际性公关

通过招待会、宴会、电话、信函、互联网等形式与社会各界保持联系,广交朋友,增进友谊,改善人际关系,提高企业的知名度和美誉度。

3. 服务性公关

以提供优质服务为主要手段的公共关系活动模式,目的是以实际行动获得社会公众的了解和好评。这种方式最显著的特征在于实际的行动。

4. 社会性公关

利用举办各种社会性、公益性、赞助性活动开展公关,凸显农产品生产经营者的社会责任感,从而提升企业形象。其方式有三种。

一是以企业本身为中心开展的活动。

二是以社会发展和进步为中心开展的活动。

三是资助大众传播媒介举办的各种活动。这种方式凸显农产品生产经营者的社会责任感,从而提升企业形象。

5. 征询性公关

通过各种征询热线、问卷调查、民意测验等形式,吸引社会各界参与企业发展的讨论。征询性公关既可以了解社会各界对企业形象的认识程度,以利于进一步改善形象,又可以在征询的过程中达到与社会各界密切联系、沟通信息的目的。

（三）选择公关信息的载体

公关活动必须寻找甚至创造一些宣传信息,并选择恰当的载体。主要的公关信息载体包括以下5种。

1. 公开相关材料

主要包括年度的报告、小册子、文章、视听材料以及商业信件和杂志。视听材料的宣传效果通常好于印刷材料,给人的印象也比较深刻,因此,企业应该充分制作、利用这些视听材料。

2. 事件

企业可以通过安排一些特殊的公关活动来吸引公众对其新产品和企业重要事件的关

注。这些事件包括记者招待会、讨论会、郊游、展览会、竞赛和周年庆祝活动,以及运动会和文化赞助等。

3. 新闻

公关专业人员的主要任务是:发展或创造对企业、产品、人员有利的新闻。公关人员应掌握制作新闻的技巧,争取宣传媒体录用新闻稿和参加记者招待会,必须尽可能多地结识新闻编辑人员、记者等媒体人员,并通过与新闻界的交往,使企业获得更多、更好的新闻报道。

4. 演讲

演讲是创造产品及企业知名度的另一项方式。企业应经常通过宣传工具圆满地回答各种问题,并在同业公会和销售会议上演说,通过演说让公众更多地了解企业、树立企业的形象。

5. 公益服务活动

企业可以通过向某些公益事业捐赠或积极参与社会公益活动的方式,提高其在公众中的美誉度,建立公众信誉和亲切感。

(四)实施公关方案

实施公关方案是企业公关活动的关键环节。既是把公关方案确定的内容变为现实的过程,也是企业利用各种方式与各类公众进行沟通的过程。实施公关方案,需要做好以下工作。

1. 做好实施前的准备

公关准备工作主要包括公关实施人员的培训、公关实施的资源配备等方面。

2. 消除沟通障碍

公关传播中存在着方案本身的目标障碍,实施过程中语言、风俗习惯、观念和信仰的差异以及传播时机不当、组织机构臃肿等多方面形成的沟通障碍和突发事件的干扰等影响因素。消除不良影响因素,是提高沟通效果的重要条件。

3. 加强公关实施的控制

公关实施中主要包括对人力、物力、财力、时机、进程、质量、阶段性目标以及突发事件等方面的控制。公关实施中的控制环节由制定控制标准、衡量实际绩效、将实际绩效与既定标准进行比较和采取纠偏措施组成。

(五)评估公关效果

公共关系评估就是根据特定的标准,对公共关系计划、实施及效果进行衡量、检查、评价和估计,以判断其成效。可见,公共关系评估并不是在公关实施后才评估公关效果,而是贯穿于整个公关活动中。公共关系评估的内容如下。

1. 公共关系程序的评估

即对公共关系的调研过程、公关计划的制订过程和公关实施过程的合理性和效益性作出客观的评价。

2. 专项公共关系活动的评估

主要包括对企业日常公共关系活动效果的评估、企业单项公共关系活动效果的评估、企业年度公共关系活动效果的评估等方面。

3. 公共关系状态的评估

企业的公共关系状态包括舆论状态和关系状态两个方面。企业需要从企业内部和企业外部两个角度对企业的舆论状态和关系状态两个方面进行评估。

课后练习

一、名词解释

农产品促销　广告　农产品广告促销　农产品人员推销　营业推广　公共关系

二、简答题

1. 农产品促销的作用有哪些？
2. 农产品促销的步骤有哪些？
3. 农产品广告的形式有哪些？
4. 广告的社会效果从哪些方面评价？
5. 农产品人员推销的特点有哪些？
6. 营业推广的特点有哪些？

三、论述题

1. 请结合本章知识试述农产品广告的组成部分及其在农产品促销中发挥的作用。
2. 学了本章知识后，请谈谈你会怎样对绿色农产品进行推销？
3. 试述你会为某农产品制订一个什么样的营业推广方案？你是从哪些角度入手的？
4. 请你对某农产品的公关效果进行评估。
5. 为了实施好公关方案，你会做哪些工作？

四、案例分析

嘉兴推行"促销十法"缓解农产品难买难卖

3月下旬以来，嘉兴市受新冠疫情影响，农产品产销对接脱节，生产端严重积压、流通端梗阻不畅、消费端供不应求。农民的诉求，就是"三农"工作的指挥棒。通过联合新闻媒体、市级机关、社会团体、公益组织、电商平台等，嘉兴农业农村部门策划应用"促销十法"——媒体报道呼吁式、供需直牵调度式、视频会议洽谈式、配送企业团购式、单位食堂直采式、线上订单配送式、绿色通道畅行式、青春助力倡议式、农创队伍直播式、公益采购捐赠式解决农户难题。

线上助农，多部门联动解民忧

嘉兴市农业农村局、市商务局及全市各县（市、区）7 名供货商代表通过线上连线的方式，对接农产品滞销情况及物流运输、销售方法，为各农业主体解决燃眉之急。通过当天的视频会议,由该市农业农村局、商务局牵线搭桥,安昕农业滞销的大白菜被绿嘉农业统一采购。截至目前,安昕农业滞销的14000千克大白菜均已采购完毕,被送往嘉兴市区绿嘉农业配送中心,经过农残检测和防疫消杀,配送到绿嘉农业旗下的5家超市门店。

"目前我们已与市商务局、嘉服集团建立起线上视频会议的连线机制,通过这一机制,发现农产品问题后,及时沟通及时解决,通过多方协同,缓解农产品的滞销难题。""虽然部分农业主体的难买难卖困境已得到极大缓解,但农产品滞销是一个动态化的形势,后期将会继续开展排摸,并持续发挥多部门联动机制,尽最大努力缓解滞销压力。"嘉兴市农业农村局乡村产业处相关负责人表示。

爱心惠农,志愿者服务化难题

受疫情影响,物流停滞,张惠东的20个蘑菇棚每天产的四五千斤蘑菇没有人上门收购。张惠东的情况,也是目前平湖市大部分菜农遇到的情况。在获悉张惠东的情况后,平湖市农业农村局专门派人与其对接,并指导他通过"嘉兴市抗疫救助平台"求助。很快,在平湖当地,农创客、网红主持人带货直播,热心志愿者、蔬菜运输公司帮助采收、送货,张惠东的难题解了。"我们也是在平台上看到了他的需求,刚好我们有需要就向他们采购了。""我们目前已经对全市存在滞销情况的农业主体进行了排摸并梳理了清单。"平湖市农业农村局相关负责人表示,除了张惠东以外,平湖目前仍有不少农业主体存在农产品滞销的情况。为此,嘉兴市农业农村局也联系了平湖市农产品展销配送有限公司和平湖市凯宇鲜菜有限公司,让他们加入"爱心助农"的活动中。

调度便农,企业就近销清积压

面对菜农滞销的难题,斜桥镇政府2月份就未雨绸缪,召开相关村和企业会议,制订收购预案,首先对全镇种植面积整体情况进行了摸底排查,在掌握整体面上数据情况后,第一时间与本地的榨菜收购企业进行对接,帮助农户确定采购企业,如出现企业收购排长队现象,镇政府将采取预案,由各村委会组织代收点并联系上门送货到企业。4月1日上午10点多,58岁的乐农村村民张建明将自己收成的60袋榨菜送往位于斜桥镇乐农村的临时代收点投售。"每袋约60斤,一共3600多斤,价格也很合适,这个产销对接的方式我很满意。"张建明笑言,企业直购让他一直悬着的心终于放下了。

"一方面是农户有积压滞销的榨菜,另一方面我们也考虑到疫情防控的需要,杜绝同一时间集聚性送货的情况,所以统一安排了采购时间。"魏明告诉记者,几天来经过海宁本地各榨菜企业的统一采购,榨菜滞销积压的情况已经得到了解决。

近来,嘉兴市农业农村部门多方面帮助滞销农业主体,既保障了市民餐桌的果蔬供应,也守住了农民的"钱袋子"。"接下来,我们还将持续跟进各个渠道的销售进展,并因时、因地、因品制宜加强协调和调度,为更多农业主体的农产品销售排忧解难。"嘉兴市农业农村局相关负责人说。下一步,嘉兴市将着力完善农业产业链,加快农产品冷链物流设施建设,建立健全响应机制,让供与销对接更精准、更高效,把农民的损失降到最低。

(资料来源:嘉兴日报,2022-04-02.)

案例思考题:

1. 学习本章后,请你猜想嘉兴的社会团体、公益组织、电商平台等在促销中会如何使用广告、人员推销、营业推广等促销策略?

2. 嘉兴推行的"促销十法"体现了公共关系的哪些内容?

项目十一

农产品网络营销

学习目的

1. 掌握农产品网络营销的模式。
2. 掌握农产品网络营销的主要方法及策略。
3. 理解农产品网络营销与传统营销之间的关系。
4. 了解农产品网络营销的基本概念和特点。
5. 了解农产品网络营销的多种渠道。

情境导入

全国供销合作社系统大力提升流通网络数字化智能化水平,积极发展新业态新模式

数商兴农:助力乡村消费升级

积极发展农村电商新基建,提升农产品物流配送、分拣加工等电子商务基础设施数字化、网络化、智能化水平,发展智慧供应链,打通农产品上行"最初一公里"和工业品下行"最后一公里",促进消费升级和农民增收。

完善农村电商基础设施,打造三级物流配送体系,提高农产品电商化水平

2021 年 10 月,商务部、中央网信办、国家发展改革委三部门联合发布的《"十四五"电子商务发展规划》明确提出,实施"数商兴农"行动。"数商兴农"是发展数字商务振兴农业的简称,其内涵包括引导电子商务企业发展农村电商新基建,提升农产品物流配送、分拣加工等电子商务基础设施数字化、网络化、智能化水平,发展智慧供应链,打通农产品上行"最初一公里"和工业品下行"最后一公里"等。

目前,全国供销合作系统不断推进线上线下融合,重点促进脱贫地区农副产品销售,不断提升"832 平台"(脱贫地区农副产品网络销售平台)建设运营水平。

小程序购物、仓储式超市等新业态接续涌现,助力改善县域消费环境

位于江苏省常熟市的中国供销集团新合作常客隆超市开展线上业务。常客隆位于常熟市的曹家桥冷链物流中心增加了十几个人手,与 28 台智能分拣机器人配合,每天早上 5 点开始分拣配货。当地市民在"常客隆优选"小程序线上下单的商品从这里发往城乡 160 多家门店,供顾客就近自提。

推动"数商兴农",流通模式创新是关键。全国供销合作总社相关负责人表示,顺应流通变革新趋势和大众消费新变化,全系统要积极创新流通方式,大力发展中央厨房、直采直供、农产品电商等流通新业态新模式,推进供销合作社流通网络数字化、现代化转型。突出抓好县域集采集配中心建设,大力发展日用品连锁经营和县乡村物流共同配送,为城乡居民提供质优物美的商品,改善县域消费环境。

构建"产品+冷链设施+服务"信息平台,提高冷链资源综合利用率

从 2020 年开始,桐乡市供销合作社充分发挥综合服务优势,依托桐乡特色农产品供销超市有限公司,着手打造衔接产地销区、"从田头到餐桌"的冷链物流生态闭环。桐乡市供销合作社相关负责人介绍,他们建立信息化管理平台,可实时监测冷链仓库环境,采集物流信息数据,跟踪物流运输车辆,确保商品存储安全和运输安全。

全国供销合作系统深入实施"供销系统农产品冷链物流体系建设工程"。今年,全系统计划开工建设各类农产品冷链物流项目 710 多个,其中,产地项目 460 个,枢纽项目 110 多个,销地项目 140 多个。"十四五"期间,全系统预计增加冷链库容 1200 多吨。

(资料来源:人民日报,2022-07-06.)

思考:联系实际谈谈农产品开展网络营销的必要性与可能性?

第一节　农产品网络营销概念

一、农产品网络营销的含义与特征

网络营销是以互联网络为基础,利用数字化的信息和网络媒体的交互性辅助营销目标实现的一种新型的市场营销方式。所谓农产品网络营销是指在农产品的经营活动中利用互联网,借助计算机技术、信息技术、商务技术搭建农产品交易平台,开展农产品的市场分析、供求与价格信息进行收集与发布、网上宣传与促销、交易洽谈、付款结算等活动,并依托农产品生产基地和物流配送系统,在网络上开辟销售渠道,为促进农产品生产经营组织或个人交易活动的实现,改善服务质量、增进与消费者的关系、提升销量的一种营销活动新模式。农产品网络营销的特征主要体现在以下方面。

(一)没有时空限制

农产品网络营销不受地域、时间的影响,也不用专门的店面去运营。它能够有效回避农产品信息和交通的限制,减少农产品销售的流程,缩短农产品销售的时间,拓宽农产品的销售范围,有助于实现农产品销售的全球化。

(二)服务方式的转变

互联网使产品销售与服务更加便利,消费者可以介入农产品销售的各个环节,方便经营者及时了解消费者的需求、购物感受等,从而不断改进自己的产品与服务,让其更加符合消费者的需求,创造更加融洽的消费者关系。

(三)销售环节的有效整合

依托网络的互联共享功能,消费者可以通过网络完成在线咨询、信息搜索、选购、支付、查询物流配送信息、在线售后服务等所有步骤,也便于经营者收集相关客户信息,完善消费者关系管理体系。

二、农产品网络营销的职能

(一)信息发布

互联网的普及使很多信息都可以通过虚拟网络进行传播。利用农产品网络的便捷性,农产品销售者可以将农产品信息发布到网络平台中。农产品网络营销的信息发布和洽谈职能,有效地节约了以往在线下收集产品信息所花费的时间,可以超越人与人之间面对面洽谈交流的限制。信息发布需要一定的信息渠道资源,这些资源可分为内部资源和外部资源。内部资源包括企业网站、注册用户电子邮箱等;外部资源则包括搜索引擎供求信息发布平台、网络广告服务资源、合作伙伴的网络营销资源等。掌握尽可能多的网络营销资源,并充分了解各种网络营销资源的特点,向潜在消费者传递尽可能多的有价值的信息,是网络营销取得良好效果的基础。

(二)网上交易

网上交易是农产品企业销售渠道在网上的延伸,网上销售渠道建设并不限于农产品企业网站本身,还包括建立在专业电子商务平台上的网上商店,以及与其他电子商务网站不同形式的合作等。在网络环境下,农产品生产厂商和消费者可以通过网络直接地进行商品交易,完成农产品的选购以及订购订单信息的确认。这种交易可以避开某些传统的商业流通环节,减少线下交易的繁琐过程,降低农产品购销双方的交易成本。同时交易信息也可加密,以保证农产品网络营销平台交易的保密性和安全性。

(三)广告宣传

由于一些农产品种植区域的交通闭塞,农产品的信息不能很好地传递到具体消费者,导致出现农产品滞销等情况。农产品网络营销平台的出现则更好地弥补了农产品信息线下宣传不足的问题,扩大了农产品的销售范围。除此之外,农产品网络营销平台还有利于宣传农产品品牌。网络品牌价值是网络营销效果的表现形式之一,通过农产品网络品牌的价值转化可以实现持久的消费者关系和更多的直接收益。没有品牌就没有好的标准,就没有好的价格。做好农产品的宣传工作,使农产品品牌化,将有利于农产品网络营销更好地发展。

(四)在线支付

农产品网络营销还有一个便利的功能就是在线支付。在线支付是指农产品的购销双方可以通过信用卡、网银、微信和支付宝等方式直接进行货款交付的过程,具有到账迅速、支付便捷等特点,有效地避免了线下交易时收付款的繁琐过程。同时凭借其便捷安全的优势,可以体现出农产品网络营销的低成本和高效率的特征。

(五)物流配送

农产品物流是农产品网络营销的基础,农产品网络营销的重要组成部分是物流、信息流等。由于农产品网络营销起步较晚,农村道路建设不发达,农产品的储存时间短,农产品的物流体系还不够完善,因此想要发展好农产品网络营销,农产品冷链物流问题还有待改善。

(六)售后服务

售后服务是指在农产品售出后所提供的系列服务,其开展目的是通过保障消费者的权益而提升农产品企业信誉,从而扩大农产品的销售数量。互联网为其提供了更加方便的在线顾客服务手段,包括从形式最简单的常见问题解答,到电子邮件、邮件列表,以及在线论坛和各种即时信息服务等。在线顾客服务具有成本低、效率高的优点,在提高顾客服务水平方面具有重要作用,也直接影响网络营销的效果。

三、农产品网络营销渠道类型

(一)自产自销

即由农民、种植养殖大户、家庭农场、农业企业等将自己生产的农产品通过网络销售。主要采用 B2C、C2C 模式,淘宝村大多属于这种类型,优点是集"产加销"于一体,货源、质量、价格三者皆可控,缺点是品种单一、季节性强、单打独斗。

(二)微商、电商直播带货

通过微信朋友圈发布自家的农产品信息,把农产品的情况拍成图片发布到微信里,让用户第一时间了解农产品的情况。农产品微商注重打造人格化的品牌,以此获取用户的喜欢与认可,实现品牌溢价。

(三)农产品协会

一般地级城市以下的农产品协会,大多有一两位影响力较强或营销意识较强的组织者,这种协会型的网络营销主要由组织者来主导,其他的成员按照组织者的要求提供产品即可。

(四)第三方平台

第三方平台是基于第三方交易平台的 B2B 或者 B2C 农产品市场营销模式。即由零售电商或电商企业通过网络为农民、农业企业销售农产品。有的采用代销模式,有的建有电商平台。优点是专业性强、选择性强、适应性强,缺点是货源、质量、价格不可控,选择性交易。

(五)自建网站

自建网站的企业一般有较全的产业链和产业结构,最主要的是企业里有网络营销人才,或者老板有较强的网络营销意识。企业自建网站,有 B2B 类型的,也有 B2C 类型的。

(六)众筹平台

通过众筹平台来卖农产品,已经成为新农人常用的手段。其中,农产品众筹可以解决农产品的滞销及农产品宣传推广等问题。

第二节　农产品网络营销的运营模式

一、农产品网络营销的基本模式

(一)B2B 模式

B2B(Business to Business)是企业与企业之间通过互联网进行产品、服务及信息的交换。与传统的企业间的交易相比,B2B 使企业之间的交易减少许多事务性的工作流程和管理费用,降低了企业经营成本。网络的便利及延伸性使企业扩大了活动范围,企业发展跨地区跨国界更方便,成本更低廉。B2B 模式分为以下两种交易形式。

第一,面向制造业或面向商业的垂直 B2B。垂直 B2B 可以分为两个方向,即上游和下游。生产商或商业零售商可以与上游的供应商之间形成供货关系。垂直 B2B 一般只需要对某一个行业的上下游有所了解,就可以进入。垂直 B2B 成本相对要低很多,因为垂直 B2B 面对的多是某一个行业内的从业者,所以他们的客户相对比较集中而且有限。

第二,面向中间交易市场的 B2B。这种交易模式是水平 B2B,它是将各个行业中相近的交易过程集中到一个场所,为企业的采购方和供应方提供了一个交易的机会,像阿里巴巴、中国制造网、环球资源网等。

(二)B2C 模式

B2C(Business to Customer)是企业通过网络销售产品或服务给消费者。这种形式的电子商务一般以网络零售业为主,主要借助于互联网开展在线销售活动。B2C 模式是我国最早产生的电子商务模式,以 8848 网上商城正式运营为标志。B2C 模式的付款方式是货到付款和网上支付相结合的方式。它的交易模式主要有商品直销模式、网上专卖店模式、网上销售联盟模式和网上代理模式。其代表网站有天猫(为人服务做平台)、京东(自主经营卖产品)、凡客(自产自销做品牌)。

(三)C2C 模式

C2C(Consumer to Consumer)是消费者对消费者的交易模式,其特点类似于现实商务世界中的跳蚤市场。其构成要素,除了包括买卖双方外,还包括电子交易平台供应商,也即类似于现实中的跳蚤市场场地提供者和管理员。其代表网站有淘宝网、易趣网、拍拍网。C2C 电子商务不同于传统的消费交易方式。过去,卖方往往具有决定商品价格的绝对权力,而消费者的议价空间非常有限;拍卖网站的出现,则使消费者也有决定产品价格的权力,并且可以通过消费者相互之间的竞价结果,让价格更有弹性。因此,通过这种网上竞拍,消费者在掌握了议价的主动权后,其获得的实惠自然不用说。

二、农产品网络营销的延伸模式

(一)B2G 模式

B2G(Business to Government)模式即企业与政府之间通过网络所进行的交易活动的运作模式,比如电子通关、电子报税等。B2G 模式的特点是速度快和信息量大。由于活动在网上完成,使企业可以随时随地了解政府的动向,还能减少中间环节的时间延误和费用,提高政府办公的公开性与透明度。B2G 比较典型的例子是网上采购,即政府机构在网上进行产品、服务的招标和采购。这种运作模式的来源是投标费用的降低。这是因为供货商可以直接从网上下载招标书,并以电子数据的形式发回投标书。同时,供货商可以得到更多的甚至是世界范围内的投标机会。由于通过网络进行投标,即使是规模较小的公司也能获得投标的机会。

(二)C2B 模式

C2B 是一种新型的电子商务模式,即消费者对企业(Customer to Business)。C2B 的核心是以消费者为中心,消费者当家做主。从消费者的角度看,C2B 产品应该具有以下特征。

第一,相同生产厂家的相同型号的产品无论通过什么终端渠道购买价格都一样,渠道不掌握定价权(消费者平等)。

第二,C2B 产品价格组成结构合理(拒绝暴利)。

第三,渠道透明(O2O 模式拒绝山寨)。

第四,供应链透明(品牌共享)。

C2B 模式充分利用因特网的特点,把分散的消费者及其购买需求聚合起来,形成类似于集团购买的大订单。在采购过程中,以数量优势同厂商进行价格谈判,争取最优惠的折扣。个体消费者可享受到以批发商价格购买单件商品的实际利益,从而增加了其参与感与成就感。

(三)O2O 模式

O2O 模式(Online to Offline)又称离线商务模式,是指线上营销、线上购买带动线下经营和线下消费。O2O 通过打折、提供信息、服务预订等方式,把线下商店的消息推送给互联网用户,从而将他们转换为自己的线下消费者,这就特别适合必须到店消费的商品和服务,比如餐饮、健身、看电影和演出、美容美发等。O2O 模式的益处在于:订单在线上产生,每笔交易可追踪,展开推广效果透明度高。让消费者在线上选择心仪的服务再到线下享受服务。O2O 电子商务模式的优势主要还体现在以下几个方面。

对于实体供应商而言,以互联网为媒介,利用其传输速度快、用户众多的特性,通过在线营销,增加了实体商家宣传的形式与机会,为线下实体店面降低了营销成本,大大提高营销的效率,而且减少了它对店面地理位置的依赖性;同时,实体店面增加了争取客源的渠道,有利于实体店面经营优化,提高自身的竞争。在线预付的方式,方便实体商家直接统计在线销售额,有利于实体商家合理规划经营。

对于用户而言,不用出门,可以在线便捷地了解商家的信息及所提供服务的全面介绍,有已消费消费者的评价可以借鉴;能够通过网络直接在线咨询交流,降低消费者的销售成本;还有在线购买服务,消费者能获得比线下消费更便宜的价格。

对于 O2O 电子商务网站经营者而言,利用网络快速、便捷的特性,能为用户带来日常生活实际所需的优惠信息,因此可以快速聚集大量的线上消费者;能为商家提供有效的宣传效应,以及可以定量统计的营销效果,因而可以吸引大量线下实体商家,巨大的广告收入及规模经济为网站运营商带来更多盈利。

三、农产品网络营销的特色模式

(一)沙集模式

沙集模式指的是这样一种模式,即农户自发地使用市场化的电子商务交易平台变身为网商,直接对接市场;网销细胞裂变式复制扩张,带动制造及其他配套产业发展,各种市场元素不断跟进,塑造出以公司为主体、多物种并存共生的新商业生态;这个新生态又促进了农户网商的进一步创新乃至农民自身的全面发展。"农户+网络+公司"相互作用、滚动发展,形成信息网络时代农民的创业致富新路。"沙集模式"中的三大要素有农户、公司、网络,都具有自身的特殊性。

这里的农户,不再是与大市场相隔离,只能依靠别人提供的信息或靠惯性被动盲目生产的弱势小生产者,而是在自己家中就可以直接对接市场、主动掌握市场信息,自主经营、按需生产的平等的市场主体。这里的公司,不再是外加在农村经济之上,控制农户生产,经常与农户争利的传统公司,而更多是土生土长、农户变身而来的新公司,以此为基础吸引其他市场元素跟进,形成了一个为农户网商服务共生多赢的新业态。市场化的公共电子商务交易平台,农户从事网销既不要国家财政补贴资金,自身应用成本又低且实效显著。

(二)遂昌模式

遂昌模式是以本地化网络营销综合服务商作为发展的道路,促进县域网络营销生态及传统产业的发展,使涉农企业实现营销网络化,"电商综合服务商+网商+传统产业"相互作用,在政策环境的催化下,逐渐走上信息时代的县域经济发展道路。

第三节　农产品网络营销的策略

一、网站建设与维护

建立农产品市场营销网站首先要明确建设的目的,对目标群体的消费习惯、爱好、购买能力等情况做到心中有数,有针对性地建设农产品企业的网站,并采取措施提高网站的宣传效果,使网站能发挥应有的作用。

(一)网站建设的定位

农产品企业建立的网站的功能可以定位在以下三个方面:市场型,即展示企业形象、产品及服务,扩大市场份额;办公型,即提高企业办公效率,加强管理,降低管理成本;服务型,即开展网上咨询、培训等。

(二)网站内容建设

第一,农产品企业发展历程、行业专业性资料、重要领导视察、参加重要洽谈会或展览会,甚至经常报道行业的新闻都可以显示企业在本行业的专业性和权威性。

第二,定期更新网页内容。更新网页内容有多种方式,如经常报道业界新闻、农产品企业的重要营销活动,更换欢迎词,把可以开放的数据库与经常更换的网页建立链接,实现网站内容与数据库的同步更新等。

第三,考虑因特网的国际性。为拿到国际订单,有必要设立英文版网站,或针对特定市场提供相应网站。

第四,合理地组织网站内容。可将网页内容设计成树状结构,方便纵向查询。设计搜索系统,让访问者很容易就找到相关内容。网站任何页面都要设计有"返回主页"的链接,以方便访问者回到"树干"。

(三)网站的整体策划

1. 网站域名设计

须注册一个与企业名称和形象相符、简洁性的域名,避免过长的字符导致记忆困难。此外,域名还应考虑到因特网的国际性,兼顾国际用户。

2. 选择合适的服务器

根据企业建站实际规模和企业发展计划选择服务器。一般情况下,大型农产品经营企业实力雄厚,而且基于企业自身庞大的数据库以及安全方面考虑,以选择自己架设服务器为最佳选择;中型企业为省去管理、维护服务器的大笔费用和网络管理员,可选择服务器托管服务;小型企业可与人共同分享虚拟主机,但租用虚拟主机时一定要选择可靠的供应商,避免速度过慢或主机空间不够大的麻烦。

3. 合理利用网站空间

有些企业网站开发的聊天室使用者寥寥无几,平白地浪费了网站空间。客户与网站的日常沟通,一般通过微信公众号、论坛、留言板或者企业邮箱就足够了。

4. 网页设计

网页设计要参考网络营销专家的意见,既要具备自己的风格,又要具有商业实用性,在设计中权衡视觉冲击力和网速问题。

5. 便于检索

针对目前搜索引擎的搜索特点,为了便于搜索引擎发现,需要关注两个问题:一方面要将网站内所有文章专门制作一个文章标题索引页面,如果文章较多,还可以根据主题分类制作更多的索引页面;另一方面要有意识地让网页标题和内容中包含有明确的关键词,在制作网页时,要对文章标题和文中重要关键词进行修饰,让其不仅出现在文章标题上,在文章核心部分也要适当增加这些关键词的使用频率。

(四)提供周到的服务

1.回复客户的询问不要超过24小时

对于常见问题,预先设置基本答案或者常见问驱解答。如果是特殊问题,则根据客户提问分类回答,提高解答效率。

2.定时回访

建立客户档案,有条件的话,为每位客户设计一个信纸(标志、广告语、标准色、名言、感谢语),寄给客户的每位关系人,让客户感动。

3.提供个性化服务

可针对细分市场的客户,推荐相关文章或提供某一专题的广泛知识、周到的服务。如蔬菜种业经营者针对某一地区的客户提供土壤肥力、气候条件、消费者口味、当地适宜种植品种等信息,为客户购买产品提供参考。

二、产品和服务策略

(一)分等分级

由于农产品生产受自然条件的影响,生产者难以控制产量与品质,所以农产品在销售时分级处理特别重要,农产品经分级处理后,简化交易程序,定价简便公平,节省交易时间与运输费用,扩大销售范围,可满足不同层次消费需求及不同用途要求。同时,分级包装要有统一的规格标准。

(二)品牌化运营

作为农产品生产与营销企业,需要通过强化品牌形象实现营销目的。网络营销可以借助粉丝效应、口碑效应,快速在消费者心目中建立知名农产品品牌形象。在品牌设计和产品命名上,可以重点突出农产品的优点和特征。开通微信公众号、抖音公众号等热门网络营销平台账号,通过定向推送,向已有客户群和潜在客户群介绍品牌内涵和企业文化。

三、定价策略

(一)低价位定价

互联网上开展商业应用网站的成功案例大多是遵循了互联网的免费原则、间接收益原则和低价位定价原则。农产品在人们消费结构中,多属必需品与低档品,且消费弹性不足。只能采用低价位定价策略。目前农产品品牌效应尚未形成,应该重点树立品牌农产品物美价廉的形象,而不能盲目地追求高价位。可用低价位来开拓市场,使产品占领市场后,有计划、有步骤地逐步提高价格,使品牌农产品的价格和价值相符,再用高价位获得高效益。

（二）弹性化价格策略

农产品供给表现为供给量决定价格。为缓解集中供应期的矛盾,增加农产品供给的弹性,农产品网络营销应在产品上市前两个月开展广告等宣传,说明产品的品质、等级、包装,利用互联网的优势,让消费者与企业就产品的价格进行协商,并通过正向竞价、逆向竞价、集体议价等拍卖方式预订货物。

四、渠道策略

网络营销渠道可分为网络直接销售渠道、网络间接营销渠道和双道法三种类型。目前,大多数的企业采用双道法,即同时使用网络直接销售渠道和网络间接销售渠道,以达到销售量最大的目的。鉴于农产品既是生产资料,又是生活资料,经营农产品的企业在网上销售渠道选择上应有所侧重。

（一）经营主体

农村通信基础设施落后,互联网普及率较低,更缺乏与网络营销相匹配的物流配送中心,并且由于农产品市场的地域性特征的限制,由一家一户的农户来大规模发展网络营销不太现实。开展农产品网络营销必须加快农业生产经营组织的建设。主要有两种形式。

第一,采取"公司+基地+农户"的农产品经营模式,将一家一户的农民组织起来,使农户对产品从种苗、种植、田间管理、产品加工、冷藏、保鲜、运输到销售的全过程进行有效参与和控制,由这些企业带动、教育、指导农民改变传统的生产方式,实施农产品网络营销。

第二,发展农业行业协会或农民合作社,提高农民的组织化程度,发挥农产品调集职能。由行业协会或专业合作经济组织采取多种形式组织散户生产产品,统一运到配送中心或包装处理中心进行分级及小型包装,然后再通过零售渠道出售给消费者。

（二）销售渠道

对于大宗农产品及生产资料宜于采用网上直销渠道,即生产企业通过网络直接分销渠道将商品直接转移给消费者或使用者。如自建网站、委托信息服务商发布信息、在第三方平台开设网店等。对于小批量农产品及生活资料侧重于采用网上间接营销渠道,即由新型电子中间商销售给消费者的营销渠道。

（三）物流渠道

不管是网络直销还是间接营销渠道都涉及产品的配送问题,鉴于农产品的特殊性,如海鲜、生鲜食材等,建设快速有效的配送服务系统是非常重要的。可以选择专业的物流企业为网上直销提供物流服务,或者线上线下相结合的形式,线上选购,门店取货。

五、促销策略

(一)树立农产品品牌形象

注重品牌运营,根据消费者对农业产品需求的多样性与层次性,以及企业自身的特点与条件,给企业及产品确定适当的位置。品牌的市场定位过程就是选择目标市场的过程。在选择目标市场时,要根据企业的实力,避开强大的竞争对手,选择竞争者尚未控制的细分市场,同时应用营销组合策略开拓市场,从而创建企业的品牌。通过网络营销,可以使企业品牌提升、拓展,可以深化品牌的形象、价值及外延。

(二)建立与顾客的长期关系

根据网络关系营销理论,农产品市场营销要建立与消费者的长期关系,必须实施绿色策略。营销中要注重生态环境的保护,促进经济与生态的协调发展,以确保企业的永续性经营,实现企业自身利益、消费者利益和社会利益以及生态环境利益的统一。

(三)加强与顾客的沟通与互动

在进行网上广告、宣传、处理网上纠纷等网络市场营销活动时必须尊重消费者的感受和体验,让消费者能愉快地主动接受企业营销活动。企业可以制作调查表来收集消费者的意见,让消费者参与产品的设计、开发、生产,使生产真正做到以消费者为中心,避免浪费。企业还可设立专人解答疑问,帮助消费者了解有关产品的信息,使沟通人性化、个性化。从消费者的体验和需求出发,采取拉引策略吸引消费者关注企业来达到营销效果。

(四)调查与预测消费需求

通过网站上的在线调查,可以获得有价值的用户反馈信息。尤其对于处于市场开拓期的企业来说,策划与知名网站联合的在线调查活动,可达到获得第一手市场信息和提高企业知名度的双重目的。要针对调查的不同内容,将调查表设置在特定领域的网站里。如经营蔬菜种业的企业为了解人们对蔬菜种业的满意度,可将其放在中国蔬菜信息网、金农网、农博网中,效果更好。

第四节　农产品网络营销的方法

一、自媒体营销

自媒体营销就是利用社会化网络、在线社区、博客、百科、抖音、小红书、微博、微信、今日头条、百度、搜狐网、凤凰网、UC等平台或者其他互联网协作平台和媒体来传播和发布资讯,从而形成的营销、销售、公共关系处理和客户关系的一种方式。

(一)微博营销

微博营销是指一种网络营销方式,其通过微博的发布与讨论,营销产品或者服务。营销对象:博主的粉丝,为扩大营销的效果,一般会通过大V的转发,大V可能拥有几十万甚至上千万的粉丝。每一个人都可以在新浪、网易等注册一个微博,然后每天更新自己的微博,利用更新的内容跟大家交流,这样就可以达到营销的目的。

1. 微博营销的特点

(1)立体化。微博营销可以借助先进多媒体技术手段,用文字、图片、视频等方式对产品进行描述,使消费者能够更加直观地了解到产品的有关信息。

(2)高速度。一条关注度较高的微博,在互联网及与之关联的手机平台上发出后,短时间内互动性转发就可以抵达微博世界的每个角落,达到短时间内最多的点击人数。

(3)便捷性。微博营销优于传统的广告行业,发布信息的主体无须经过繁复的行政审批,从而节约了大量的时间和成本。

2. 微博营销的优点

(1)操作简单,信息发布便捷。一条微博,最多140个字,只需要简单的构思,就可以完成一条信息的发布。这点就要比博客要方便得多,毕竟构思一篇好博文,需要花费很多的时间与精力。

(2)互动性强,能与粉丝即时沟通,及时获得用户反馈。

(3)低成本。做微博营销的成本可比做博客营销或是做论坛营销的成本低多了。

(4)针对性强。关注企业或者产品的粉丝都是本产品的消费者或者是潜在消费者,企业可以进行精准营销。

3. 微博营销的缺点

(1)需要有足够的粉丝。人气是微博营销的基础,应该说在没有任何知名度和人气的情况下通过微博营销很难。

(2)信息容易被淹没。如果发布的信息粉丝没有及时关注到,就很可能被埋没在海量的信息中。

(3)传播力有限。由于一条微博文章只有几十个字,所以其信息仅限于在信息所在平台传播,很难像博客文章那样被大量转载。同时由于微博缺乏足够的趣味性和娱乐性,所以一条信息也很难像开心网中的转帖那样,被大量转帖(除非是极具影响力的名人或机构)。

(二)微信营销

微信营销是网络经济时代企业或个人营销模式的一种,是伴随着微信的火热而兴起的一种网络营销方式。微信不存在距离的限制,用户注册微信后,可与周围同样注册的"朋友"形成一种联系,用户订阅自己所需的信息,商家通过提供用户需要的信息,推广自己的产品,从而实现点对点的营销。

1. 微信营销的特点

(1)点对点精准营销。微信拥有庞大的用户群,借助移动终端、天然的社交和位置定位等优势,每个信息都是可以推送的,能够让每个个体都有机会接收到这个信息,继而帮助商家实现点对点精准营销。

(2)形式灵活多样。主要表现在以下几个方面。

①漂流瓶。用户可以发布语音或者文字然后投入大海中,如果有其他用户"捞"到则可以展开对话,如招商银行的"爱心漂流瓶"用户互动活动就是个典型案例。

②位置签名。商家可以利用"用户签名档"这个免费的广告位为自己做宣传,附近的微信用户就能看到商家的信息,如:饿的神、K5便利店等就采用了微信签名档的营销方式。

③二维码。用户可以通过扫描识别二维码身份来添加朋友、关注企业账号;企业则可以设定自己品牌的二维码,用折扣和优惠来吸引用户关注,开拓O2O的营销模式。

④开放平台。通过微信开放平台,应用开发者可以接入第三方应用,还可以将应用的Logo放入微信附件栏,使用户可以方便地在会话中调用第三方应用进行内容选择与分享。例如,美丽说的用户可以将自己在美丽说中的内容分享到微信中,可以使一件美丽说的商品得到不断地传播,进而实现口碑营销。

⑤公众平台。在微信公众平台上,每个人都可以用一个QQ号码,打造自己的微信公众号,并在微信平台上实现和特定群体的文字、图片、语音的全方位沟通和互动。

(3)强关系的机遇。微信的点对点产品形态注定了其能够通过互动的形式将普通关系发展成强关系,从而产生更大的价值。通过互动的形式与用户建立联系,互动就是聊天,可以解答疑惑、可以讲故事甚至可以"卖萌",用一切形式让企业与消费者形成朋友关系,你不会相信陌生人,但是会信任你的"朋友"。

2. 微信营销技巧

(1)建立营销矩阵。农产品经营者可以通过微信建立品牌社区。可以申请公众平台服务号,有专人负责维护,同时平台要有相应的订阅号,而企业的负责人、员工也可以利用个人的微信号辅助企业营销。以服务号、订阅号、个人号矩阵化运营,通过信息发布、提供服务,让客户得到有价值的信息,从而增强客户黏性。

(2)分析粉丝属性,做符合用户的内容。微信公众号后台有个用户分析,在这里可以查看用户的属性,包括性别、语言、身份、城市。运营者完全可以以周、月、季度为周期,对后台的用户属性进行记录并且分析,其实这个就是最简单的用户画像,针对用户的属性,制订对应的策略。比如运营者可以分析一下粉丝的城市属性占比,选出热门的前十个城市,这样是否可以根据城市的不同,先后推出不同的内容专题或者活动专题,对于粉丝而言也有亲切感。

(3)善用社群思维,建立圈子。现在的时代不是大而全的综合时代,而是小而美的垂直时代。小而美的垂直媒体,做的不只是内容,而是社群,是圈子。微信营销也是,你卖的不是产品,而是经营的一个社群,一个圈子,你要做的不是简单地卖产品,而是让你的粉丝之间产生连接。本来生活网组织的本来生活家、乡土乡亲的城市茶友会都是这样操作的。

(4)注重内容互动价值。微信营销内容应与企业的产品紧密相关,同时又能做到有趣、好玩。同时,内容不仅仅是产品和广告信息的推送,而是让用户和品牌能够形成交流和互动。

(5)科学设置推送,精准到达用户。微信营销要实现高精准度,必须设置科学的推送机制。在推送的频率及篇数方面,可以根据订阅号和服务号的不同属性进行推送。

(三)网络直播

网络直播是指通过终端将自己视音频图像实时传递给互联网上所有人收看。农产品网络直播吸取和延续了互联网的优势,利用视讯方式进行网上现场直播,可以将产品展示、网上调查、对话访谈、在线培训等内容现场发布到互联网上,利用互联网的直观、快速、表现形式好、内容丰富、交互性强、地域不受限制、受众可划分等特点,加强活动现场的推广效果。网络直播具有以下优势。

1. 成本低廉

网络直播对现场信号的采集要求较低,一台数字摄像机不到 5 万元即可做到高清采集,其他设备总投入不高,并不需要大量专业直播人员,传输过程均在网络上进行,成本是电视现场直播的几十至一百分之一。

2. 方便快捷

单机位短时间的网络现场直播完全可以由个人完成,现场不需要额外的电力支持、过大的工作空间,从接洽到勘察场地,再到投入直播完全可以在 48 小时内完成。

3. 互动性强

网络直播的最大特点即"交互",由于直播在网络平台上进行,观众的自主选择与参与度得到了巨大的延伸。网络直播的互动方式从文字到图文再到语音,现在已经进入了视频互动的时代。

二、短视频营销

自抖音、秒拍、快手之类的视频网站逐渐走入人们的生活后,短视频营销这一种新的营销形式也逐渐受到广告商的青睐。这些专注于年轻人的短视频社交软件,如今已集聚了大量人群,公司和品牌都看准了它的流量,纷纷入驻了抖音等平台,短视频的发展及影响范围不断地扩大。

农产品要做短视频营销,首先就需要注意产品本身的属性是否适合采用这种年轻化的短视频营销方式。其次明确开抖音号做营销的目的。最后,最关键的不仅仅把短视频当作广告。15 秒时间,用户随便刷,很容易就跳过。让用户从头看到尾,让用户记住品牌想要传达的内容,不是件容易的事。

(一)"话题+场景"的集群式短视频创作

短视频营销其实是基于社交营销的一次更迭,核心是互动性的社交营销模式。想要发起一场短视频营销战役,首先要找到一个能引爆用户群的"社交话题",收集一个目标受众切实关心的问题,然后借助短视频的丰富表达力给予解答,将为品牌推广内容获得大量用户;其次,要依托发起的热门话题或具有广泛传播度的活动,通过多种场景表现引发全网用户进行短视频创作,最终达到宣传品牌和产品的目的。

(二)短视频场景中植入广告

短视频兴起有一个重要的原因是相同生活场景的异样体验激发了观众的强烈好奇心,

所以在热门的短视频场景中植入企业广告往往能带来巨大的流量。不过由于热点的更新速度越来越快,企业主们要转变思维,从流量思维向用户经营思维转变。做好自己企业的产品受众画像,制作与之相匹配的内容植入广告,继而深耕受众,挖掘粉丝心理,才能更好地做好短视频的广告植入。除了寻求合作植入广告外,企业还可以通过直播与短视频营销联动进行产品的场景应用。

三、社群营销

(一)社群营销的含义

社群营销是基于互联网等移动终端把具有共同兴趣、爱好的人聚集在一起,进行营销传播的过程,营销过程中通过引起受众的关注度,汇聚人群达到最终的营销目的。

(二)社群营销的特点

1.以用户为中心

网络社群营销以目标人群的多向互动、沟通为核心,社群成员既是信息的发起者,也是传播者和分享者,用户的使用体验、看法、态度会直接影响营销效果。社群成员对产品的点评会转化为持久的口碑效应,当越来越多的群成员在社群里表达自己对产品的看法、态度并分享给志同道合的人时,强烈的认同感就会在圈里产生,同时引起非社群成员的关注与传播。

2.品牌传递的信息更具体且目标人群更加可控

维系社群的纽带是对价值观的高度认同,这种归属感首先建立在对品牌认可的基础之上。社群成员通过与企业的互动,参与产品的设计、加工、制造过程,建立对产品或服务质量的动态评估,进一步增强了对品牌的忠诚度。同时,由于与社群成员的关系更加紧密,企业对目标消费人群的信息掌握得更加准确,数据分析更加精准,客户人群更加可控。

3.企业和消费者在互动中实现共赢

在网络社群营销中,社群成员可以通过其他成员的推荐或者企业提供的产品体验机会来判断产品是否符合自己的需求,实现理性消费,甚至可以参与产品生产流程并获得成就感;企业通过经营社群,既可以推广产品,又可以了解消费者的爱好、需求、兴趣,了解目标消费人群对产品及服务的看法和意见,为下一步的产品设计、营销方式提供参考。

4.网络社群营销具有多样性

其传播信息的方式呈现多样化,包括图片、文字、音频和视频等多种形式;所传播信息的内容包括理性信息和感性信息、正面信息和负面信息、真实信息和虚假信息、共识性信息和个性化信息、专业性信息和业余性信息。

(三)社群营销的技巧

1.需要满足某个主题的优质价值输出

持续的优质价值内容的输出是保持一个社群吸引力的关键。可以通过新媒体运营专场分享;每年拜访不同领域行家、带头人,以及新农人、农村创客等,形成独家访谈手稿,内部分享;杜绝广告,主题研讨,每天更新,解剖案例,洞悉内幕;群内自媒体互推,同行交友,搭建同品类产品运营者的朋友圈;采取一对一专业交流、出谋划策、解决困惑等方式保证有价值的主题输出。

2. 具有一个活跃的社群领袖

社群的角色可以分为内容创造者、评论者、收集者、参与者、围观者、不活跃分子。在社群运营时,必须对症下药。但这些成员中,最核心的莫过于社群的意见领袖,即活跃的灵魂人物。他可能兼任思考者、组织者多重身份。如果一个群有两三个这样的意见领袖,能激活其他成员,且能碰撞出很多有深度的内容火花,这也是社交媒体具有天然渠道的魅力,它集合了一群有温度有情怀的人,它连接的是"人性",输出的是"价值观"。

3. 设立一套行之有效的管理规则

社群的最高境界是全民自治,得建立在高度磨合、默契之上。大部分社群都是自治加人治,需要有统一、严格、被高度认可的群规。

4. 有高质量的线上线下活动策划

活动的策划需要结合社群的主题和成员的诉求。线下的交流活动,更是维持社群关系链持续发展的中心环节。面对面的沟通体验能迅速拉近群里成员的关系,通过真实场景强化社群的存在感,丰富成员的体验,加深关系链的沉淀。

5. 要打造独特又好玩的社群文化

社群一定要好玩,不好玩,不传播。玩着玩着把钱赚了,把知识学了,相信这样的群文化每个人都能接受。社群的核心在于情感归宿和价值认同。

6. 社群营销的核心魅力在于"裂变"

每个人的心中都有原始的部落情结,开放的互联网带来无限的信息量,未来的互联网是垂直社群的时代。仅仅从口碑营销的角度思考,一个企业品牌和消费者的弱关系能通过社群变成强关系,人们更倾向于相信某个领域意见领袖的推荐和某个朋友的分享。尤其农产品,亲戚朋友推荐的好吃好玩的产品更容易获得认同和传播。

此外,对于社群成员人数也要合理控制。著名人类学家英国牛津大学罗宾·邓巴提出人类智力允许人类拥有稳定社交网络的人数是 150 人,精确深入交往的人数是 20 人,这些由大脑新皮层的应对能力决定,过量的人和信息是低效的传播,会提高获取信息的成本。

课后练习

一、名词解释

网络营销　农产品网络营销　社群营销　自媒体营销　O2O　C2B　B2G　遂昌模式

二、简答题

1. 简述农产品网络营销的特征和职能。

2. 农产品网络营销有哪些模式？简述其中两种。

3. 农产品网络营销有哪些方法？

4. 农产品网络促销策略的优势有哪些？

5. 简述短视频营销的技巧。

三、论述题

1. 比较微博营销与微信营销，阐述两者的联系与区别。

2. 随着 5G 时代的到来，网络营销会有哪些创新之处？

3. 简述一种农产品新媒体营销模式，并举例说明。

四、案例分析

平谷东高村镇蔬菜开启互联网销售模式

近日，北京平谷区东高村镇"互联网+蔬菜"启动仪式暨崔家庄第一届西红柿尝鲜季开幕。崔家庄村温室大棚内果香四溢，多个西红柿品种陆续上市，早露蟠桃、黄瓜、生菜等各类果蔬也即将成熟。

在发展传统零售、商超、采摘销售模式的同时，东高村镇积极拓展销售渠道，借鉴"互联网+大桃"的成功模式，与顺丰、京东合作，启动"互联网+蔬菜"工程，打通网络销售渠道和物流渠道的贯通，建立果蔬从农户田园直接搬上市民餐桌的闭环流通体系，提高物流运输效率，保障果蔬新鲜口感，降低农户运输成本。同时，引入专业师资对农民开展新媒体运用技能培训，让手机变成"新农具"，让直播成为农民"新农活"，开拓线上线下销售模式。

"'互联网+蔬菜'就是借助平谷区电子商务服务中心来指导农户线上直播带货，再通过签约的专线物流，将瓜果蔬菜'1对1'低成本高效率运送出去，打开销路的同时一举两得，市民吃上了新鲜安全果蔬，农户也提高了销售收入。"平谷区东高村镇相关负责人说。

崔家庄村以此次"互联网+蔬菜"项目启动为契机，举办第一届西红柿尝鲜季，不仅让村民在家门口就能享受到便捷的快递物流服务，而且快递蔬菜的运费还有折扣，让西红柿率先插上"互联网+"的翅膀，实现农业增效、农民增收。

"下一步，我们将成立'东高村镇蔬菜产业协会'，通过三年建设，构建完成电商公共服务、产后供应、人才培训、培育主体、产品开发、数据信息'六位一体'的蔬菜销售流通体系，服务于以蔬菜为主的农产品电商品牌化、产业化、市场化发展，并设立东高村镇电商服务中心，开展多层级电商人才培训，培育农民自媒体和互联网+专业合作社/农业公司/创业团队，不断提高蔬菜电商销售量，有效帮助菜农增收致富。"相关负责人介绍。

（资料来源：农业农村部官网，2022-04-12.）

案例思考题：

平谷东高村镇蔬菜是如何进行有效的网络销售来助力菜农增收致富的？

项目十二

农产品国际市场营销

学习目的

1. 掌握国际农产品市场营销的策略。
2. 熟悉国际市场营销经营的实质。
3. 了解国际农产品市场营销环境。

情境导入

跨境电商助力农产品国际营销

近年来,中国和智利在农业领域的双边贸易合作提速,智利对华水果出口在十年内翻了两番,远超美国、欧洲等传统的水果出口目的地,中国已成为智利最大农产品出口市场。智利政府和企业瞄准中国庞大的内需市场,以及蓬勃发展的线上经济,在电子商务领域积极开展务实合作,为两国农产品贸易发展注入了新动力。

贸易协定先行。2005 年,中智两国签署自由贸易协定,智利成为首个与我国签署自贸协定的拉美国家,得益于自贸协定,中国与智利贸易额快速增长。2016 年 11 月,两国签署电子商务领域合作的谅解备忘录。2019 年,中智自贸协定补充议定书实现了对原有自贸协定的升级,双方在电子商务领域进一步实施互惠安排。这一系列措施为两国电子商务国际合作创造了良好环境,提供了制度保障。

布局线上销售渠道。中国电子商务蓬勃发展,智利政府和企业也积极利用这一新业态,加大线上渠道布局力度,通过自建和入驻第三方电商平台等方式,搭建多元化出口渠道,为智利农产品走入中国百姓家创造了重要条件。2019 年 6 月,智利外贸促进局推出电子商务平台"ChileB2B",推动智利出口商与世界各国进口商进行联系,目前用户涵盖 1000 多家智利出口商,商品和服务买家近 900 家。同时,智利先后在天猫、京东、拼多多等国内主流电商平台开设国家馆,大力发展海外农产品原产地直销模式,为中国消费者提供最新鲜实惠的智利农产品。

创新营销推广方式。智利政府和企业通力合作,通过政府背书、直播带货、促销活动等手段,开展多平台全网营销,为智利品牌引流。例如,智利驻上海商务领事在天猫直播间为车厘子带货,为中国消费者带来异域风情的商品讲解和文化介绍;智利水果出口商协会樱桃委员会联合拼多多以及头部水果商家,推出万人团促销活动;智利驻广州总领事站台支持车厘子到港开箱等。

破解跨境物流痛点。农产品跨境销售对物流要求较高,多年前,智利水果运往中国需要近 2 个月的时间,现在智利开通"车厘子专机"和"樱桃航线"直送中国。通过专机运送,仅 3 天时间,便将最新鲜的智利水果带进中国人的餐桌。不少船运公司也专门推出快船服务,让海运水果的航程缩短 1/3,大大节约了物流时间,提升了中国消费者体验。

(资料来源:农业农村部信息中心中国国际电子商务中心研究院《全国农产品跨境电子商务发展报告》,2021-09.)

思考:结合案例分析电子商务发展给农产品国际营销带来的启示。

第一节　农产品国际市场营销环境

一、农产品国际市场营销的实质

农产品国际市场营销是超越本国国界的农产品市场营销活动。世界上任何一个国家或地区的农产品市场都是世界农产品市场的一个组成部分。农产品国际市场是各国开展农产品贸易的空间平台。对农产品国际市场营销的理解应把握好以下三个要点。

第一,农产品国际市场营销是农产品的跨国营销活动,只有将农产品和劳务销往国外或境外市场才是国际市场营销。

第二,农产品的国际市场营销是企业的跨国销售活动管理过程,跨国公司、出口企业等是国际营销活动的主体。

第三,农产品的国际市场营销活动是为了满足国外消费者和用户的需求,必须注意产品和劳务的市场适销性以及出口国的情况。农产品的国际市场营销的基本思想是企业的全部活动必须以国外消费者为中心,以满足国外消费者的需求和欲望为出发点。通过满足国外消费者的需求,吸引更多的消费者和拥有更大的市场占有率,以达到企业的营销目标,并同时兼顾社会公众利益,保护环境,提高社会福利,促进人类的共同发展。

二、农产品国际市场的特征

自从 2001 年我国加入世界贸易组织以来,我国农产品贸易快速增长,贸易依存度不断提高,与世界农产品市场的关联度日趋紧密。无论是国内生产还是进出口贸易,无论是结构调整还是政策改革,都不能不考虑世界农业和国际市场变化所带来的影响。准确把握国际农产品市场的供需现状、特点及趋势,对于更好地统筹利用两个市场两种资源,确保国内农业可持续发展至关重要。纵观世界农产品供需和市场变化,总的来看,国际农产品供需和市场主要呈现以下特征。

第一,国际农产品供需总体基本平衡,但区域性短缺和粮食不安全问题突出,粮食危机的风险始终存在。主要体现在以下三个方面。

一是农产品供给保持与需求同步增长,世界粮食供需总体平衡。据联合国粮食及农业组织(FAO)(以下简称"粮农组织")统计,1961—2012 年,谷物、油料和肉类等主要农产品产量保持上升趋势,高于同期人口增长速度,人均占有量稳步提高。总体来看,世界范围内主要农产品产量增速与消费量增速基本相当,实现了同步增长和供需基本平衡。

二是粮食短缺与过剩并存,粮食供给与粮食安全区域性差异明显。尽管全球粮食供需总体上基本平衡,但受自然资源禀赋、经济发展阶段和生产力水平以及人口增长等因素的影响,世界粮食供需区域差异十分明显,其中最大的不平衡是发达国家和发展中国家之间的不平衡,地区粮食安全问题比较突出,亚洲、非洲发展中国家是全球饥饿和营养不良人口最为集中的地区。

三是年度之间粮食供需平衡仍不稳定,粮食危机的威胁始终没有根除。1961—2007 年世界谷物产量从 8.9 亿吨增至 21.2 亿吨,年均增长 1.9%。但由于消费的增长,47 年间世界粮食库存下降年份多达 31 年,产不足需的年份比例达 66%。自 2000 年以来,世界粮食安全形势总体有所改善,粮食产量较大幅度增长,但供需平衡仍不十分稳定。

第二,对有购买力的有效需求而言国际农产品市场供给充足,曾在相当长的时期内呈现供过于求的状况。尽管全球粮食供求总体基本平衡且呈紧平衡状态,但相对于有购买力的有效需求而言,国际市场上主要农产品在相当长的时期内供给充足,出现供过于求,剩余农产品处理一度困扰主要农产品出口国。近年来,随着生物质能源的发展,这一情况才得以改变。国际市场供给相对充足主要体现在两个方面。

一是全球谷物库存水平始终保持在粮食安全警戒线以上。

二是长期以来全球主要农产品实际价格水平呈下降趋势,直到近几年才因生物质能源发展开始波动走高。根据粮农组织统计数据,1961—2013 年食品名义价格持续上涨,由 33.2 涨至 210.2,上涨 5.3 倍,但 1974—2004 年近 30 年的食品实际价格却呈下跌趋势,直到 2007 年受粮食危机影响开始快速上涨。自 2003 年以来,受生物质能源、气候变化、金融投机等因素的影响,主要农产品实际价格明显回升,但仍大幅低于 20 世纪 70 年代的高位。

第三,与农业资源在全球分布不平衡相适应,国际农产品市场供给集中度很高,大宗农产品主要被少数跨国公司掌控,具有准垄断性。全球粮食贸易量不仅非常有限,而且出口市场较为集中。2017 年全球 77% 的大米出口来自印度、越南、美国、巴基斯坦和缅甸;50.9% 的小麦出口来自俄罗斯、澳大利亚、加拿大、阿根廷和美国;68.3% 的玉米出口来自阿根廷、美国、巴西、乌克兰和俄罗斯;91.5% 的大豆出口来自巴西、美国、阿根廷、巴拉圭和加拿大。此外,棉花、食糖的出口市场集中度也比较高,超过 60% 的出口集中在全球前五大出口市场。全球 80% 的粮食贸易和其他大宗农产品贸易被 ADM、邦吉、嘉吉、路易达孚四大跨国粮商所垄断,而且这些跨国粮商还利用其资本、管理和市场渠道方面的优势,通过直接投资不断渗透到发展中国家的粮食产业链中,在部分发展中国家还形成了对粮食产业链的控制,加剧了世界农产品市场的垄断风险,导致世界粮食产业链被牢牢控制在发达国家手中。

第四,受气候变化、生物质能源以及农产品资本化影响,国际农产品价格走高,不确定性、波动性态势加剧。主要体现在三个方面。

一是全球气候变化导致灾害频发多发,灾害流行病学研究中心(CRED)数据显示,2000—2018 年全球自然灾害数量共 7 717 起,其中洪涝灾害、干旱、极端气温等灾害共 3756 起、病虫害 19 起,气候变化引起的生产波动直接影响国际农产品市场,加剧农产品价格的波动。

二是生物质能源快速发展,大幅拓展了农产品需求空间,打通了能源市场和农产品市场相互影响的通道。《经合组织—粮农组织 2018—2027 年农业展望》显示,2018 年全球

16.6%的玉米、12.9%的植物油和18.4%的甘蔗用于生物燃料的生产。相对农产品市场而言,能源市场很大,因而能源需求的微小变化就能引起农产品需求的巨大波动。

三是投机资本大量进入农产品市场,国际农产品价格波动加剧。随着经济全球化的推进,农产品交易范围已从局部、区域性的市场扩展为全球市场。金融投机对农产品市场和价格的影响日益突出,被视为2008年以来全球粮价3次大规模上涨和全球粮食危机的一个重要因素。

第五,世界范围内用于农业发展的后备耕地和水资源仍有相当数量,国际市场农产品供给仍有增长潜力。粮农组织估算,目前全球范围内适宜开垦的土地还有39亿公顷,全球可开垦的耕地资源主要集中在以下几个国家或区域。

一是非洲尚有待开垦耕地8.3亿公顷,主要集中在非洲撒哈拉南部地区。

二是南美尚有待开垦耕地5.7亿公顷,主要集中在巴西、阿根廷等国。

三是哈萨克斯坦、俄罗斯、土库曼斯坦等国尚有4.7亿公顷左右可开垦耕地。

四是澳大利亚和美国等发达国家也有大量待开垦的耕地。除耕地资源丰富外,南美洲等地区淡水资源也相当丰富,目前汲水量低于其内部可再生水资源的1%~3%,被粮农组织(FAO)以及世界银行等机构公认为未来全球最具农业开发潜力的地区。

三、影响农产品国际营销环境的因素

国际市场营销比国内市场营销要困难、复杂得多,风险也较大。自20世纪70年代以来,世界各国政府加强了对经济的干预,尤其是对农业的干预,国际营销环境对农业企业的活动影响越来越大,有时起到了直接的制约作用。农业企业要想在国外开拓市场并获得成功,就必须深入了解各种特殊的国际市场营销环境因素,时刻重视对营销环境各因素的研究,并对这些不可控制因素做出营销活动方面的必要反应。对农产品国际营销活动影响较大的有经济环境、政治与法律环境和文化环境等因素。

(一)经济环境

对国际营销的经济环境的理解要把握以下两个方面的含义。

一是世界经济,主要是指国际贸易体系(包括贸易方向、商品结构、国际收支贸易政策、区域经济集团等)和国际金融体系(包括汇率、国际金融机构、国际支付制度和储备体系等)。

二是国别经济,在世界经济这个大环境中,企业要进入某国市场,该国的经济发展水平、经济增长情况、通胀情况、市场规模、人口状况、收入和消费状况、经济基础结构、自然条件、基础设施等因素从不同方面影响着农产品国际营销活动。

(二)政治与法律环境

政治与法律环境是影响企业营销的重要宏观环境因素。政治因素调节着企业营销活动的方向;法律因素则为企业规定了营销活动的行为准则。政治与法律相互联系,共同对企业的市场营销活动发挥影响和作用。

从政治环境来看,由于农业是国民经济的基础产业,历来受各国政府重点保护,同时,粮食、食品既是生活物资,也是战略资源。为了防止"战略禁运"的发生和保护居民、动物和植物的生命安全和健康的需要,各国政府往往采用各种手段来限制粮食的进口,千方百计保证食品安全。因此,农产品企业在准备进入一国或地区市场之前,必须充分了解该国或地区的政策,还要考虑该国的国际关系。

从法律环境来看,现代企业在市场经济中的行为主要是由法律来规范和约束的,企业在从事农产品国际营销活动时必须了解国际法律环境各方面因素,法律具体规定了企业竞争和经营等行为的"游戏规则",国际营销人员必须充分了解国际通行规则、国外有关政策及贸易法治环境。国际法律环境由本国法律、国际法律和目标市场国际法规等构成。企业必须了解并遵循我国政府颁布的关于农产品经营、贸易、投资等方面的法规,比如《中华人民共和国农产品质量安全法》(2022 年修订)《农产品协定》《补贴与反补贴措施协定》等。国际上并没有为各主权国家所承认的立法机构和能够强制各国执行国际法的权威机构,但可以把国与国之间(双边或多边)签订的条约、公约和协定的总和作为国际法规,因为这些条约、公约和协定在一定程度上对于缔约国具有法律约束力,比如《乌拉圭回合农业协议》《中美农业合作协议》等。企业到各国开展营销活动,必须对当地的法律进行研究,了解其对营销决策的影响,主要包括商标法、专利法、反倾销法、环保法等基本法规以及补贴政策和进口限制。

(三)文化环境

企业从事农产品国际营销,必须要了解国外的文化环境。其原因在于:文化环境制约着各国消费者的需求特点;有助于扫除文化适应的障碍;能够及时掌握文化变迁将给企业带来新的营销机会和利润。从各国企业的国际营销实践来看,重视文化分析者成功,忽略文化分析者失败,这已成为国际商界的一条定律。影响农产品国际营销的文化因素主要体现在语言、宗教、美学观念、价值观念等方面。

第二节　农产品国际目标市场的细分和选择

一、农产品国际市场细分

农产品国际市场细分就是根据国外消费者需求的差异性,把一种农产品的消费市场划分成若干消费者群,进而选择、确定自己国际目标市场的过程。与国内农产品市场相比,国际农产品市场购买者更多,分布范围更广,作为企业由于自身实力的限制,往往更难满足全球范围内顾客的需要,因此,需要对国际农产品市场按照某种标准进行划分。

二、农产品国际目标市场选择

(一)选择国际目标市场的标准

目标市场确定后,企业的一切营销活动都要围绕目标市场进行。选择和确定目标市场是企业制定市场营销战略的起点。选择国际目标市场的标准如下。

1. 相对竞争优势

我国农产品的竞争优势主要体现在两个方面。

一是劳动密集型产品的价格优势表现在蔬菜、水产品、园艺、花卉等。

二是人无我有的中国特有产品。但针对不同国家,我国又有不同的比较优势,农业企业国际营销人员可在充分的国际市场调研基础上发掘我国农产品与目标国的比较优势或潜在优势。

2. 地理位置

地理位置在国际贸易中具有举足轻重的作用。随着距离和交通困难的增加,国际贸易的费用和风险增大,往往使交易难以达成。在农产品贸易中,地理位置的选择要考虑三个问题。

一是贸易费用,贸易费用的多少关系到产品成本和利润高低。

二是偏好的相似性,一般而言,周边国家或具有相似文化国家的人们消费具有相似性,这有利于农产品的营销。

三是产品保鲜度,某些生鲜农产品很难运输和保鲜,只能在符合保鲜和运输要求的国家销售。

3. 风险程度

在国际贸易中有很大的风险,如自然灾害、意外事故、外来风险、战争、政局不稳、两国关系变化等。此外,农产品出口贸易最易遭受反倾销指控的危险和政局影响,所以,农业企业国际营销人员还应密切关注国际关系,预测其走势,以决定是否进入及何时进入该国市场。

(二)选择国际目标市场的步骤

1. 评价各个细分市场

即对各细分市场的规模和增长率、结构性吸引力等方面的情况进行详细评估,在综合比较分析的基础上,选择最佳目标市场。

2. 评估目标市场的规模和增长率

根据企业自身的实力选择市场。大公司有相当的实力,可能偏好销售量很大的细分市场,对小市场不感兴趣;中小企业可能避开大的细分市场,选择能操作的市场。对于增长率高的市场,竞争者也会迅速进入,反而使利润率下降。

3. 确定企业在细分市场的目标与资源

企业需要考虑自己在该细分市场的目标和所具有的资源。如果一些有吸引力的细分市场与企业的长期目标不相适应,那么只能放弃。而对一些适合企业目标的细分市场,企业必须考虑是否具有在该市场获得成功所需要的各种技能和资源。

4. 确定农产品国际目标市场

企业应确定哪些细分市场最适宜作为本企业的目标市场。一般来说,企业所选择的目标市场应符合四个准则。

一是目标市场必须与企业的目标和形象相吻合。

二是目标市场必须与企业所拥有的资源相匹配。

三是目标市场必须有潜在效益,寻找那些销售收入能覆盖成本、能营利的市场,不要只注重销售量,而忽略利润。

四是目标市场必须具有结构性吸引力,如果某细分市场内竞争者很多,而且规模相当,一般不宜再选其为目标市场,除非企业有独特的竞争优势。

(三)国际目标市场选择的策略

1.无差异性策略

企业不对市场进行细分和选择,认定所有消费者对某种需求完全相同,把整个市场看成一个无差异的整体。企业一般只向市场投放单一的商品,设计一套营销组合策略,开展无差异性的营销活动。无差异性策略具有易于组织、大批量生产、降低生产经营成本等优点。缺点是由于经营方式单一,在激烈的市场竞争中适应领域狭窄,具有较大的经营风险。

2.差异性策略

企业通过市场细分,从中选择两个或两个以上乃至全部细分市场作为自己的目标市场,并针对不同细分市场,制订不同的市场营销组合,分别进行有针对性的营销活动,提供相应的商品,以满足不同细分市场的不同需求。该策略可使企业充分地满足不同消费者的需求,扩大销售量,并且扩展企业的经营领域,从而提高企业对市场的适应能力和竞争能力,因而被广泛地采用。缺点主要在于小批量、多品种的生产经营方式会导致生产成本和销售费用增加。

3.集中性策略

企业在市场细分基础上,选择一个或几个很相似的细分市场作为目标市场,制订营销组合方案,进行密集型开发,实现专业化的生产和经营。该策略不是寻求在整个市场上占有多大比重,而是追求在目标市场上占有大量份额,甚至占有绝对优势。该策略可以提高投资收益率,提高市场占有率。其适合于实力有限的中小企业。缺点主要在于目标市场狭窄,当市场需求发生剧变或出现强大竞争者时,企业如果不能随机应变,会有巨大损失。

第三节 农产品国际市场营销策略

农产品国际市场营销与国内市场营销一样,也必须制订适应特定市场营销环境的产品策略、渠道策略、价格策略和促销策略。但国际市场营销环境有其自身的特点,因此,国际市场营销组合四个手段的具体内容又不同于国内市场营销。

一、产品策略

农业企业要有计划地根据国际市场需求的变化及自身的经营目标,调整产品种类、范围,以适应国际市场的变化和应对竞争。与农产品国际贸易强国相比,我国农产品出口企业规模小,效率低,技术水平低,产品质量参差不齐,出口经验不足,名牌产品少,缺乏正面的原产地效应,出口产品的国际美誉度和知名度低。国际营销要确立正确的产品质量对策,以质取胜,从内因入手强化产品质量意识和质量标准,下大力气提高出口产品质量,从根本上破除限制我国农产品出口的各种技术壁垒。

(一)产品与宣传直接延伸策略

如果企业经过市场调查与研究,发现海外市场的购买者对某项农产品的要求和使用情况与本国相同,便可以直接将农产品原封不动地出口到海外市场。这种策略的好处在于:可以取得规模经济效益,节省成本和费用;有利于顾客识别,扩大销售额;容易在世界市场上树立统一的形象,加强市场竞争力。缺点是范围小,风险大。

(二)产品延伸与宣传改变策略

企业在不改变农产品的前提下,改变广告宣传内容和形式,突出与海外市场相适应的文化价值观,使得广告为当地消费者所接受,便于他们的理解和记忆。

(三)产品改变与宣传延伸策略

一些产品在国内外市场上的基本用途相似,只是使用条件或消费者使用习惯、购买习惯略有差异,这就要求企业对产品作若干变化。经营者应针对农产品不同的种类和功能,包装突出的侧重点也应有所不同。但由于产品的基本功能、品质没有改变,宣传方式也不必变动。

(四)产品与宣传双重改变策略

为适应国际市场需要,树立农产品质量意识,从思想观念、价值取向上提高农产品的质量,对现有产品和广告宣传内容都须加以改变。

(五)设计并开发新产品策略

针对国外市场的不同需求,生产新产品出口。虽然该策略要花费巨大的成本,但若能获得当地消费者的青睐,收益也十分可观。

(六)推进农产品绿色营销行动

绿色营销是指以保护环境和回归自然为主要特征的一种绿色营销活动。贯彻农产品绿色营销策略,可从以下三个方面着手。

一是明确无公害农产品,建立绿色农产品统一标准。绿色营销的关键是要建立统一的标准,农产品市场营销才有"法"可依。

二是制造绿色农产品,在农民对绿色产品的了解下,严格按照绿色农产品进行生产和制造,政府与有关部门对假冒绿色农产品进行严厉打击。

三是培育绿色农产品文化,绿色农产品的发展要靠消费者和经营者的绿色文化的培养,绿色文化是健康的消费文化。

二、渠道策略

农业企业在农产品国际营销渠道策略的制定上,应考虑生产者、经营者(批发商、零售商)如何有效结合,以取得更好的销售效果。

(一)普遍性销售渠道策略

企业通过所有合格的国内或者国际中间商,广泛销售自己产品的策略。由于大多数农产品及其加工品是人们日常的生活必需品,具有同质性特点,因此绝大多数农业企业普遍采取这种策略。采取这种策略,可以加宽市场面,便利消费者购买。

(二)选择性销售渠道策略

在一些国家和地区或市场内,农业企业有选择地确定少数几家中间商销售自己的产品,而不是把所有愿意经营这种产品的中间商都纳入自己的销售渠道中来。该策略虽然也适用于一般加工品,但更适宜于一些名牌产品的销售,有利于调动中间商的积极性,同时能使生产者集中力量与之建立较密切的业务关系。

(三)专营性销售渠道策略

在特定国家的市场内,农业企业只使用一个声誉好的批发商或零售商推销自己的产品。该策略多适用于高档的加工品或试销新产品。由于只给一个中间商在这个国家或地区的经营特权,所以既能避免中间商之间的相互竞争,又能使之专心致志推销自己的产品。

三、价格策略

(一)新产品定价策略

某种新产品能否占领市场,定价因素起着重要作用。定价的高低会直接引起竞争格局的变化。新产品的定价策略主要有以下两种。

1. 撇脂定价策略

这是一种形象的说法,意思是把牛奶上面的那一层奶油撇取出来,就是先取其精华部分。在新产品上市初期,就将价格定得很高,以便在较短的时间内获得最大化的利润。这种策略的关键在于:尽快收回垫付资金,补偿企业的消耗;产品技术较复杂,难以仿制,竞争者较难进入,企业可以保持垄断地位;如果确有竞争者进入,产品适当地降价比较从容。但是该策略的风险比较大,当新产品刚刚进入市场,尚未在消费者心目中建立声誉时不宜采用。

2. 渗透定价策略

企业在新产品投入市场时,将价格定得低于预期价格,以利于为市场所接受,迅速打开销路,抢占更多的市场份额。该策略的优点是:一方面可以利用低价迅速打开产品销路,占领市场,从多销中增加企业利润;另一方面可以较好地建立价格壁垒,阻止竞争者进入,有利于控制市场。但是,运用这种定价策略,企业的资金收回较慢,而且,如果企业以后想对产品提价,往往容易遭到消费者的反对。该策略适合于能够大批量生产、技术简单的农产品。

(二)心理定价策略

心理定价策略是根据消费者购买商品时的心理变化需要所采取的定价策略。主要包括数值定价策略、声望定价策略和折扣定价策略。

1.数值定价策略

这是利用消费者对不同的价格数值产生的不同影响,进而调整、确定产品价格的一种技巧。通常有两种形式。

一是整数定价,即在定价时,把商品的价格定成整数,不带尾数,从而使消费者产生货真价实的感觉,一般适用于高档农产品或消费者不太了解的农产品,需求弹性较小的农产品。

二是尾数定价,在商品定价时,保留尾数而不取整数的定价方法,使消费者购买时在心理上产生较便宜的感觉。比如,本应定价 10 元的某一农产品,定为 9.9 元,虽然只低 0.1元,但可给买者价廉的感觉。

2.声望定价策略

如果某个企业或某种农产品,在长期的经营过程中,保持过硬的质量和完善的服务,从而在消费者心目中形成了较高的声望,消费者在购买此类农产品时就会有更大的信任感和享受感,即使多花些钱也会觉得物有所值。因此,对于那些长期以来声望高的名牌企业、名牌农产品来说,价格可以定得比一般水平高一些。

3.折扣定价策略

折扣定价策略实质上是一种优惠策略,即按照正常情况将价格定好,然后根据各种优惠条件给购买者以不同的优惠,以刺激或鼓励购买者大量购买或连续购买。通常有两种方式:一为现金折扣。即在允许买主延期付款的情况下,如果买主提前交付现金,可按原价格给予一定的折扣。这种办法有利于鼓励顾客不拖欠货款。二为数量折扣。即为了鼓励买方多购商品,根据其所购商品数量达到的标准给予不同的折扣。

(三)组合定价策略

组合定价策略包括主附产品组合定价策略和配套定价策略。

1.主附产品组合定价策略

该策略是指当企业在制订互有连带关系的产品价格时,可以选择不同的取值,达到促进销售、弥补损失的目的。大多数企业采用这种策略,都将主要产品定价较低,而连带的附属产品定价较高,通过附属产品的获利,补偿主要产品因低价造成的损失。

2.配套定价策略

该策略是指企业将经营的农产品按不同标准组合成套,并分别制订单件农产品价和成套农产品价的做法。例如,农贸市场可将各种鸡、鱼、大葱等产品配套出售;某一厂家可将大米分别组成精品系列包装和普通型系列包装进行销售。一般来说,配套农产品价格应略低于各单件农产品的价格之和。

(四)制订绿色价格

出于保护生态环境的考虑,不少发达国家对企业提出了环境成本内在化的要求,即规定企业在进行成本核算时,不仅要对人工、资本、原料等进行成本核算,而且须计算对资源和环境的占有和消耗成本。对很多环境保护工作还处于起步阶段的发展中国家来说,环境成本内在化同样也是一道绿色贸易壁垒。因为实行环境成本内在化往往会提高产品的价格,降低产品的竞争力。出口农产品要跨越环境成本内在化的屏障,必然要求企业在制订农产品价格时,必须采用绿色价格,把生产中对自然资源的耗费和生态环境的影响纳入成本的核算中。环境成本内在化虽然提高了产品的价格,但对产品竞争力的影响主要取决于企业对成本增量的吸收程度,如果企业能积极采用新技术,合理利用资源和减少对环境的污染,不断提高生产效率,那么就可以部分抵消环境成本内在化所带来的负面影响。另外,实行绿色价格也体现了企业对环境的重视,有助于树立企业品牌在消费者心目中的绿色形象。

四、促销策略

农产品国际市场的开拓同样需要必要的促销活动。由于农产品国际贸易的政治敏锐性高,相应地在国际促销中的政治敏锐性也高,不同的媒体、不同的促销方式促销效果不同,应根据目标市场情况,采用相应的促销工具,制订适当的促销策略。

(一)国际广告促销

国际广告是国际市场营销活动中应用最广泛的促销手段,国际广告促销决策的难点是广告内容的国际化与当地化,产品促销与文化促销的相互协调和相互兼容。农产品国际广告促销应注意以下几个方面。

一是语言文字差异。语言文字问题是国际市场营销中广告信息沟通最大的障碍,国际广告要求语言本地化,以达到沟通的目的。

二是文化教育程度和水平差异。文化教育程度和水平不同,影响农业企业对国际广告媒体的选择,广告媒体的选择要考虑消费群体的文化水平和生活习惯。

三是社会文化差异。由于社会文化不同,各国对广告的认识也不一样,有些国家的消费者认为,有实力的企业才做广告。

(二)公共关系促销策略

在国际市场上,农业企业经常面临当地政府和农协的压力。农业企业开拓和发展当地市场,就应该主动与当地政府、商会组织和传播媒体搞好关系,了解它们的意图,尽量不与它们发生冲突,积极开展各项公益活动,树立和改善企业在当地消费者心中的形象,必要时要由本国政府出面协调好关系。

(三)营业推广策略

在国际市场上常用的营业推广有以下方式。

1.现场推广

目前,很多国家经常举办国际博览会、展销会、展览会。在这些会展上,聚集很多世界各地的经销商,外国政府代表团和有关社会团体前来洽谈生意或参观访问。农业企业可以设法使自己的产品参加这些交易会,向外国经销商和用户介绍自己的产品,扩大企业在国际市场上的影响,开辟新的营销渠道。

2. 直接对消费者推广

这类促销方式是否成功主要取决于是否能吸引消费者的注意力,是否给消费者带来实惠。它通过折价出售、补贴、有奖销售、购物赠券等方式直接吸引消费者购买产品。

3. 直接对中间商推广

为促使经销商多进货,农业企业可通过购买折扣、分期付款、资金资助和促销活动补贴等手段展开促销。农业企业可以给优秀中间商一定的奖励,刺激鼓励他们努力推销本企业的产品。

课后练习

一、名词解释

农产品国际市场营销　农产品国际市场细分　国际目标市场

二、简答题

1. 农产品国际市场的特征是什么?
2. 简述农业企业国际市场营销环境的内容。
3. 联系实际,说明农业企业如何选择国际目标市场。
4. 简述农产品国际市场营销策略都有哪些。

三、论述题

1. 农产品国际市场营销与国内市场营销有何区别和联系?
2. 应对国际新形势新挑战,我国本地农产品该如何在国际市场胜出?

四、案例分析

宁夏是如何推动农业"走出去"的?

宁夏是全国最小的省区之一,虽地处西北内陆,干旱少雨,但得益于黄河水的滋润,素有"塞上江南"美誉,农业发展水平较高。近年来,宁夏充分发挥民族人文等比较优势,不断加强与阿拉伯国家和"一带一路"共建国家农业交流与合作,紧紧围绕农业特色优势产业发展,建立了 8 个中国—阿拉伯国家农业技术转移中心海外分中心,探索农业国际合作交流新模式,搭建农业"走出去"新载体,助推农业贸易高质量发展。

一、做好顶层设计,完善对外合作机制

自 2015 年宁夏被赋予"中国—阿拉伯国家农业技术转移中心"职能以来,宁夏根据自身农业发展特点及对外开放需要,认真贯彻落实党中央及自治区党委、政府关于扩大对外开放有关决策部署,相继出台了《关于加快推进宁夏农业对外开放的意见》等指导性文件,编制了宁夏农业对外开放规划,建立了由 16 个部门组成的农业对外合作厅际联席会议机制,制定了《中国—阿拉伯国家农业技术转移中心海外分中心建设管理办法（试行）》，不断巩固提升农业技术转移中心海外分中心建设水平，打造促进宁夏乃至全国农业对外交流合作的平台，加快特色优势农业"走出去"步伐。

二、开展试验示范，打造农业"走出去"平台

各海外分中心结合所在国家农业资源条件和发展需求，有针对性地开展了畜牧养殖、蔬菜栽培、作物制种、牧草种植、农产品深加工、农机装备等方面的技术集成示范。毛里塔尼亚海外分中心依托中毛畜牧示范中心，以畜牧技术合作为切入点，开展荷斯坦奶牛胚胎移植260例，开创了毛里塔尼亚奶牛胚胎移植的先河。通过示范带动，其他农业合作领域也取得突破性进展，共筛选出21个优质牧草、7个瓜菜、4个热带水果品种，建成畜牧技术和农机装备展示厅2座。利用此平台，推动了山东东阿阿胶集团参与毛驴屠宰加工及相关制品项目建设，带动宁夏企业投资鱼粉及饲料加工领域，促进宁夏稻米种植企业在塞内加尔河流域农业综合开发工程建设，为宁夏及国内其他省（区、市）政府部门、企业在当地开展专业考察、投资洽谈、信息咨询提供了有效服务。

三、注重产业交流，拓宽国际合作渠道

约旦海外分中心依托宁夏种业企业，在约旦河谷地区与当地企业合作开展宁夏优质蔬菜品种试验示范，双方合作开展了7大类300多个品种的蔬菜种子试验示范，举办多期宁夏优质蔬菜种子研讨对接及现场展示观摩会，吸引了中东地区种业企业的踊跃参与。通过这个平台，宁夏优质蔬菜种子销售扩大到了中亚、中东以及非洲等15个国家和地区，为蔬菜产业发展拓宽了国际市场。

四、强化技术转移，提升国际影响力

乌兹别克斯坦海外分中心重点开展高效农业栽培新技术示范推广，利用连栋塑料大棚潮汐槽式栽培、水肥一体化、新材料保温系统，展示推广番茄、黄瓜保护地生产技术。吉尔吉斯斯坦海外分中心在距离首都比什凯克30公里处拥有300亩农业用地，主要开展设施农业、肉牛育肥、水产养殖等农业技术试验示范，派遣专家实地考察并编制了《中国（宁夏）—吉尔吉斯斯坦现代农业合作示范基地建设规划》，先期将重点开展设施农业温棚菜、冬季蔬菜等种植技术试验示范，提升产品在中亚、俄罗斯市场中的竞争力。肯尼亚海外分中心以蛋鸡、桑蚕、肉牛为主线，重点开展家禽标准化养殖和禽病综合防控技术示范推广，联合内罗毕大学、谢诺中非基金公司以产学研联合方式开展合作，促进中非畜牧业发展与交流。

五、拓展营销渠道，促进特色优质农产品贸易

巴基斯坦海外分中心重点开展宁夏特色农产品伊斯兰堡展馆和跨境电商服务平台建设，展示宁夏特色优质农产品及先进农机装备，借助新媒体、网络商城等新方式加大宣传推广力度，辐射带动与周边国家的农业贸易合作。摩洛哥海外分中心重点开展生产基地、销售平台、储藏仓库建设，逐步拓宽水产品生产加工贸易、粮食蔬菜种植、畜牧养殖等领域的交流合作。蒙古海外分中心重点以羊绒贸易为依托，逐步开拓其他农业领域的交流合作。

六、加强技术培训，深化农业科技成果转化

海外分中心围绕农业关键技术、人员培训、队伍建设、技术装备等领域，以展览展示、对接交流、现场观摩培训等多种途径和形式，积极融入当地农业综合开发。先后派出14名畜牧、园艺、牧草、水果、水稻等领域专家赴海外分中心所在地开展技术指导，成效显著。在毛里塔尼亚开展饲草料种植、畜牧养殖、草畜工程机械等实用技术培训10期142人次，在约旦邀请中东地区70多家种业公司参与蔬菜作物新品种展示示范、技术培训，举办现场观摩会4

次。在乌兹别克斯坦开展高效农业栽培技术示范推广,举办现代农业新技术交流研讨会 3 次、农业机械展示培训 2 期 50 人次,并参与当地国家展会,加快了国内先进实用技术的转移。

(资料来源:宁夏农业国际合作项目服务中心,2020-12-14.)

案例思考题:

结合宁夏农业"走出去"的举措,谈谈当前我国该如何用好 RCEP 红利,培育农业国际竞争新优势。

参考文献

[1] 李崇光.农产品营销学[M].4 版.北京:高等教育出版社,2021.

[2] 包乌兰托亚,李中华.农产品营销与品牌建设[M].北京:中国林业出版社,2020.

[3] 陈国胜.农产品营销[M].3 版.北京:清华大学出版社,2020.

[4] 吕清华,赵雪平.农产品市场营销[M].北京:中国农业大学出版社,2015.

[5] 赵宪军,周剑.农产品市场营销[M].北京:金盾出版社,2012.

[6] 关红.农产品市场营销实战[M].北京:中国农业大学出版社,2016.

[7] 段晓猛.农产品市场营销[M].北京:中国建材工业出版社,2016.

[8] 何瑶,邓宗胜,符立,等.农产品市场营销[M].成都:西南交通大学出版社,2020.

[9] 吴健安,聂元昆.市场营销学:精要版[M].2 版.北京:高等教育出版社,2017.

[10] 孙国忠,陆婷,顾亚莉.市场营销实务[M].3 版.北京:北京师范大学出版社,2019.

[11] 胡德华,夏凤,鲍菊芽.市场营销原理与实务[M].3 版.北京:清华大学出版社,2022.

[12] 郭国庆.市场营销学通论[M].8 版.北京:中国人民大学出版社,2020.

[13] 闫国庆.国际市场营销学[M].4 版.北京:清华大学出版社,2021.

[14] 梅清豪.市场营销学原理[M].2 版.北京:电子工业出版社,2014.

[15] 王杜春,张永强.农产品营销学[M].北京:机械工业出版社,2014.

[16] 吴涛.市场营销管理[M].2 版.北京:中国发展出版社,2005.

[17] 孔祥智,等.农业经济学[M].2 版.北京:中国人民大学出版社,2019.

[18] 中共中央马克思恩格斯列宁斯大林著作编译局译.剩余价值理论-第二册:《资本论》第四卷[M].北京:人民出版社,1975.

[19] 高鸿业.西方经济学:数字教材版[M].8 版.北京:中国人民大学出版社,2021.

[20] 万后芬,杜鹏,樊帅.市场营销教程[M].4 版.北京:高等教育出版社,2018.

[21] 过建春.农产品营销学[M].北京:中国农业出版社,2007.

[22] 陈荣秋,马士华.生产运作管理[M].5 版.北京:机械工业出版社,2017.

[23] 熊国钺.市场营销学[M].5 版.北京:清华大学出版社,2017.

[24] 占锦川.农产品电子商务[M].北京:电子工业出版社,2010.

[25] 李怡菲,韩斌.农产品网络营销实务[M].北京:中国农业大学出版社,2016.

[26] 郑佳.农产品网络营销[M].北京:中国农业大学出版社,2018.

[27] 叶继炎,石立波,江昭玉.农产品网络营销[M].沈阳:辽宁大学出版社,2022.

[28] 苗小刚,李伟.互联网运营、管理与营销全攻略[M].北京:化学工业出版社,2020.

[29] 华迎.网络营销[M].北京:高等教育出版社,2020.

[30] 王永东.网络营销学[M].北京:清华大学出版社,2018.

[31] 杨建青.农产品国际贸易[M].北京:中国农业大学出版社,2016.

[32] 温思美.农产品国际贸易[M].2版.北京:中国农业出版社,2011.

[33] 加里·阿姆斯特朗,菲利普·科特勒.市场营销学:中国版[M].12版.王永贵,郑孝莹,等译.北京:中国人民大学出版社,2017.

[34] 菲利普·科特勒,凯文·莱恩·凯勒.营销管理:第12版[M].梅清豪,译.上海:上海人民出版社,2006.

[35] 菲利普·科特勒,凯文·莱恩·凯勒.营销管理:第14版[M].何佳讯,于洪彦,牛永革,等译.上海:格致出版社,2016.

[36] 迈克尔·R.索罗门,戈雷格·W.马歇尔,爱诺拉·W.斯图尔特.市场营销学原理:第四版[M].何伟祥,熊荣生,等译.北京:经济科学出版社,2005.

[37] 理查德·库尔斯,约瑟夫·乌尔.农产品市场营销学:第九版[M].孔雁,译.北京:清华大学出版社,2006.

[38] F.罗伯特·雅各布斯,理查德·B.蔡斯.运营管理:原书第15版[M].苏强,霍佳震,邱灿华,译.北京:机械工业出版社,2020.

[39] 刘凤军,吴琼琛.绿色贸易壁垒下我国企业绿色营销问题研究[J].中国软科学,2005(1):71-77.

[40] 杨跃辉.农产品电子商务研究文献综述[J].安徽农业科学,2011,39(18):10915-10916.

[41] 单玉丽.台湾农业的信息化管理及启示[J].农业经济问题,2010,31(1):18-22.

[42] 刘江鹏.基于供应链整合的农产品物流模式研究[J].物流工程与管理,2010,32(12):89-91.

[43] 陈善晓,王卫华.基于第三方物流的农产品流通模式研究[J].浙江理工大学学报,2005,22(1):74-78.

[44] 焦文旗.农产品物流市场亟待培育和完善[J].农村经济,2004(4):55-57.

[45] 郑鹏,李崇光."农超对接"中合作社的盈余分配及规制:基于中西部五省市参与"农超对接"合作社的调查数据[J].农业经济问题,2012,33(9):77-85.

[46] 张倩,李崇光.农产品物流发展的供应链管理模式及对策[J].软科学,2008,22(1):91-93.

[47] 谭涛,朱毅华.农产品供应链组织模式研究[J].现代经济探讨,2004(5):24-27.

[48] 王影,刘国际.基于农产品分类的农产品供应链组织模式选择[J].商业时代,2013(28):33-34.

[49] 佟玲,李成华.我国农产品加工业的现状及发展趋势[J].农机化研究,2005,27(5):11-15.

[50] 王化峰.我国农产品加工产业链管理研究[J].农业经济,2011(3):35-36.

[51] 洪涛,张传林.2014~2015年我国农产品电子商务发展报告[J].中国商贸,2015(5):44-54.

[52] 孙钰非,朱华桂.乡村振兴背景下的"互联网+"农产品营销策略[J].哈尔滨师范大学社会科学学报,2022,13(3):31-35.

[53] 刘议蔚，王玉斌.消费者特色农产品感知价值、满意度与行为意向:基于山东及河北城镇居民驴肉消费调查[J].中国农业大学学报，2021，26(5):232-244.

[54] 国晖.论农产品营销渠道的优化策略[J].农业经济，2020(9):132-134.

[55] 王瑛.绿色生产视野下绿色农产品的品牌定位与市场营销战略优化研究[J].农业经济，2019(8):127-129.

[56] 佟伟.大数据时代背景下农产品营销模式与创新策略[J].农业经济，2019(6):138-140.

[57] 高琳.网络环境下农产品的市场营销策略探究[J].农业经济，2018(7):137-138.

[58] 陈锐.基于产品特性的农产品营销策略以及评价指标体系[J].农业经济，2015(6):119-120.

[59] 依绍华.我国农产品批发市场发展状况调查及对策建议[J].北京工商大学学报(社会科学版)，2014，29(6):16-21.

[60] 都时昆，陈天乐.中国现代农业的产品成本及市场定位分析[J].商业时代，2008(19):83-85.

[61] 中华人民共和国农业农村部.绿色食品 贮藏运输准则:NY/T 1056-2021[S].北京:中国农业出版社，2021.

[62] 中华人民共和国卫生部.食品安全国家标准 预包装食品标签通则:GB 7718—2011[S].北京:中国标准出版社，2011.

[63] 中华人民共和国农业部.绿色食品 包装通用准则:NY/T 658—2015[S].北京:中国农业出版社，2015.

[64] 国家市场监督管理总局，国家标准化管理委员会.标准化工作导则 第2部分:以ISO/IEC标准化文件为基础的标准化文件起草规则:GB/T 1.2—2020[S].北京:中国标准出版社，2020.